DUMONT
Reise-Taschenbuch

sylt, föhr, amrum

pellworm, nordstrand und halligen

Claudia Banck

Senkrechtstarter

Sand, Wind, Wellen prägen den Sylter Süden. Hörnum ist als einziger Ort der Insel an drei Seiten von Stränden umgeben. Feinste Sandstrände erstrecken sich auch gen Norden, 40 km, immer weiter wandern, einsame Plätze finden, baden. Ebbe oder Flut? An der Meerseite kann einem das egal sein. Nur die Dünen, die sollte man nicht betreten. Sie schützen die Insel vor dem Blanken Hans, der unerbittlich an der Insel nagt. Die meerumspülte Südspitze schrumpft jeden Winter um mehrere Meter.

Überflieger

Wanderlustige Dünen

List · **Sterneküche und Fischbuden**

Reif für die Insel!

St. Tropez des Nordens

· Kampen

· Braderuper Heide **Wandern mit Wattblick**

Westerland · **Huckepack durchs Wattenmeer**

Kapitäne und Künstler
· Keitum

Surf away!

Morsum Kliff · · Hindenburgdam

10 Millionen Jahre Erdgeschichte

Rantum ·

Idyll zwischen zwei Meeren

Sand in Sicht!

· Hörnum

Nichts als Sand und kabbelige Wellen

Bilderbuchdorf mit Friesendom

Nieblum ·

Wyk auf Föhr ·

Reet und Rosen
· Nebel

Seebad von Dänenkönigs Gnaden

Kniepsand ·

Vom Winde verweht …

Königspesel, Kirche und Krabbenbrot im Krug
· Hallig Hooge

Sehnsuchtsort für Birder

↙ Helgoland

Norderoogsand

Pellworm ·

Schafe zählen auf dem Deich

Kurs Südwest – da geht die Post ab

Süderoog ·

Nordfriesische Inseln und Halligen — viel Ebbe, viel Flut. Von Nord nach Süd mal eben drüberfliegen. Strände wie in der Karibik, Meeresrauschen, Möwengeschrei und silbriges Watt.

Durchatmen

Wo Emil Nolde malte und lebte
● Seebüll

Salz auf der Haut und in den Haaren

Was piept denn da?
Beltringharder Koog ●

Im Land des Schimmelreiters

Oh, ihr Pharisäer!
● Nordstrand

›Graue Stadt am Meer‹
● Husum

Querfeldein

Ferientage — zwischen Nordsee und Wattenmeer, Trubel und Einsamkeit. An der Westküste gibt es neben frischem Wind viel Raum für die schönen Dinge des Lebens.

Welche der Inseln passt zu mir?

Bildhübsch, unverwechselbar und charakterstark ist jede einzelne von ihnen. Sie alle liegen mitten im vogelreichen Weltnaturerbe Wattenmeer, Natur- und Vogelfreunde können also keine falsche Wahl treffen.

Wo kann ich Ungewöhnliches erleben?

Ungewöhnliche Einblicke in das Leben am Meer, in Geschichte und Natur der Inseln und Halligen gewähren geführte Touren. Im Sommer wandert der Postbote von Pellworm zur Hallig Süderoog – wer mag, kann mit. Der Pellwormer Hellmut Bahnsen führt zu Resten untergegangener Siedlungen im Watt. Wie wäre ein Besuch im Königspesel auf Hallig Hooge oder in der prachtvollen Friesenstube auf Hallig Langeneß? Auf Sylt erzählt Silke von Bremen unterhaltsam über Prominenz, Künstler und Kapitäne in Kampen und Keitum.

Lange bevor man das Meer sieht, schnuppert man die salzige, frische Seeluft, hört die Möwen, spürt den Wind im Haar. Und wenn der Zug nach Sylt rollt, die Fähre nach Föhr, Amrum oder Pellworm abgelegt hat und die Halligen am Horizont auftauchen, beginnt der Urlaub und das Leben richtet sich mehr nach den Gezeiten als nach der Uhr, das Wasser kommt und geht, zweimal am Tag.

Moin oder Moin, Moin?

Das ist nicht dasselbe. «Moin» ist eine einfache Grußform, die man Bäcker, Postbote oder Nachbarn zuruft. »Moin Moin« ist herzlicher, es zeigt, dass man nicht abgeneigt ist … ein bisschen zu sabbeln. Smalltalk wäre das falsche Wort, wir im Norden halten lieber einen kleinen Klönschnack.

Licht, Wetter, Jahreszeit – egal: Nordsee geht immer.

Wanderfreuden

Schöne, Reiche, Schickimicki – nachts Champagnersause, tagsüber ein bisschen shoppen und sich im Strandkorb erholen. Vorurteile in Bezug auf Sylturlauber gibt es zuhauf. Aber sie sind Quatsch, denn niemand kann den wunderbaren Insellandschaften widerstehen, die zum Spazierengehen und Wandern einladen. Bereits zu Beginn des 20. Jh. wurden Naturschutzgebiete eingerichtet und mit markierten Wegen durchzogen. Zu den Klassikern gehören der dünenreiche Ellenbogen ganz im Norden (s. S. 24), die sturmumtoste Hörnum-Odde im Süden (s. S. 98), am Wattenmeer die stille Braderuper Heide (s. S. 48) und das farbenreiche Morsum-Kliff (s. S. 64).

Urlaub vom Auto

Viele ahnen gar nicht, wie erholsam ein Urlaub ohne Auto sein kann – Brötchenholen mit dem Fahrrad, keine nervige Parkplatzsuche in Strandnähe. Eine längere Tour mit einem Elektrofahrrad, warum eigentlich nicht? Ganz entspannt gegen den Wind, das hat was.

Grün oder weiß?

Auf den Marschinseln – zu denen, neben Pellworm und Nordstrand auch die Halligen zählen – dominieren die grünen Strände, das bedeutet: Strandkörbe auf dem (Sommer-)Deich, Gras unter den Füßen, kein Sand, der nach dem Eincremen auf der Haut klebt. In das Piepen der Austernfischer mischt sich das Blöken der Schafe, für viele der Inbegriff von Entspannung und Ferienglück. Für andere kommt ein Badeurlaub ohne Sandstrand nicht in Frage, ihr Ziel sind die Geestinseln Sylt, Föhr und Amrum: Wunderschön und wild ist die Brandungsküste Sylt mit 40 km Sandstrand an einem Stück, faszinierend die Größe und Weite des Kniepsands auf Amrum, die ›größte Sandkiste Europas‹. Der feinsandige Föhrer Strand bietet großartige Aussicht auf die Halligwelt und die weißen Ausflugsschiffe.

Inhalt

Vor Ort

Sylt 14

*Er markiert das Südende
von Sylt: der Leuchtturm von
Hörnum.*

*Typisches Friesenhaus in Nieblum
auf Föhr. Die farblich abgesetzten
Steine des Türbogens zeugen von
individueller Gestaltungslust.*

Föhr 100

Föhrer Windmühlen: malerische Zeugen einer vergangenen Epoche

Amrum 134

Pellworm und die Halligen 162

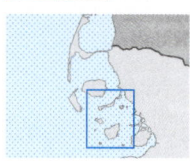

Nordstrand und Husum 196

Das Kleingedruckte

Das Magazin

Vor

Ort

Wer von rechts kommt, hat Vorfahrt – auch Gänse. Auf den Inseln geht das Leben seinen eigenen Gang, wie hier auf Nordstrand.

Sylt

Mehr Meer geht nicht — endlose Sandstrände, bunte Kliffs, urwüchsige Heide und grüne Marsch am Wattenmeer – die ›Königin der Nordsee‹ ist ein Naturparadies. Ein Sehnsuchtsort für Strandspaziergänger, Wattwanderer und Surfer.

Seite 24

Ellenbogen

Sylts und damit Deutschlands nördlichster Zipfel bietet Naturschönheit ohnegleichen: wildes Meer, einsame Dünen, viele Schafe, einen naturbelassenen Surfstrand und zwei Leuchttürme.

Seite 29

Kampen

Hier treffen alle Klischees zu, die über Sylt im Umlauf sind: im reetgedeckten Schickeria-Dorado trifft man auf Edelboutiquen, teure Autos, noch teurere Immobilien, die legendäre Buhne 16 und das Flaggschiff unter den Sylter Naturschönheiten: das Rote Kliff.

Sylter Royal: Glibberig geht gar nicht? Dann also überbacken.

Eintauchen

Seite 64

Morsum-Kliff

Eine farbenreiche Steilküste mit spektakulärem Ausblick auf den Nationalpark Wattenmeer. Der Panorama-Rundweg bietet einen faszinierenden Einblick in bis zu zehn Millionen Jahre alte Erdgeschichte.

Seite 52

Keitum

Ein bildhübsches Dorf am Watt, hohe Laubbäume überragen reetgedeckte, alte Kapitänshäuser, die viele Kunsthandwerker beherbergen. Ein Museum im Altfriesischen Haus zeigt die Lebensweise der Inselfriesen im 18./19. Jh.

Wandern durch die Braderuper Heide

Hinreißend ruhig und schön ist die Sylter Heidelandschaft. Sie wird seit Jahrzehnten aktiv geschützt und gepflegt.

Umrundung der Hörnum-Odde

Einer der schönsten Spaziergänge führt um die Südspitze von Sylt am Strand entlang mit Blick zu den Nachbarinseln Amrum und Föhr.

Von Leuchtturm zu Leuchtturm

Fünf Leuchttürme prägen die Insel zwischen Hörnum im Süden und List im Norden. Ein Radwanderweg führt entlang der alten Inselbahntrasse durch großartige Dünen- und Heidelandschaften.

Nolde-Museum in Seebüll

Wie eine Festung thront das einstige Wohnhaus-Atelier auf der Seebüller Warft über der Marsch. Kraftvolle, glühende Farben. Prächtig ist auch der Blumengarten.

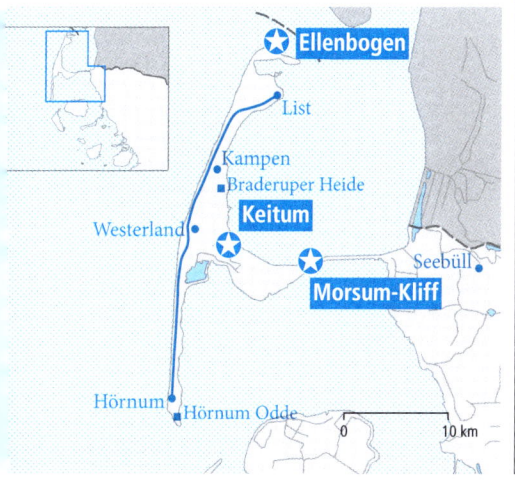

List auf Sylt ist der nördlichste bewohnte Ort Deutschlands und gehört damit dem Zipfelbund an. Haben Sie Lust auf einen Zipfelpass? Den gibt es nicht für jede und jeden: www.zipfelbund.de.

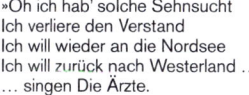

»Oh ich hab' solche Sehnsucht
Ich verliere den Verstand
Ich will wieder an die Nordsee
Ich will zurück nach Westerland …«
… singen Die Ärzte.

Die Königin der Nordsee

Sobald der Zug kurz hinter Klanxbüll das Festland verlässt und auf dem Hindenburgdamm durch das Wattenmeer zuckelt, beginnt der Urlaub auf Sylt. Schafe grasen auf von Prielen durchzogenem Vorland, Vögel staksen im schlickigen Watt. Am Horizont die Silhouette der lang gestreckten Insel: hell leuchtende Dünenketten im Norden, der schwarz-weiße Leuchtturm von Kampen, der ehrwürdige Kirchturm von Keitum, das Hochhausensemble von Westerland, eine weiße Sanddünenlandschaft und der rot-weiße Leuchtturm von Hörnum im Süden. Auf der Insel dann, im äußersten Osten, flache, von geraden Straßen durchzogene Marschwiesen, vereinzelte Spaziergänger oder Radfahrer, ein paar Autos am Bahnübergang, Hünengräber, Streusiedlungen mit Bauernhöfen, das Einkaufsgebiet von Tinnum, dann die Inselmetropole Westerland selbst, die mit dem Rest Sylts nicht zu vergleichen ist.

Die mit 99 km² größte der Nordfriesischen Inseln liegt wie ein Wellenbrecher schützend vor der Festlandküste. Im Westen rollen die donnernden Wogen der offenen Nordsee an einen makellos weißen Sandstrand, im Osten prägen sanfte, stille Buchten die vom Wechsel der Gezeiten geprägte Wattenmeerküste. Die Insel ist gesegnet mit landschaftlichen Schönheiten, die in dieser Fülle und Vielfalt auf kleinem Raum ihresgleichen suchen.

ORIENTIERUNG

Sylt Marketing GmbH: Stephanstr. 6, 25980 Westerland, T 04651 820 20, www.sylt.de, Mo–Fr 9–17 Uhr. Ausgezeichnetes halbjährlich erscheinendes, kostenloses Magazin »Natürlich Sylt«, auch als Download (s. u.). Das gilt auch für die Broschüren Sylt à la carte, Urlaub mit Handicap, Urlaub mit Hund, Radfahren & Wandern, Wassersport, Golfen, Sylter Gästeführer/Führungen, Gezeitenkalender u. a.: www.sylt.de/reise-service/infos-prospekte.
TV Sylt: Die 14-tägig erscheinende, kostenlose Zeitschrift TV Sylt informiert über Veranstaltungen, Fahrpläne und Adressen auf der Insel.
Sylt im Netz: www.sylt1.tv und www.sylt-tv.com bietet aktuelle Syltbilder, Interviews, Reportagen und Sylt-Krimis (s. S. 241).
Anreise und Weiterkommen: s. Westerland S. 83 und S. 229.

Insel-
geschichte(n)

Ob es sich bei dem Namen Sylt um die verkürzte Form von *Silendi* (Seeland) handelt, ist ungeklärt. Ebenso offen ist, ob Sylt oder Silt etwas mit *sild*, dem dänischen Wort für Hering, zu tun hat – seit dem 17. Jh. schmückt dieser Fisch das Sylter Wappen.

Bittere Armut prägte jahrhundertelang das Leben der wenigen Menschen auf der sandigen Insel. »Nom de Dieu, rien que le sable et la mer!« (Mein Gott, nichts als Sand und Meer!), lautete 1935 der Stoßseufzer eines französischen Offiziers, der auf der Insel strandete. Die Insulaner fanden ihr kärgliches Auskommen in der Landwirtschaft. Sie hielten ein paar Schafe und Kühe, bauten ein wenig Getreide an, doch die kargen Geestböden brachten nur magere Ernten. Über ihre Felder und Dörfer peitschte der feine, alles erstickende Flugsand der Wanderdünen, die niedrig gelegenen Marschwiesen auf der Osthalbinsel wurden bei jedem Orkan überflutet und versalzen. Im 14. und 15. Jh. rissen gewaltige Sturmfluten Alt-Wenningstedt, Alt-List, später auch noch Eidum, den Vorläufer Westerlands, und Rantum ins Meer.

Nach der Katastrophenflut von 1634 heuerten viele Insulaner auf holländischen, hanseatischen und dänischen Walfangschiffen an. Mit den neuen Arbeitsverhältnissen kehrte erstmals ein gewisser Wohlstand auf der Insel ein. Ab Mitte des 18. Jh. lohnte sich die Grönlandfahrt immer weniger, die Inselfriesen wandten sich verstärkt der Seefahrt zu. In der Zeit von 1824 bis 1914

Die Kirche St. Severin abseits von Keitum auf der höchsten Erhebung des Sylter Geestkerns ist der älteste Sakralbau in Schleswig-Holstein. Der Dachstuhl wurde Untersuchungen zufolge bereits um 1216 errichtet.

segelten allein auf Hamburger Schiffen 90 Sylter Kapitäne.

Neue Zeiten

Mit der Gründung des ersten Sylter Seebades 1855 in Westerland begann eine neue Zeit. Unter den ersten Syltbesuchern befand sich Dr. Gustav Ross, ein Arzt aus Altona bei Hamburg, der von der heilsamen Wirkung eines Aufenthaltes an der Nordsee überzeugt war. Bei der Grundsteinlegung zur Dünenhalle hielt er 1857 eine viel zitierte Festrede, in der er dem jungen Seebad eine glänzende Zukunft prophezeite. Er sprach davon, dass die vielen Vorteile der Insel wie der Strand »meilenweit ausgebreitet wie der köstlichste Samtteppich«, die Dünen und die Sylter selbst die Insel bald zu dem Nordseebad schlechthin machen würden.

Seine Prophezeiung erfüllte sich. Jahr für Jahr strömten immer mehr Gäste auf die Insel. Einen enormen Aufschwung brachte die Eröffnung des Hindenburgdamms im Juni 1927. Mittlerweile ist der Fremdenverkehr die Haupterwerbsquelle der Sylter. Die Insel ist das beliebteste Ferieneiland der Deutschen. 1995 wurde die Bürgerinitiative »Rettet Sylt« gegründet. Kern ihrer Forderungen war es, den immensen Landschaftsverbrauch im Zuge des stetig wachsenden Tourismus einzudämmen und die ausgewiesenen Naturschutzgebiete zu bewahren.

Die Tourismusbranche aber boomt weiter und mit ihr das Baugeschäft. Ohne vorausschauende, nachhaltige Planung wurden in den vergangenen Jahren Hotelgroßbauten hochgezogen. Die Sylter Grundstückspreise gehören zu den höchsten Europas. Im Sommer 2009 stand in Kampen ein nur 30 m² großes Haus für 6,3 Mio. € zum Verkauf. An Interessenten mangelte es nicht. Dass das reetgedeckte Kleinod nur über einen einzigen Raum mit Kochnische und Badzeile verfügt, spielte angesichts seiner attraktiven Lage direkt am Naturschutzgebiet an der ruhigen Wattseite keine Rolle.

Die Einheimischen sind auf dem Rückzug, viele können sich den Wohnraum auf der Insel nicht mehr leisten und gehen aufs Festland, wo die Mieten erschwinglicher sind. Tausende Berufstätige pendeln in der Saison täglich zwischen ihrem Wohnort auf dem Festland und ihrem Arbeitsplatz auf Sylt. Viele Sylter sind entgegen der landläufigen Meinung nicht reich – ebenso wenig wie ein Großteil der Sylturlauber. Aber höchstwahrscheinlich doch reicher, als sie ahnen. Emil Nolde notierte während seines Syltaufenthalts im Jahr 1930 beglückt: »Die Wogen, ihr Grollen, die Wolken vor und über mir, der Strand, die Dünen, das graue Gras, es war alles mein.«

List und Umgebung   ♀ E/F 1/2

Deutschlands nördlichster Ort liegt in unmittelbarer Nähe zu unberührter, atemberaubender Natur. Die Lister Wanderdüne im größten zusammenhängenden Dünengebiet Deutschlands und der schmale Ellenbogen mit dem vogelreichen Königshafen sind nach Meinung vieler Inselliebhaber das schönste Stück von Sylt.

Bis weit ins 19. Jh. hinein sprach man hier oben Dänisch. **Listland** – so wird das Gebiet im Norden Sylts genannt – unterstand bis 1864 der dänischen Krone, während der Rest der Insel zu Schleswig-Holstein gehörte, das sich zwar un-

Am Lister Hafen im Strandkorb ein wenig Sonne tanken und Schiffe gucken, bevor es wieder aufs Rad geht.

ter dänischer Oberherrschaft befand, aber von den Schleswiger Herzögen verwaltet wurde. Eine alte Redewendung drückt die Distanz zwischen den dänischen Listern und dem übrigen Teil der Insel aus. Wer in Richtung Kampen oder Westerland aufbrach, sagte: »Ich gehe nach Sylt.«

In älterer Zeit gab es auf Listland zunächst zwei Erbfestehöfe, die als erbliches Lehen vom dänischen König an ihre Besitzer vergeben waren. Bis heute sind die Königsbauern und ihre Nachfahren Eigentümer des Listlandes, das mit 1286 ha immerhin ein Achtel der Inselfläche einnimmt. Bereits 1923 wurde auf Betreiben des Vereins Naturschutz Insel Sylt der Bereich nördlich der Kampener Vogelkoje unter Naturschutz gestellt. Schwerwiegende Eingriffe in das Schutzgebiet erfolgten im Zuge der militärischen Befestigung der Insel: In der Ortschaft List wurde ein Zeppelin-

hafen angelegt, in den 1920er-Jahren kam eine der Lufthansa angegliederte Verkehrsfliegerschule hinzu. 1934 wurde List Garnisonort, man setzte Kasernen in die Dünen und baute eine Betonstraße nach Kampen.

Diese Baumaßnahmen erfolgten ohne Einwilligung der Eigentümer, denen als Wiedergutmachung neben einer Barabfindung das Recht eingeräumt wurde, Bereiche des Naturschutzgebietes im Listland und an der Blidselbucht als Bauland zu verkaufen. Die Erbengemeinschaft verkaufte das Land an auswärtige Investoren, die dort Mitte der 1960er-Jahre mehrere Ferienhauskolonien errichteten: Hier stehen reetgedeckte Friesenhäuser mit Blick aufs Wattenmeer in bevorzugter Wohnlage mitten im Naturschutzgebiet.

2007 wurde die Marineversorgungsschule geschlossen, die letzten Soldaten verließen den Marinestützpunkt in List,

Naturgewalten. Gegen ein Bris'chen anradeln – das kann jede und jeder. Aber wie sieht's aus mit Windstärke 9?

viele Arbeitsplätze gingen damit verloren. Der Ort inklusive Hafen hat in den vergangenen Jahren sein Gesicht verändert, den Ortseingang prägen das 4-Sterne-Grand-Spa-Resort A-Rosa und der luxuriöse Lanserhof auf hoher Düne mit Blick auf Watt und Meer (Eröffnung 2021). Neben dem Neubau der Wattenmeerstation des Alfred-Wegener-Instituts für Polar- und Meeresforschung entstand das grandiose Erlebniszentrum Naturgewalten.

List   📍F 1

Der **Hafen** ist die Seele des Ortes: Hier gibt es in der Saison Krabben frisch vom Kutter. Hier kommen die Fähren aus Rømø/Dänemark an, legen Ausflugsdampfer ab, liegt ein Seenotkreuzer der Deutschen Gesellschaft zur Rettung Schiffbrüchiger vor Anker. Mehrmals im Jahr strömen die Passagiere internationaler Kreuzfahrtschiffe an Land.

Lange Zeit war der Lister Hafen kein Aushängeschild für den 1500-Seelen-Ort: Eine kirmesartige, etwas abgewrackte Budenstadt, brachliegende Wirtschaftsgebäude und Betonpisten prägten sein Image. Zu Beginn des neuen Jahrtausends war Schluss damit, es wurde umgestaltet, abgerissen und neu gebaut. Die alten Buden wurden durch skandinavisch anmutende Holzhäuschen ersetzt. Aus der berühmten ›nördlichsten Fischbude‹, der Keimzelle für das Imperium des Krabben- und Scampi-Spezialisten Gosch, wurde ein Fischpalast mit Aussichtsplattform und Blick über den Hafen. In der maritim ausgestatteten Alten Bootshalle nebenan geht es nicht nur in der Saison so munter zu wie in einem bayerischen Bierzelt im Oktober. In der neu errichteten Alten Tonnenhalle locken Läden und Restaurants zum Bummeln und Verweilen. In ihrem Vorgängerbau waren die Seezeichen, auch Tonnen genannt, untergebracht.

Dittmeyer's Austern-Compagnie

Bis in die Mitte der 1920er-Jahre war die Austernfischerei für die Listlandbewohner von großer wirtschaftlicher Bedeutung, dann machten ihr Überfischung und ein paar strenge Winter den Garaus. Seit 1986 gibt es wieder Austern – aus Zuchtanlagen. Eine importierte pazifische Austernart wächst in Netzsäcken heran, die auf Eisengestellen in der Blidselbucht südöstlich von List verankert sind. Ihre Aufzucht ist ein Hand- und Knochenjob.

Damit die Austern nicht zusammenwachsen, müssen sie regelmäßig durchgerüttelt, gewendet und von Algenbewuchs befreit werden. Mit zunehmender Größe werden sie Stück für Stück in immer grobmaschigere Netze umgebettet. Im Winter müssen sie an Land geholt und in meerwasserdurchströmten Becken gehegt werden. Nach etwa drei Jahren sind die Austern dann reif zum Verzehr. In **Dittmeyer's Austern-Compagnie** wird die erntefrische Sylter Royal, die sich unter Gourmets zunehmender Beliebt-

heit erfreut, für den deutschlandweiten Versand, die örtlichen Restaurants oder Geschmacksproben vor Ort vorbereitet (s. S. 26).

Interessant sind die Wanderungen zu den Austernbänken, die Mitarbeiter des Erlebniszentrums Naturgewalten (s. Kasten S. 21) anbieten, Dauer ca. 3 Std., Termine findet man im Veranstaltungskalender.

Hafenstr. 10–12, www.sylter-royal.de.

Friedhof

Wenig besucht, aber doch sehenswert ist der kleine, mitten in den Dünen am Ortsrand gelegene **Friedhof**. Der Lister Friedhof ist nämlich etwas Besonderes, fast wie eine Parkanlage wirkt er, und es verwundert, dass alle möglichen Prominenten in Keitum und nicht in List zur letzten Ruhe gebettet werden wollen. 1977 wurde hier der legendäre Flugpionier Wolfgang von Gronau bestattet, der 1930 mit einem alten Flugboot den Atlantik überquerte und 1932 von List aus zu einer Weltumrundung aufbrach. Am Hafen ist ihm ein Denkmal gesetzt.

Tipp: unmittelbar vor dem Friedhof führt ein schmaler Pfad in die Dünen. Immer bergan geht es, hoch hinauf bis zum spektakulärsten Blick in die Welt der Wanderdünen.

Abzweig von der Mövenbergstraße, kurz vor dem Ortsausgang Richtung Weststrand und Ellenbogen.

WIRD SYLT UNTERGEHEN?

Was ist dran an der globalen Erwärmung? Wie schnell wandern Wanderdünen? Wie überleben die Vögel einen Orkan? Im Erlebniszentrum **Naturgewalten** in List kann man allein oder mit der ganzen Familie viele Stunden verbringen, und jede einzelne ist den Eintritt wert. Hier werden spielerisch und unterhaltsam alle Fragen zu den drei großen Themen Kräfte der Nordsee, Klima und Wetter sowie Leben mit Naturgewalten beantwortet (Hafenstr. 37, T 04651 83 61 90, www.naturgewalten-sylt.de, tgl. 10–18 Uhr, Erw. 13,50 € mit/14,50 € ohne Gästekarte, Kinder 4–15 J. 9 €).

*Schafe haben am Lister Ellenbogen – am nördlichsten Punkt
Deutschlands – immer Vorfahrt.*

Strände

Für Wasserratten bietet der **Weststrand**
von List beeindruckende Brandung und
tideunabhängiges Baden. Der **Oststrand,** eine wellenruhige Badebucht
am tideabhängigen Wattenmeer, liegt am
südlichen Ortsrand. Am **Ellenbogen,** im
Schutz des Königshafens auf der **Südseite** des Ostellenbogens, erstreckt sich
ein wunderbarer Sandstrand mit einem
unter Urlaubern und Einheimischen beliebten Surfgebiet (keine Übernachtung
im Zelt oder Wohnmobil möglich!).

Wanderdünen   📍 E/F 1/2

Unmittelbar an den Ort grenzt das
Naturschutzgebiet Nord-Sylt mit be-
eindruckenden Dünenlandschaften.
Thomas Mann verglich einst einen
Ausflug zu den Wanderdünen mit einer Tour in die Sahara. Ursprünglich
befanden sich auf Listland mehrere
große Wanderdünen, von denen ein
Großteil Mitte des 20. Jh. mit Strandhafer bepflanzt und festgelegt wurde,
um die Militärbauten und vor allem
die Straße von Kampen nach List vor
Sandverwehungen zu schützen. Heute sind nur noch zwei Wanderdünen
übrig geblieben. Die größte ist 2,8 km
lang und 20–30 m hoch. In den letzten
70 Jahren ist sie im Durchschnitt um
3 bis 4 m pro Jahr weitergewandert.
Durch Halmpflanzungen ließe sie sich
befestigen, doch um die ursprüngliche
Landschaft zu erhalten, wurde bislang
auf eine Festlegung verzichtet. Solange
sie dem Ort nicht zu nahe kommt, darf
sie wandern. Der Autostraße hat sie sich

schon bis auf ein paar Meter genähert. Es wird spannend.

Die Sylter Sahara lässt sich vom Auto aus bewundern. Einfach so hineinwandern – das ist schon lange nicht mehr erlaubt. In der Saison werden einmal im Monat Führungen zu den Wanderdünen angeboten (s. S. 28). Die alte Listlandstraße führt in einem weiten Bogen im Nordwesten um das Naturschutzgebiet herum. Schmale Haltebuchten sind hier ausgespart. Aber auch die gebührenpflichtigen Parkplätze an den Übergängen zum Weststrand bieten beste Aussicht auf die Wanderdünen.

An der Listlandstraße.

Königshafen ♀ E/F 1

Ein vom dünenreichen Ellenbogen schützend umfasster Naturhafen, der auf eine bewegte Geschichte zurückblickt, erstreckt sich im Norden von Listland. Am 16. Mai 1644 besiegten die Dänen unter König Christian IV. in der Schlacht im Lister Tief zwischen Sylt und Rømø die vereinigte schwedisch-holländische Flotte. Zum Gedenken an diesen Sieg verlieh der König dem Schauplatz seines Sieges, der Reede von List, den Namen Königshafen.

Am Eingang des Königshafens liegt die **Vogelschutzinsel Uthörn.** Sie ist das Brutgebiet von Eiderenten, Brandgänsen, Austernfischern, Mittelsägern, Sand- und Seeregenpfeifern sowie Küsten- und Zwergseeschwalben und gehört zur Schutzzone 1 des Nationalparks Wattenmeer (s. S. 260). Es ist nicht gestattet, die Insel und ihre Vorländereien zu betreten, vom Deichweg bietet sich aber eine gute Sicht auf das Eiland.

Nördl. von Listland.

Ellenbogen ♀ E 1

Der Ellenbogen ist Sylts und damit auch Deutschlands nördlichster Zipfel: Brandung, Watt und einsame Dünen – eine hinreißend schöne Landschaft. An der Ostspitze treffen die offene Nordsee und das Wattenmeer aufeinander, deutlich an den schaumgekrönten Wirbeln zu erkennen – mit jeder Tide werden hier mehr als 500 000 m3 Wasser ins Watt hineingepumpt. Baden ist in diesem von Strömungen bewegten Wasser an der Nordküste der Halbinsel nicht ratsam (Achtung auch vor den Buhnen). Im Schutz des Königshafens auf der Südseite des Ostellenbogens erstreckt sich ein naturbelassener, ausgedehnter Sandstrand.

Motorisierten Besuchern wird seit einigen Jahren in der Saison an der Zufahrt zum Ellenbogen, kurz hinter der Abzweigung zum Weststrand, eine Maut abverlangt – die Eigentümer bitten zur Kasse. Der ›Eintritt‹ lohnt. Unmittelbar hinter dem Kassenhäuschen führt links ein Weg hinauf zum knapp 28 m hohen **Ellenbogen-Berg** – was man hier im Norden eben so Berg nennt – mit fantastischer Fernsicht über den Ellenbogen bis nach Dänemark. Entlang der Autostraße, die an die Ellenbogenspitze führt, liegen mehrere Parkplätze, allesamt schöne Ausgangspunkte für Wanderungen durch die Dünenlandschaft. Frei laufende Schafe kreuzen die Straße, durchstreifen die Dünentäler. In abgegrenzten Bereichen am Königshafen tummeln sich die (Kite)Surfer, hier ist das Baden erlaubt, aber tideabhängig.

Ca. 6 km nördl. von List, Mautgebühr.

Schlafen

Hochkarätige Wellness Paradiese
A-Rosa Sylt an der Listlandstraße am südlichen Ortseingang (www.a-rosa.de)

TOUR
Sylt hat einen Haken – und was für einen …

Wanderung von List zum Ellenbogen ✪

Hinweis: Picknicken und Buddeln nach Herzenslust, nur Baden ist hier verboten.

Die Wanderung kann in List beginnen, aber auch an der Weststrandhalle, hier hält der Linienbus (Nr. 5 von List), die Tour ist dann 7 km kürzer. Aber egal, wo man startet: Unterwegs gibt es nichts als Wind, Wellen, Dünen, Schafe und Strände.

Der Weg auf der Südseite des Königshafens verläuft größtenteils auf dem Deich, der List seit 1936 von Norden her schützt und einen grandiosen Blick hinüber zum Ellenbogen bietet. Nicht weit hinter der Jugend-

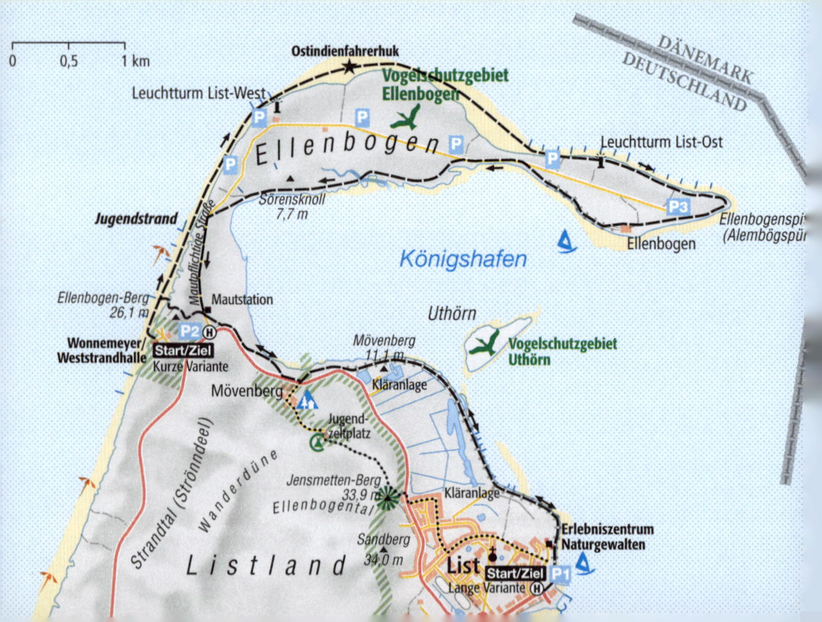
0
0,5
1 km
Ostindienfahrerhuk
Vogelschutzgebiet Ellenbogen
Leuchtturm List-West
DÄNEMARK
DEUTSCHLAND
Ellenbogen
Leuchtturm List-Ost
Sörensknoll 7,7 m
Jugendstrand
Mautpflichtige Straße
Ellenbogenspi
(Alembögspür
Ellenbogen
Königshafen
Ellenbogen-Berg 26,1 m
Mautstation
Uthörn
Wonnemeyer/ Weststrandhalle
Start/Ziel
Kurze Variante
Mövenberg 11,1 m
Vogelschutzgebiet Uthörn
Mövenberg
Kläranlage
Jugend-zeltplatz
Strandtal (Strönndeel)
Wanderdüne
Jensmetten-Berg 33,9 m
Ellenbogental
Kläranlage
Erlebniszentrum Naturgewalten
Sandberg 34,0 m
Listland
List
Start/Ziel
Lange Variante
P1
P2
P3

Was gibt es Schöneres, als über den fast immer menschenleeren Strand am Lister Ellenbogen zu spazieren?

Infos

Start:
Lister Hafen ♥ F 1/2, Parkplatz neben dem Erlebniszentrum Naturgewalten (P 1)

Länge/Dauer: etwa 20 km, ca. 5–6 Std.

Ausrüstung: unbedingt Sonnenmilch und -schutz sowie Essen und Trinken, Einkehrmöglichkeit nur am Weststrand.

herberge passiert man die Mautstation, hier beginnt das eigentliche Gebiet des Ellenbogens. Linkerhand zweigt ein Weg zum **Ellenbogen-Berg** (s. S. 23) ab. Von hier geht es hinunter zum Strand. An dieser ›Bernsteinküste‹ stehen die Chancen vor allem im Winterhalbjahr gut, ›Meeresgold‹ zu finden.

Nördlicher wird's nicht
Vorbei geht es am Basaltdeckwerk, das seit 1938 im Bereich vor dem **Leuchtturm List-West** dem Küstenschutz dient – hier ist die Gefahr für Dünendurchbrüche am größten. Am Strandabschnitt vor dem **Leuchtturm Sylt-Ost** wurden nach massiven Küstenabbrüchen im Winter 1999 sandgefüllte Geotextilien eingesetzt, an denen sich Sand anlagerte, auch Sandvorspülungen sollen Abhilfe schaffen.

Das Meer ist hier wild und wunderbar, aber gefährlich, das Baden ist verboten! Der Blick schweift hinüber nach Dänemark, am Horizont eine Sylt-Fähre, Der Strand am östlichsten Zipfel ist bevölkert mit Spaziergängern, die mit dem Auto anreisen. Die halbe Stunde Wanderung (vom Parkplatz Ostspitze Ellenbogen, P 3) ist bei jedem Wind und Wetter zu schaffen. Zurück geht es entlang dem Königshafen – am schönsten übrigens bei Ebbe, dann kann man hier durchs Watt wandern.

und das etwas kleiner ausgefallene **Hotel Strand** am Königshafen neben dem Erlebniszentrum Naturgewalten (www.hotel-strand-sylt.de) bieten Luxus und Spa fern vom Trubel. Getoppt werden sie vom **Lanserhof,** dem teuersten jemals in Deutschland gebauten Hotel, in grandioser Lage in den Dünen am Wattenmeer (Eröffnung 2021, www.lanserhof.com/sylt).

Fabelhaft modern

Easy Living: Ein beach-stylisches Hotel mit schöner Ausstattung, viele interessante Details, vom 2. Stock Blick aufs Meer. Freundliche Mitarbeiter tragen zur entspannten Atmosphäre bei. Supermarkt und Restaurant im Gebäudekomplex ›Lister Markt‹, hört sich doof an, ist aber okay – ein interessantes Ambiente zum Shoppen und Genießen, gratis Parken, gratis WLAN.
Hafenstr. 2a, T 04651 936 50 50, www.hotel-easy-living.de, DZ ab 150 €.

Mitten im Naturschutzgebiet

Üthörn-Ellenbogen: Wer hier einmal Urlaub gemacht hat, kommt immer wieder. Ein Traum für Naturliebhaber. Das 1936 als Austernfischerei-Anlage der Biologischen Anstalt Helgoland erbaute Haus beherbergt seit 1976 den nördlichsten Beherbergungsbetrieb Deutschlands. Elf Ferienwohnungen für 2–6 Pers. bei netten Gastgebern in traumhafter Lage direkt am Königshafen mit Surf- und Badestrand in nächster Nähe.
T 04651 87 02 18, www.uethoern.de, FeWo 100–220 €.

Zwischen Ost und West

Jugendherberge: Schöne Lage zwischen Dünen und Königshafen, allerdings etwas abseits, ungefähr in der Mitte zwischen List und dem Weststrand. Gleich nebenan befindet sich der Jugendzeltplatz Mövenberg (www.jugenderholung-sylt.de).

Mövenbergstr., T 04651 87 03 97, www.nordmark.jugendherberge.de, ab 25,50 €.

Essen

Traditionsreich

Alter Gasthof: Anheimelnd historisches Gourmetrestaurant in der ehemaligen fiskalischen Austernstube von 1804. Die Spezialität des Hauses ist der ganze Hummer aus eigener Haltung, aber auch Keitumer Galloway-Rind und Currywurst stehen auf der Speisekarte, viele Kräuter kommen aus dem eigenen Garten.
Alte Dorfstr. 5, T 04651 87 72 44, www.alter-gasthof.com, Do–Sa 17–22, in der Saison Di–Sa 17–22 Uhr, Pasta ab 15, Fisch und Fleisch ab 25 €.

Holzhütte am Meer

Wonnemeyers Weststrandhalle: Hat was von einer Skihütte mit der großen Terrasse und dem weiten Blick über die Sandberge. Tagsüber herrscht Trubel vom Strand. So war es immer schon, österreichisch ist hier nach dem Besitzerwechsel aber nichts mehr, weder das Essen noch die Einrichtung: Das Ambiente ist modern, hell und nordisch, Grau und Beerenrot dominieren. Das Essen ist leicht und lecker, viele regionale, feinheimische Bioprodukte.
Am Strandübergang zum Weststrand, T 04651 87 02 66, Di–Sa 12–21, So 12–17 Uhr, Hauptgerichte 12,50–39 €.

Sylter Royal: Schon mal probiert?

Bistro der Dittmeyer's Austern-Compagnie: Freundliches Bistro mit Strandkörben vor der Tür. Das Team leistet gerne Starthilfe auf dem Weg zum Austerngenuss. Alternativen sind eingelegter Schafskäse, Lammschinken und Blaubeerpfannkuchen.
Hafenstr. 10–12, T 04651 87 75 25, www.sylter-royal.de, in der Saison 11.30–22 Uhr, im Winter nur bis 20 Uhr, Sylter Royal in ver-

Wohin zuerst gucken? – Die Alte Bootshalle in List wartet mit reichlich Kitsch auf.

schiedenen Gourmetvarianten ab ca. 4 € pro Stück. Wer mag, kann auch online bestellen, 25 Sylter Royal gibt's für 35 €.

Entspannt am Oststrand
L. A. Sylt: Die Lister Austernperle liegt direkt am Oststrand. Das ist Urlaub: Hier auf der Terrasse zu sitzen mit freiem Blick über Strand und Wattenmeer. Auf der Speisekarte stehen neben Currywurst auch Labskaus, Sylter Lamm und Austern. Mannemorsumtal 33 c, T 04651 299 93 96, in der Saison tgl. ab 10.30 Uhr, Hauptgerichte 8–30 €.

Mal was anderes als Fisch
Voigt's Alte Backstube: Die Friesentorte gilt als eine der besten der Insel, es gibt leckere Eintöpfe, Salate und eine unglaubliche Auswahl an Pfannkuchen (7–23,50 €) und Pellkartoffeln vom Sylter Bauern.

Süderhörn 2, T 04651 87 05 12, www.altebackstube.de, Küche 12–21 Uhr.

Heute schon gegoscht?
Die Alte Bootshalle: Am Lister Hafen begann die Erfolgsgeschichte des Fischgiganten Gosch. In der alten Bootshalle herrscht immer Volksfeststimmung. Man sitzt auf Hockern oder Holzbänken unter Fischernetzen sowie anderem maritimem Kitsch und ist doch immer wieder angetan. Fisch gibt's in allen Variationen und Preisklassen. Hafenstr. 16, www.gosch.de, tgl. 11.30–21 Uhr, im Sommer länger.

Natürlich schmeckt's besser
Sylter Eismanufaktur: Am Ortseingang schräg gegenüber vom A-Rosa. Auf der Karte steht eine kleine, aber feine Auswahl köstlicher Eisspezialitäten, alles handgemacht, (fast) alle Zutaten bio und fairtrade,

dazu Kaffee aus der Rantumer Kaffeerösterei. Sonnige Terrasse, und nach dem Eisgenuss kann man nebenan bei Mylin vorbeischauen (s. u. Einkaufen).

Dünenstr. 3, www.sylter-eismanufaktur.de, Mi–Mo 12–19 Uhr, in der Saison tgl.

Jetzt eine Suppe …

Sylter Suppen: Eine charmante kleine Suppenküche auf Rädern im Dünengarten neben Mylin und hinter der Eismanufaktur. Gekocht wird mit regionalen Zutaten – Kartoffeln, mit Möhren, Lauch, Kohl, Pastinaken und Rote Bete aus Braderup, Morsum, Tinnum … in jedem Fall ist nichts vom Tier darin. Drei Suppen stehen zur Auswahl, fast immer bio, immer vegan.

www.sylter-suppen.de, Di–Fr 12–17 Uhr, ganzjährig.

Einkaufen

Darf's ein bisschen Meer sein

Sylter Meersalz Manufaktur: Typisch Sylt und edelst vermarktet sind die hochpreisigen Gourmetideen von Sternekoch Alexandro Pape. Sylter Meersalz, Pasta und Saucen mit italienischer Seele – inspiriert durch Alexandro Papes Urgroßvater, dazu ein WATT Bier – hergestellt aus dem »reinen Kondensat der Salzgewinnung«.

Hafenstr. 2, www.sylter-meersalz.de, Hauptsaison Mo–Sa 10.30–18, Nebensaison Mo–Sa 11–17 Uhr.

Alles Mögliche

Alte Tonnenhalle: Das Shoppingcenter beherbergt eine Vielzahl kleinerer Läden. Hier findet man einfach alles: maritime Souvenirs, Strandkörbe, Gartenmöbel, Kindermode, Schuhe, Bücher, Antiquitäten und eine Gosch-Filiale für den kulinarischen Genuss.

Am Hafen, ab 10 Uhr, www.alte-tonnenhalle.com.

Antiquitäten

Mylin: Wunderschöne, skandinavische Kachelöfen und Kamine, dazu historische Fliesen, Antiquitäten – Stühle, Tische und stilvolle Lampen.

Dünenstr. 1, T 04651 87 08 45, www.mylin.de, Mo–Sa 10–18 Uhr.

Edles für Garten und Terrasse

Voelmys: Wer etwas Besonderes sucht, ist in diesem Möbelhaus im richtigen Laden. Nicht alles ist jedermanns Geschmack, aber Gucken kost' nix und inspiriert. Neben stilvollen Strandmöbeln gibt es hier Kunst, Möbel und Lampen.

Listlandstr. 14, T 04651 46 09 60, www.strandkorbundco.de, Mo–Sa 10.30–17 Uhr.

Bewegen

Ab nach draußen!

Geführte Wanderungen: Das Erlebniszentrum Naturgewalten bietet grandiose Touren in die Natur an: ins Watt, in die Dünen, zum Fuß der Wanderdüne, zu den Austern, zu Wellen, Wind und Walen am Weststrand sowie auf Vogelsafari. Wasserfestes Schuhwerk ist dabei erforderlich.

Info und Programm: T 04651 83 61 90, www.naturgewalten-sylt.de.

Willkommen im Surfparadies

Vom Surfen lernen, Kite ›schnuppern‹ bis ›in den Himmel abheben‹ ist alles drin am Ellenbogen. Das Areal im Königshafen liegt mitten im Naturschutzgebiet, an die Grenzen müssen sich alle halten – Surfer wie Kiter. Zwei Schulen bieten dort Kurse an:

Kiteschule Sylt, T 0172 472 17 48, www.kiteschule-sylt.de; **Kite- und Surfschule-Sylt,** T 04651 433 75, https://campone-sylt.de.

Am Wattenmeer in List stationiert ist **Jan's Wassersportschule List,** bietet aber auch Surfkurse an der Brandungsküste an. Windsurfen, Kitesurfen, Stand-Up-Paddling, Katamaransegeln.

Am Hotel Strand am Königshafen: Hafenstr. 41, T 0175 205 54 94, https://wassersport-sylt.de.

Schwitzen mit Meerblick

Strandsauna: Drei finnische Block-haussaunen stehen in einem geschütz-ten Dünental für Saunafreunde bereit. Zur Abkühlung geht's dann direkt in die frische Nordsee.

Beim FKK-Strand, T 04651 87 71 74, www.strandsauna-list-auf-sylt.de, April–Okt. tgl. 11–18 Uhr, Tageskarte 22 €.

Vielseitiges Kulturprogramm

Akademie am Meer: Im Süden des Lister Gemeindegebietes liegt die 1919 gegründete und seit 1993 staatlich aner-kannte Volkshochschule Klappholttal. Sie bietet ein facettenreiches Programm an Vorlesungen, Seminaren und Workshops. Viele dieser Kurse sind als Bildungsurlaub anerkannt. Hier kann man Plattdeutsch ler-nen, vogelkundliche Kurse belegen, malen, meditieren, musizieren, schreiben und ei-niges mehr. Das aktuelle Jahresprogramm ist auf der Homepage zu finden.

Klappholttal, T 04651 95 50, www.akademie-am-meer.de.

Ausgehen

Ein Hauch von Karibik

Bam-Bus: Die Kultkneipe an der Bus-haltestelle in den Lister Dünen ist ein wunderbar entspanntes Stück Sylt. Zwar sind schon seit einiger Zeit Baumaßnah-men im Gespräch – ein neuer Kiosk, eine größere Strandkorbhalle, ein zusätzlicher Parkplatz –, denen die Bam-Bus-Bar weichen wird. Die ›letzte Saison‹ wurde allerdings schon mehrmals aufgescho-ben. Es gibt die Bam-Bus-Bar immer noch. Wie wunderbar!

Weststrand 13, www.bam-bus.de.

Infos

- **Kurverwaltung List:** Landwehrdeich 1, 25992 List, T 04651 952 00, www.list.de.
- **Inselverbindungen:** s. S. 83
- **Bus zum Strand:** Regelmäßig fährt der Bus von List-Ort zum Weststrand mit Sta-tion an der Jugendherberge Mövenberg.

Kampen $♀$ D/E 3

»Ach Sylt, schön muß es hier einmal gewe-sen sein, auch im Sommer, bevor die Spe-kulation über die Kampener Heide und der Kapitalismus, Anschauungsunterricht erteilend, über das Land zwischen den Meeren triumphierte«, sinnierte der Li-teraturprofessor Walter Jens, der 15 Jahre lang seine Sommerferien in Kampen ver-bracht hatte, angesichts der Westerländer Skyline. Es waren vor allem Ruhe suchen-de und Natur liebende Intellektuelle und Künstler, die über die Jahre ihr Quartier in dem 6 km nordöstlich von Westerland, idyllisch inmitten ausgedehnter Heide-landschaften gelegenen Kampen aufschlu-gen (s. S. 288). In den 1960er-Jahren zog Kampen Heerscharen von Schönen und Berühmten an. Bilder von champagnerse-ligen Partys an der Buhne 16 wurden von der Boulevardpresse in den entferntesten Winkel des Landes getragen – bis heute prägen sie das Schickeria-Image Kampens bzw. ganz Sylts.

Das Dorf

Kampen (ca. 470 Einw.) ist in architekto-nischer Hinsicht bodenständig geblieben. Reetgedeckte Friesenhäuser säumen die Straßen, ducken sich zwischen Dünen und Heidehügel. Schon früh waren die

Sturmerprobt? Die Sturmhaube trägt den Namen bereits versunkener Vorgänger und steht bereit für die nächste Grundsanierung.

Kampener daran interessiert, den malerischen Charakter ihres Ortes zu erhalten. Nach der heute noch gültigen Bauordnung von 1913 dürfen die Häuser nicht höher als 8 m gebaut werden, der Abstand zwischen ihnen soll mindestens 25 m betragen – ein beachtliches Maß, zieht man die Kampener Grundstückspreise in Betracht. Bei vielen der schicken Immobilien handelt es sich um Zweitwohnsitze gut betuchter Zeitgenossen.

Die Möglichkeit, in Kampen auf Prominenz zu stoßen, erhöht den Reiz eines Bummels durch den mondänen Ferienort. Wohl nirgendwo in Nordeuropa sind auf so kleiner Fläche so viele Luxuslimousinen, Nobellokale, Edelboutiquen und Galerien zu finden. Es gibt nur wenige Orte, die so viele Sehnsüchte nach einem vermeintlich schillernden Leben nähren, das sich nur die Wenigsten leisten können. Aber gerade hier, im ›St. Tropez Deutschlands‹, dämmert die Erkenntnis, dass auch die Reichen und Schönen der Natur wegen nach Sylt kommen. In der begünstigten Lage zwischen brandender Nordsee und stillem Wattenmeer liegt der eigentliche Reiz des Nordseebades Kampen.

Mittendrin

Die viel befahrene Hauptstraße teilt das ›berühmteste Dorf Deutschlands‹ in zwei Hälften. Mitten im Zentrum befindet sich das 1956 erbaute und 1993 aufwendig restaurierte **Kaamp-Hüs** ❶, in dem der Tourismus-Service untergebracht ist und die Dorfführungen beginnen (s. S. 39). Hier werden im Rahmen des Kampener Jazzklubs, des Kampener Musiksommers und des Kampener Literatursommers Konzerte und Lesungen bekannter Künstler sowie wechselnde Ausstellungen geboten. Das ›Kaamp Meren‹ im Haus

ist ein vorzüglicher kulinarischer Treff, hier kann man sich vor oder nach einem gemütlichen Dorfbummel stärken.
Hauptstr. 12.

Kampen-Ost

Östlich der Hauptstraße führen alle Wege durch traumhaft ruhige Wohngegenden. Prachtvolle Anwesen verbergen sich inmitten grüner Gärten hinter bewachsenen Steinwällen und sorgfältig gestutzten Hecken und Bäumen. Bemerkenswert viele dieser traumhaften Immobilien sind Neubauten im Friesenhausstil, wobei in den wenigsten Fällen neues Bauland ausgewiesen wurde. Häufig fielen die alten Vorläuferbauten der Abrissbirne zum Opfer, um mehr und moderneren Wohnraum zu schaffen. So manches echte Friesenhaus ging auf diese Weise verloren. Und der Prozess schreitet fort.

Ein Kleinod ist der Dorfteich inmitten eines kleinen **Avenarius-Parks** ❷ mit verschlungenen Wegen und einem Bouleplatz – (einfach Kugeln mitbringen oder beim Tourismus-Service gegen Gebühr leihen). Der Park ist nach Ferdinand Avenarius benannt, der dazu beitrug, dass Kampen wohlhabend wurde. Fünf Minuten entfernt liegt das legendäre Café **Kupferkanne** ❺ (s. S. 36). Es gehört zu den Highlights eines Sylturlaubs, hier an einem sonnigen, warmen Nachmittag einen Rhabarberkuchen mit Sahne zu verzehren, während der Blick über unbebaute Heidelandschaft in die Ferne über das Wattenmeer schweift.

Geschichtsträchtige Immobilie am Watt

Am nordöstlichen Rand des Ortes liegt der (nicht zugängliche) **Klenderhof** ❸. Das reetgedeckte Gebäude mit dem markanten Rundturm wurde 1933 für die Familie des Cellisten Max Baldner erbaut, die das Haus aber nur wenige Jahre nutzen konnte, da nach der Machtergreifung der Nationalsozialisten Juden

HAUS WATERKÜKEN

Stille am Watt. Hinter einem 3 m hohen Wall versteckt sich ein bemerkenswertes Häuschen (Fennenweg 3). 1936 wurde es erbaut, es besteht aus dem Hauptraum mit Essbereich, Einbauküche, Dusche und WC. Eine Treppe führt hinaus zur Schlafmöglichkeit (für zwei) unterm Dach. Die insgesamt 30 m^2 Wohnfläche standen 2009 zum Verkauf, geschätzter Wert: sechs Millionen – das im Verhältnis zur Quadratmeterzahl teuerste Haus der Welt. Der Verkauf kam nicht zustande, das Haus blieb im Besitz des Immobilienmaklers, der es 2001 gekauft hatte. Die Lage ist nach wie vor unvergleichlich, Morgensonne über dem Watt, schöner geht es nicht. Sie haben Lust drauf? Gerne doch, das Waterküken ist zu mieten (www.matthias-haase-immobilien. de/waterkueken), sehr schön: zu zweit, und noch schöner: verliebt.

auf der Insel nicht mehr erwünscht waren. Später diente das Anwesen dem Zeitungsverleger Axel Springer fast drei Jahrzehnte als Gäste- und Tagungshaus. Nach einem Brand 1973 wurde die ›Springer-Burg‹, wie sie auf Sylt mitunter noch heute genannt wird, wieder aufgebaut. Bis 1982 war sie im Besitz des Verlegers, danach hat sie mehrfach den Besitzer gewechselt. Zuletzt soll ein Schweizer Unternehmer über 20 Mio. € für die kernsanierte Top-Immobilie auf den Tisch gelegt haben.
Grönning/Norderende 1.

Zur Sturmhaube

Zwischen Dorf und Nordsee im Westen erstreckt sich weites offenes Heideland, das seit 1952 unter Landschaftsschutz

Kampener Kunst- und Kulturpfad

- – – – Rundweg West
- – – – Rundweg Ost
- ● **Max Frisch** Gedenkstelen

Nordsee

Hundestrand

Naturschutzgebiet Nord/Sylt

FKK-Strand ↗

List ↗

7

6

5

4

Emil Nolde

Thomas Mann

Aussichtsplattform

3

Max Frisch

Ernst Rowohlt

Christian Hinrich

Naturschutzgebiet Dünenlandschaft auf dem Roten Kliff

Kurhausstr.

Kurhausstr.

Rieperstieg

Rundweg West

Professor Dr. Wilhelm Waezoldt

Ernst von Salomon

U w e - D ü n e

52,5 m

6

Naturschutzgebiet Dünenlandschaft auf dem Roten Kliff

3

Möwenweg

Reimert-Hansen-Weg

Wall

Swarte

Lerchenweg

Zur Uwe-Düne

Westerweg

Bergentenweg

Strönwai

1

4

1

2

2

Mittel-stg.

Siegward Sprotte

1

3

2

4

Kirchen-stig

Alte Dorfstr.

2

Süderweg

Brunnenweg

Finkenweg

Esling-Wung

7

Brönshooger Weg

Leuchtturmweg

↙ *Wenningstedt, Westerland*

Wenningstedter Weg

Hauptstr.

Lister Str.

Grönning

Hoogenkamp

Heide

Norder

Hans-Hansen-Wai

Erika-

Parkweg

Kiebitz-weg

Slip

Albert Aeroboe

Ferdinand Avenarius

Wattweg

Arnikaweg

Kroghooger Wai

Tünnen-Kamp-Wai

Rundweg West

Brönsogenweg

Ginsterweg

Valeska Gert

Wuldeweg

Wuld

Braderuper Weg

Böder Wai

Süderweg

Oseweg

8

L24

L24

0   250   500 m

Kampen

Ansehen
1. Kaamp-Hüs
2. Avenarius-Park
3. Klenderhof
4. Haus Kliffende
5. Quermarkenfeuer
6. Uwe-Düne
7. Leuchtturm
8. Vogelkoje

Schlafen
1. Lotsenhof
2. Haus Rechel
3. Campingplatz Kampen

Essen
1. Gogärtchen
2. Manne Pahl
3. Sturmhaube
4. Odin Deli
5. Kupferkanne
6. Kaamps7
7. Buhne 16

Einkaufen
1. Dorfladen Kampen
2. Bäckerei Speck
3. Galerie Herold
4. Falkenstern Fine Art & Atelier Sprotte

Ausgehen
1. Pony
2. Club Rotes Kliff

steht. Mittenhindurch führt die Kurhausstraße, deren Bebauung vom Rest der Architektur des Ortes abweicht (kein Reet), direkt ans Meer. In traumhafter Lage rund 30 m über dem Strand befindet sich die **Sturmhaube** **3** (s. S. 36) – bereits die dritte dieses Namens. Die erste Sturmhaube befand sich dort, wo heute die Brandung an den Strand tobt. Die Reste des Betonfundaments der zweiten, 1936 erbauten und bereits 30 Jahre später abgerissenen Sturmhaube befinden sich unmittelbar an der Abbruchküste. Man sollte es sich nicht entgehen lassen, hier einen Blick über die Kliffkante zu werfen, bevor man weiterwandert.

Schon der Name ist Magie

Interesse erweckt sicherlich das direkt an der Abbruchkante gelegene, 1923 erbaute **Haus Kliffende** **4**. Als es noch gut 100 m vom Strand entfernt lag, bewirtete hier die legendäre Schauspielerin Clara Tiedemann Größen aus Kultur, Kunst und Politik, u. a. den Dichter Thomas Mann, die Maler Emil Nolde und Max Liebermann, Außenminister Gustav Stresemann und den Verleger Ernst Rowohlt. Seit 1955 diente das Anwesen 42 Jahre lang einer Bank als Feriendomizil für ihre Mitarbeiter, bis es 1997 für 8 Mio. DM verkauft wurde – trotz Sturmflutgefahr offenbar ein für die neuen Eigentümer akzeptabler Kaufpreis. Im Dezember 1999 schlug allerdings der Orkan Anatol zu und riss das Land bis dicht ans Kliffende ins Meer. Um einen Totalverlust des privat genutzten Anwesens zu verhindern – die Front des Hauses lag weniger als 5,5 m von der Abbruchkante –, wurden zehn Lagen geotextiler Sandcontainer auf ca. 165 m Küstenlänge vor dem Haus verbaut. Diese künstliche Düne hat seither diversen heftigen Stürmen mit Windgeschwindigkeiten von bis zu 200 km/h standgehalten. Sandverluste werden jeweils zeitnah durch Bagger ausgeglichen, aufgrund

des angepflanzten Strandhafers ist die künstliche Düne erheblich angewachsen. Ohne diese Maßnahmen wäre die traditionsreiche Luxusimmobilie längst »über den Strand gegangen« – so nennt man das auf Sylt, wenn ein Bauwerk durch Unterhöhlung des Kliffs abstürzt. Von Kliffende führt ein Bohlenweg zu dem kleinen, 1912 errichteten **Quermarkenfeuer** **5** (s. S. 95).

Am südwestl. Ortsrand, Weststrand.

Wer ist dieser Uwe?

Der Parkplatz an der Sturmhaube ist ein guter Ausgangspunkt für eine Wanderung zur höchsten Düne Sylts. Rund 52 m über dem Roten Kliff erhebt sich die **Uwe-Düne** **6**, benannt nach dem 1793 in Keitum geborenen Sylter Freiheitshelden Uwe Jens Lornsen. Von der Aussichtsterrasse bietet sich ein grandioser Rundumblick. Infotafeln erläutern die Landschaftsformen, beschreiben Flora und Fauna auf Sylt. Der Blick schweift über zwei Meere, nach Süden über die Dünen bis zur Skyline von Westerland, im Osten erhebt sich der **Leuchtturm** **7** von Kampen inmitten grüner Weiden (s. S. 94).

Vom Parkplatz Sturmhaube aus in 10 Min. erreichbar.

NSG Kampener Vogelkoje 📍E2

In einem dschungelartigen Dickicht an der Straße Richtung List verbirgt sich die Kampener **Vogelkoje** **8**, für die der dänische König Christian VII. am 20. Oktober 1767 die Konzession erteilte. Bis zur Stilllegung im Jahr 1921 wurden hier nahezu 700 000 Stock-, Spieß-, Pfeif- und Krickenten gefangen. Am Ende waren es nur noch 99 Enten – das schlechte Fangergebnis führte man auf die Störungen durch das anwesende Militär, den Ausbau der Inselbahn von Kampen nach List und den mit dem Badebetrieb zunehmenden Lärm zurück. 1935 wurde die Koje unter Naturschutz gestellt, Teile der Fanganlage sind rekonstruiert. Ein kleiner Rundweg mit angegliedertem Naturlehrpfad führt zum Hide (Beobachtungsstand) am Teich. Ein Tipp für Genießer ist das Restaurant an der Vogelkoje (www.vogelkoje. de, Tageskarte 12–17 Uhr, Hauptgerichte 17–25 €, Abendkarte ab 27 €, schönes, geschmackvolles Ambiente).

Lister Str., Mai–Sept. Mo–Fr 10–17, Sa, So 11–17, im April und Okt. tgl. 11–16 Uhr, Info: Söl'ring Foriining, T 04651 87 10 77, www. soelring-foriining.de, Erw. 4,/6 € (mit/ohne Gästekarte).

Wattspazierweg nach List ⚲ E 2

Von der Vogelkoje in Kampen geht es immer am Wattenmeer entlang gen Norden zum Lister Hafen. Der Startpunkt liegt entweder am Parkplatz der Vogelkoje oder an der Bushaltestelle Vogelkoje/Klappholttal. Zunächst folgt man der Hauptstraße ein kleines Stück bis rechterhand ein schmaler sandiger Pfad ans Wattenmeer führt. Den ersten Abschnitt (Süderheide) entlang des Wattenmeers sollte man bei Niedrigwasser gehen, da am Ufer nur ein schmaler Sandstreifen verläuft und der Fußweg dadurch sehr begrenzt ist.

Bald schon wird der Strandweg breiter, linkerhand liegen reetgedeckte, freistehende Häuser mit direktem Strandzugang. Ein Traum, wer würde hier nicht gerne wohnen? Bevor der Lister Hafen erreicht ist, passiert man den (bewachten) Badestrand mit Strandkörben. Hier lädt die Lister Austernperle zur Einkehr (Länge: 6,3 km, Dauer: ca. 1 Stunde 35 Min.).

Strände

Jedes Jahr im Juni sprudelt Sand aus dicken Rohren an Kampens Strand. Für Urlauber nicht gerade schön, aber für Sylt lebensnotwendig. Zu Beginn der

DER WEG IST DAS ZIEL: KULTUR IN KAMPEN

Ein Spaziergang auf dem **Kunst- und Kulturpfad** durch Kampen auf den Spuren der Künstler ist eine beeindruckende und lebendige Hommage an die Vergangenheit – das Motto: »Die Kunst ist kein Lückenbüßer, sie ist eine Lebens-Notwendigkeit«. 2008 wurden die ersten Stelen aufgestellt, heute sind es 32. Sie erinnern an bekannte Künstler, Schriftsteller, Verleger und Personen des öffentlichen Lebens, die sich in Kampen inspirieren ließen. Eine Begleitbroschüre ist im Kaamp-Hüs erhältlich, 7,90 € (Gedenkstelen s. Cityplan S. 33).

Hochsaison präsentiert sich der Strand dann wunderbar sandig und gut gepolstert. Eine Skigondel am Strandübergang bei der Sturmhaube verweist auf Kampens österreichische Partnerstadt Lech am Vorarlberg. (Dort steht dafür ein reetgedecktes Sylter Bushäuschen mitten im Ort.)

Schlafen

Wohnen mit Weitblick

1 **Lotsenhof:** Reetgedeckter Hof in ruhiger, freier Lage, drei Wohnungen für 2–4 Pers. Es werden zusätzliche Zimmer im Dachgeschoss in Kombination mit einer Wohnung, ein großer Garten mit Strandkörben, ein Wellnessbereich mit Sauna, Whirlpool und Solarium angeboten.

Stapelhooger Wai 1, Info: T 040 86 78 80, www.lotsenhof.de, FeWo 150–225 €.

Friesenhaus auf der Heide

2 **Haus Rechel:** Reetgedecktes, gastliches Haus mit Garten, acht individuell eingerichtete Zimmer und ein Apartment ohne Küche, aber dafür mit eigener Terrasse (130 €).

Kroghooger Wai 3, T 04651 984 90, www.
haus-rechel.de, DZ ab 110–130 €.

Ruhige schöne Lage

3 **Campingplatz:** Überschaubarer Platz am Südrand von Kampen.

Möwenweg 4, T 04651 420 86, www.campen-in-kampen.de, Ostern–Sept.

Essen

In Kampen geht es gehoben zu. Es wird, wie es heißt, »nicht gekocht – sondern kreiert«.

Legendärer Promitreff

1 **Gogärtchen:** Café, Restaurant und Bistro mit langer Tradition, viel Flair und Freiluft-Champagner-Bar. Die Küche ist delikat und wird mit Herzlichkeit serviert: norddeutsche Gerichte und ausgesuchte internationale Spezialitäten, tagsüber auch Snacks, Tageskarte bis 17.30 Uhr, ab 12 € (Currywurst, Pizza) bis 44 € (Rinderfilet), Abendkarte ab 19 €.

Strönwai 12, T 04651 412 42, www.gogaertchen-sylt.de, tgl. 13–22 Uhr.

Beliebtes Urgestein

2 **Manne Pahl:** Gaststube in friesischem Landhausstil mit Schweizer Charme, lichtdurchflutetem Wintergarten und nettem Service. Hochgelobtes Frühstück bis 12 Uhr, Kuchen vom eigenen Konditor und herzhafte Speisen wie Matjes nach Hausfrauenart, Tafelspitz auf Steckrübenpüree, aber auch Burger und Pasta, alles sorgfältig und frisch zubereitet, das Fleisch stammt aus der Region.

Zur Uwe Düne 2/Hauptstr., T 04651 425 10, www.manne-pahl.de, Mo–Fr ab 12, Sa u. So ab 10 Uhr, Tageskarte 12–16.30 Uhr, Abendkarte 17.30–21.30 Uhr, 19–34 €, kleine Portionen möglich.

Mitten in Kampen

1 **Kaamp Meren:** Im **Kaamp-Hüs**. Modernes, freundliches Ambiente, frische Bistroküche mit regionalen Einflüssen. Alles, was auf der Karte steht, gibt es auch als Takeaway.

Hauptstr. 12, Tischreservierung nur vor Ort oder unter T 04651 435 00, Gerichte ab 21 €.

Am Roten Kliff

3 **Sturmhaube:** Ein Haus mit bewegter Vorgeschichte und grandiosem Panoramablick über Dünen und Meer. Im Winter 2016/2017 wurde es geschlossen und wird nun grundsaniert und umgebaut zum Hotel mit Restaurant und Mini-Bierbrauerei irgendwann im Jahr 2021 wird die Sturmhaube sicher einen Besuch wert sein. Vor dem Haus gibt es einen Spielplatz für die Lütten.

Rieperstig 1.

Easy eating, easy drinking

4 **Odin Deli:** Ein Logenplatz an der Whiskymeile mit großer Außenterrasse. Selbstgebackene Kuchen und eine interessante kleine Auswahl delikater Speisen von syltig bis afrikanisch, dazu frisch gemahlener Kaffee und erlesene Weine.

Strönwai 10, T 04651 454 55, www.odin-deli.com, tgl. ab 10 Uhr bis open end, 7–30 €.

Das Leben ist schön

5 **Kupferkanne:** Die Lage in einem 28 000 m² großen Landschaftspark, eingebettet in ruhige Heidelandschaft, die sich bis ans Wattenmeer erstreckt, ist ein Traum. Bei schönem Wetter sitzt man im nischenreichen Cafégarten unter großen Sonnenschirmen, bei schlechtem Wetter in den verschachtelten Räumlichkeiten des ehemaligen Flakbunkers am Kaminofen. Ein Platz zum Genießen. Knusprig-saftige Kuchen 3,90 €, mittags herzhafte Kleinigkeiten ab 9 €.

Stapelhooger Wai 7, T 04651 410 10, www.kupferkanne-sylt.de.

Eine Oase der Entspannung – die Terrasse der Kupferkanne

Chillout on the beach

6 **Kaamps7:** Strandrestaurant auf Stelzen mit umlaufender Holzveranda – viele vermissen das alte La Grand Plage, aber ohne Frage: das Ambiente ist nach wie vor klasse, der Service freundlich, die Speisekarte vielseitig, die Preise sylt-typisch für diese Lage – Currywurst mit Pommes gibts für 12,50 €, Backkartoffel mit Kräuterquark und Salat für 14,50 €, Kalbskotelett mit grünem Spargel für 36,50 €.
Riperstig/Weststrand, T 04651 88 60 78, www.kaamps7.de, tgl. 11–22 Uhr.

Legendärer Treffpunkt

7 **Buhne 16:** s. Lieblingsort S. 38

Einkaufen

In Kampen findet man lediglich noch einen **Lebensmittelladen** **1** (Hauptstr. 4),

den die Einheimischen liebevoll Apotheke nennen. In der **Bäckerei Speck** **2** (Süderweg 1) wird noch selbst gebacken. Berühmt ist Kampen für die exklusive Auswahl namhafter Modeboutiquen, Juweliere und Antiquitätenläden. Mehr als ein Dutzend Galerien und Kunstateliers verlocken zum Gucken und Kaufen.

Kunst aus Norddeutschland

3 **Galerie Herold:** Die Sylter Dependance der Hamburger Galerie bietet wechselnde Ausstellungen norddeutscher Vertreter des Impressionismus und Expressionismus sowie der Klassischen Moderne.
Haus Meeresruh, Braderuper Weg 4, T 04651 451 35, www.galerie-herold.de, in der Saison tgl. 11–18 Uhr.

Ein halbes Jahrhundert vor Ort

4 **Falkenstern Fine Art & Atelier Sprotte:** Gezeigt wird zeitgenössische

Lieblingsort

Die Leichtigkeit des Seins

Man könnte vielleicht denken, die **Buhne 16** ⁊ sei kein besonders origineller Tipp. Stimmt! Aber es ist doch ein besonderer Ort, für den es sich lohnt, ›meilenweit‹ durch die Dünen zu wandern. Es ist mein Lieblingsort auf Sylt, wenn ich einen entspannten Strandtag verbringen möchte, mit einer Portion Pasta zwischendurch und einem Gläschen Wein zum Abend hin, wenn der Strand sich leert. Hier gibt es fast keine Spur von Schickimicki, denn eigentlich ist die legendäre Buhne 16, die in den 1970er-Jahren Kultstatus erlangte, nichts weiter als ein einfacher Strandkiosk. Von den Strandparkplätzen nördlich von Kampen sind es 800 m auf festem Sand-/Steinweg und Holzsteg durch die Dünen (T 04651 49 96, www.buhne16.de, März–Okt. tgl. 10 Uhr bis open end, Gerichte ab 8,50 €).

und internationale Kunst sowie die Sammlung Siegward Sprotte mit Werken des 2004 verstorbenen Potsdamer Malers. Er lebte seit 1953 auf Sylt (s. S. 289). Im Atelierhaus finden Konzerte und Vorträge statt.

Alte Dorfstr. 1, T 04651 424 13, www.fal kensternfineart.com/de, Di–So 11–18 Uhr.

Bewegen

Strände

Nördlich von Kampen wird der Dünengürtel breiter. Von den (kostenpflichtigen) Parkplätzen an der Straße führen Wege durch duftende Dünentäler ans Meer – auch hier geht es nicht ohne Kurabgabe – kurz vor dem Übergang zum Strand steht immer ein Kassenhäuschen, an dem die Gästekarte vorgezeigt oder eine Tagesgästekarte erworben werden muss (4 €). Die legendären FKK-Strände – wie beispielsweise an der Buhne 16 – sind nicht mehr das, was sie einmal waren. Ein Schild informiert: »Textil & FKK. Hier kommen beide miteinander klar! Frei in den Strandabschnitten A, B, C, D, E.«

Themenführungen

❶ **Kaamp-Hüs:** Das Kaamp-Hüs ist der Treffpunkt, die meisten der folgenden, mit einem Wochentag genannten Führungen starten hier, in der Saison um 11 Uhr. **Unterwegs mit Menschen – Kampen für Individualisten.** Kapitän Falk Eitner führt durch sein Kampen – zwischen Klischee und Wirklichkeit, immer Mi, 3–4 Std., 17 €. Alle 14 Tage wandert er mit Gästen von Kampen nach Munkmarsch, April–Okt. immer Fr, ca. 4 Std., 17 €. **»Das Wandern ist des Künstlers Lust«:** Der Kampener Künstler Thomas Landt führt auf dem Kampener Kunst- und Kulturpfad (s. Kasten S. 35) durch den Ort, Dauer 2,5–3 Std., 15 €. Der Geologe Ekkehard Klatt bietet in der Nebensaison eine **geologische**

Rundwanderung zwischen Kliff, Heide und Strand an: Treffpunkt am Parkplatz Sturmhaube am größten Findling, April, Sept., Okt. jeweils 4 Führungen, Mi, 1,5 Std., 7 €. Mitreißend sind die Führungen mit der Buchautorin Silke von Bremen, die sich voller Leidenschaft und Entdeckerfreude in immer neue Kapitel und Aspekte der **Sylter Geschichte** vertieft, Fr April–Okt. 2–3 mal pro Monat, 15 €. **Genaue Termine:** www.kampen.de/ fuehrungen.html.

Im Dorfpark

❷ **Boule:** Die ›Sylter Boulletten‹ treffen sich regelmäßig zum Boulespielen im Boulodrome im Kampener **Avenarius-Park,** Gäste sind willkommen. Leihkugeln gibt es für 5 € pro Tag/Set beim Tourismus-Service Kampen.

www.sylter-boulletten.de, April–Okt. Mi und Fr 16, So 11 Uhr, Nov.–März Mi und So 11, Fr 14 Uhr.

Ausgehen

Im Strönwai, besser bekannt als ›Whiskystraße‹, die beim Kaamp-Hüs in Richtung Strand abzweigt, befinden sich viele der legendären Szenetreffs, in denen teilweise seit mehreren Jahrzehnten Party gemacht wird und Youngster in Partylaune schon mal auf ihre Eltern treffen. Es macht Spaß, einfach die Straße entlangzubummeln, zu genießen, Party zu machen oder nur zu gucken – eben ganz wie es beliebt.

Legendär

✹ **Pony:** In-Treff und Tanztempel seit Gunter Sachs' Zeiten. Der kleine Kultladen gilt als ältester noch bestehender Discoclub Deutschlands. Möglicherweise ist er auch der bekannteste. Ein Motto hat die Zeiten überdauert: no.stress.pony. Im Juli/Aug. veranstaltet der Club Partys für

8–13-Jährige, im Wechsel mit dem Club Roten Kliff eine Disco. Die Kids können Mi ab 18 Uhr am Tresen abhängen oder die Tanzfläche erobern, elternfreie Zone vom Feinsten.

Strönwai 6, T 04651 421 82, www.pony-kampen.com, in der Saison tgl. ab 22 Uhr, sonst nur Fr u. Sa, die Außenbar ist Mai–Okt. ab 19 Uhr geöffnet.

Ein Klassiker

✿ **Club Rotes Kliff:** Seit drei Jahrzehnten wird in der Disco und Szenebar Party gefeiert, mit internationalen DJs, aber auch dem Resident-DJ-Team um Peter Kliem (ich kenn Peter – ich penn später) und leckeren Cocktails. Stammgäste treffen entspannt auf Neulinge. Für viele ist es nach wie vor der heißeste Dancefloor der Insel.

Braderuper Weg 3, T 04651 94 41 10, www.club-rotes-kliff.de, je nach Saison Fr, Sa, Mi–Sa oder tgl. ab 23 Uhr.

Feiern

● **Kampener Literatur- und Kultursommer:** Juni–Sept. Lesungen und Vorträge bekannter Literaten und Bestsellerautoren sowie Konzerte im Kaamp-Hüs, Infos und Termine unter www.kampen.de.
● **Longboardfestival:** Im Sept. an der Buhne 16. Das Event wird auch Retro Surf Cup genannt. Seit 1999 zeigen Surfer in Wettbewerben, was mit Longboards – diesen ganz speziellen Surfboards – möglich ist. Dabei haben sie auch ohne den bisweilen fehlenden Wind ihren Spaß. Info: www.buhne16.de.

Infos

● **Tourismus-Service Kampen:** Kaamp-Hüs, Hauptstr. 12, 25999 Kampen, T 04651 469 80, www.kampen.de.
● **Inselverbindungen:** s. S. 83

Wenningstedt-Braderup ♀ D/E 3

Zwischen dem trubeligen Westerland und dem exklusiven Kampen liegt das beschauliche Familienbad (ca. 1600 Einw.), das bemerkenswerte Kontraste bietet. Der moderne Wenningstedter Ortskern liegt im Westen oberhalb des Roten Kliffs der offenen Nordsee zugewandt. Das eingemeindete alte Bauerndorf Braderup im Osten erstreckt sich südlich der Braderuper Heide oberhalb des Weißen Kliffs am stillen Wattenmeer.

1462 wurde Wynningstede erstmals urkundlich erwähnt. Im Wappen führt das Städtchen einen goldenen Wikinger-Steven, der aus der Nordsee ragt. Der Sage nach hat Wenningstedt einen Vorläufer gehabt, den Friesenhafen von Wendingstadt. Von hier sollen 449 n. Chr. die Angeln und Sachsen unter ihren Anführern Hengist und Orsa auf Wikingerbooten nach England in See gestochen sein, um das von den Römern verlassene Britannien zu erobern. Ob der Hafenort während der großen Mandränke 1362 oder schon früher zerstört wurde, ist nicht belegt. Sicher aber ist, dass seit dem Untergang des alten Friesenhafens die westliche Brandungsküste Sylts keinen Hafen mehr hat.

Wenningstedt ♀ D 3

Berühmt ist das familienfreundliche Seebad für seine eindrucksvolle Lage am **Roten Kliff,** das eigentlich nur zum Sonnenuntergang richtig rot leuchtet. Es entstand nach der letzten Eiszeit, als der Meeresspiegel anstieg und die Küstenlinie der Nordsee immer weiter ins Landesinnere vorrückte.

Noch heute ›knabbert‹ die Nordsee an Sylts Westküste, vor allem im Herbst und Winter werden Kliff und Strand zur Beute heranstürmender Wellen. Schon mehrfach zwangen dramatische Sturmfluten Wenningstedter Hausbesitzer dazu, Bauten abzureißen und sie inseleinwärts zu verlegen. Zwei architektonisch bemerkenswerte Neubauten prägen heute die Kliffkante: Das **Haus am Kliff** ❶, das die Kurverwaltung, Läden, Veranstaltungsräume und das **Eiscafé Iismeer** mit großer Sonnenterrasse zum Meer beherbergt, sowie das in Form einer Düne mit Grasdach angelegte Restaurant **Gosch am Kliff** ❹. In diesem Bereich entdeckt man einige der großartigen Alltagsmenschen der Künstlerin Christl Lechner (s. Lieblingsort S. 45). Strandkörbe auf der Promenade laden dazu ein, sich zu setzen und übers Meer zu schauen. Über eine gewaltige Treppenkonstruktion geht es hinunter an den Strand.

Am Dorfteich

Auf eine ganz andere Welt trifft man zehn Fußminuten landeinwärts. Im Windschatten von Büschen und Bäumen liegt der alte **Dorfteich** ❷. Das von einem Spazierweg umgebene idyllische Gewässer wird heute von Schwänen, Enten und Möwen bevölkert. Hier findet man noch einige alte Friesenhäuser aus dem 17. und 18. Jh., nördlich davon die schlichte **Friesenkapelle** ❸. Sie wurde 1914 erbaut, erhielt aber erst 1948 eine eigene Pfarrstelle innerhalb der Kirchengemeinde Keitum. Seit 1991 gibt es eine eigenständige Kirchengemeinde der Norddörfer. Hierzu gehört auch das benachbarte Kampen, das nie eine eigene Kirche hatte. Die Friesenkapelle ist schlicht und freundlich gestaltet, die gewölbte, hölzerne Kassettendecke mit Szenen aus der Bibel bemalt. Das Vaterunser in Söl'ring, dem Sylter Friesisch, bildet das abschließende Spruchband.

Gegenüber der Kapelle befindet sich ein Spielplatz, ein guter Ort für eine kleine oder größere Pause mit Kindern.

Hinab in die Steinzeit

Das 4000 Jahre alte Hünengrab **Denghoog** ❹ zählt zu den bedeutendsten vorgeschichtlichen Gräbern Nordeuropas. Es verdankt seinen Namen den dort abgehaltenen Thingversammlungen (*Deng* = Thing, *Hoog* = Hügel). Die drei gewaltigen Decksteine wiegen jeweils 2 t und ruhen auf zwölf Trägersteinen – Findlinge, die im Verlauf der Eiszeit aus Schweden hierher transportiert wurden. Der 5 m lange, 3 m breite und bis zu 1,90 m hohe Raum diente vermutlich mehrere Jahrhunderte als Grabstätte für eine Sippe. Man kann von oben in das Grab hinabsteigen und durch einen knapp 6 m langen und 1 m hohen Gang wieder hinaus ans Tageslicht krabbeln.

April–Okt. Mo–Fr 10–16, Sa, So 11–16, Mai–Sept. Mo–Fr 10–17, Sa, So 11–17 Uhr, T 04651 328 05, www.soelring-museen. de, Erw. 2,50/4,50 € (mit/ohne Gästekarte), Kinder 1,50 €.

Braderup ⚲ E 3

Ruhig und beschaulich wohnt man im Ortsteil Braderup am Wattenmeer. Reetgedeckte Häuser ducken sich am Rand der ausgedehnten Braderuper Heide oberhalb des Weißen Kliffs. Die Preise für die gepflegten Reetdachanwesen mit Meerblick stehen denen in Kampen in kaum etwas nach. Spazierwege führen über die **Heide** zum bis zu 15 m hohen **Weißen Kliff.** Es trägt seinen Namen zu Recht, denn es besteht fast ausschließlich aus hellem Kaolinsand. Die durch das Kliff vor den Westwinden geschützten Sandbuchten am Fuße der Heide bieten schöne Picknick- und Buddelplätze

Nordsee

Naturschutzgebiet
Dünenlandschaft auf
dem Roten Kliff

Kampen, List

Leuchtturm
Kampen

Leuchtturmweg

Wenningstedter Weg

Trimm-
wäldchen

FKK-
Badestrand

O s e t a l

Norderstr.

Norderweg

Golf-Club Sylt

Gaadt

Fennenweg

Am Denghoog

Spielplatz

L24

Dünenwall

Dorfteich

Bi Kiar

Gaadt

Gaadt

Dünental

Lerchenweg

Am Grüner Weg

Kirchenweg

Weiden-
stieg

Kampener Weg

Trenzin

Westerhörn

Dünengrund

Dünental

Westring

Westerhörn

Wiesen-
weg

Berthin-Bleeg-Str.

Mittelweg

Strandstr.

Mittelweg

Strandstr.

Zimmer-
nachweis

Hauptstr.

Haupttr.

Osterweg

Normannenweg

Alte Dorfstr.

Westerheide

Westerheide

Strandstr.

Risgap

Risgap

Dünenstr.

Risgap

Norderwung

Braderuper Str.

Flurstr.

Seedüne

Westerstr.

Horsatal

Süderwung

Friesen-
ring

Friesenstr.

Nordmarkstr.

Hochkamp

Ostmark-
str.

Westerlandstr.

WENNINGSTEDT

Im Grund

Im Tal

Osterfeldweg

Feldmarkstr.

Bremer-
str.

Feldscheide

Feldgasse

Feldmarkstr.

Bi Müür

Seeblick

Seestr.

Flurstr.

Fernsicht

Heidekamp

Spielplatz

L24

Heidekamp

Westerlandstr.

Heidegrund

Grenzring

↓ Westerland, Nordseeklinik

↓ Westerland

---

für die Kleinen, zum Baden ist das Watt
vor Braderup allerdings zu seicht und
schlickig.

Naturzentrum Braderup

Eine sehenswerte naturkundliche Ausstellung im **Naturzentrum Braderup**
5 am südlichen Ortsausgang Richtung
Keitum richtet sich an große und kleine Besucher. Dazu gehören ein kleines
Nordseeaquarium, eine Robben- und
Walecke, viele Spiele und Erlebnismög-
lichkeiten für Kinder sowie ein beschau-
licher Kräutergarten hinter dem Haus
(Führung durch den Kräutergarten mit
Teerunde Mai–Sept. Di 16 Uhr). Sehr

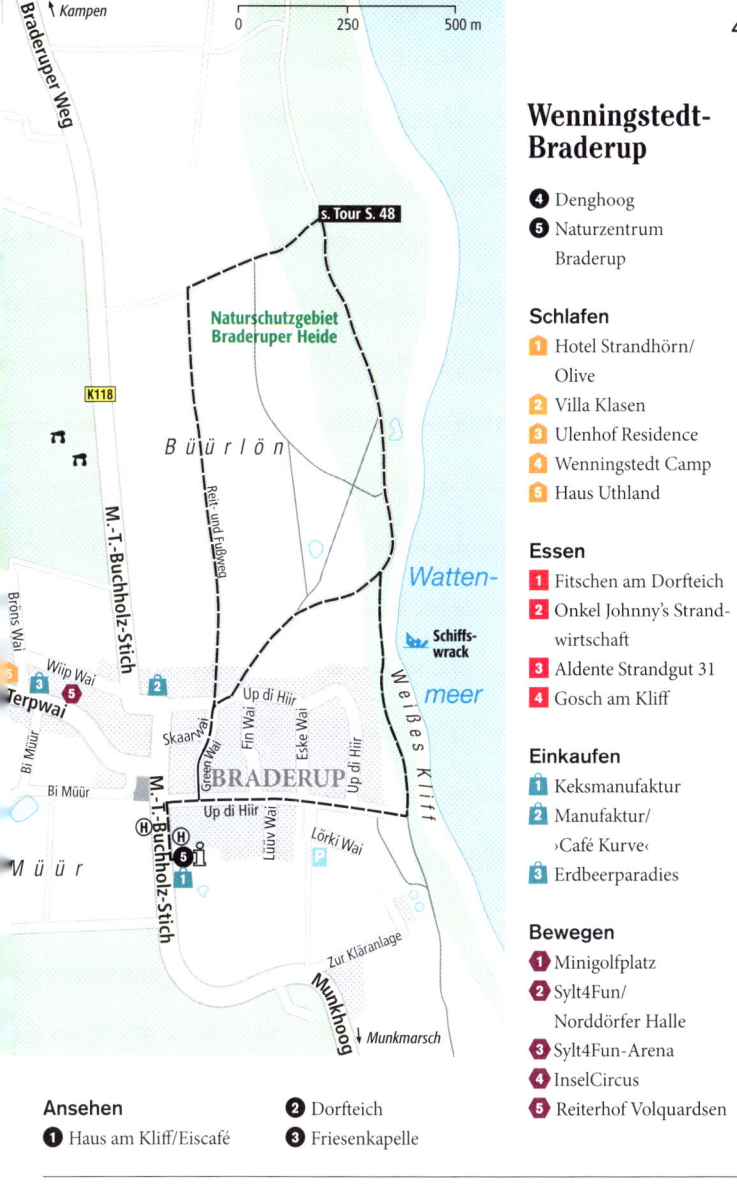

Wenningstedt-Braderup

4 Denghoog
5 Naturzentrum Braderup

Schlafen

1 Hotel Strandhörn/ Olive
2 Villa Klasen
3 Ulenhof Residence
4 Wenningstedt Camp
5 Haus Uthland

Essen

1 Fitschen am Dorfteich
2 Onkel Johnny's Strand- wirtschaft
3 Aldente Strandgut 31
4 Gosch am Kliff

Einkaufen

1 Keksmanufaktur
2 Manufaktur/ ›Café Kurve‹
3 Erdbeerparadies

Bewegen

1 Minigolfplatz
2 Sylt4Fun/ Norddörfer Halle
3 Sylt4Fun-Arena
4 InselCircus
5 Reiterhof Volquardsen

Ansehen

1 Haus am Kliff/Eiscafé
2 Dorfteich
3 Friesenkapelle

empfehlenswert sind auch die Wattwanderungen, die Führungen durch die Braderuper Heide und zum Morsum Kliff, die das Naturzentrum anbietet (Termine auf der Website, Rubrik Veranstaltungen).

M.-T.-Buchholz-Stich 10, T 04651 444 21,
www.naturschutz-sylt.de, April–Okt. Mo–Sa
10–18 Uhr, Eintritt frei, Spende erwünscht

Schlafen

… in Wenningstedt

Strandnah wohnen und essen
1 **Hotel Strandhörn:** Kleines, persönlich geführtes First-Class-Hotel, im Haus gibt es auch einen Wellnessbereich mit Pool und Beautyfarm sowie das feine Restaurant Olive. Im Wintergarten oder auf der Terrasse wird tagsüber eine leichte Bistroküche serviert, abends mediterran und regional geprägt.
Dünenstr. 1, T 04651 945 00, www.strand
hoern.de, DZ und Suiten ab 260 €.

Freundlich
2 **Villa Klasen:** Zuvorkommend geführtes Hotel garni mit hellen, geschmackvollen Zimmern, kostenlos sind Parkplatz und WLAN. Ein besonderer Concierge-Service hilft bei der Planung des Urlaubs von Ausflügen über Konzertbesuche bis zu Tischreservierungen.
Westerstr. 16, T 04651 410 95, www.
hotel-villa-klasen.de, DZ 135–147 €.

Komfortabel
3 **Ulenhof Residence:** Geschmackvoll eingerichtete Wohnungen für 2–3 Pers. in einer reetgedeckten Anlage mit hübschem Garten. Zum Strand sind es etwa 800 m, hauseigenes Badehaus mit Schwimmbad und Saunen.
Friesenring 14, T 04651 945 40, www.
ulenhof.de, FeWo ab 200 €.

Ausgezeichnet zelten
4 **Wenningstedt Camp:** Ein platzeigener Bohlenpfad führt durch die Dünen zum 300 m entfernten Strand. Ein empfehlenswerter Platz mit zentralen Gemeinschaftshäusern (mit Küchenzei-

le zum Kochen), Spielplatz und eigener Bäckerei. Alternative zum Selberkochen bietet das familienfreundliche Restaurant ›Aldente‹, Strandgut 31 (s. Essen S. 46).
T 04651 94 40 04, www.campingplatz.
wenningstedt.de, April–Okt.

… in Braderup

Unter Reet
5 **Haus Uthland:** Drei unterschiedlich große Wohnungen für 2–4 Pers. in einem alten reetgedeckten Bauernhaus, teils mit Handmalereien und Alkoven. Alle Gäste haben Zugang zum großen Garten mit altem Baumbestand.
Terpwai 12, T 040 20 97 71 33, www.
sylt-friesenhaus.de, FeWo 95–110 €.

Essen

Ausgezeichnet
1 **Olive:** Im Hotel **Strandhörn**, s. oben, Schlafen.

Feine Gaumenfreuden
1 **Fitschen am Dorfteich:** Nordseeküche mit schwäbischen Akzenten charmant serviert, aber hochpreisig. Schön sitzt man im Wintergarten, im Sommer im Strandkorb im Garten mit Blick auf den Dorfteich. Der Kuchen ist selbst gebacken, wer mag kann hier auch wohnen.
Am Dorfteich 2, T 04651 321 20, www.
fitschen-am-dorfteich.de, in der Saison Mi–Mo
12–22, in der Nebensaison Mi–Mo ab 17 Uhr.
Mittagskarte tgl. ab 12 Uhr, Suppen, Salate,
Flammkuchen für den kleinen Hunger ab 10 €.
Abendkarte tgl. ab 17 Uhr, 24–42 €.

Chillout am Meer
2 **Onkel Johnny's Strandwirtschaft:** Das Wonnemeyer wurde abgerissen, unglaublich, ein Strandkiosk bot Ersatz, die Kritiken waren positiv: tolle Lage, unkom-

Lieblingsort

Wie im echten Leben

Wie herrlich normal! Die **»Alltagsmenschen«** von Christel Lechner wirken
bezaubernd lebensecht – nicht mehr ganz jung und ein bisschen übergewichtig.
Und doch zufrieden. An verschiedenen Stellen in **Wenningstedt** (♥ D 3) stehen
Lechners Figuren – allein, mit Hund oder in Gruppen, in Kittelschürze oder
im Feinripp-Unterhemd, im Anzug oder mit Surfbrett unterm Arm. Im Zentrum
ihrer Kunstinstallation: eine Tischszene auf der Promenade am Haus am Kliff
vor dem Kursaal. Ursprünglich war sie als 6 m lange Festtafel gestaltet. Doch
nun, in Pandemiezeiten mit Abstandsregeln, sind die zehn Alltagsmenschen
stattdessen an drei kleineren Tischen mit gebotenem Sicherheitsabstand voneinander entfernt platziert. Gut ein Dutzend Skulpturen sind in Wenningstedt zu
entdecken. Einige werden am Saisonende wieder abgebaut und zur nächsten
Saison ausgetauscht, andere bleiben - wie beispielsweise die drei Surfdamen
auf der südlichen Promenade am Strandübergang neben dem Twister Diners
(leckere Burger!). Flyer mit den Standorten: www.wenningstedt.de/sehenswer
tes/alltagsmenschen.

Leben in der Steinzeit in Wenningstedt – davon berichten die Funde im Hünengrab Denghoog. Mehr erfahren große und kleine Besucher bei einer Themenführung in der Grabkammer.

pliziert, sehr freundlicher Service. Aus der ursprünglichen Interimslösung wurde ein Neubau, der im Sommer 2020 öffnete. Überschaubare, aber vielseitige Karte, tagsüber Burger und Muddis Milchreis, ab 6,50 €, abends vom Shanghai-Chicken bis zum Schollenfilet mit Krabben (Speisekarte online) ab 19 €.
Am Strand Nr. 1, Übergang Campingplatz, www.johnny-sylt.de.

Essvergnügen auf dem Campingplatz

3 **Aldente Strandgut 31:** Hier sind die Lütten wirklich willkommen, das Ambiente ist gemütlich und unkompliziert, große Auswahl an Speisen, für jeden ist etwas dabei, warme und kalte Tapas, Pasta und Pizza, Fisch und Fleisch.

Campingplatz, Ostetal 3, T 04651 93 66 36, www.sylt-aldente.de, tgl. 12–22 Uhr, 7–28 €, Brunch ab 12 Uhr für 22,50 €.

Fisch auf dem Kliff

4 **Gosch:** Fisch-Edelimbiss auf dem Kliff. Der neue Gosch ist architektonisch gelungen, hier hat man Platz mit Kind und Kegel, die Lage ist grandios – sonnig, offen, dem Meer zugewandt.
Dünenstr. 17a, T 04651 995 94 90, tgl. ganzj. ab 11 Uhr, Hauptgerichte ab 9 €.

Barbecue mit Aussicht

❶ **Eiscafé Iismeer:** Modernes Lokal mit BioEisdiele und tollem Blick übers Meer im **Haus am Kliff.** Im Bistro genießt man kleine Speisen – Salate, Tapas, Burger (auch vegetarisch), es gibt köstliches Bio-

Eis, frisch gebackene Waffeln oder auch nur ein Sanddorn Spritz. Im Wintergarten können Stockbrot und Spieße mit Fleisch oder Tofu an den Feuertischen selber gegrillt werden, für Kinder ein Erlebnis, geschmacklich keine Sensation.

Im Haus am Kliff, tgl. ab 13 Uhr., Strandstr. 25, T 04651 432 89, www.ismeer.com.

Einkaufen

Handgemachte Friesenkekse

1 Keksmanufaktur: In Braderup neben dem Naturzentrum gelegen. Bei meiner letzten Recherche war noch nicht geöffnet. Nur ein kleiner Imbisswagen stand vor der Tür. Eine Stärkung gibt es also in jedem Fall. Ich bin gespannt auf die Friesenkekse.

M.-T.-Buchholz-Stich 1, Braderup.

Leder und Kaffee

2 Manufaktur: In einer alten Scheune am Ortseingang von Braderup werden natürlich gegerbte Häute zu Taschen, Sandalen, Koffern und Kleidung verarbeitet. In den Räumen nebenan bietet das ›Café Kurve‹ Kaffee und Kuchen, auch einige Souvenirs. Gemütlich und individuell, sehr lohnenswert!

M.-T.-Buchholz-Stich 9, Braderup, T 04651 431 35, www.manufaktur-sylt.de, Mo−Fr 10−13, 14−18 Uhr.

Hofladen

3 Erdbeerparadies: Erdbeerpflücken auf Sylt, wunderbar! Im Juni geht es los mit der frühen Sorte Honey Oye. Im Hofladen in Braderup gibt es auch Gemüse und Biohonig vom eigenen Hof. Je nach Saison: Gurken, Tomaten, Salat, Kohlrabi, Petersilie … alles bio.

Terpwai 17, T 04651 443 69, www.erdbeerparadies-sylt.de, Hofladen Di und Fr 10−13, April−Okt. Mi und Sa 7.30−12.30 Uhr, im Winter nur Sa, auf dem Wochenmarkt in Westerland (am Eingang zur Alten Post).

Bewegen

Wenningstedt macht seinem Ruf als Familienbad alle Ehre. Es gibt einen **Minigolfplatz 1** und zweimal Sylt4Fun – drinnen und draußen (s. u.).

Indoor

2 Sylt4Fun: In und um die Halle können Kinder mit ihren Eltern Spaß haben beim Ballspielen, Tischkickern, Hüpfen und Bouldern oder sich an Kletterwänden ausprobieren (ab 6 J. bis Erw.). Spielplatz und Boulderblock im Außenbereich, hier können Skateboards, Waveboards und Roller nach Belieben getestet werden.

Norddörfer Halle, Norderweg 3, www.wenningstedt.de (unter Erleben/Sport), in der Saison Sa−Mi 14−18, Do 14−22 Uhr, Tageskarte 4−6 €, Familienkarte 14 €.

Outdoor –

3 Sylt4Fun-Arena: Hier können sich die Kids austoben – Hüpfen auf tollen Trampolinen (8 Min./2,50 €) oder auf dem ›Pumptrack‹ mit dem eigenen Roller, BMX-Rad, Skateboard trainieren. Am besten einfach mal vorbeischauen, in der Saison gibt es wechselnde Sport- (und Spaß)angebote.

Am Strandübergang Risgap, tgl. 12−22 Uhr, bei Regen geschl.

Für Zirkusfreunde

4 InselCircus: s. Kasten S. 52

Feldenkrais und Reiten

5 Reiterhof Volquardsen: Ins körperliche und (damit oft auch ins seelische) Gleichgewicht zu kommen (einzeln oder in der Gruppe), ist hier möglich. Zum Kennenlernen: »Bewusstheit durch Bewegung« im Pastorat in Keitum (Pröstwai 20), Mi 19−20 Uhr, 10 €, Kissen und Decke mitbringen. Angeboten wird auch heilpädagogisches Reiten (mit Halle, geführte Ausritte). Für Informationen über Feldenkrais und Reiten

TOUR
Stille Sylter Schönheit – und Watt'n Blick!

Spaziergang durch die Braderuper Heide

Infos

Reisekarte: 📍 E 3

Infos: www.natur
schutz-sylt.de

Start/Ziel: Naturzen-
trum Braderup **5** (s.
Cityplan Wenning-
stedt S. 43)

Länge: ca. 6 km,
Abkürzung jederzeit
möglich.

**Geführte Wan-
derungen:** ab
Naturzentrum Mai–
Sept. Di, Do 11 Uhr,
Dauer ca. 1,5 Std.,
ab der Kampener
Kupferkanne in der
Saison Sa 14 Uhr;
Spendenempfehlung
jeweils 7 €.

**Empfohlene Ein-
kehr:** Kupferkanne in
Kampen **5** (Cityplan
Kampen, s. S. 33)

Zwischen Braderup und Kampen erstreckt sich hoch über dem Wattenmeer die Braderuper Heide, die man auf eigene Faust oder im Rahmen einer geführten Tour erkunden kann. Diese hinreißend ruhige und schöne Landschaft wird seit Jahrzehnten nicht nur geschätzt, sondern auch aktiv geschützt und gepflegt.

Wer an Sylt denkt, denkt an weiße Strände, Dünen, eine beeindruckende Brandung und vielfarbige Kliffs. Spätestens bei einem Spaziergang in der Braderuper Heide erkennt man, dass Sylt noch mehr Superlative zu bieten hat. Auf der Insel liegen 50 % der Heidelandschaften Schleswig-Holsteins. Urwüchsig und natürlich wirken sie, doch bereits bei einem Rundgang durch das **Naturzentrum** in Braderup wird deutlich, dass die Braderuper Heide – ebenso wenig wie die Lüneburger Heide – eine natürliche Landschaftsform ist. Ursprünglich entstand sie durch die Rodung von Wäldern. Bodenerosion und damit einhergehende Nährstoffverarmung begünstigten die Entwicklung von Geestheiden, die von den Menschen jahrhundertelang als Brennmaterial, Stallstreu und als Viehweide genutzt wurden. Nur durch diese intensive Form der Nutzung und Pflege bleibt sie erhalten.

Up de Hiir
Mit einem Zivildienstleistenden oder einem sogenannten FÖJler, der ein freiwilliges ökologisches Jahr im Naturzentrum absolviert, geht die Tour los. Die Straße **Up de Hiir** zweigt von der Hauptstraße in Richtung Heide und Watt ab. Sie passiert zwei Prachtexemplare friesischen Hausbaus aus der 2. Hälfte des 18. Jh. Die ansonsten von jüngeren (Ferien-)Häusern gesäumte Straße führt direkt auf die Heide am Watt.

Ein gelbes Schild mit einer Waldohreule verweist auf den Beginn des **Naturschutzgebietes.** Die Waldohreule aus der DDR hat nach der Wende den Weißkopfseeadler abgelöst, der die dreieckigen grünen Naturschutzschilder in Westdeutschland schmückte. Die Eule passt eindeutig besser, denn das Tier hat es schon immer auf Sylt gegeben, während der Weißkopfseeadler weder auf Sylt noch sonst irgendwo in Deutschland vorkommt. Nun wacht die Eule also über die Heide am Meer.

Sylt kann leise … und lila: Die Heide – Krähenbeere, Glockenheide und Besenheide – blüht zu unterschiedlichen Zeiten. Auch, wenn sie nicht blüht, ist sie wunderschön.

Früher Naturschutz

Gepflegt wird die Braderuper Heide heute durch die Naturschutzgemeinschaft Sylt e. V., die auch das Naturzentrum unterhält. Es ist der älteste Naturschutzverein Schleswig-Holsteins, dessen Gründung auf die Initiative von Ferdinand Avenarius zurückgeht. Als dieser 1877 das erste Mal nach Sylt kam, war Westerland bereits ein florierendes Seebad und kapitalkräftige Investoren hatten begonnen, die Insel zu verplanen bzw. zu verbauen. Avenarius erkannte, dass die Sylter Natur nur durch gesetzliche Maßnahmen zu retten sei. Auf seine Initiative hin wurden die Dünenlandschaften von Kampen bis List sowie das Morsum-Kliff 1923 unter Naturschutz gestellt. Seit 1979 steht auch die Braderuper Heide unter Naturschutz.

Weiß, fast wie feines Porzellan

Über einen in die Heide gebetteten Bohlenweg geht es zunächst einmal hinunter in die hellsandige, durch das Weiße Kliff vor scharfen Westwinden geschützte **Braderuper Bucht.** Im Wechsel der Gezeiten geht und kommt hier das Wasser. Das bis zu 15 m aufragende Kliff besteht größtenteils aus tertiärem Kaolinsand. Seine lockere Beschaffenheit führt zu Hangrutschungen, die für den Erhalt der Strandzone sorgen und damit das Kliff vor dem Zugriff des Meeres schützen. Auf dem Weg gen Norden kann man verfolgen, wie sich die Uferlandschaft verändert: Die Sandschicht taucht in die Tiefe ab und verschwindet unter eiszeitlichen Ablagerungen. Die Abbruchkante flacht durch Erosion zunehmend ab und ist mittlerweile größtenteils bewachsen.

Ein Wrack im Watt

Ein paar hundert Meter Richtung Norden ragt bei Ebbe das **Wrack** eines ehemals stolzen Dreimasters aus dem Watt. 1903 war der Schoner als Britannia in einer dänischen Werft vom Stapel gelaufen, später in Mariann umgetauft worden. Pläne einer Sylter Wirtin, die den Oldtimer von einer Abwrackwerft in der Nähe von Göteborg an die Wattküste schleppen ließ, um dort eine Teestube einzurichten, scheiterten letztendlich an der Bürokratie. Fast zwei Jahrzehnte später entdeckten Jugendliche das verrottende, bei Ebbe zugängliche Wrack für sich als Abenteuerspielplatz und Partytreff. Als die Mariann im Mai 1981 in Flammen aufging, rückte die Feuerwehr nicht aus. Im Watt am Fuße der Heide kehrte wieder Ruhe ein. Richtung Kampen geht der Strand nun in **Salzwiesen** über. Hier bauen Rotschenkel, Brandgans und Austernfischer ihre Nester. Auf ausgesuchten Flächen grasen Schafe, die mit ihrem Schäfer auch immer wieder in der Heide unterwegs sind.

Lebendige Heide

Bereits seit vielen Jahren unterstützen Schafe die Heidepflege auf Sylt. Zunächst wurden sie nur für die Sommermonate eigens auf die Insel geholt. Doch heute sind es Inselschafe, die hier grasen. Die aktive Nutzung und Pflege der Heide ist notwendig, damit sie nicht überaltert und verholzt. Zu den Pflegemaßnahmen gehört neben der Beweidung und dem Abbrennen auch das sogenannte Plaggen, bei dem – heute maschinell – die oberste, nährstoffreiche Humusschicht abgetragen wird. Auf dem verbliebenen Rohhumus wächst die Heide zwar, aber sie verholzt nicht, etwa 60 Jahre dauert es, bis sie wieder den gleichen Humusgehalt besitzt. Die auf diese Weise gepflegte Landschaft ist Lebensraum für eine Vielzahl spezialisierter Pflanzen und Tiere. An die 2500 Tier- und etwa 150 Pflanzenarten (viele davon auf der Roten Liste) sind hier nachgewiesen worden. Außer den drei Hauptheidearten Krähenbeere (Blütezeit im April/Mai), Glockenheide (Blütezeit ab Juli) und Besenheide (Blütezeit ab Ende August) findet man Kostbarkeiten wie geflecktes Knabenkraut, Sonnentau, Arnika und Lungenenzian.

Feinde der Heide

Eine Bedrohung für die Heide ist die *Rosa rugosa* (Kartoffelrose), die in den 1920er-Jahren von der ost-

Sandige Wege führen durch die hügelige Heidelandschaft oberhalb des Wattenmeers.

sibirischen Halbinsel Kamschatka eingeführt wurde. Sie breitet sich nicht nur stark über ihr Wurzelwerk aus, sondern auch durch Vögel, die die Hagebutten der Pflanze fressen und ausscheiden. Dort, wo der Samen abgesondert wird, wächst eine neue *Rosa rugosa*, die die Heidevegetation überwuchert. Ihre Verdrängung ist schwierig, die Pflanze abzustechen und rauszurupfen ist immer noch am wirkungsvollsten. Der einzige natürliche Feind der Rose ist Bodenfrost – metertief und monatelang –, aber damit kann auch das ansonsten vielseitige Sylt nicht aufwarten.

Am Ende lockt Erfrischung

Die Schafe dürfen und sollen querfeldein weiden, Wanderer bleiben auf den **Bohlenwegen,** die durch die Heide wieder hinauf ins Dorf führen. Die Führung endet am **Informationszentrum.** Hier erhält man als vertiefende Literatur u. a. die Broschüre »Denkschrift Sylt«, die von der Naturschutzgemeinschaft Sylt 2008 herausgegeben wurde und Aspekte wie Naturschutz, Bebauung, Tourismus, Landwirtschaft und Küstenschutz beleuchtet. In der Keksmanufaktur nebenan kann man bei friesischem Teegebäck in der Broschüre schmökern. Wer ohne Führung durch die Heide wandert, findet im Café Kupferkanne in Kampen ein ideales Ausflugsziel am Ende der Wanderung (s. S. 36). Nirgends schmeckt der Kuchen so gut wie hier mit Blick über Heide und Wattenmeer.

am besten vor Ort nachfragen. Der Hof trägt den netten Namen Erdbeerparadies, hier befindet sich auch der Hofladen (s. Einkaufen, S. 47).

Terpwai 17, T 04651 443 69, www.erdbeer-paradies-sylt.de.

Feiern

- **Dorfteichfest:** Am letzten Wochenende im Juli. Spaß für Groß und Klein – Modellschiffe auf dem Dorfteich, Ponyreiten, am Abend Tanz op de Deel.
- **Show im InselCircus:** Im Juli/Aug. tgl. Junge Künstler aus der ganzen Welt (Afrika und Australien, aus Litauen und Luxemburg) zeigen jeden Sommer eine facettenreiche Mischung aus Tanz, Theater, Magie und Zirkuskunst. Tolle Angebote für Kinder und Jugendliche (s. Kasten S. 52).

Infos

- **Tourismus-Service Wenningstedt-Braderup:** Strandstr. 25 (im Haus am Kliff), 25996 Wenningstedt-Braderup, T 04651 447 70, www.wenningstedt. de, Mo–Fr 9–17, Sa 10–14 Uhr.
- **Inselverbindungen:** s. S. 83.

Keitum 9 E 4

Das schönste Dorf auf Sylt ist auch das grüne Herz der Insel. Fliederhecken und Heckenrosen wachsen auf den Steinwällen, die die verwinkelten Straßen säumen. Das zum Watt hin abfallende Kliff ist mit dichtem Gras bewachsen. Hohe Laubbäume überragen reetgedeckte, alte Friesenhäuser.

Trauer herrschte im Februar 1998, als 550 der vom Ulmensplintkäfer befallenen Ulmen gefällt werden mussten. Manche waren über 100 Jahre alt. Die C.-P.-Hansen-Allee stand plötzlich kahl da. Die Kurverwaltung der 1100-Seelen-Gemeinde rief die 1200 Zweitwohnungsbesitzer zu Spenden für die Neubepflanzung auf. Seitdem beschatten Eichen, Sommerlinden, Kastanien, Spitz- und Feldahorn, Platanen und Vogelbeeren die alten Alleen. Der üppige Baumbestand des Dorfes ist übrigens noch gar nicht so alt, erst Mitte des 19. Jh. pflanzten die Bürger auf Anregung des Lehrers und Chronisten Christian Peter Hansen Bäume in dem Heidedorf an.

Mit seiner alten Bausubstanz wirkt Keitum auf den ersten Blick echter und

MANEGE FREI FÜR CLOWNS & CO **C**

Eine bunte und aufregende Welt nicht nur für Kinder. Im Juli/August wird der **InselCircus** ❹ auf einer Wiese am Ortsrand von Wenningstedt aufgeschlagen. Abends gibt es Aufführungen, doch vormittags gehört das Zelt dem Nachwuchs: Die Kleinsten (3–5 J.) können sich im FlohCircus amüsieren, größere Kinder (ab 6 J.) werden zu Artisten. Im Mitmachzirkus dürfen sie eine Woche lang selbst Zirkus machen. Sie entscheiden selbst, ob sie Artist, Seiltänzer, Clown, Fakir oder Zauberer sein wollen. Festlicher Abschluss der Woche ist die Zirkusgala am Freitagnachmittag. **YoungStars** (ab 12 J.) haben die Wahl zwischen Singen, Schauspiel, Akrobatik, Tanzen, Jonglage – alles ist möglich. Die Abschluss-Show findet Freitag um 20.30 Uhr statt (Kampener Weg, T 04651 29 94 99, nur Juli/Aug., www.inselcircus.de, Flohzirkus/Mitmachzirkus/Young Stars Mo–Fr 10–13 Uhr, 140–180 €).

behaglicher als beispielsweise Kampen. Überraschend viele Häuser stammen noch aus dem 18. Jh., Sylts goldenem Zeitalter, als fast alle Familien von der Seefahrt lebten. Im 17./18. Jh. wählten darüber hinaus viele wohlhabende Walfangkapitäne und Handelsfahrer den Ort als Alterssitz. Als Kapitän Jens Booysen im Jahr 1821 einen Hafen anlegen ließ, wurde es das ›Tor zu Sylt‹ – auf lange Sicht erwies sich seine Lage aber als ungünstig, er verschlickte und musste 1868 aufgegeben werden. Mit dem Anwachsen des Badeortes Westerland büßte Keitum schließlich seine Bedeutung ein. Obwohl es mit dem Bau des Hindenburgdamms eine Bahnstation erhielt, wurde das beschauliche Dorf am grünen Kliff erst spät als Urlaubsziel entdeckt, das erste Hotel eröffnete 1970.

Viele der alten Kapitänshäuser beherbergen heute Kunsthandwerker: Töpfer, Goldschmiede, Weber und Glasbläser lassen sich bei der Arbeit zuschauen. Boutiquen namhafter Firmen haben unter Reet ihre Filialen eröffnet. Um mit dem Verkehrschaos in der Saison fertig zu werden, ist das Zentrum für Autos gesperrt. Zum Schwimmen fährt man zur Brandungsküste, vorzugsweise an die Strandabschnitte Samoa, Tadjemdeel und Sansibar bei Rantum. Die Wattküste vor Keitum eignet sich nicht zum Baden, dafür jedoch zum Wandern (s. Wandern am Watt S. 57).

Wege durch Keitum

Das Dorf erstreckt sich oberhalb des Grünen Kliffs. Die Parkplätze am Ortseingang West bzw. an der St. Severin-Kirche bieten sich als Ausgang für einen Spaziergang durch das Dorf an. Nordöstlich des Gurtstig, der Hauptstraße von Keitum, im Bereich zwischen Erich-Johannsen-Wai und Mühlenweg, findet man einige der schönsten alten Häuser. In den verwinkelten Straßen kann man schon mal die Orientierung verlieren – das macht gar

F

FRIESENDÖRFER IM SYLTER OSTEN

Die an drei Seiten vom Wattenmeer umgebene Gemeinde Sylt-Ost bestand aus vier Dörfern: **Archsum, Keitum** (mit Ortsteil Munkmarsch), **Morsum** und **Tinnum** mit insgesamt etwa 5800 Einwohnern. Seit 2009 bildet sie mit Westerland und Rantum die neue Gemeinde Sylt (auf Sylt). Für den Besucher hat sich dadurch wenig verändert. Wer hier – weitab vom Trubel der Weststrände – mit dem Fahrrad oder zu Fuß unterwegs ist, erlebt ein stilles, ganz und gar anderes Sylt: Friesenhäuser hinter bewachsenen Feldsteinwällen inmitten von Wiesen, Weiden und Kornfeldern, einsam gelegene, stattliche Höfe und immer wieder schmale Straßen, die zur offenen Marsch hinausführen oder zur Heide, dem Wattenmeer, dem Kliff. Überall stößt man in dieser Region auf Spuren der Vergangenheit, auf bronze- und wikingerzeitliche Grabhügel. Am Nössedeich erlebt man die Weite des Wattenmeers und eine Ruhe, wie sie sonst nur auf den Marschinseln zu finden ist.

nichts, denn hier bietet wirklich jeder Winkel Schönes zum Entdecken.

Die geschützte Lage des Dorfes am Wattenmeer bewahrte den Ort – im Gegensatz zu seinen westlichen Nachbargemeinden – davor, von Sturmfluten zerstört zu werden. Der Anteil an Zweitwohnungsbesitzern übersteigt die Zahl der ständigen Bewohner, in den Wintermonaten wirkt Keitum verlassen. »Teuer und tot …« titelte die Frankfurter Rundschau (schon 2013) über die Not des Dorfes, in dem außerhalb der Saison (wie übrigens auch in Kampen und Rantum) ein Großteil der

Häuser leer steht. Eine Schule gibt es nicht mehr, auch keinen Kindergarten. Wohl aber eine berühmte Kirche.

Älteste Kirche im ganzen Land

Die berühmteste Sehenswürdigkeit Keitums ist die Seefahrerkirche **St. Severin** ❶ auf dem höchsten Punkt des Sylter Geestkerns. In alt-germanischer Zeit befand sich hier ein Odinheiligtum. Urkundlich erwähnt wird die Kirche seit 1240, ihr Ostteil ist aber mit Sicherheit älter. Der Turm entstand erst um 1450. Einer Sage zufolge haben zwei alte Damen, Ing und Dung, Turm und Glocke gestiftet – die beiden eingemauerten Findlingshälften an der Westseite des Gotteshauses sollen die Grabsteine der Stifterinnen sein. Ein Hochgenuss für Musikfreunde sind die Orgelkonzerte (s. S. 61). Die alte Orgel aus dem Jahr 1787 wurde 1999 durch ein neues Instrument von der Firma Mühleisen aus Leonberg in Baden-Württemberg ersetzt. Mit 46 Registern ist sie die größte Kirchenorgel Nordfrieslands und gehört zu den klangschönsten Instrumenten des Nordens. Eine Feldsteinmauer umgibt den Kirchhof, hier findet man noch 17 historische, unter Denkmalschutz stehende Grabsteine – neben der Kirche und hinter der Kapelle. Begraben sind an diesem Ort auch der Sylter Chronist Christian Peter Hansen, Ferdinand Avenarius und der Verleger Peter Suhrkamp.

Kirchenweg, www.st-severin.de, tgl. 9–18 Uhr, So 10 Uhr Gottesdienst, Mi abends Orgelkonzerte, in der Saison Do 17 Uhr Kirchenführung, Eintritt frei, Spende erwünscht.

Es war einmal …

Zwei große Walkieferknochen umrahmen den Eingang zum Museum am Rande des grünen Kliffs. Das 1759 errichtete **Sylt Museum** ❷ beherbergt u. a. vorgeschichtliche Funde, friesische Handwerkskunst und Kostbarkeiten aus der Walfängerzeit. Viel Platz wird Uwe Jens Lornsen (1793–1838) eingeräumt, dem in Keitum geborenen Freiheitshelden von Sylt, dessen Großvater das Haus erbaute. Seine Biografie schrieb der in Keitum wirkende Lehrer und Chronist C. P. Hansen (1803–79). Ohne dessen Sammel-, Forschungs- und Lehreifer wäre wohl vieles aus der Inselgeschichte in Vergessenheit geraten. Hansen verfasste die »Chronik der friesischen Uthlande«, schrieb die mündlich überlieferten Sagen auf und sammelte Fossilien sowie archäologische Fundstücke, die den Grundstock des Sylter Heimatmuseums in Keitum bilden. Tipp: Jeden Donnerstag findet das »Lebendige Museum« statt. Die Museumsweberin zeigt Besuchern die historischen Techniken der Wollverarbeitung. Wer möchte, darf auch mal selbst Hand anlegen.

Am Kliff 19, T 04651 316 69, April–Okt. Mo–Fr 10–17, Sa, So 11–17, im Winter Do–So 11–15 Uhr, 6/8 € (mit/ohne Gästekarte).

…vor langer Zeit

Das **Altfriesische Haus** ❸ liegt in unmittelbarer Nachbarschaft zum Sylt Museum und ist ebenfalls sehenswert – von außen wie von innen. Das Haus war einst Wohnsitz von C. P. Hansen. Ausgestattet mit Möbeln aus dem 18. und frühen 19. Jh. vermittelt es einen guten Einblick in die damalige Lebensweise der Inselfriesen. Der Wiener Autor Ludwig Hevesi notierte 1894 nach einem Besuch: »So haben sie gelebt, da draußen im Nordmeer, auf ihrer zerfressenen Scholle, die immer kleiner wird. Einst wird sie ganz verschlungen sein, die Sylter glauben fest daran …«

Am Kliff 13, T 04651 311 01, Öffnungszeiten wie Sylter Heimatmuseum, Erw. 6/8 € (mit/ohne Gästekarte), Kombikarte für alle Sylter Museen Erw. inkl. 2 Kinder 12,50 €.

Rot, rot, rot … sind alle meine Farben

Die Sammlung von Uniformen, Helmen, Fotos und verschiedenen Ausrüstungs-

Friesenhaus in Keitum. Charakteristisch sind der Giebel mit (zum Fenster umgebauter) Dachbodenluke und der aus Feldsteinen und Findlingen aufgesetzte Grundstückswall.

gegenständen im früheren Keitumer Spritzenhaus und heutigen **Feuerwehrmuseum** ❹ dokumentiert 150 Jahre Sylt-Oster Feuerwehrgeschichte. Auf Fragen erteilen altgediente Feuerwehrmänner gerne Antwort.

Christian-Peter-Hansen-Allee 9, April–Okt. in der Regel Di 10.30–13 Uhr, Eintritt frei, Spende erwünscht; im Sommer Besichtigung Di im Rahmen der Ortsführung ›Keitum – das Kapitänsdorf erwandern‹ (s. S. 60).

Geheimnisvolle Steinzeitgräber

Am östlichen Ortsrand liegen zwei Hünengräber aus vorgeschichtlicher Zeit malerisch über dem Watt: Auf dem Hügel **Tipkenhoog** ❺, auf dem lange Zeit zum Petritag das Biikefeuer brannte, soll der Sage nach der Riese Tipke begraben sein. Er hielt angeblich auf einem in der Nähe gelegenen Wachturm Ausschau nach Feinden. Der erste Grabungsleiter vermerkte im Jahr 1870, dass das Hünengrab aus der Jungsteinzeit »nicht das geringste Produkt menschlichen Kunstfleißes« aufwies. Im Zweiten Weltkrieg wurde hier eine Flakstation installiert. Ein paar Meter weiter liegt das Großsteingrab **Harhoog** ❻. Die ursprünglich nordwestlich des Ortes gelegene Steinkammer wurde beim Aushub für den Deich des Nössekoogs entdeckt und wegen einer Flugplatzerweiterung verlegt.

Sehr informativ ist der Flyer »hünen.kulTour – Ein Ausflug in die Archäologie zur Vor- und Frühgeschichte auf Sylt«, den Söl'ring Foriining herausgibt (erhältlich in allen Tourist-Informationen, im Erlebniszentrum Naturgewalten List sowie im Naturzentrum Braderup).

Naturschutzgebiet Sandinseln

Die Sandinseln südlich von Keitum sind seit 1975 Naturschutzgebiet und dürfen nicht betreten werden. Sie entstanden bei der ersten Sylter Sandvorspülung im Jahr 1972 aus Abraummaterial – grober, unbrauchbarer Kies –, das von Baggern abgetragen werden musste, bevor man an den feinen Kaolinsand für die Sandvorspülung herankam. Ohne menschliches Einwirken entwickelten sich die liegengelassenen Sandbänke rasch zu einem der bedeutendsten nordfriesischen Brutgebiete für Möwen und Seeschwalben. Andern-

Keitum

Ansehen

❶ St. Severin
❷ Sylt Museum
❸ Altfriesisches Haus
❹ Feuerwehrmuseum
❺ Tipkenhoog
❻ Harhoog
❼ Schöpfwerk
  am Nössedeich

Schlafen

1 Hotel Benen-Diken-Hof
2 Haus Conwind

❸ Mühlenhof

Essen

1 Johannes King
2 Brot und Bier
3 Salon 1900
4 Kleine Küchenkate
5 Nielsen's Kaffeegarten
6 Die kleine Teestube
7 Oma Wilma

Einkaufen

1 Töpferei Kunststück

2 Teekontor/Kontorhaus
3 Bücherdeele
4 Büchertruhe
5 Friesisches Käselädchen
6 Gänsehof

Bewegen

❶ Kutschfahrt durchs Dorf
❷ Reitschule Grünhof
❸ Reitstall Hoffmann

Ausgehen

❶ Pius'

---

orts wurden ihre Brut- und Rastplätze immer stärker durch Störungen – sei es durch Touristen oder das Eindringen der Füchse über den Hindenburgdamm – dezimiert. 1985 wurde der landnahe Bereich der Sandbänke abgetragen und damit der Inselcharakter wieder hergestellt. Ein Zivildienstleistender betreut die Sandinseln von März bis September. Die Schutzstation Wattenmeer unterhält südlich von Keitum eine Außenstelle im alten **Schöpfwerk am Nössedeich** ❼. Hier beginnen die Wattwanderungen und vogelkundlichen Führungen.

Wandern am Watt   ♀ E 3–4, E/F 5

Eine wunderschöne Wanderung führt von Keitum über Munkmarsch nach Kampen (in umgekehrter Richtung genauso schön). Max Frisch bezeichnete diesen Wanderweg am Watt als »Das Grüne Vergessen«. In Keitum passiert

man das alte Packhaus (heute Ferienwohnungen) und die Kirche, weiter geht es durch die sogenannte Jückersmarsch. Eine malerische Holzbrücke führt über eine kleine Flussmündung. Bei Sturmflut drückt hier das Wasser ins Landesinnere und es kommt zu weiträumigen Überflutungen. Dann folgt man dem Kliffweg immer am Watt entlang, vorbei am Grünen Kliff, in das zauberhafte und stille **Munkmarsch** (7 km) mit dem alten Fährhaus (s. Lieblingsort S. 62), dem Jachthafen und einem hübschen Sandstrand. Von hier geht es durch die Braderuper Heide nach **Kampen**.

In die entgegengesetzte Richtung kann man am Grünen Kliff vorbei auf einem Wirtschaftsweg durch die Marsch nach **Morsum** laufen (8 km).

Schlafen

Wirklich schöner Luxus
1 **Hotel Benen-Diken-Hof:** Das Romantik-Hotel im Landhausstil beher-

Alles, was man über Tee wissen muss, erfährt man im Teekontor/ Kontorhaus am Siidik.

bergt 48 Zimmer und Apartments (bis 4 Pers.) im Kapitänshaus, Norderhaus und Westerhaus, die durch Galeriegänge miteinander verbunden sind. Drei der jeweils sechs neuen Hotel-Apartments im Senhüs und im Lönhus haben eigene, exklusive Wellnessbereiche. Die anderen Gäste können sich im Wolkenlön Spa entspannen. Mit Pool, Beauty Studio und Kinderbetreuung. Im ›feinheimischen Restaurant‹ Kökken zelebriert man regionale Küche (Do—Mo 18–23 Uhr, Hauptgänge 23–31 €).
Süderstr. 3–5, T 04651 938 30, www.benendiken-hof.de, DZ/Suiten 213–452 €.

Schön wohnen am Ortsrand

2 Haus Conwind: Fünf großzügige helle Wohnungen (für 4 Pers.) mit jeweils 2 Bädern und 2 Schlafzimmern, eine für 8 Pers. mit 4 Schlafzimmern, einige mit Sauna, alle mit WLAN. Großer Garten mit Strandkörben. Ab und zu fliegt mal ein Flugzeug rüber, ansonsten ruhige Lage.
Westerhorn 58, Info: T 06403 18 26, www. conwind-sylt.de

Viel Garten, viel Ruhe

3 Mühlenhof: Zehn komfortable Wohnungen für 1–4 Pers. in einem reetgedeckten, alten Bauernhaus, das zu 100 % mit Ökostrom versorgt wird. Großes, freies Grundstück. Kleiner Spielplatz mit Sandkasten und Schaukel.
Kirchenweg 29, T 04651 933 10, www.muehlenhof.de, FeWo ab 120 €.

Essen

Treffpunkt für Genießer

1 Johannes King: Stilvolles, unkompliziertes Bistro-Restaurant des Zweisterne-Kochs. Im zugehörigen Genuss-Shop werden feine, kleine Köstlichkeiten serviert (es gibt auch einen Lieferservice) und regionale Produkte verkauft – Kräuter aus Morsum, Köstlichkeiten aus der Syltrose.

Gurtstig 2, T 04651 967 77 90, www. johannesking.de, Mo–Sa 11–20 Uhr, keine Reservierung möglich.

Stullenzeit

2 **Brot und Bier:** Auch Alexandro Pape (Zweisterne-Koch im Fährhaus in Munkmarsch) setzt auf regionale Bodenständigkeit. Am Ortseingang, schräg gegenüber von Johannes King, bietet er frisch gebackene Brotsorten kombiniert mit Bier an, das in der Sylter Genussmacherei in List hergestellt wird.

Gurtstig 1, 04651 936 37 43, www.brot-und-bier.de, Di–Sa 13–19.30 Uhr.

Traditionell und gesellig

3 **Salon 1900:** Etwas abgelegen, aber ein Besuch des Café-Restaurants samt Bar lohnt sich. Die Räume in dem 1854 erbauten Friesenhaus sind mit originalen Stücken à la 1900 ausgestattet. Die regionale Küche mit internationalen Einflüssen ist ausgezeichnet, der Service freundlich.

Süderstr. 40, T 04651 93 60 00, www. salon1900.de, Küche tgl. 12–22 Uhr, Fisch und Fleisch ab 21 €.

Wunderbare Küche

4 **Kleine Küchenkate:** Serviert werden hausgemachte Spezialitäten und Gutbürgerliches: Kuchen, Salate, Eintöpfe, Matjes, Schnitzel, frischer Fisch und Scampi, alles lecker. Das hat sich herumgesprochen, also besser reservieren.

Hoyerstich, T 04651 333 87, www.kleineküchenkate.de, durchgehend Küche ab 11.30 Uhr, ab 15 €.

Kaffeezeit am Watt

5 **Nielsen's Kaffeegarten:** Die traditionsreiche Bäckerei & Konditorei ist berühmt für ihre ruhige Terrasse zum Grünen Kliff mit herrlichstem Blick übers Watten-

meer. Der neue Glasanbau gefällt nicht jedem (ganz schön mutig!), aber hell ist es geworden und freundlich. Kuchen und Torten köstlich wie immer. Für Spaziergänger ideal ist der Zugang vom Wanderweg zur Terrasse.

Am Kliff 5, tgl. 8–18 Uhr, Brötchenverkauf ab 6.30 Uhr.

Gemütlich, echt friesisch

6 **Die kleine Teestube:** Gemütliches Ambiente zum Wohlfühlen. Leckere Kuchen, Waffeln, Blaubeerpfannkuchen, aber auch deftige Kleinigkeiten wie hausgemachte Eintöpfe, Salate und Krabbenbrot mit Spiegelei.

Gurtstig/Ecke Westerhörn 2, T 04651 318 62, Fr–Mi 10–18 Uhr, in der Hauptsaison tgl.

Heimatküche unter Reet

7 **Oma Wilma:** Die Keitumer freut die Neueröffnung: Der gebürtige Insulaner Nicolas Rathge hat Spaß am Kreieren köstlicher Gerichte aus regionalen und saisonalen Produkten. Entspanntes Ambiente, ein sympatischer Treffpunkt. Wer bei Oma Wilma allerdings auf altmodisch große Portionen zum Sattwerden nach einem langen Wattspaziergang hofft, wird enttäuscht sein, die Portionen sind liebevoll angerichtet, aber vornehm überschaubar.

Gurtstig 32, T 04651 886 00 66, https:// omawilma.de, Currywurst 10 €, Vegetarisches, Fisch und Fleisch ab 22 €.

Einkaufen

Typisch Keitum

Kunsthandwerker: In Keitum wie auch in anderen Dörfern des Sylter Ostens findet man die Werkstätten vieler Kunsthandwerker. Es macht Spaß, durch das Dorf zu bummeln. Rosenumrankt ist die schöne **Töpferei Kunststück** **1**.

Gaat 6, T 04651 31587, www.toepferhaus-keitum.de.

Tee und andere Schätze

2 Teekontor/Kontorhaus: Neben Tee und einer stattlichen Auswahl an Teegerätschaften gibt es Süßes und Leckeres sowie schöne Dinge. Neu ist ein edles Gästehaus. Es gibt einen Teeraum, angeboten werden Teeseminare und Veranstaltungen zur klassischen Teezeit um 17 Uhr – Konzerte, Schauspiel, Lesungen. Rechtzeitig Karten sichern (Programm s. Website)!
Siidik 15, T 04651 889 11 94, www.kontor hauskeitum.de, Mo–Sa 10–18 Uhr.

Lesezeit

Zwei kleine, ausgesprochen nette Buchhandlungen gibt es im Dorf; individuelle Beratung, was nicht da ist, wird bestellt: **Bücherdeele 3**, Gurtstig 12, T 04651 44 96 41; **Büchertruhe 4**, Am Tipkenhoog 3, T 04651 324 47.

Für Genießer

5 Friesisches Käselädchen: Diesen Ziegenfrischkäse müssen Sie probiert haben oder eine der anderen köstlichen Sorten – einige vom Festland zugekauft, aber alle handgemacht und köstlich, dazu Weine und feine Marmeladen.
Siidik 6, T 04651 96 74 41 in der Saison Mo–Fr 11–17, Sa 10–14 Uhr.

Hofladen

6 Gänsehof: Auf dem Hof werden Gänse, Galloway-Rinder und Schafe gehalten. Geschlachtet wird in der eigenen Schlachterei. Verkauft werden Produkte von Deichlämmern, Galloway-Rindern, Gänsen, Enten und Hühnern – ganz frisch im Hofladen, vakuumverpackt für zu Hause oder auch online. Im Hofladen gibt es auch leckere Marmeladen, flauschige Decken und kuschelige Schaffelle.
Koogstr. 2, www.gaensehof-sylt.de, Mo–Fr 10–12, 15–18, Sa 10–12 Uhr sowie beim Wochenmarkt auf dem Westerländer Rathausplatz (Sa 8–13, im Sommer auch Mi 8–13 Uhr).

Bewegen

Das Kapitänsdorf erwandern

Dorfführung, ab Tourismus-Service: Gurtstig 23 (Bushaltestelle Keitum Mitte). Eine wunderbare kleine Zeitreise, im Anschluss ist die Besichtigung des Altfriesischen Hauses **8** möglich. Ganzjährig Do 10.30 Uhr, in der Saison auch Di, 12 € mit/14 € ohne Gästekarte. Noch eine Stunde länger dauert die große Zeitreise durch Keitum mit einem Besuch im Altfriesischen Haus und in der Keitumer Kirche St. Severin. In der Saison, Dauer ca. 3 Std., Erw. 15 €/17 € mit/ohne Gästekarte.

Mit 2 PS

1 Kutschfahrt durchs Dorf: Gemütlicher geht es kaum, mit seelenfreundlichen Schleswiger Kaltblütern auf eine Rundfahrt durch das beschauliche Keitum.
Parkplatz Ortseingang West, T 0175 207 43 00, www.kutschfahrten-sylt.de, Mai–Okt. Mi und So stdl. zwischen 11 und 14 Uhr, 10 €.

Naturerlebnisse im Nationalpark

Schutzstation Wattenmeer: Der Bauwagen ist von April bis Sept. besetzt, keine festen Öffnungszeiten, der Vogelwart erscheint zu den Führungen oder ist im Schutzgebiet unterwegs. Wattexkursionen, Seevogelführungen, historische Deichspaziergänge, Treffpunkte: **Schöpfwerk am Deich in Keitum 7** oder Parkplatz am Deichaufgang Dikwai in Morsum. Programme in den Touristenbüros.
Am alten Schöpfwerk am Nössedeich, Koogstr. Fragen und Buchungen unter T 04651 88 10 93, www.schutzstation-wattenmeer.de.

Das Glück der Erde …

Keitum hat zwei Reitställe, die für fortgeschrittene Reiter Strandausritte entlang des Wattenmeers zwischen Keitum und Kampen anbieten, ebenso Unterricht: **2 Reitschule Grünhof:** Süderstr. 80, T 0172 521 73 78, www.gruenhof-sylt.

de. Der Hof bietet auch Ponyreiten für die Lütten (ab 3 J.) und Gastpferdeboxen; **3 Reitstall Hoffmann:** Gurtstig 46, T 04651 315 63, www.reitstall-hoff mann.de.

Ausgehen

Momente genießen

Pius': Gemütliche Weinstube, ungezwungene Atmosphäre, schöne Weinauswahl. Auf der Vesperkarte stehen leckere Kleinigkeiten, die gut zum Wein passen – Datteln im Speckmantel, Tapas, Flammkuchen. Für Zuhause: Weine, Olivenöle und Schokoladen zum Mitnehmen.
Am Kliff 5, T 04651 889 14 38, www. pius-weine.de, tgl. ab 17 Uhr, im Juli/Aug. ab 16 Uhr.

Feiern

• **Orgelkonzerte:** In der St.-Severin-Kirche, ganzjährig nahezu an jedem Mittwochabend, www.st-severin.de.
• **Living History in Keitum:** Sylter Heimatmuseum 2, T 04651 355 74, www. living-history-sylt.de, Ende Mai–Mitte Sept., 30 €, rechtzeitige Buchung empfohlen. Die Autorin und Reiseleiterin Silke von Bremen ist die Initiatorin einer bemerkenswerten Zeitreise. Eine Gruppe von engagierten Sylter Darstellern erweckt die Geschichte(n) des alten Kapitänsortes zum Leben. Auf einem geführten Rundgang durchs Dorf trifft man den ersten Inseldoktor, auf Lehrer, Volkshelden sowie auf Seefahrer und Sylterinnen.
• **German Polo Masters:** An zwei Wochenenden im Juli und Aug. am Ortsrand von Keitum Siidik. Die internationale Elite der Polospieler liefert sich Matches der Spitzenklasse, ein kleines Highlight nebenbei: die Besichtigung der Ställe, Info unter www.polosylt.de.

Infos

• **Tourismus-Service:** Gurtstig 23, 25980 Sylt/Keitum, T 04651 99 80, www.insel-sylt.de/orte/keitum.

Munkmarsch ♀E4

Einst war der kleine, zwischen Braderup und Keitum gelegene Hafenort der wichtigste Verkehrsknotenpunkt von Sylt. Von hier aus wurde das Mehl der 1744 errichteten Mühle aufs Festland verfrachtet, seit 1755 legten hier die Postboote an. Nachdem in Keitum ein neuer Hafen ausgebaggert und ein Zollbüro eingerichtet worden war, übernahm der Nachbarort ab etwa 1820 die führende Rolle.

Als die Keitumer den Hafen Ende der 1860er-Jahre jedoch wegen Verschlickung aufgeben mussten, baute der geschäftstüchtige Kapitän Thomas Selmer in Munkmarsch eine **Mole** und ein

CALLES BEACH

Eine sanft geschwungene Sandbucht erstreckt sich neben bzw. hinter dem Munkmarscher Hafen. In den 1970er-Jahren wurde sie zuerst von Surfern entdeckt. Sie war Austragungsort für den ersten Windsurfing World Cup Sylt. Mittlerweile hat man die Wettkämpfe an die Brandungsküste vor Westerland verlegt. Calle Schmidt, Deutschlands erster Surfer, betreibt hier eine renommierte Surf- und Segelschule (s. S. 63). Die Bucht ist ein wunderbarer Platz für sonnige Strand- und Badestunden.

Lieblingsort

Das Leben ist schön

Wenn die Sonne scheint und alle am Strand sind, ist es Zeit für die zauberhaft stille Seite der Insel. **Munkmarsch** ist ein schöner Flecken – mit idyllischem Sandstrand und einem kleinen Jachthafen. Der Blick schweift über den Hafen, ein paar Surfer in der Bucht, Möwen schreien, Segelringe klappern am Mast. Kaum eine Menschenseele weit und breit. Wunderbar sitzt es sich auf der viktorianischen Terrasse des **Fährhauses Sylt** (♥ E 4, s. S. 63), die abends auch für Außerhausgäste geöffnet ist.

prächtiges **Fährhaus.** 1866 erhielt er die Genehmigung, Passagiere von Hoyer nach Munkmarsch zu befördern. Vom Hafen aus wurden die Badegäste dann per Pferdedroschke weiterkutschiert. Anno 1888 rollte der erste Zug von Munkmarsch nach Westerland. Mit der Eröffnung des Hindenburgdamms 1927 fiel der Hafenort in einen Dornröschenschlaf, der Hafen versandete. Noch immer aber steht hier das Fährhaus, das 1997 als Nobelrestaurant neu eröffnet wurde.

Schlafen, Essen

Genießen am Wattenmeer
Fährhaus Sylt: Wunderschön restauriertes Fährhaus von 1880 (s. Lieblingsort S. 62) und ein moderner luxuriöser Hotelneubau. Edel eingerichtete Zimmer und Suiten. In den mit Fliesenwänden und Kachelofen ausgestatteten Käpt'n Selmers Stuben kann man den Blick übers Watt und eine gehobene Küche mit regionalen Zutaten genießen – Karree vom Deichlamm, Nordseezunge – verfeinert mit dem von Sternekoch Alexandro Pape in seiner Manufaktur in List (s. S. 28) hergestellten milden Sylter Meersalz.
Heefwai 1, T 04651 939 70, www.faehrhaus-sylt.de, tgl. 12 bis open end, Restaurant Käpt'n Selmer, 13–15, ab 18 Uhr, Hauptgänge 19,50–46 € Uhr, im Winter auch So geschl., DZ ab 418 €.

Bewegen

Segeln, Surfen und Golfen
Syltsurfing: Surflegende Calle Schmidt (s. Kasten S. 61) ist hier der Chef. In ›seiner‹ Bucht kommt die ganze Familie auf ihre Kosten. Wenn das Wasser da ist: Jüngstensegeln ab 6 J., Catsegeln ab 12 J.; Surfkurse ab 6 J. und Funboard-

surfen bis zur Brandungsreife. Wenn das Wasser weg ist: Golfunterricht für Anfänger und Könner ab 5 J.
Bi Heef 4, T 04651 93 50 77, www.syltsurfing.de.

Morsum ♀F 5

Sylts östlichster Ort besteht aus mehreren Streusiedlungen: Großmorsum, Kleinmorsum, Schellinghörn, Osterende und Wall. Bis ins 18. Jh. bildete Morsum mit 140 Häusern den Hauptort der Insel, erst später liefen ihm Keitum, Munkmarsch und Westerland den Rang ab. Erstaunlich großzügig für das – trotz Bahnhof – überwiegend ländlich geprägte Morsum wirkt das 1989 in der Ortsmitte eröffnete Kulturzentrum Muasem Hüs, in dem auch der Tourismus-Service untergebracht ist.

St. Martin-Kirche
Sehenswert ist die kleine, im 13. Jh. erbaute spätromanische **Kirche St. Martin**. Das trutzige, weiß getünchte Gotteshaus blieb ohne Turm: Ein bescheidenes Holzgestell mit der 1767 in Hamburg gegossenen Glocke steht nebenan. Das meterdicke Mauerwerk der Kirche aus Back- und Feldsteinen ruht auf einem Sockel von Granitquadern. Der Flügelaltar im Inneren der Kirche an der Nordwand des Chores stammt aus der Zeit um 1500. Die Kanzel aus dem Jahr 1698 zeigt goldgetönte Reliefszenen aus dem Leben Jesu. Eine Holztafel in der Kirche erinnert an den 15. März 1744. An diesem Tag ertranken 84 heimkehrende Grönlandfahrer, darunter auch 50 Morsumer, in Sichtweite ihrer Heimatinsel.
Haawerlön, www.kirche-morsum.de, tagsüber geöffnet.

AUF GRÜNEM DEICH **G**

Morsum hat eine eigene kleine, tideabhängige **Badestelle** am Wattenmeer. Auf dem grünen Deich im Süden des Ortes (**♀** F 5) ist ein kleines Areal für Strandkörbe abgezäunt. Man ist unter sich, die Schafe bleiben draußen, ihr Blöken nicht. Eine kleine Treppe führt von der befestigten Steinkante in die Fluten – Wasser ist hier naturgemäß nicht immer anzutreffen. Den Gezeitenkalender erhält man beim Tourismus-Service.

Morsum-Kliff ♀ F 5

Östlich von Morsum erstreckt sich das **Naturschutzgebiet Morsumer Heide** mit seltenen Pflanzen wie Zwergbirke, Sonnentau und Ährenlilie. Hier finden sich mehrere vorzeitliche **Grabhügel** sowie weiter im Westen eine Hügelgruppe aus der Wikingerzeit.

Spazierwege führen durch die Heide zum spektakulären, 1800 m langen und bis zu 21 m hohen **Morsum-Kliff**, das bereits seit 1923 unter Naturschutz steht. Vom Jungtertiär bis zur Eiszeit lassen sich hier bis zu 10 Mio. Jahre erdgeschichtliche Entwicklung ablesen. In der Saale-Eiszeit wurden die im Tertiär entstandenen Schichtungen durch den gewaltigen Druck der Gletscher zusammengestaucht und gleichsam nebeneinander gestellt: blauschwarzer Glimmerton (10–5 Mio. Jahre alt), daneben rostfarbener Limonitsandstein (6–4 Mio. Jahre alt) und weißer Kaolinsand (3–2 Mio. Jahre alt). Am besten lässt sich das farbige Kliff von unten, also vom Watt aus betrachten, aber auch von der Aussichtsplattform an der oberen Kante der Steilküste ergeben sich faszinierende Einblicke in das geologische Bilderbuch.

An der Wattseite, Informationstafel vor Ort, naturkundl. Führungen ab Parkplatz Morsum-Kliff (www.naturschutz-sylt.de/event/morsum-kliff-fuhrung), April–Okt. Mo, Mi und Fr 11.15 Uhr, Di und Do 14 Uhr, Spendenempfehlung 7,50, Kinder 3,75 €.

Rundwanderung am Kliff

Eine etwa einstündige Wanderung führt vom Parkplatz vorbei am Landhaus Severin's. Hier zweigt ein ausgeschilderter Wanderweg nach links an die Steilkante mit Aussichtsplattform ab, weiter geht es ein Stück oben am Kliff entlang und dann hinunter ans Watt. Unterhalb des Kliffs spaziert man gen Westen am Wasser entlang, bis ein Weg in einem weiten Bogen zurück zum Parkplatz führt. Dieser Spaziergang ist auch für lauffreudige Kinder geeignet, mit Kinderwagen ist es allerdings streckenweise etwas mühselig im Sand und nicht zu empfehlen.

Wanderung vom Parkplatz Morsum-Kliff aus, 3,5 km, Dauer ca. 1 Std.

Schlafen, Essen

In der Heide über dem Meer

Landhaus Severin's: Ein im Sommer 2016 neueröffnetes Luxusdomizil mitten im Naturschutzgebiet. Die Lage könnte schöner nicht sein. Frühstück gibt es von 7.30–12 Uhr. Im Restaurant oder auf der Terrasse wird ab 12 Uhr feine Sylter Küche serviert (Tageskarte bis 18, Abendkarte ab 18 Uhr). Die Spa-Nutzung im (5 Sterne) Severin's Resort & Spa in Keitum ist inklusive (www.severins-sylt.de).

Nösistig 13, T 04651 460 68 80, www.land haus-severins.de, DZ/Suiten ab 320 €.

Campen

Campingplatz Mühlenhof: Ruhig gelegener Wiesenplatz. Unterteilung mit Hecken, die Schatten spenden, gepfleg-

Morsum-Kliff – von hier oben verfängt sich der Blick im schlickigen Nirgendwo.

te Sanitäranlage, 15 Spazierminuten vom Deich und Watt entfernt.
Melnstich 7, T 04651 89 04 44, www.cam pingplatz-sylt.de, ganzjährig.

Einkaufen

Unikate
Edda Raspé: Die Goldschmiedin Edda Raspé verarbeitet handgeschliffene Granite vom Sylterstrand, teilweise kombiniert mit Edelsteinen, zu individuellen Schmuckstücken.
Terpstig 15, T 04651 89 02 58, www. edda-raspe.de.

Stück für Stück handgefertigt
Sylter Seifen Manufaktur: Alge, Lavendel, Honig, Rosen- und Rapsblüten, Queller und Schlick sind die Zutaten für diese pflegenden Seifen, ein wunderbares Mitbringsel von der Insel.

Bi Miiren 11 (im Ostflügel des Morsumer Bahnhofs), T 04651 460 99 77, www.sylter seifen.de, Mo–Fr 10–17 Uhr.

Regional ist erste Wahl
Hansens Hofladen: Frische Eier (mit Syltstempel!), selbstgemachte Wurst und Schinken sowie Fruchtaufstriche, Sylter Salz, Honig aus Morsum, Produkte von Sylter Rosen, Säfte, Koggensenf aus Kampen und viele frische Milchprodukte aus der Region.
Terpstig 65, T 0171 238 50 74, https://han senhof-sylt.de, Mo–Fr 10–16, Sa 10–13 Uhr.

Bewegen

Angeln
Zwei Binnengewässer bieten Angelmöglichkeiten: Das **Katrevel** ist ein kleiner, bis zu 2 m tiefer See inmitten der Morsumer Wiesen in der Nähe des Dei-

ches. Ein flussähnlicher **Sielzug** verläuft zwischen Tinnum und Morsum. Vertreten sind Hecht, Zander, Barsch, Aal, Karpfen, Schleie und verschiedene Weißfischarten. Angelschein im Edeka Markt, Munkmarscher Chaussee 6a, Keitum, T 04651 93 55 80.

Mit Reithalle

Reiterhof Lobach in Morsum: Unterricht, Springen und Ausritte. Unterricht für Anfänger und Fortgeschrittene, Ausritte am Morsumer Watt entlang, durchs kleine Wäldchen und Wiesen, auch Beritt und Gastboxen.
Litjemuasem 16, T 04651 89 02 39.

Infos

• **Sylt Tourismus-Service:** Im Muasem Hüs, Bi Miiren 17, 25980 Sylt/Morsum, T 04651 99 80, www.insel-sylt.de/orte/morsum.

Archsum 📍 E 5

Kaum zu glauben, dass es einen so ruhigen, ländlich-bescheidenen Ort auf Sylt gibt. Bis zum Bau des Nössedeichs im Jahr 1937 wurde das Bauern- und Seefahrerdorf häufig von Sturmfluten heimgesucht. Darum stehen die alten Friesenhäuser noch auf Warften, d. h. auf von Hand aufgeworfenen Erdhügeln, die Schutz vor den Fluten boten. Die Archsumer Geest ist seit der Steinzeit besiedelt, vor rund 2000 Jahren wurde ein **Ringwall** aufgeschüttet. Die minimalen Reste der Burg werden im Rahmen einer Dorfführung erläutert. An die Burg erinnert der Name einer Straße: Borig.

Hünengräber

Die ältesten erhaltenen Besiedlungsspuren sind rund 5000 Jahre alte Gräber.

Bei Niedrigwasser sieht man im Watt südwestlich von Archsum Findlinge, die einst zu Großsteingräbern gehörten. Als sie errichtet wurden, lag der Meeresspiegel noch 10 m tiefer. Sie sind nicht ausgeschildert. Um fündig zu werden, folgt man am besten dem Deichweg zum Nössedeich und wendet sich auf der Deichkrone nach rechts. Nach einigen hundert Metern stößt man auf die jungsteinzeitliche Grabkammer **Modjes Küül** (Großmütterchens Kuhle/Keller) – wenig mehr als ein zusammengesunkener Haufen großer Findlinge, dennoch beeindruckend.

Schlafen

Alles vom Feinsten

Hotel Christian VIII: Luxuriöse Suiten unter Reet, teils mit eigener Terrasse und Kamin. Es gibt einen Wellnessbereich mit Sauna und Schwimmbad und ein Restaurant. Alles ist eingebettet in einen 7000 m² großen Park.
Heleeker 1, T 04651 970 70, www.hotel-christianderviii.de, DZ/Suite ab 210 €.

Mit Terrasse

Friesenhaus Holst: Gepflegtes, schön renoviertes Friesenhaus mit vier gemütlich eingerichteten Wohnungen für 4 Pers. sowie einer großzügig geschnittenen Wohnung für 6 Pers. mit Sauna und Whirlpool. Alle Wohnungen mit eigenem Eingang und Terrasse.
Norderende 12, T 04651 89 07 18, www.friesenhaus-holst.de, FeWo 120 € bzw. 360 €.

Essen

Sehr lecker, gerne wieder!

Alte Schule: Im ehemaligen Klassenzimmer und der Lehrerwohnung kommen norddeutsche Spezialitäten auf den Tisch, frisch zubereitet aus überwiegend regionalen Zutaten. Die Einrichtung ist hell und freundlich, das Ambiente entspannt und angenehm schnörkellos.

Dorfstr. 6, T 04651 89 15 08, www.alteschu le-sylt.de, in der Saison Do–Di 12–14.30, 17–22 Uhr, im Winter nur abends, ab 13 €.

Tinnum ♀D 4

Der eher unspektakuläre Ort geht fast nahtlos in Westerland über. Die Reihen schlichter Einfamilienhäuser mit gepflegten Gärten in ruhigen Straßen, das große Gewerbegebiet am Ortsausgang mit Supermärkten, Reformhaus, Friseur, Getränkemarkt, Autowerkstatt usw. und die Eisenbahnlinie am nördlichen Ortsrand verleihen dem alten Bauerndorf den Charakter einer Vorstadt, wie man sie auch überall auf dem Festland finden könnte.

Einst wohnten in Tinnum wohlhabende Bauern und es gab mehrere Mühlen. Noch 1850 wurden Tausende von Schafen gehalten – die Wollverarbeitung war eine der wichtigsten Erwerbsquellen. 1843 sollen mehr als 7000 in Tinnum hergestellte Jacken und fast 3000 Paar Strümpfe nach Hamburg exportiert worden sein.

Alte Landvogtei

Im Dorfkern von Tinnum findet man noch einige alte Friesenhäuser wie die 1649 erbaute **Alte Landvogtei,** die der ältesten Häuser auf Sylt. Zur Zeit der Dänenherrschaft war sie Sitz des höchsten Beamten der Insel, der für die Verwaltung und Einleitung rechtlicher Verfahren zuständig war. 1825 nächtigte hier der dänische König Friedrich VI. Der Sylter Landvogt Uwe Jens Lornsen residierte nur zehn Tage in der Vogtei, bevor er seines Amtes enthoben wurde.

Kampende, keine Innenbesichtigung.

FÜR LECKERMÄULER

Lust auf Schokolade mit Chili, Hanf oder anderen außergewöhnlichen Zutaten? Insgesamt 300 verschiedene Tafelschokoladen werden in der Schokoladenmanufaktur im Tinnumer Gewerbegebiet von Hand gegossen. Schön anzusehen sind die Verpackungen mit Sylt-Fotos von Hans Jessel. Hier finden auch Schokoladenseminare statt, in denen man nicht nur viele Tipps bekommt, sondern auch Pralinen selbst herstellt und köstliche Desserts zaubert. Die Schokoladenmanufaktur Tinnum vereint Shop, Bistro und Produktionshalle unter einem Dach (Zum Fliegerhorst 15, www.cafe-wien-sylt.de, tgl. 10–18 Uhr).

Tinnumburg

Viele Straßen führen von Tinnum in die grüne Marsch. Ein beliebtes Ausflugsziel für Spaziergänger und Jogger ist die sagenumwobene Tinnumburg, die einzige erhaltene von drei Ringwällen Sylts. Sie misst im Durchmesser 120 m, ist 8 m hoch und wurde in der Zeit um Christi Geburt errichtet. Ihre Bedeutung ist nicht geklärt.

Über den von Kampende abzweigenden Borigwai, frei zugänglich.

Tierpark Tinnum

Eine Attraktion für Familien mit Kindern ist der 30 000 m² große, privat geführte, liebevoll gepflegte **Wild- und Vogelpark** inmitten von Wiesen und Weiden etwas außerhalb des Ortes. Frei herumlaufende oder in Gehegen lebende Hirsche, Wildschweine, Affen und Waschbären, exotische Vögel sowie schwarze Schwäne gibt es dort. Auf einem Teich kann man im Tretboot in See stechen (im Eintritt inbegriffen). Zum Austoben stehen ein großer Spielplatz und eine Hüpfburg bereit.

Ringweg 100, T 04651 326 01, Mai–Okt. tgl. 10–19 Uhr, Erw. 14 €, Kinder 7 €.

Schlafen, Essen

Luxuriös und edel

Landhaus Stricker: Relais-&-Châteaux-5-Sterne-Hotel mitten im Ort, mit 38 erlesen eingerichteten Zimmern und Suiten. Das Hotel beherbergt einen großzügigen Wellness- und Spa-Bereich mit Pool. Ein Ambiente zum Wohlfühlen, der Service ist sehr persönlich und auch die kulinarischen Genüsse kommen nicht zu kurz: Das Frühstück ist großartig, im **Restaurant Siebzehn84** wird Sternenküche geboten.

Boy-Nielsen-Str. 10, T 04651 889 90, www. landhaus-stricker.de, DZ/Suiten ab 331 €.

Ganzjährig

Camping Südhörn: Der familienfreundlich geführte Platz liegt am südwestlichen Rand von Tinnum. Hier fühlen sich viele Stammkunden und Dauercamper wohl. Das Restaurant Jankes befindet sich auf dem gleichen Gelände.

Ziegeleiweg, T 04651 36 07, www.cam pingplatz-suedhoern.de.

Essen

Bodenständiges Sylt

Gaststube Jankes: Hier kommen gutbürgerliche, frisch zubereitete Speisen auf den Tisch. Auch Einheimische kehren hier gerne ein. Bei schönem Wetter wird draußen gegrillt, nebenan gibt es einen Kinderspielplatz.

Ziegeleiweg am Campingplatz Südhörn, T 04651 37 20, www.jankes-sylt.de, Küche Mi–Mo ab 17 Uhr, in der Saison auch Mittagstisch um 6 €, Hauptgerichte ab 15 €.

Ohne Schnickschnack

Zur Eiche: Ein beliebter Treffpunkt, modern und gemütlich, hier halten auch die Dorfbewohner ihre Versammlungen ab, trinken Bier und genießen die bodenständige herzhafte Küche. Hier steht niemand hungrig vom Tisch auf. Tagesspezialitäten – Mo Burger, Do Spare Ribs, Fr Ente, So Schweinshaxe, ab 23,50 €.

Zur Eiche 38, T 04651 311 44, www.zur eichesylt.de, Do–Di ab 17 Uhr, zusätzlich Fr–So 11.30–14 Uhr.

Einkaufen

Ausgezeichnete Weine

Heiliger: Dem Feinschmecker-Magazin zufolge (06/2012) eine der besten Kaufadressen für Wein in Deutschland. Das Sortiment umfasst auch Sylter Wein, Malt Whiskys, Rums, Gins und Obstbrände.

Zum Fliegerhorst 22 (im Gewerbegebiet am Flugplatz), T 04651 92 70 24, www.weinheili ger.de, Mo–Sa 9–12 Uhr, Mo–Fr 14–18 Uhr.

Für Leckermäuler

Schokoladenmanufaktur Tinnum: s. Kasten S. 67

Bewegen

Bogen selber bauen

Bogenschießen/Bogenbauen: Tageskurse Bogenbauen für Kinder ab 6, Jugendliche ab 14 J., Einzelunterricht im Bogenschießen, betreutes Bogenschießen auf der Schießbahn, Material auch im Online-Shop.

Am Sportzentrum Sylt Ost an der Keitumer Landstr. zw. Tinnum und Keitum, T 0177 802 73 09, www.youksakka.de, April–Okt. tgl. geöffnet.

Für Groß und Klein

Reitschule Olivenhof: Reithalle, Springplatz und Galoppstrecke, Reitlehr-

gänge in den verschiedenen Leistungs-
klassen. Die Kleinen fangen mit dem Voltigieren auf einem Fjordpferd an. Es sind
Gastboxen für Pensionspferde vorhanden.
Ingewai 40, T 04651 329 06, www.olivenhof.
de.

Infos

● **Sylt Tourismus-Service:** Dirksstr. 11,
25980 Sylt/Tinnum, T 04651 99 80,
www.insel-sylt.de/orte/tinnum, Mo–Fr
10–13 Uhr.

Westerland ♀D 4

Die ›trendige Metropole‹, die seit 2009
ein Ortsteil der Gemeinde Sylt ist, zählt
gut 9000 Einwohner, das ist fast die Hälfte aller Syltbewohner. Architektonisch
ist die Endstation der deutschen Bahn
kaum attraktiv zu nennen. Die Sehnsucht der Musikband Die Ärzte (»Ich will
zurück nach Westerland«) lässt sich auf
den ersten Blick nicht nachvollziehen.

Viel wird über alte Bausünden, das
Verkehrschaos und den Massentouris-
mus geschimpft und doch möchten weder Urlauber noch Insulaner die einzige
Stadt der Insel missen: den Rummel in
den Shoppingmeilen, den Trubel auf
der Strandpromenade, die Beach-Par-
tys der Surfer und die kulinarischen Genüsse – von der Pommesbude bis zum
Gourmettempel ist alles da. Aufwendige
Bade- und Kureinrichtungen verkürzen
lange Regentage. Einen fast 6 km langen
Sandstrand vom Feinsten hat Westerland
zu bieten. Weder Galerien, Kino noch
Spielbank fehlen im Ort, und auch das
Nachtleben hält für alle Geschmäcker
etwas bereit. Nur ein paar Spazierminuten entfernt liegt **Alt-Westerland.** Ein
Bummel durch dieses ruhige, beschau-

liche Viertel mit alten Friesenhäusern
und schmalen Fußwegen gleicht einer
Entdeckungsreise in eine ganz andere
Welt, in eine ferne Zeit.

Immer mehr, immer größer
Das Dorf Westerland ist erst gut 500
Jahre alt. Es wurde gegründet, nachdem
die Sturmflut von 1436 das Schicksal
des 2 km südwestlich gelegenen Dorfes
Eidum endgültig besiegelt hatte. Die
Bewohner des neuen Dorfes im Westen des Ortes Tinnum – daher wohl der
Name Westerland – ernährten sich mehr
schlecht als recht vom Fischfang, von der
Landwirtschaft und vom Strandgut. Erst
als das armselige Dorf zum Seebad avan-
cierte, änderten sich die kargen Lebens-
umstände. Vor dem Ersten Weltkrieg fand
sich vor allem die feine Gesellschaft ein.
Logierhäuser, Villen und Hotels wurden
in Strandnähe aus dem Boden gestampft.

Der Strand bildete den Mittelpunkt
des sommerlichen Badelebens und wurde gleichzeitig durch die ewig nagende
Nordsee immer schmaler. 1909 wurde
eine 80 m lange Strandmauer unterhalb
des Hotels Miramar gebaut, weil dieses
bedrohlich nah an die Abbruchkante
gerückt war. 1912 entstand die schützende Strandmauer mit Promenade,
Pavillon und den Räumlichkeiten des
Kurbetriebs, so wie sie im Wesentlichen
heute noch bestehen.

In den 1950er-Jahren, als die Wirtschaft boomte, schritt die Betonierung
der Stadt im Eiltempo voran. Ungeplant
und wenig organisch wuchsen gesichts-
lose Bauwerke empor, ein Großteil der
Bauten der Gründerjahre verschwand,
Apartmentblocks, moderne Geschäfts-
häuser und Ladenzeilen schossen aus
dem Boden – man betonierte und ze-
mentierte.

Die Wende kam 1971, als die Stadt
grünes Licht für das Projekt Atlantis gab:
Einen 80 m hohen Apartmentblock mit
3000 Betten in 28 Stockwerken wollte

Westerland

Ansehen

1. Reisende Riesen im Wind
2. Wilhelmine
3. Musikmuschel
4. Friedhof der Heimatlosen
5. Syltaquarium
6. St. Niels

Schlafen

1. Hotel Miramar
2. Hotel Stadt Hamburg
3. Long Island House
4. Haus Noge
5. Friesenhaus Synje
6. Jugendherberge
7. Dünen-Camping Sylt

Essen

1. Restaurant ›JM‹
2. Alte Friesenstube
3. Mariso
4. Sylter Stadtgeflüster
5. Waldidyll
6. Reiner's Osteria
7. Beach House Seeblick
8. ShiroBar
9. Beach Box
10. Culinarium
11. Café Wien
12. Häagen-Dazs
13. Salatkogge

Einkaufen

1. Wochenmarkt
2. H. B. Jensen
3. Zur alten Dorfschmiede

Bewegen

1. Surfschule Westerland/ Sunset Beach
2. Sylter Welle
3. Alte Post/Stadtbücherei
4. ZOB/Ausflugsfahrten
5. Villa Kunterbunt

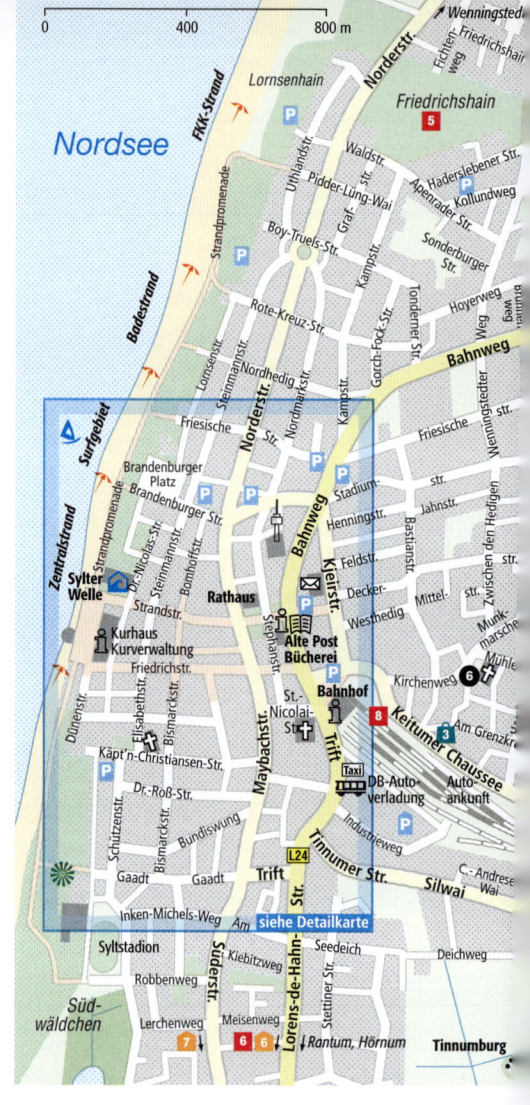

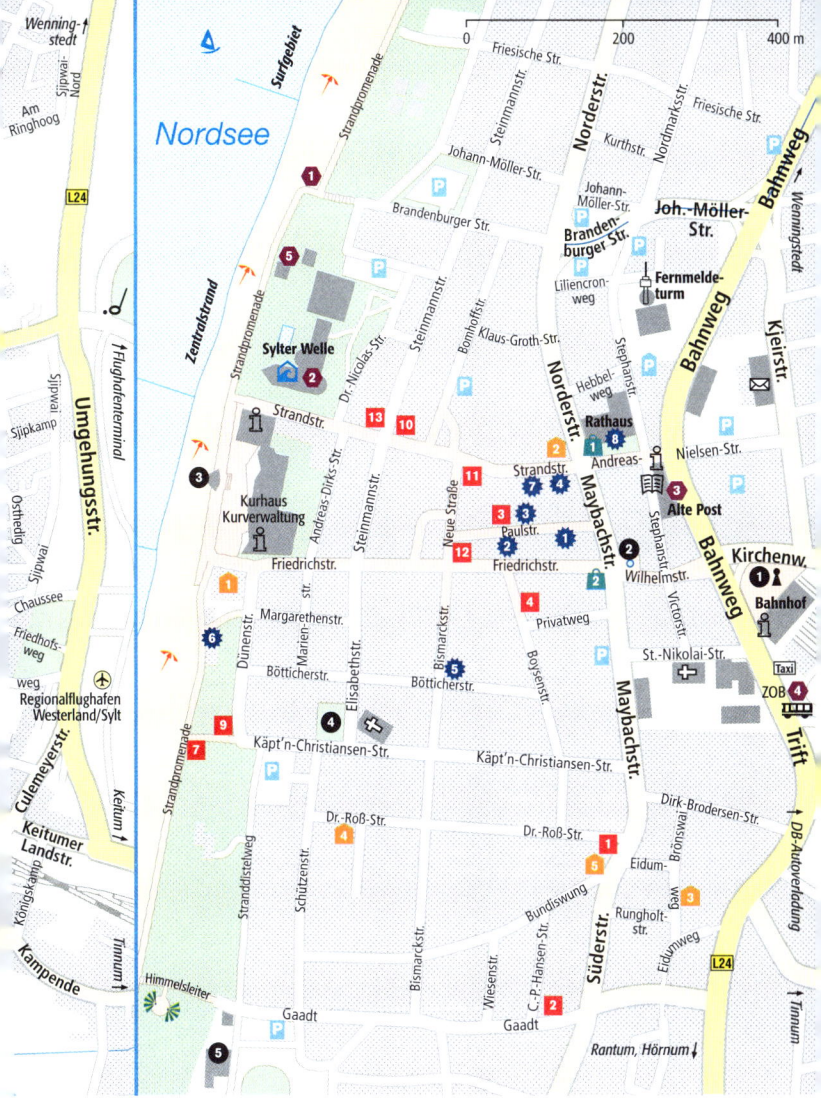

Ausgehen

1. American Bistro/P3
2. Irish Pub
3. Pablito/Wunderbar
4. Classic Club
5. Cohibar
6. Badezeit
7. Kinowelt
8. Spielbank Sylt

Weit weg vom Wasser – Krokodile sitzen in der Friedrichstraße auf dem Trockenen.

ein Baulöwe direkt an die Westerländer Strandpromenade setzen. Insulaner und Gäste riefen zum Aufstand. Mit Protestaktionen und Unterschriftensammlungen – es unterschrieben zwei Drittel aller Inselbewohner – wurde das monströse Bauvorhaben zu Fall gebracht. An den vergleichsweise harmlosen Hochhauskolossen, die sich mit bis zu 20 Stockwerken über dem Kurviertel erheben, hat Westerland dagegen bis heute zu knacken. Von fast jedem Punkt der Insel prägen sie die Skyline. »Wir müssen uns mit dem, was nun einmal steht, abfinden«, meinte ein Westerländer Baudirektor. Ähnliche Gefühle hegte so mancher Westerländer, nachdem 2001 die bemerkenswerten und zudem giftgrünen Plastiken **Reisende Riesen im Wind** ❶ auf dem Bahnhofsvorplatz platziert worden waren. Ein anderes Kunstwerk findet breitere Zustimmung: Auf dem Weg zum Strand passiert man in der Wilhelmstraße die dicke **Wilhelmine** ❷, die seit 1980 in einem Brunnen sitzt und sich vergnügt die Füße wäscht.

Strandpromenade

Die 2 km lange Strandpromenade bildet den trubeligen Mittelpunkt des Bade- und Kurlebens. Wie überall an der Westküste Sylts werden nur Besitzer einer gültigen Kur- bzw. Tageskarte an den Strand gelassen. Die Strandwächter am Westerländer Hauptstrand halten – länger als irgendwo sonst auf der Insel – bis 20 Uhr die Stellung. In der Saison finden in der **Musikmuschel** ❸ mehrmals täglich Konzerte statt. Der Musik am Meer kann man mit Blick auf die brandende See lauschen und abends von den steil übereinander angeordneten Zuschauerbänke den Sonnenuntergang genießen.

Tod in der Fremde

Ein kurzer Schlenker gen Süden führt zum **Friedhof der Heimatlosen** ❹. Hier wurden seit 1855 unbekannte Seeleute begraben, deren Leichen an den Strand gespült wurden und die bis dahin einfach in der nächsten Düne verbuddelt worden waren. Die schlichten Holzkreuze verzeichnen nur Datum und Ort der Bergung.

Elisabethstr./Ecke Käpt'n Christiansenstr.

Faszinierende Unterwasserwelt

Großzügige Becken bieten im **Syltaquarium** ❺ Einblicke in das Unterwasserleben der Nordsee und die Korallenwelt der Südsee. Die beiden größten Wasserbereiche – Helgoland und Korallenwelt – werden von einem 10 m langen, begehbaren Acrylglastunnel unterquert. Filme, Schaufütterungen und ein Restaurant runden das Angebot ab. Der große Parkplatz am Schützenplatz ist kostenlos, und von daher ein guter Ausgangspunkt für die Ortserkundung oder einen Promenadenbummel.

Am Schützenplatz, Gaadt 33, T 04651 836 25 22, www.syltaquarium.de, tgl. 10–18 Uhr, Erw. 13,50 €, Kinder (bis 15 J.) 10 €

Eine Oase der Ruhe

Die 1635 erbaute Kirche **St. Niels** ❻ ist das älteste Gebäude von Westerland. Das dem Schutzheiligen der Seefahrer geweihte, oft einfach nur Dorfkirche genannte Gotteshaus wurde im 18. und noch einmal im 19. Jh. erweitert. Es birgt einen spätgotischen Flügelaltar aus der 2. Hälfte des 15. Jh., der wie auch das Kruzifix über dem Chorbogen vermutlich noch aus der alten Eidumer Kirche stammt. Die 1715 gefertigte Kanzel zeigt Szenen aus dem Leben Jesu. Auf dem von einem Feldsteinwall umgebenen Friedhof ruhen einige berühmte Sylter, darunter Käpt'n Hahn, der deutsche Auswanderer nach Australien brachte.

Kirchenweg, www.kirche-westerland.de

Schlafen

Fünf Sterne am Meer

❶ **Hotel Miramar:** Die wunderbare 60-m^2-Suite mit großem Balkon zum Meer hin kostet 1100 €. Das traditionsreiche, luxuriöse Grand-Hotel liegt an Westerlands Strandpromenade. Schwimmbad, Sauna, Solarium sowie Schönheitsstudio befinden sich im Haus.

Friedrichstr. 43, T 04651 85 50, www.hotel-miramar.de, DZ/Suiten ab 410 €.

Stilvoll und zum Wohlfühlen

❷ **Hotel Stadt Hamburg:** Ein Kleinod mitten in Westerland. 70 geräumige Zimmer und Suiten in einem Friesenhaus aus dem 19. Jh. und der dazugehörigen Parkvilla. Geschmackvolle Einrichtung mit edlen Stoffen, ausgesuchten Antiquitäten und frischen Blumen. Erlesenes Restaurant, stilvoller Wellnessbereich und Schwimmpavillon.

Strandstr. 2, T 04651 85 80, www.hotelstadt hamburg.com, DZ/Suiten 270–640 €.

Einchecken und Abschalten

❸ **Long Island House:** Außen schlichter Backstein, innen sechs individuell eingerichtete Zimmer im modernen amerikanischen Landhausstil. Dezente Farbgebung und klare Formen. Ruhige Lage inmitten eines Gartens.

Eidumweg 13, T 04651 995 95 50, www.sylthotel.de, DZ ab 174–266 €.

Ein besonderes B & B

❹ **Haus Noge:** Charmante kleine Pension, 8 individuell und gemütlich mit altem Mobiliar und netten Accessoires eingerichtete Zimmer. Zum Strand 5 Min. zu Fuß.

Dr.-Ross-Str. 31, T 04651 928 60, www.haus-noge-sylt.de, DZ ab 140 €.

Unter Reet

❺ **Friesenhaus Synje:** Die individuell eingerichteten Ferienwohnungen für

2–4 Pers. liegen in einem denkmalgeschützten Kapitänshaus, das über einen
großen Garten verfügt. Zum Strand sind
es 5 Min.

Süderstr. 10, T 04651 59 03, www.friesen
haus-synje.de, FeWo ab 87 €, Mindestmiet-
dauer 7 Tage.

Mit eigenem Strandabschnitt
6 Jugendherberge Dikjen Deel: Ein
freundlich geführtes Haus am südlichen
Stadtrand in den Dünen mit 114 Betten in
2-bis 8-Bettzimmern. In der Hauptsaison
gibt es einen Jugendzeltplatz für Kinder
unter 18 J.

Fischerweg 36–40 (Buslinie 2 vom Bahnhof
Richtung Rantum/Hörnum), T 04651 835 78
25, www.jugendherberge.de, Übernachtung
im Mehrbettzimmer ab 32,50 €, Zweibettzimmer mit Dusche/WC 86 €.

Strandnah
7 Dünen-Camping Sylt: Südlich von
Westerland direkt am Dünengürtel, sehr
dichte Belegung, kein Schatten. Kinderspielplatz, Restaurant Reiner's Osteria
(s. unten).

Rantumer Str., in der Saison T 04651 83 61
60, www.campingplatz-westerland.de.

Essen

Regionale Gaumenfreude
1 Restaurant ›JM‹: Auf seine Sterne
hat der preisgekrönte Meisterkoch freiwil-
lig verzichtet, sein Restaurant verkleinert
und umbenannt, die Qualität ist geblieben. Im gemütlichen, mit alten Fliesen ge-
schmückten Pesel genießt man regionale
Produkte: Lamm und Rind – die Galloway-Rinder weiden in Deichnähe –, der
Fisch kommt aus der Nordsee, Krabben,
Muscheln und Austern aus dem Wattenmeer, erlesen zubereitet.

Süderstr. 8, T 04651 277 88, www.ho
tel-joerg-mueller.de, Mi–Mo ab 17 Uhr, Fisch
und Fleisch ab 34 €.

Traditionsreich
2 Alte Friesenstube: Norddeutsche
Kost im ältesten Haus Westerlands. Es
wurde 1648 erbaut, als der Ort nur 43
Häuser zählte. In der Kapitänsstube und
in der Biblischen Stube sind Fliesen aus
dem frühen 18. Jh. zu bewundern, die
Speisekarte ist auf Platt, sehr nett zu
lesen: Nordfreesischen Pannfisch gibt's
für 25,50 €.

Gaadt 4, T 04651 12 28, www.altefriesenstu
be.de, Di–So ab 17.30 Uhr.

Leicht und locker
3 Mariso: Bistro und Restaurant, stimmiges Ambiente mit einsehbarer Küche
und Sommerterrasse. Lust auf ein Menü?
Old school, mediterran oder asiatisch –
39,50 €, mit Freundlichkeit serviert.

Paulstr. 10, T 04651 29 97 11, www.
mariso-sylt.de, Nebensaison Mo–Sa 16–22,
Hauptsaison Mo–Do 12–22, Fr, Sa 12–23,
So 16–22 Uhr, Mittagskarte 14–17 Uhr, ab
18 €.

Tolle Küche, schönes Ambiente
4 Sylter Stadtgeflüster: Hier stimmt
einfach alles, die Einrichtung strandty-
pisch und doch schick, ein Hauch von
friesischblau, der Service ist locker und
supernett, die Speisen werden frisch zubereitet, Sonderwünsche gerne erfüllt.

Boysenstr. 4, Reservierungen nur tel. unter
04651 995 55 91, www.sylter-stadtgeflues
ter.de, tgl. 12–14.30, 17–22 Uhr, Mittagskarte, Speisen 10–29 €.

Eine Oase der Ruhe
5 Waldidyll: Quasi noch mitten in der
Stadt (etwas nördlich des Zentrums Richtung Wenningstedt) liegt der Friedrichs-
hain. Hier kann man die Stille des Waldes
genießen, ganz ungewohnt für Sylt, aber
wohltuend. Das Ambiente ist altmodisch,
wie aus der Zeit gefallen, und es sind selten viele Gäste da. Es gibt Kaffee und
Kuchen, Fisch- und Fleischgerichte à la
carte, keine Gourmetküche, aber okay,

kleine Portionen für Kinder, für die auch ein Mini-Spielplatz da ist.

Norderstr. 82, T 04651 224 57, ganztags geöffnet, Hauptgerichte ab 11 €.

Pizza unter Palmen
6 **Reiner's Osteria:** Am Strandübergang auf dem Campingplatz in Westerlands Süden. Im Dünengarten mit Holzstegen und Strandkörben sowie auf verschiedenen Terrassen rund um die Bar herrscht eine entspannte, familienfreundliche Atmosphäre. Spielplatz hinterm Haus.

Fischerweg 32, T 04651 298 19, www. reiners-osteria-sylt.de, tgl. ab 12 Uhr bis open end, Gemüse, Pizza, Pasta, Fisch und Fleisch, 10–30 €.

Genießen am Meer
7 **Beach House Seeblick:** Modernes, lässiges Ambiente oben auf der Düne an der südlichen Promenade, die Lage ist klasse (Zugang nur vom Strand), der Service freundlich und jung, auf der Speisekarte steht norddeutsche Kost wie Labskaus, Pannfisch und friesisches Rumpsteak.

Käpt'n Christiansen-Str. 53, T 04651 288 78, www.beachhouse-sylt.de, tgl. ab 11.30 Uhr, Fisch und Fleisch ab 18 €.

Ein kleines Stück Japan
8 **Shirobar:** Stimmiges, klares Ambiente, freundlicher Service und sehr gutes, frisches Sushi – eine Freude für Liebhaber asiatischer Köstlichkeiten, auch Take away möglich, wenn nicht zu viel los ist. *Irasshaimase,* herzlich willkommen.

Keitumer Chaussee 5a, T 04651 967 94 49, www.shirobar.de, Mi–Mo 12–14.30, 18–22.30 Uhr, Sushirollen ab 4,50, Special Rolls ab 12 €.

Burger & Co
9 **Beach Box:** Klasse Burger zum Sattwerden, auch vegetarisch sehr lecker, verschiedene Wraps, Currywurst … Freundliches Team.

Am Ende der Käpt'n-Christiansen-Str., an der Treppe des Strandübergangs, in der Saison tgl. 11.30–20 Uhr.

Nicht nur für Weinliebhaber
10 **Culinarium:** Ambitioniertes Restaurant und ein gut ausgestatteter Tabak- und Weinladen. Regionale und mediterrane Frischeküche, Hauptgänge ab 17 €.

Strandstr. 6, T 04651 967 57 06, www. culinarium-sylt.de, tgl. 12 22 Uhr, in der Nebensaison So Ruhetag.

Süße Herrlichkeiten
11 **Café Wien:** Mega-Torten aus der eigenen Konditorei, tolles Frühstück. Verlockend sind die in der Sylter Schokoladenmanufaktur in Tinnum selbst hergestellten Pralinen, Trüffel und Tafeln Schokolade (s. Kasten S. 67)

Strandstr. 13, T 04651 53 35, www.cafe-wien-sylt.de, tgl. 9–21 Uhr, 5–22 €.

Eis & Sorbet
12 **Häagen-Dazs:** In der Friedrichstr./ Ecke Neue Straße (am früheren Klein-Gosch-Standort) bietet die Filiale der US-amerikanischen Edelmarke Eiscreme- und Sorbetsorten. Topp: nur fünf Zutaten und keine Zusatzstoffe.

Friedrichstr. 26, T 04651 936 66 28, www. haagen-dazs.de, tgl. 10–22 Uhr.

Sehr empfehlenswert
13 **Salatkogge:** Der von außen eher unscheinbare Laden bietet nach Meinung vieler Einheimischer die besten Fischbrötchen und Salate der Insel, freundlicher Service, tolles Preis-Leistungs-Verhältnis.

Strandstr. 28, www.salatkogge.de.

Einkaufen

Westerland hat gleich in Strandnähe eine belebte Fußgängerzone: Strandstraße und Friedrichstraße verlaufen parallel zum Meer und enden direkt an der Strandpromenade.

*Indoor-Wasserspaß – die Sylter Welle in Westerland ist nicht nur an
Regentagen toll, dann aber besonders voll.*

Zwischen diesen beiden Straßen befinden
sich noch kleine Straßen ebenfalls mit Läden, Restaurants und Cafés. Es ist also
kein Problem, in Westerland einen langen
Regentag mit Shoppen zu verbringen.

Viel Frisches

1 Wochenmarkt: Biogemüse, Spezialitäten von nordfriesischen Landwirten,
aber auch Kunsthandwerk und Schaffelle.
Andreas-Nielsen-Str., vor dem Rathaus, Sa, in
der Saison auch Mi, 7–13 Uhr.

Mode und Technik

2 H. B. Jensen: Ein traditionsreiches
Kaufhaus – Markenmode, Elektronik,
Spielwaren u. v. m. Im Restaurant Im Turm
(in der Glasskuppel) kann man mit Blick
über Westerland günstig speisen, was
auch die Westerländer gerne tun (unter
10 €, Mo–Fr 8.30–17, Sa 8.30–14, im
Sommer bis 17 Uhr).

Friedrichstr. 1, hbjensen.de, Mo–Sa 10–18, in
der Saison auch So 11–17 Uhr.

Nordische Antiquitäten

3 Zur alten Dorfschmiede: Versteckt
im alten Dorf findet man wunderschöne
alte Möbel aus dem Norden: Tische, Truhen, Schränke, aber auch Kronleuchter
und dazu passendes altes und neues Geschirr sind in der alten Dorfschmiede erhältlich. Für mich ist die alte Dorfschmiede
ein Lieblingsort, den ich immer aufsuche,
wenn ich in Westerland bin.
Keitumer Chaussee 11, T 04651 221 36,
www.antik-sylt.de, in der Saison Mo–Fr
11–18, Sa 11–13 Uhr.

Bewegen

Am Brandenburger Strand im Norden
der Westerländer Promenade pulsiert im

Sommer das Leben. Der Strand bietet Beachvolleyball, Beachsoccer, man kann Bälle oder Frisbees ausleihen.

Life is better at the beach
1 Surfschule Westerland: Die Surfschule bietet Kurse für Windsurfen, Kitesurfen, Wellenreiten, Catsegeln und vermietet auch Kajaks. Das Café der Surfschule am Sunset Beach ist ein angesagter Chillout. Auf der Karte stehen Pasta, Flammkuchen, Fisch und Fleisch (12–20 €).

Brandenburger Str. 15, T 04651 271 72, www.sunsetbeach.de.

Bade- und Wellnessvergnügen
2 Sylter Welle: Meerwasser-Wellenbad mit Nordseeblick, opulente Saunawelt mit Outdoorbereich, Fitnessoase, Wikingerspielschiff und drei Riesenwasserrutschen für unterschiedliche Altersgruppen.

Strandstr. 32, T 04651 99 81 11, www.syl terwelle.de, tgl. 10–22 Uhr, Frühschwimmen Di, Do, Sa 8–10 Uhr, 4-Std.-Tarif Erw. 11 €, Familie (bis 2 Kinder) 28 €, jedes weitere Kind 5 €.

Schmöker und Spiele
3 Stadtbücherei/Alte Post: Stephanstr. 6, T 04651 85 12 70, www.insel buecherei-sylt.de, Mo–Sa 10–13, Mo, Di, Do, Fr auch 15–18 Uhr. Hier gibt es Kinderbücher und Spiele, falls es einmal regnen sollte.

Zu Fuß auf Spurensuche
Ortsführung »Westerland – einst und heute«: Es geht auf unbekannten Wegen durch das historische Westerland, inkl. Besichtigung der alten Dorfkirche St. Niels. Ganzjährig Sa 10 Uhr. Treffpunkt im Tourismus-Zentrum, **Alte Post 3**, Stephanstr. 6, 2 Std. 9,50 € (12,50 € ohne Gästekarte). Weitere interessante Führungen findet man im Internet: www. insel-sylt.de/veranstaltungen. Ein Highlight sind die Themenführungen der Au-

torin Silke von Bremen, die immer neue Aspekte der Orts- und Inselgeschichte in den Vordergrund stellt (www.guideaufsylt. de). Ihre Forschungen und Darstellungen sind ebenso fundiert wie unterhaltsam, einfach toll! Termine in der Regel in der Saison Do 11 Uhr, Treff vor dem InfoCenter, Friedrichstr. 44, 15 €. Die Teilnehmerzahl ist begrenzt, am besten vorher ein Ticket in der Touristinfo oder online besorgen.

Mit dem Bus
4 Ausflüge ab ZOB: Außer den Inselrundfahrten (s. S. 84) gibt es Tagesfahrten nach Dänemark, Husum, Pellworm, Helgoland und zur Nolde-Stiftung Seebüll (s. S. 78).

Info T 04651 83 61 00, www.svg-busreisen. de.

Spiel und Spaß ohne Eltern
5 Villa Kunterbunt: Kinder abgeben, sie gut bespielt zu wissen und auch mal alleine etwas unternehmen. Das hat viel für sich. Toller Spielplatz mit herrlichem Meeresblick und Trampolinen ist frei zugänglich. Kinder von 3–13 J. können hier spielen, basteln, turnen, malen und feiern (3 Std. 15 €, Sonderaktionen ab 27 €), Anmeldung am Vortag bis 10 Uhr.

Obere Strandpromenade, T 04651 99 82 75 oder einfach vorbeigehen, Mai–Okt. 11–14 Uhr.

Ausgehen

Für Nachtaktive ist Westerland die richtige Adresse auf Sylt. Wer nicht weiß, wo er hin soll, bummelt erstmal durch die Paulstraße und lässt sich inspirieren, hier ist nämlich am meisten los.

Ausgehen, Essengehen, Tanzen
1 American Bistro/P3: Langer Bartresen, Musik von Oldies über Jazz zu Latino für ein gemischtes Publikum.

TOUR
Bei Emil Nolde in Seebüll

Ein Ausflug zu Haus und Garten des Malers

Infos

Reisekarte: K 5

Planung: Nolde Stiftung Seebüll, Neukirchen, T 04664 98 39 30, www.nolde-stiftung.de, März–Nov. tgl. 10–18 Uhr, 6 €

Anreise: Am einfachsten ist eine Ausflugsfahrt mit dem Bus (www.svg-busreisen.de), März–Okt. tgl. ab Westerland 9.10 Uhr, inkl. Eintritt 29,50 €.

Emil Nolde verbrachte im Jahr 1930 mehrere Monate auf Sylt. »Herzlich frisch und stärkend war der Wind«, schwärmte er. Auch Wogen, Wolken, Strand und Dünen waren ganz nach seinem Geschmack. Ein Tagesausflug nach Seebüll erfüllt heute noch die Sehnsüchte von Kunst- und Gartenfreunden.

Für Kunstfreunde ist kein Weg zu weit. Sie kommen aus der ganzen Welt nach Seebüll, um die Kunst des großen Expressionisten zu erleben. Wie eine Festung thront das einstige Wohnhaus-Atelier Emil Noldes auf der Seebüller Warft über der Marsch. Hier, nahe der Grenze zu Dänemark, erwarb er im Jahr 1926 die Warft und den benachbarten Bauernhof. 1927–37 errichtete er nach eigenen Entwürfen ein Atelier-, Wohn- und Ausstellungsgebäude, das er Seebüll nannte. Auch seinen eigenen Namen hatte Nolde selbst gewählt.

Hans Emil Hansens Wanderjahre
Bevor man durch das 2007 erbaute Eingangsgebäude (mit Restaurant und Museumsladen) in den Garten Seebüll tritt, an dessen Nordseite das historische Wohn- und Atelierhaus liegt, machen im Obergeschoss des eleganten gläsernen Forums der Nolde Stiftung eine Ausstellung und ein Film über Nolde neugierig. Sie zeigen Einblicke in das Leben des Künstlers mit seiner Ehefrau Ada Vilstrup auf der Ostseeinsel Alsen, in Berlin und Seebüll.

Als Hans Emil Hansen wurde der Maler 1867 in dem kleinen Dorf Nolde bei Tondern geboren. Seine Kindheit war geprägt von kargen, bäuerlichen Verhältnissen, harter Arbeit und einer

ständig präsenten Lust am Malen und Gestalten. Der Beruf des Kunstmalers wurde aus finanziellen Gründen nicht in Erwägung gezogen. Stattdessen ließ sich der junge Emil 1884–1891 an der Kunstgewerbeschule in Flensburg zum Schnitzer und Zeichner ausbilden. Die vier, bis heute erhaltenen Eulen für Theodor Storms Husumer Schreibtisch gehören zu Emil Noldes Flensburger Schnitzarbeiten.

Nach unruhigen und einsamen Wanderjahren lernte Emil Hansen 1901 in Kopenhagen die junge Schauspielerin Ada Vilstrup kennen. Anlässlich ihrer Hochzeit änderte er seinen Namen nach seinem Geburtsort in Nolde um. Schön ist diese Zeit in seiner Autobiografie beschrieben (s. S. 242).

»Hier ist unser Platz«

Als Besucher ist man hin- und hergerissen zwischen der Lust auf den Garten der beiden und der Lust auf Noldes Bilder. Zuerst also das Haus, dann der Garten. Denn es war auch das Haus, dem der Maler sich zuerst zuwandte.

1927 begannen die Bauarbeiten in Seebüll. Emil Nolde war davon überzeugt, dass er hier die schönsten seiner Bilder schaffen und auch ausstellen würde, überließ das Baugeschehen zeitweise aber lieber seiner Frau und nahm sich die besagte Auszeit auf Sylt. Nolde war 60 Jahre alt, als das Atelier – die sogenannte Werkstatt – fertig wurde. Zehn Jahre später ließ Nolde noch ein Obergeschoss auf die Werkstatt setzen: den **Bildersaal**. Hier empfing er seine Besucher und zeigte ihnen seine Bilder. Im ehemaligen Atelier und im Bildersaal sind heute seine Gemälde ausgestellt. Die dichte Hängung der Gemälde, die den Besucher überwältigt, entspricht dem Vorbild des Malers. Ein Foto aus dem Jahr 1948 zeigt Emil Nolde mit seiner zweiten Frau Jolanthe im Bildersaal beim Betrachten seiner dicht nebeneinander gesetzten Bilder in schlichten dunklen Holzrahmen, auch eines seiner berühmten Sonnenblumenbilder ist darunter.

Emil Nolde war für seine Farben berühmt. Der Staudengarten, den er mit seiner Frau Ada am Haus anlegte, war mit seiner Farbenfülle Noldes Inspiration – nicht nur für seine Blumenbilder.

»Vereinsamt und verschlossen«

In den an den Bildersaal anschließenden kleineren Räumen – den sogenannten Kabinetten – werden

Vom reetgedeckten Gartenhäuschen fällt der Blick auf die blühende Pracht: Tulpen und Primeln im Frühjahr, im Frühsommer Mohn in verschiedenen Rottönen, Astern und Dahlien – 85 unterschiedliche – im Herbst.

Noldes grafische Werke, Zeichnungen und Aquarelle gezeigt, darunter die während des Malverbots zwischen 1941 und 1945 entstandenen sogenannten Ungemalten Bilder.

Noldes Rolle im Nationalsozialismus war zwiespältig. Seit 1934 war er Mitglied der Nationalsozialistischen Arbeitsgemeinschaft Nordschleswig (NSAN), die später der dänischen Sektion der NSDAP eingegliedert wurde. Trotz dieser Mitgliedschaft wurden seine Arbeiten von den Nationalsozialisten als entartet diffamiert, über tausend Bilder beschlagnahmt, einige verkauft, andere zerstört. Aufgrund des 1941 verhängten Malverbots verlegte sich Nolde auf kleine Formate: In einer entlegenen Kammer seines Hauses entstanden heimlich etwa 1300 Werke, einige Ölbilder, meist aber Aquarelle oder Zeichnungen. »Unser schöner fertiggewordener Bilderraum, der die Erfüllung eines Lebenswunsches war, war durch die Verbote das Gefängnis meiner Bilder geworden, vereinsamt und verschlossen«, schrieb Emil Nolde später über diese Zeit.

Noldes künstlerischer Nachlass ist so umfangreich, dass vor allem die in den Kabinetten ausgestellten Werke immer wieder gewechselt werden.

Anfänge der Stiftung Seebüll

Anders als in der DDR, wo Nolde als Nazi-Mitläufer verpönt war, wurde er im Westen nach dem Krieg mit Ehrungen und Ausstellungsmöglichkeiten überhäuft. Bis zu seinem Tod malte Nolde weiter, hochgeachtet und verehrt starb er 1956 in Seebüll. Sein Testament enthielt die Gründungsurkunde für die Stiftung Seebüll Ada und Emil Nolde, die ein Jahr nach dem Tod des Malers Haus und Garten für die Öffentlichkeit zugänglich machte. Dort wird in jährlichem Wechsel eine Ausstellung aus dem reichhaltigen Fundus der Werke Noldes präsentiert.

Ein Fest der Farben – der Garten

Wer aus dem Atelierhaus auf der Warft tritt, sollte noch einmal im Erdgeschoss durch die Fenster in die ehemaligen Wohnräume des Künstlers gucken. Sie sind nicht geöffnet, weil sie dem Besucherandrang nicht gewachsen wären, hineingucken darf man gerne.

Am Ende eines Besuches in Seebüll steht immer der **Garten** von Ada und Emil. Unmittelbar unterhalb der Warft erstreckt er sich. Ein Weg führt an einem kleinen Teich vorbei hinunter in das kleine Paradies. Die miteinander verschlungenen Anfangsbuchstaben der Namen des Ehepaares bestimmen die Form der Gartenwege, die allerdings im Sommer unter der blühenden Pracht nicht zu erkennen ist.

Der große Garten zeugt von Noldes Freude an Blumen und an der Reinheit der Blütenfarben, die sich in vielen seiner Werke wiederfindet. Seine Gemälde sind geradezu ein Fest der Farben: legendär und berühmt sein Klatschmohnrot, sein Sonnengelb und das Blaugrün seiner Wiesen. Diese Farben findet man heute noch in seinem im Sommer üppig blühenden Garten wieder.

Ein Spaziergang durch den von hohen Bäumen geschützten Garten bietet zu jeder Jahreszeit andere Stimmungen. Eingefangen sind sie auf Noldes Bildern und in Büchern, die im Museumsladen erhältlich sind. Auch Buntstifte gibt es dort zu kaufen – für diejenigen, die inspiriert von diesem Besuch schon auf der Rückreise nach Sylt ihre (Blumen-)Eindrücke skizzieren wollen.

Beim Kitesurf Cup in Westerland schlagen die Wellen alljährlich hoch.

Dazu bietet die Küche amerikanische und mexikanische Küche: Fingerfood, Salate, Burger, Steaks. Im traditionellen Club-Keller im Basement des Tanz- und Szenetreffs ist ganzjährig Sa ab 22 Uhr für 20–30-Jährige Party angesagt. Paulstr. 3, T 04651 92 70 50, Mi–Mo ab 18 Uhr.

Zum Wohlfühlen
Irish Pub: Gemütliche irische Kneipe. Am Wochenende häufig Livemusik. Sehr angenehme, gelöste Stimmung, gemischtes Publikum. Paulstr. 13, ab 17 Uhr.

Tapas & Wein
Pablito: Kleines, liebenswertes Lokal. Bei Kerzenschein genießt man Tapas und andere spanische Leckereien, Tapas ab 4 €. Paulstr. 6, T 04651 299 22 97 12, https://pablito-sylt.de, tgl. ab 17 Uhr.

Beliebt
Wunderbar: In der Wunderbar herrscht das ganze Jahr über prächtige Stimmung, warum, weiß eigentlich niemand so genau. Eingängige Partymusik, deutsche Schlager und ab und an ein Shanty animieren gelegentlich zum Mitschunkeln. Paulstr. 6, https://sylt-wunderbar.de, tgl. ab 21 Uhr.

Tanzen und Feiern
Classic Club: Ü-30-Kellerdisco gegenüber dem Hotel Stadt Hamburg zum Partymachen. Hier finden regelmäßig Mottopartys statt. Standstr. 3–5, T 04651 995 89 43, www.classic-club-sylt.de, Do–Sa ab 21 Uhr.

Kubanische Lebensfreude
Cohibar: Exklusive Rumsorten und Cocktails in entspannter Atmosphäre, dazu leckere Kleinigkeiten (bis Mitter-

nacht) für den Hunger zwischendurch. Einer der nettesten Plätze, um in Westerland den Abend zu verbringen. Bötticher Str. 10, T 04651 226 73, tgl. ab 18 Uhr, im Winter Mi Ruhetag.

Wunderbar bei Sonnenuntergang

6 Badezeit: Tagsüber Strandrestaurant, abends Restaurant und Kneipe, im Sommer Strandpartys (Fr). Dünenstr. 3, an der südlichen Strandpromenade, T 04651 83 40 20, www.badezeit.de.

Aktuelle Filme

7 Kinowelt: Modernes Kinocenter, nachmittags Kinderfilme. Strand str. 9, T 04651 350 47 56, www.kinowelt-sylt.de.

Spielbank seit 1949

8 Spielbank Sylt: Im denkmalgeschützten Westerländer Rathaus wird American Roulette, Black Jack, Poker gespielt. Abendgarderobe erwünscht, Krawattenzwang besteht nicht. Tabu sind hingegen kurze Hosen, T-Shirts und Turnschuhe. Andreas-Nielsen-Str. 1, T 04651 23 04 50, Automatencasino tgl. ab 11, großes Spiel tgl. ab 19.30 Uhr, außerhalb der Saison Mo und Di Ruhetag, Eintritt 2 €, Mi Ladie's Day (freier Eintritt, Sekt, 1 Jeton gratis für Frauen), ab 18 J.

Feiern

Viele Surf- und Segelhighlights jeweils mit attraktivem Begleitprogramm sowie jede Menge Beachpartys finden am **Sunset Beach 1** (Brandenburger Strand) statt. Eine Liste der Events findet man unter www.insel-sylt.de/veranstaltungen.

• **Kitesurf Cup Sylt:** fünf Tage im Juni/Juli oder Aug. zeigt die europäische Kitesurf-Elite fünf Tage lang spektakuläre Manöver und Sprünge.

• **Multivan Surf Cup Sommer:** Im Juli kommen die besten deutschen Windsurfer nach Sylt. An fünf Wettkampftagen wird in den Disziplinen Racing, Slalom, Wave und Freestyle um den offiziellen Deutschen Meistertitel gekämpft.

• **Sylt Sailing Week:** An zehn Tagen im Aug. messen sich hier die besten Hobbysegler der Welt. Hochkarätiges Sportprogramm auf dem Wasser und viele Aktivitäten an Land.

• **Windsurf World Cup:** Ende Sept./Anf. Okt. treffen sich die besten Windsurf-Profis der Welt am Brandenburger Strand. Es werden die Weltmeister in den Disziplinen Slalom, Freestyle und Waveriding gekürt. www.worldcupsylt.de.

Infos

• **Sylt Tourismus-Service:** Strandstr. 35, 25980 Westerland, T 04651 99 80, www.insel-sylt.de, Mo–Do 9–17, Fr 9–13 Uhr.

• **Info-Center Westerland:** Friedrichstr. 44, Mo–Fr 10–16, Sa 10–14 Uhr. Internet-PCs, große Auswahl an Souvenirs & Prospekten.

• **Tourist-Information:** Im Pavillon am Bahnhof Westerland, tgl. 10–16 Uhr; in der Alten Post, Stephanstr. 6 (s. S. 16)

• **Bahn:** Westerland ist IC-Station (www.bahn.de). Intercity-Verbindungen führen mehrmals täglich quer durch Deutschland nach Westerland. Im Regionalverkehr zwischen Westerland und Hamburg-Altona verkehren die Züge (DB-Region) stündlich (über Morsum und Keitum), www.bahn.de, www.nah.sh.

• **Sylt Shuttle:** Nonstop-Autozug von Niebüll nach Westerland, 6–21 Uhr alle 60 Min., in der Hauptsaison alle 30 Min., Fahrtdauer knapp 45 Min., Es verkehren die roten (DB Sylt Shuttle) und die blauen Autozüge, – die Preise hängen von den Maßen des Autos ab (Länge, Höhe, Gewicht). Preise und Reservierungsmöglichkeit online. www.syltshuttle.de, www.autozug-sylt.de (Ich reserviere nie und nehme immer einfach den Zug, der als nächstes abfährt).

- **Fähre:** Autofähre von Havneby/Rømø nach List/Sylt, in der Hauptsaison stdl., Fahrtdauer ca. 45 Min. (s. S. 229).
- **Flug:** tgl. nationale und internationale Flugverbindungen (s. S. 229).
- **Linienbus:** Von Westerland aus verkehren regelmäßig Linienbusse über die Insel: Wenningstedt–Kampen–List (Linie 1), Rantum–Hörnum (Linie 2), Keitum–Wenningstedt (Linie 3 und 3 a), Morsum (Linie 4).
- **Inselrundfahrten mit dem Bus:** Große Inselrundfahrt Westerland–List–Sylt-Ost–Hörnum, tgl. 14–17.15 Uhr, 20,50 €, April–Okt. zusätzlich die kleine Rundfahrt (diese dann ohne den Inselsüden), tgl. 11–13 Uhr, 18 €. Start am ZOB Westerland, Sylter Verkehrsgesellschaft, T 04651 83 61 00, www.svg-busreisen.de.

Rantum ♀ D 5–6

Nirgends ist Sylt so schmal wie in Rantum, nur zehn Spazierminuten sind es von den Dünen des Weststrandes bis zu den Salzwiesen am Wattenmeer. Wer in Rantum unterkommt, wohnt nie mehr als 300 m vom Meer entfernt.

Seit seiner Gründung war der Ort, der 1440 erstmals urkundlich erwähnt wird, durch seine Randlage besonders gefährdet – immer wieder wurden Häuser von der See verschlungen oder vom Dünensand zugeweht. 1725 zählte die Siedlung 40 Häuser, 1777 waren es 26, im Jahr 1858 standen hier nur noch fünf von Wasser und Sand bedrohte Hütten. Als der dänische König Friedrich VII. zur Besichtigung der Schäden nach der Sturmflut Mitte des 18. Jh. auf die Insel kam, nahm ihn eine Rantumerin bei der

Hand und führte ihn in ihre elende Hütte in den Dünen: »Komm nur herein, kleiner König, und sieh, wie wir es haben!«

Das beschauliche Nordseebad zählt etwas über 500 Einwohner. Die Tendenz ist fallend, in den Wintermonaten wirkt der Ort wie verlassen. Die Hauptstraße führt mitten durch das Dorf, es überraschen die vielen reetgedeckten Friesenhäuser. Die meisten von ihnen sind Imitate – aber dennoch hübsch. Man findet eine Reihe stilvoller Restaurants, einen Kaufmannsladen (wie lange noch?), einen Bäcker und die reetgedeckte **Kirche St. Peter.** Das 1964 errichtete Gotteshaus hatte mindestens vier Vorgängerbauten, die wegen näherrückendem Meer und wandernden Dünen aufgegeben werden mussten. Aus dem Vorgängerbau stammt noch die 1757 entstandene, schlichte Abendmahlsdarstellung »Segen von Oben«. Auf der Wattenmeerseite, u. a. in der Alten Dorfstraße und im Merret-Lassen-Wai stößt man auf mehrere sehr schön restaurierte historische Häuser, so die zu Hotels umgebauten Kleinode **Raantem-Inge** (*Inge* ist das friesische Wort für Salzwiesen) und die **Alte Strandvogtei.** Das reetgedeckte Hotel-Restaurant **Söl'ring Hof** ist mit zwei Guide-Michelin-Sternen ausgezeichnet.

Sylt-Quelle ♀ D 5

Seit 1993 verfügt Rantum über eine eigene Mineralwasserquelle: die Sylt-Quelle. Aus einer Wasserblase in 657 m Tiefe wird ein wohlschmeckendes Wasser gefördert, das für seinen natürlichen Jodgehalt und fehlende Umweltbelastungen geschätzt wird. Das gläserne Quellenhaus und die Abfüllanlage wurden 1993 zum 750-jährigen Bestehen von Rantum eingeweiht. Seither hat sich das Quellenhaus zu einem hochkarätigen Kultur- und Event-Raum mit vielen Veranstaltungsangeboten entwickelt Auch draußen vor der Tür – zwischen Rantumbecken und Hafenstraße – sind verschiedene Kunstobjekte zu sehen.

Rechts und links Wasser, oben die Wolken – mit dem Fahrrad rund ums Rantumbecken fahren

Auf dem Gelände der Sylt-Quelle ist seit 2007 das **Meerkabarett** beheimatet. Stars der Künstler- und Kabarettszene zeigen hier ihr Programm.
Hafenstr. 1, www.sylt-foundation.de, tgl. ganztags geöffnet.

Der Hafen 📍 D 5

Von der Sylt-Quelle führt die Straße weiter durch das Gewerbegebiet zum kleinsten und jüngsten Sylter Hafen, er wurde erst 1977 angelegt. Muschelfischer landeten hier ihre Fänge an, heute liegen vor allem Freizeitkapitäne vor Anker. Radfahrer und Wanderer können am **Hafenimbiss** eine Rast einlegen (www. hafenkiosk24.de, tgl. 11–18 Uhr). Etwas abseits liegt die **Kaffeerösterei**. Mit Blick auf das Rantumbecken und (Boots-) Lager genießt man entspannt selbstgemachte Kuchen und Gebäck (Hafenstr. 9, www.kaffeeroesterei-sylt.de, tgl. 10–18

Uhr, Selbstbedienung). Der Parkplatz ist ein guter Ausgangspunkt für eine Erkundung des Rantumbeckens.

Strände

12,5 km lang und bis zu 100 m breit ist der feinsandige Rantumer Strand. Die FKK-Bereiche liegen am südlichen Ende an den Strandübergängen Sansibar und Samoa.

Vogelschutzgebiet Rantumbecken 📍 D 5

Nördlich des Hafens erstreckt sich mit dem Rantumbecken eines der größten und artenreichsten Vogelschutzgebiete

Deutschlands (s. Tour S. 89). 1936/37 ließ die Wehrmacht 560 ha des Wattenmeers eindeichen und als Start- und Landeplatz für Wasserflugzeuge künstlich aufstauen. Nach dem Krieg haben sich hier Biotope entwickelt, die etwa 60 Vogelarten Brut- und Rastplätze bieten. Seit 1956 wird das Gebiet vom Verein Jordsand betreut. Probleme gab es 1960, als sich nach dem Bau des Klärwerks und dem Zufluss von Süßwasser Flora und Fauna drastisch veränderten. Durch den Bau einer Schleuse, die bei jeder Flut Meerwasser aus dem Watt ins Becken lässt, wurde das Salzwasserbiotop wiederhergestellt.

Eidumer Vogelkoje $\quad$ ♥ D 5

Die **Eidumer Vogelkoje**, eine ehemalige Entenfanganlage aus dem 19. Jh., betreibt der Verein Jordsand. Auf schattigem verschwiegenem Weg gelangt man zum Informationszentrum am Teich, wo naturkundliche Führungen zum Rantumbecken starten.

An der Straße Rantum–Westerland, Abzweig Klärwerk, Vogelwart vor Ort: ADS – Gerd-Lausen-Haus, Am Torbogen 7, T 01520 592 59 28, www.jordsand.de/vor-ort/rantum becken-sylt, März–Okt. Di–So ab 10 Uhr, Eintritt frei, Spende erwünscht

Schlafen

Ein Fest für die Sinne
Dorint Söl'ring Hof: s. S. 84.

Wohlfühlen am Wattenmeer
Alte Strandvogtei: Aus einem alten reetgedeckten Friesenhaus hat sich ein modernes Friesenhaus-Ensemble entwickelt. Die Zimmer und Suiten im Hotel garni der Alten Standvogtei sowie im Apartmenthaus Merret-Lassen-Hof sind geschmackvoll eingerichtet. Großzügige **Wohnungen** für 4–6 Pers. und Blick auf das Wattenmeer bieten die freiste-

henden Häuser WattHaus Rüm Hart, Rantum Lodge, Sylthamptons und Haus Ott (560–700 €). Der Wellnessbereich im Hauptaus lädt mit Pool, Finnischer Sauna und Dampfbad zum Entspannen ein. Dass der Service in dieser Preisklasse erstklassig ist, versteht sich von selbst.

Merret-Lassen-Wai 6, T 04651 922 50, www.alte-strandvogtei.de, DZ/Suiten/FeWo 195–380 €.

Familienfreundlich
Dorfhotel: Häuserreiche Hotelanlage am Rande des Rantumbeckens. Wohnungen für 2–6 Pers. mit 1–3 Schlafzimmern, Terrasse oder einem Balkon. Viele Familienaktivitäten, Spielmöglichkeiten sowie ein großzügiger Schwimm- und Wellnessbereich bietet das Haus. Essen à la carte im Restaurant Törn oder im Buffetrestaurant Achtern Diek mit großer Sonnenterrasse.

Hafenstr. 1 a, T 04651 460 90, www.dorfho tel.com, FeWo ab 250 €.

Schöne Aussichten
Haus Ruusenhoog: Auf der Düne gelegenes, reetgedecktes Apartmenthaus mit hübsch eingerichteten Wohnungen für 1–3 Pers. 200 m sind es zum Strand.

Dünemwai 1, Info T 04651 88 63 35, www. ruusenhoog.de, FeWo 89–130 €.

Am Rantumbecken
Campingplatz Rantum: Der große Platz ist ruhig gelegen, mit Restaurant, WLAN. Zum Strand sind es 400 m über die Straße und durch die Dünen.

Hörnumer Str. 3, Rantum, T 04651 889 20 08, Mitte April–Mitte Okt., www.camping-ran tum.de.

Essen

Ein Fest für die Sinne
Dorint Söl'ring Hof: Wer nicht auf den Euro achten muss, wohnt und speist hier.

Hausherr Johannes King ist einer der meistbeachteten Sylter Sterneköche. Viele der in seiner regionalen und schöpferischen Küche eingesetzten Kräuter werden in den Sylter Wiesen geerntet, die Zutaten stammen aus dem eigenen Garten oder von ›feinheimischen‹ Produzenten, vom eigenen Angelschiff oder von Fischern der Region. Das reetgedeckte 5-Sterne-Haus bietet auch 15 Zimmer und Suiten, 495–1295 €, mit Wellnessbereich und privatem Strandkorb in den Dünen.
Am Sandwall 1, T 04651 83 62 00, www. soelring-hof.de, Mo–Sa ab 18.30 Uhr, in der Nebensaison Mi u. So Ruhetag, Degustations-Menüpreise auf der Webseite.

Rustikal und gediegen
Tadjem Deel: In dieser Holzbude in den Dünen geht es erstaunlich bodenständig zu, fast so als sei man nicht auf Sylt. Gutbürgerliche Küche, fangfrischer Fisch und selbst gebackene Kuchen stehen auf der Karte.
Hörnumer Str. 60/Strandübergang Tadjem Deel, T 04651 231 61, in der Saison tgl. ab 10.30 Uhr, Fisch und Fleisch ab 18 €, Currywurst mit Pommes gibt es hier noch für vergleichsweise humane 6,50 €.

Kult seit drei Jahrzehnten
Sansibar: Legendär und entsprechend gut besucht ist die Holzhütte am Meer am Strandübergang Sansibar. Abends geht hier nichts ohne lange Vorbestellung. Der Trubel ist auch tagsüber enorm, in der Hochsaison ist der Parkplatz zum Strand schon mal wegen Überfüllung gesperrt. Erlesene Weine lagern im Hüttenfundament, das aus Stroh und Lehm besteht. Ein grandioser Spielplatz für Kinder befindet sich in Sichtweite der draußen im Dünensand platzierten Bänke und Tische.
Hörnumer Str. 80, T 04651 96 46 46, www. sansibar.de, tgl. ab 10.30 Uhr, vielseitige Küche. Speisen 12 € (Currywurst), 55 € (Nordseezunge), Tages- und Abendkarte online.

Sansibar – Essen, (Kinder-) Freundlichkeit, Wein und Strand … einfach immer wieder schön hier!

Genießen mit Meeresblick
Seepferdchen: Ein Genießerrestaurant mit ambitionierter, feiner Küche. Es geht ruhiger zu als im Sansibar einen Strandübergang weiter, aber auch hier gibt es in der Saison abends kaum einen Platz ohne Reservierung. Die Gaststube ist gemütlich und rustikal, draußen auf der Terrasse sitzt man im Strandkorb. Die Kleinen toben derweil auf dem Kinderspielplatz des Restaurants.
Am Strandübergang Samoa, T 04651 55 79, www.samoa-seepferdchen.de, ganzj. ab 12 Uhr, Hauptgerichte ab 20 €.

Einkaufen

Original
Sylt-Strandkörbe: Bereits in der dritten Generation werden hier Strandkörbe

produziert. Man hat die Wahl zwischen 64 verschiedenen Modellen und 200 Stoffbezügen.

Hafenstr. 10, T 04651 228 43, www. sylt-strandkoerbe.de, Mo–Fr 10–12, 13–16 Uhr.

Typisch Sylt

Sansibar Stores: Eine Sansibar-Strandtasche ist schon schick! Das Depot im Rantumer Gewerbegebiet bietet die aktuelle Kollektion und Outlet mit der des Vorjahres. Großes Angebot an Sansibar-Fashion, Weinen und Präsenten auch online.

Hafenstr. 8, T 04651 96 46 29, www. sansibar.de.

Whisky und Rum

Sylter Trading Kontor: Gepflegte Genusswelt am Rantumer Hafen – in den historischen Werkstätten des früheren Wasserflughafens befindet sich die Sylter Trading GmbH, Service und Beratung sind ausgesprochen nett, neben Whiskyverkostungen, kann man auch exklusive Gin- und Likörsorten probieren. Termine online.

Hafenstr. 14, T 04651 995 90 26, www. sylter-trading.de, tgl. 11–18 Uhr.

Bewegen

Schwitzen mit Meerblick

Strandsauna Rantum: Vom Campingplatz durch die Dünen zum Meer. Von der Finnischen Sauna bietet sich freier Meerblick.

Hörnumerstr. 3, T 04651 83 41 86, www. strandsauna-sylt.de, Mai, Sept. tgl 11–17, Juni–Aug. tgl. 11–18 Uhr, 2-Std.-Tarif 13,50 €, Tageskarte 18,50 €.

Zum Abkühlen in die Wellen

Strandsauna Samoa: Schöne Lage am Strand und nahe Seepferdchen (s. Essen S. 87), dessen kulinarisches Angebot von Pommes bis zum erlesenen Abenddinner reicht.

Hörnumer Landstr. 70, T 0170 55 40 278, www.syltsauna.de/strandsauna-samoa, April–Okt., Weihnachtsferien tgl. 12–18, Juni–Aug. 12–19 Uhr, 18 €.

Für Große und Kleine

Tennis- und Minigolf-Anlage: In ruhiger Lage im Gewerbegebiet zwischen Deich und Wald kann man den Ball einlochen oder übers Netz bringen.

Hafenstr. 12, T 04651 225 84, ganzj.

Kulturell wertvoll

Kunstraum Syltquelle: Ein architektonisch interessantes Kulturforum – Literaturlesungen, Konzerte, Kinofilme, Theaterstücke, Ausstellungen. Programme liegen bzw. hängen überall aus. Info auch im Internet.

Hafenstr. 1, T 04651 920 33, www. kunstraum-syltquelle.de.

Feiern

• **Meerkabarett Sylt:** Hafenstr. 1 (auf dem Gelände der Sylt-Quelle), T 04651 47 11, www.meerkabarett.de. Das Kulturfestival bietet jeden Sommer einen internationalen Mix aus Kabarett, Comedy, Musik und kulinarischen Höhepunkten sowie ein Programm für Kinder. Das aktuelle Programm sowie Tickets gibt es im Internet unter www.meerkabarett.de.

Infos

• **Kurverwaltung Rantum:** Strandstr. 7, 25980 Rantum, T 04651 99 80, www. insel-sylt.de, Mo–Fr 14–16.30 Uhr.

Hörnum ♀D 7–8

Der kleine, familienfreundliche Badeort (ca. 900 Einw.) in Sylts sonnigem Süden

TOUR
›Piepshow‹ für große und kleine Birder

Rad- oder Wandertour ums Rantumbecken

Infos

s. auch S. 85

Start/Ziel: Parkplatz am Hafen Rantum, ♥ D 5

Länge: 10,5 km

Diese angenehme Tour ist per Rad mit der Streckenlänge von knapp 10,5 km auch für Familien mit Kindern geeignet. Mit Fernglas und Vogelbuch im Gepäck macht so eine aktive ›Piepshow‹ nicht nur den kleinen Vogelguckern (neudeutsch: Birder) richtig Spaß. Besonders artenreich ist die Vogelwelt im Frühjahr und Herbst. Gut 5 km lang ist der Außendeich, der das Vogelschutzgebiet vom Wattenmeer trennt, etwa gleichlang der landseitige Binnendeich, der am Campingplatz entlangführt. Als Startpunkt eignet sich der Parkplatz am Hafen. Einkehren kann man im Hafenimbiss oder in der Kaffeerösterei.

ist an drei Seiten vom Meer umgeben. Im Westen liegt der Brandungsstrand, im Osten das Wattenmeer – dazwischen erstrecken sich Richtung Süden ins Meer die saharaähnlichen Sandweiten der Hörnum-Odde. Jahrhundertelang war der weit in die See vorspringende Südzipfel Sylts ein berüchtigter Schlupfwinkel für Strand- und Seeräuber.

Die eigentliche Geburtsstunde des Ortes schlug, als die Hamburg-Amerika-Linie (Hapag), die seit 1897 eine Schiffsverbindung von Hamburg nach Munkmarsch unterhielt, einen neuen Anleger in Hörnum baute, der über einen 14,5 km langen Schienenweg mit Westerland verbunden wurde. Mit dem Raddampfer Cobra wurde der Bäderverkehr zwischen Hamburg, Helgoland und Hörnum eröffnet.

Wie List wurde auch Hörnum zum Militärort ausgebaut. Im Ersten Weltkrieg entstand das Militärlager Puan Klent, ab 1935 wurde der Hörnumer Seefliegerhorst eingerichtet und die Betonstraße nach Westerland gebaut. Heute gehört die militärische Nutzung der Vergangenheit an. Wer von Norden her nach Hörnum kommt, wird zunächst von monotonen Kasernen empfangen. In einigen sind Jugendheime und die Jugendherberge untergebracht. Andere alte Kasernen sind dem neuen Golfplatz gewichen. Ehrgeizige Tourismusprojekte wie das Golfhotel am Hafen und die Hapimag-Ferienanlage (s. Kasten S. 97) haben den Ort in den letzten Jahren verändert und die bis dahin noch vergleichsweise bodenständigen Grundstückspreise in die Höhe getrieben.

Arche Wattenmeer 📍 D 7

Das **Nationalpark-Haus »Arche Wattenmeer«** ist in der ehemaligen St. Josefs-Kirche untergebracht. Auf zwei Etagen und in der begehbaren hölzernen Arche laden Exponate zum Anfassen und ›Begreifen‹ ein. Die heimische Tierwelt tummelt sich hier in Seesandaquarien und man erfährt Wissenswertes über die Schweinswale, die häufig an der Westküste zu beobachten sind. Kinder sind willkommen. Familienfreundliche Führungen werden angeboten. Die aktuellen Veranstaltungstermine findet man auf www.schutzstation-wattenmeer.de.

Rantumer Str. 33, T 04651 886 22 29, www. arche-wattenmeer.de, März–Anf. Nov. Di–So 10–18, im Winter eingeschränkte Öffnungszeiten, Sonderöffnungszeiten zu Weihnachten, Silvester und Biike s. Webseite, 6/7 € (mit/ ohne Kurkarte).

Der Hafen 📍 D 7

Hoch oben auf einer Düne über dem Hafen leuchtet weiß die 1970 erbaute **Kirche St. Thomas.** Ein Modell des Raddampfers Cobra erinnert im Kirchenraum an die noch junge Geschichte des Ortes. Der **Hafen** ist die Seele des kleinen Seebads. Ausflugsdampfer erkunden von hier aus die Welt der Inseln und Halligen, tuckern zu den Seehundsbänken und nach Helgoland. Regelmäßig finden hier Flohmärkte statt. Am Imbiss gibt es Fischbrötchen, an einer Bude frische Krabben vom Föhrer Krabbenfischer. Schon seit 1991 wartet Willi (eigentlich Wilhelmine) im Hafenbecken auf fischige Leckerbissen. Das Winterhalbjahr verbringt die Robbe wie ihre KollegInnen auf einer Sandbank in der Nordsee. Fragen Sie nicht: Wo ist Willi, das nervt die Händler im Hörnumer Hafen. Einfach mal gucken – in der Hafenecke bei der Treppe. Am

P

PICKNICKPLÄTZE

Hinter dem Budersand-Hotel führt der Weg an den Hörnumer Oststrand am Wattenmeer und bietet grandiose Landschaft und traumhafte Plätze für ein Picknick – oben auf der Steilküste oder unten im Sand.

Übergang zum Strand bietet ein kleiner Crêpe-Wagen Süßes und Herzhaftes und eine wunderbare kleine Terrasse an. Von hier schweift der Blick über den Strand zur Hörnum Odde.

Leuchtturm 📍 D 8
Seit 1907 geleitet das Hörnumer Leuchtfeuer auf einer Düne in unmittelbarer Strandnähe südlich des Hafens die Schiffe durch das Vortrapptief zwischen Sylt und Amrum (s. S. 92).
An der Düne

Schlafen

Fünf Sterne am Hafen
Budersand Hotel: Vier über Brücken verbundene Häuser im ruhigen Süden, modern und lichtdurchflutet, luxuriöser Spa-Bereich, mehrere Restaurants, darunter das mit Sternen dekorierte Kai 3 (s. Essen S. 91) und eine Bibliothek (10.30–21 Uhr), die von Elke Heidenreich mit mehr als 1200 handverlesenen Büchern ausgestattet wurde, regelmäßig Konzerte und Lesungen im Salon Budersand.
Am Kai 3, Hörnum, T 04651 460 70, www.budersand.de, DZ/Suiten ab 390 €, die Suite mit eigener Dachterrasse ist ab 1300 € zu haben.

Mittendrin wohlfühlen
Apartmenthotel am Leuchtturm: Gepflegtes, persönlich geführtes, strandnahes Haus, FeWo 200–290 €, teilweise Blick auf Meer und Leuchtturm. Schwimmbad, Sauna, Solarium im Haus.
An der Düne 38, T 04651 961 00, www.hotel-leuchtturm.com.

Hoch oben auf der Düne
Seepferdchen ApartHotel: 15 großzügige, auf zwei Etagen angelegte Wohnungen für 2–5 Pers. mit Südterrasse oder Loggia mit freiem Blick über die Dünen,

ins Zentrum sind es nur ein paar Minuten. Der Wellnessbereich bietet Sauna und Dampfbad.
Odde Wai 1, T 04651 889 889 80, www.seepferdchen-sylt.de, FeWo 185–275 für 2 Pers., mindestens 1 Woche.

Zehn Minuten zum Strand
Jugendherberge: Die Jugendherberge liegt in den Dünen auf dem Kasernengelände im Norden des Ortes (Haltestelle Hörnum-Nord), 168 Betten in 1- bis 8-Bettzimmern, Etagenduschen. Mit Räumen für Tischtennis und Billard.
Friesenplatz 2, T 04651 88 02 94, www.jugendherberge.de, Übernachtung mit Frühstück 29,50 €, Zweibettzimmer 69 €.

In den Dünen am Meer
Campingplatz Hörnum: Ein schöner Platz, der in einem Dünental am Weststrand liegt. Das Restaurantcafé mit Meeresblick ist zur Zeit geschlossen. An der Straße zum Campingplatz liegt der Wohnmobilplatz (Reservierungen über den Campingplatz).
Info T 04651 835 84 31, April–Okt.

Essen

Schönste Aussichten
Strönholt: Der Name des Hauses bedeutet Strandholz. Das moderne, neue Restaurant hat aber so gar nichts von dem rustikal-biederen Flair traditioneller Hörnumer Lokale. Luftig thront es über dem Golfplatz mit wunderbarem Blick über die Südspitze von Sylt und bietet leichte, frische Küche.
Fernsicht 1, T 04651 449 27 27, www.stroenholt.de, Fisch und Fleisch ab 22 €, Mittagskarte.

Gehoben nordisch
Kai 3: Auf der Terrasse des Club Restaurants sitzt man ausgesprochen schön. Snacks ab 15 €, Hauptgerichte ab 32 €,

TOUR
Von Leuchtturm zu Leuchtturm – die Wegweiser auf Sylt

Radtour auf der stillgelegten Inselbahntrasse

Fünf Leuchttürme prägen die Landschaft Sylts zwischen Hörnum im Süden und List im Norden. Das Nord- und Südende der Insel verbindet ein Radwanderweg, der auf einer Strecke von fast 40 km auf der stillgelegten Bahntrasse abseits der Hauptstraße durch die Dünen führt.

Die fünf Leuchttürme Sylts sind die herausragenden Wahrzeichen der Insel. Vier von ihnen sind noch in Betrieb und weisen den Schiffen seit über hundert Jahren den rechten Weg. Von einem Leuchtturmwärter werden sie schon lange nicht mehr bewohnt, das elektrische Licht wird vom Festland aus gesteuert. Hörnum, der jüngste der vier noch aktiven Lichtträger Sylts, ist der Einzige, der von innen besichtigt werden kann.

Hoch hinaus in Hörnum

Auf einer 17 m hohen Düne erhebt sich der 34 m hohe **Leuchtturm von Hörnum.** Wie sein Pellwormer Kollege ist er nicht massiv gemauert, sondern aus einzelnen gusseisernen Platten zusammengesetzt. Der 1907 in Betrieb genommene, rot-weiß-gestreifte Hörnumer Turm ist das älteste Gebäude des Ortes. Er wurde an der damals noch völlig unbewohnten Südspitze Sylts errichtet, um den ankommenden Bäderschiffen den Weg zu weisen.

Obwohl die 1901 von der HAPAG eingerichtete Schifffahrtslinie von Hamburg via Helgoland nach Hörnum florierte, entwickelte sich die winzige Ortschaft am Anleger nur langsam, das erste private Wohnhaus wurde hier erst 1924 errichtet! Für die wenigen Hörnumer Kinder reichte ein Klassenzimmer aus, bis 1933 fand der

Am Tag ist der Hörnumer Leuchtturm ein Hingucker und ein beliebtes Fotomotiv, nachts ein weithin sichtbares Schifffahrtszeichen.

Unterricht im zweiten Obergeschoss des Leuchtturms statt. Fünf Stockwerke höher ist heute ein Standesamt eingerichtet, hier kann sich trauen, wer mag. Jeder nach seinem Geschmack, das gilt übrigens auch für die Leuchtturmbesichtigung.

Wer die Radtour nicht mit einer Turmbesteigung beginnen möchte, dem bietet der Tourismus-Service von Hörnum auf seiner Website die Möglichkeit, wie bei einer realen Begehung alle Räume des Leuchtturms von unten bis oben zu besichtigen. Schöner aber ist es natürlich live, denn der Höhepunkt einer Hörnumer Leuchtturmführung ist der Ausstieg ganz oben.

Die Welt zu unseren Füßen

Von der Galerie des Leuchtturms bietet sich ein spektakulärer Panoramablick über Inseln und Halligen im Süden, den Hafen und ausgedehnte Dünenlandschaften im Norden. Hier verlief die Trasse der Inselbahn – bis 1935 die einzige Verbindung zwischen Hörnum und dem Rest der Insel. Diese Tour folgt dem Verlauf der Bahntrasse von Leuchtturm zu Leuchtturm von Süd nach Nord.

Die alte Bahnstrecke

Die ersten, in der Regel wohlhabenden Badegäste – nur solche konnten sich das Reisen in jener Zeit überhaupt

Eine Stunde vor Sonnenuntergang setzt das Leuchtsignal des Hörnumer Leuchtturms ein, eine Stunde nach Sonnenaufgang ›erlischt‹ es.

leisten – stiegen direkt am Anleger in die komfortablen, vierachsigen Wagen der Inselbahn. Über Rantum gelangten sie nach Westerland. Bis 1908 wurde die Trasse bis List ausgebaut.

Gefühlt kommt der Wind immer von vorne. Aber wenn er tatsächlich einmal steif aus Nordwest daherkommt, nimmt man am besten den Fahrradbus gen Norden nach List und ›fliegt‹ dann vor dem Wind zurück gen Süden.

Mit dem zunehmenden Autoverkehr auf der Insel ging das Passagieraufkommen zurück, sodass die Bahn schließlich nicht mehr kostendeckend betrieben werden konnte. 1969 wurde die Südbahn stillgelegt, 1970 folgte die Nordbahn. Auf dem alten Schienenweg verläuft heute ein gut ausgeschilderter Radweg. Die Zahl der Autos auf der Insel ist seit der Stilllegung der Bahn stetig gestiegen und damit einhergehend nahm auch die Stau- und Abgasbelastung zu. Die Schmerzgrenze ist für viele Sylter längst erreicht. Die umweltverträglichste Art, die Verkehrsprobleme zu lösen, wäre nach Meinung engagierter Insel- und Naturschützer der Bau einer Inselschnellbahn von Nord nach Süd auf der alten Bahntrasse.

Der ›Lange Christian‹

Da ist Kampen! Wo sonst gibt es einen Leuchtturm mit einem schwarzen Ring um den Bauch? Das nächste Etappenziel ist der **Leuchtturm Kampen** – eine inmitten üppiger grüner Weiden platzierte Schönheit.

Der ›Lange Christian‹ hat als Orientierungshelfer noch lange nicht ausgedient Ein sicheres Stück von der Abbruchkante entfernt strahlt sein Licht aus einer stattlichen Höhe von 45 m bis zu 40 km weit übers Meer. Die Optik – eine große Gürtellinse mit umlaufenden Drehblenden – war vor ihrem Einsatz 1855 auf der Weltausstellung in Paris zu bewundern. Der im folgenden Jahr errichtete Turm, der seit 1974 unter Denkmalschutz steht, gehörte zu den modernsten seiner Zeit – sein Leuchtapparat zählte zu den ersten, die mit Petroleum gespeist wurden.

Seine markante Tageskennung – besagter schwarzer Streifen auf weißem

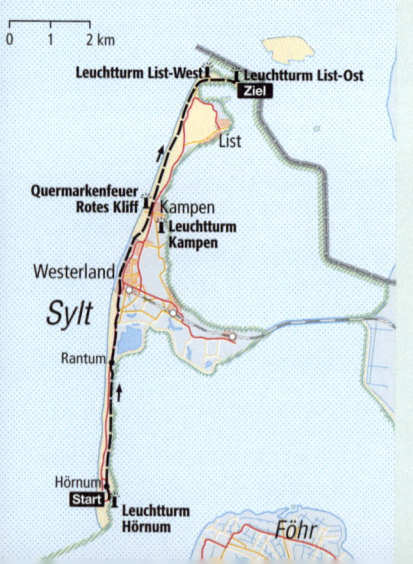

Grund – erhielt der ›lange Christian‹ erst im Jahr 1953. Zu seinem 150. Geburtstag 2005 wurde er baulich und leuchttechnisch auf den neuesten Stand gebracht. Das Kampener Wahrzeichen ist nur von der Straße aus zu bewundern und gibt ein gutes Fotomotiv ab – am besten mit schwarz-weißen Kühen im Vordergrund.

Quermarkenfeuer Rotes Kliff

Dem kleinen Kollegen nördlich des Dorfes kann man dagegen ganz nah kommen. Er lohnt einen kurzen Schlenker von der Inseltrasse. Das kompakte, nur 11,5 m hohe **Quermarkenfeuer** wurde 1913 aus Ziegeln gemauert und mit weißer Laterne und hübschem Kuppeldach ausgestattet. Sein Feuer wurde von den Kampener Leuchtturmwärtern mitbetreut. 1975 wurde es gelöscht und dient seither als hübsche Landmarke auf dem Wanderweg oberhalb des Roten Kliffs.

Nordlichter

Nördlich von Kampen führt die Inseltrasse weit ab von der Hauptstraße durch atemberaubend schönes Dünenland. Wer nur eine Teilstrecke fahren möchte, sollte diese nördliche Etappe wählen. Durch das Klappholttal geht es hinauf nach Listland, hier folgt der Fahrradweg der alten Listlandstraße – mit einzigartigem Blick auf die Wanderdünen. Die letzte Bushaltestelle befindet sich am Parkplatz zum Weststrand. Wer mag, stärkt sich in der Weststrandhalle oder im Bam-Bus (s. S. 26, 29). Kurz darauf passiert man die Mautstelle zum Ellenbogen. Die Strecke von Kampen zur Mautstelle beträgt knapp 10 km, von hier sind es noch einmal 2 bzw. 5 km bis zu den zwei Leuchttürmen, die die eindrucksvolle Dünenlandschaft am nördlichen Ende von Sylt prägen.

Die beiden nördlichsten Bauwerke Deutschlands ließ Dänenkönig Friedrich VII. in den Jahren 1852 bzw. 1857 erbauen. Der weiße **Leuchtturm List-West** trägt eine rote Kappe, der ebenfalls weiße **Leuchtturm List-Ost** einen roten Querstreifen.

Auf dem Ellenbogen gibt es schöne Picknickplätze – am wattseitigen Strand beim wellenruhigen Königshafen oder am Strand an der kabbeligen Nordsee mit Aussicht nach Dänemark.

Polo ist nicht nur etwas für die britischen Inseln – doch auf Sylt kämpft man im Sand.

Kraut-&-Rüben-Menü 98 €, 5 Gänge ab 118 €.
Im Budersand Hotel (s. S. 91), Fr–Di 18.30–22 Uhr, T 04651 460 70.

Genießen am Weststrand
Breizh: Tolle Lage, edle, schöne Strandarchitektur mit viel Holz, französisch-bretonische Küche. Im Coronajahr wurde hier kurzfristig der Selbstbedienungsimbiss ZwischenStation eingerichtet, 2021 soll es wieder das Breizh sein. Egal wie, allein schon wegen der Lage ein echter Tipp.
Strandweg, T 04651 460 81 88, tgl. ab 12 Uhr, Tageskarte ab 11, Hauptgerichte ab 21 €.

Gechillt in den Dünen
Kap Horn: Im Kap Horn ist die Atmosphäre entspannt und persönlich, was viele Stammgäste schätzen, die Bedienung liebenswert. Man sitzt geschützt in den Dünen, kleine und große Speisekarte, 15–27 €, in der Saison Mi Grillabend mit Livemusik.

Süderende 24, am Übergang zum Weststrand, T 04651 88 15 48, ab 11 Uhr.

Für zwischendurch
Café Lund: Das Café wartet mit leckeren Kuchen und Torten sowie großen Eisbechern auf. Außerdem gibt's herzhafte Gerichte, frisch gekocht und gutbürgerliche Eintöpfe, ab 7 €, vegetarische und vegane Speisen, Lamm, Kabeljau ab 18 €, im Sommer auf der Terrasse. Die zugehörige Bäckerei hat Mo–Sa 7–18, So 8–17 Uhr geöffnet.
Rantumer Str. 1, T 04651 88 10 34, www.cafe-lund.de, Di–So 9–19 Uhr.

Bewegen

Im sonnigen Süden
Segelschule Südkap: Die anerkannte Surf-, Segel- und Katamaranschule verfügt auch über ein nettes Café nebenan.

Am Südkap, T 04651 995 44 10, www.sued
kap-surfing.de

Wellenreiten
Inselkind Surfschule: Surf- und
SUP-Kurse am Surfstrand etwa 4 km
vor dem Ortseingang von Hörnum. Die
vorgelagerten Sandbänke sind ideal für
Anfänger, die Wellen dahinter begeistern
Fortgeschrittene.

Parkplatz K4, Anreise mit dem Bus von Westerland mit der Linie 2, Haltestelle Hörnum
Möskental, T 0173 200 11 20, https://insel
kind.com/surfschule.

Schwitzen am Meer
Strandsauna: Wie herrlich nach der
Sauna in die Nordsee zu springen!

Am Dünenübergang beim Campingplatz,
T 04651 88 03 00, www.syltsauna.de/
strandsauna-hoernum, Mai–Okt. und Ostern
tgl. 12–18 Uhr, Tageskarte 20 € (nur Bargeld).

Watt wissen
Entdeckungstouren: Für Groß und
Klein werden Touren ins Watt, an den
Strand, um die Hörnum-Odde sowie zu
den Seehundbänken angeboten.

Infos im Infozentrum der Schutzstation Wattenmeer, Termine s. www.schutzstation-watt
enmeer.de.

Fein eingelocht
Golfclub Budersand: 18-Loch-Golf-
platz mit Meerblick, der als Links-Course
nach klassischem schottischem Vorbild
angelegt ist.

Fernsicht 1, T 04651 449 27 10, www.
gc-budersand.de, Greenfee: 18 Loch, in der
Hochsaison 100 €.

Inselwelten
Adler-Express: Mit den Adler-Schiffen
geht es u. a. nach Helgoland, Föhr, Amrum, Hooge und Nordstrand auf Fahrt.

Info-Pavillon am Hafen, T 04651 987 08 88,
www.adler-schiffe.de, Mo–Fr 8–17 Uhr.

Feiern

- **Syltlauf im März:** s. S. 237
- **Hörnumer Hafenfest:** Anfang August.
Ein maritimes Wochenende mit Open-
ship, Livemusik und kurzen Segeltörns
auf historischen Planken. Abends steigt
eine große Hafenparty und zum Abschluss gibt es ein großes Höhenfeu-
erwerk.
- **Julius Bär Beach Polo World Cup
Sylt:** Pfingsten. Das Sportevent hat sich
seit dem ersten Cup im Jahr 2008 zu
einer äußerst beliebten Veranstaltung
gemausert. Zuletzt versammelten sich
mehrere Tausend Zuschauer am Strand.
An zwei Turniertagen treten internationale Teams gegeneinander an. Info: www.
polosylt.de.

Infos

- **Tourismus-Service Hörnum:** Rantumer
Straße 20, 25997 Hörnum, T 04651 962
60, www.hoernum.de.
- **Verkehr:** s. S. 83

**EIN BESONDERES
BADEHAUS**

Das moderne Ferienresort des
Schweizer Urlaubsanbieters Hapi-
mag ist den Aktionären der Firma
vorbehalten. Das **Restaurant** Biike
mit Bar und Kaminlounge sowie
das luxuriöse Düün **Bad & Spa** mit
Schwimmbad, finnischer Sauna,
Kräuterdampfbad und Hamam
stehen auch Externen offen (Rantumer Str. 23 a, T 04651 46 04 00,
www.hapimag.com, Schwimmbad
Erw. 9 €, Kinder 5–12 J. 4,50 €,
Wellnessbereich inkl. Schwimmbad
29 €).

TOUR
Sooo schön! – der schwindende Süden

Wanderung um die Hörnum Odde

Infos

Start:
an einem der Parkplätze am Hafen von Hörnum 📍 D 7/8.

Länge:
ca. 3 km, 1 Std.

Wo sich vor nicht allzu langer Zeit noch weißer Sand erstreckte, schwappt heute die Nordsee. Kein Syltbesucher sollte eine Umrundung der unter Naturschutz stehenden Südspitze der Insel auslassen. Nirgendwo auf Sylt ist die Abtragung des Strandes durch die nagende Nordsee so spektakulär wie hier.

Abschied in Raten
Die Odde ist extrem sturmflutgefährdet. 1962 und 1973 durchbrach das Wasser die Dünenketten vor dem Muscheltal, 1989 wurde der Zipfel südlich des Tals weggespült. Aufgrund der starken Dünenabbrüche im Herbst und Winter 2015/2016 wird darum gebeten, den Gang um die (stark reduzierte) Sylter Südspitze bei Niedrigwasser zu planen, wenn der Durchgang auf dem Strand zwischen Dünenfuß und Wasserkante gut möglich ist und man nicht in die Düne ausweichen muss – Dünenschutz ist Inselschutz.

Hausgemachter Landverlust?
Die Umrundungszeit der Odde hat sich von ehemals fünf, dann zwei Stunden auf eine Stunde verkürzt. Dort wo sich einst die Odde weit ins Meer erstreckte, rollen jetzt die Wellen. Während vor dem Weststrand Hörnums jedes Jahr mittels eines Spülschiffes (eines sogenannten Hoppenbaggers) Sand vorgespült wird, bekommt die Hörnum Odde

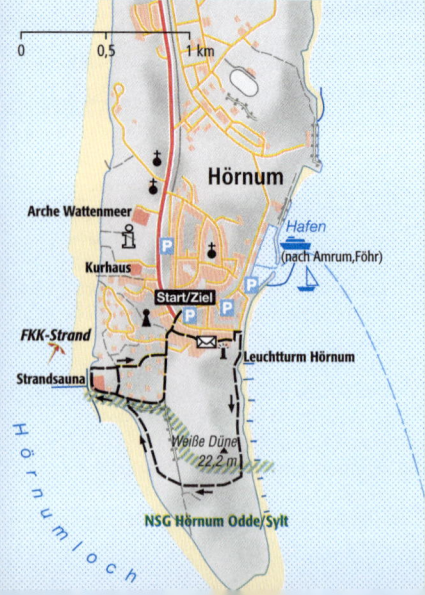

*Schaufel,
Eimer und
Förmchen? Völlig
überbewertet.
Wer Meer hat,
braucht weniger.*

laut Entscheidung des Landesamtes für Küsten- und Naturschutz kein Sandpuffer, da die Ortslage nicht gefährdet ist.

Am Weststrand passiert man die massigen Tetrapoden, die in den 1970er-Jahren als Schutz gegen den Blanken Hans platziert wurden. Die tonnenschweren Betonklötze brechen die Brandung unmittelbar nördlich der Odde. Während der Ort von der Schutzmaßnahme profitiert, hat sich seither der Landverlust im Süden beschleunigt. Das Meer trifft, abgelenkt von den Tetrapoden, den Südzipfel mit größerer Wucht. Eine Art Todesurteil.

Carpe diem

Wer auf Höhe des FKK-Strands mit Sauna den Strand verlässt, kann im Kap Horn einkehren (s. S. 96). Von hier aus folgt man am besten der Straße am südlichen Rand von Hörnum. Auf und in den Dünen thronen einzelne Ferienhäuser – die ›Kersig-Siedlung‹. Reetgedeckte Häuschen, Anfang der 1960er Jahre in wunderbarer Alleinlage mitten in den Dünen gebaut mit herrlichem Nordseeblick. Unter 3,5 Mio. Euro ist hier kein Häuschen zu haben, wenn überhaupt. Wer den FKK-Strand passiert und noch etwas weiterläuft, gelangt zum Hauptbadestrand und genießt vom Strandrestaurant Breizh noch einmal den Blick übers Meer.

Badeurlaub auf
Korsika oder
Kuba? Im Sonnen-
schein fühlen sich
auch die Nordsee-
strände mediterran
oder karibisch an.
Die Hörnum Odde
ist ein Traum.

Föhr

Die ›friesische Karibik‹ — im Windschatten der Nachbarinseln bietet Föhr ein sanftes Klima, kilometerlange, feinsandige Strände, fruchtbares, grünes Marschland und bildhübsche Inseldörfer.

Seite 103

Wyk ⭐

Der Fährort ist ein charmantes Seebad mit einer Prachtpromenade am Meer. Großartig ist die Aussicht über den Strand mit bunten Strandkörben und das Meer bis zu den Warften der Halligen Langeneß und Oland.

Seite 120

Nieblum ⭐

Das idyllische Kirch- und Kapitänsdorf ist eines der schönsten in Schleswig-Holstein. An den baumbestandenen Kopfsteinstraßen liegen reich verzierte Friesenhäuser, davor üppig blühende Rosen. Beeindruckend sind die wort- und bildreichen Grabstelen der alten Föhrer.

Wind am Meer gefällt mir sehr!

Eintauchen

Seite 110

Auf den Spuren der Grönlandfahrer auf Föhr

Als die Inselfriesen Mitte des 17. Jh. auf Walfang fuhren, begann eine wirtschaftliche Blütezeit. Bei einem Besuch im Friesen-Museum in Wyk wird diese spannende Epoche lebendig.

Seite 108

Boldixumer Vogelkoje

An heißen Sommertagen spenden Bäume und Büsche um die teichartig angelegte Vogelkoje angenehmen Schatten. In früheren Zeiten diente die Anlage zum Entenfang,

Chillout am Wyker Strand

Entspannen bei den Surfern – bei Schapers oder Pitschi's am Südstrand. Die Stühle stehen direkt im Sand in gebührendem Abstand voneinander, die bunten Segel hängen zum Trocknen. Könnte auch die Karibik sein.

Stelly's Hüüs

Das urgemütliche Café in Oldsum beherbergt auch einen Teeladen und eine Töpferei.

Museum Kunst der Westküste

Internationale Küstenkunst auf dem Dorf, von Weiden und Wattenmeer umgeben. Das grandiose Haus in Alkersum ist eine Hommage ans Meer, es zeigt Werke mit maritimen Motiven, u. a. von Liebermann, Munch und Nolde.

Übers Watt – zu Fuß von Föhr nach Amrum

Die Wunderwelt des Watts barfuß erleben, einen Priel durchwaten, das Wrack des Frachters City of Bedford passieren … Ent-Spannend!

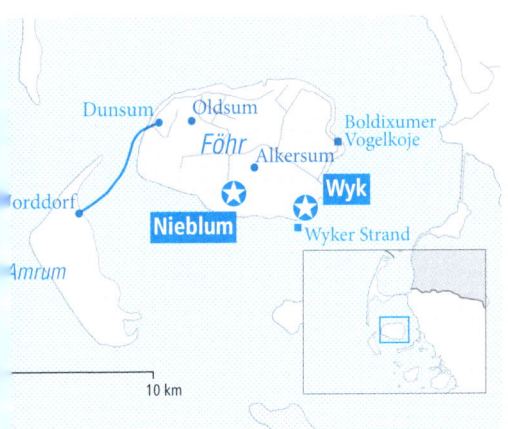

Dunsum · Oldsum · Föhr · Alkersum · Boldixumer Vogelkoje · Wyk · Nieblum · Wyker Strand · orddorf · Amrum

10 km

In New York leben mehr Föhrer als auf der Insel Föhr.

»Es war einmal ne Nordseescholle/ ihr Name spielt hier keine Rolle/ die schwamm nach Föhr der Ruhe wegen/im Priel vor Wyk hat sie gelegen …« Zwischen den einzelnen Menügängen serviert Jörn Sternhagen in seinem Landhaus in Oevenum ›Gerichtgedichte‹, die es auch als Buch im Buchhandel gibt.

erleben

Insel der malerischen Dörfer

F wurde sie noch regelmäßig von der Nordsee überspült und ist bis heute nur dünn besiedelt. Erst ab 1960 begann die Aussiedlung der Bauern in die Marsch.

Föhr hat einen stillen, liebenswerten und doch etwas spröden Charme. Saftig grüne Marschen, sanft gewellte Geest, feinsandige Badestrände und idyllische Friesendörfer prägen die Insel, auf der die Landwirtschaft neben dem Fremdenverkehr noch eine wichtige Erwerbsquelle darstellt. Dank ihrer geschützten Lage inmitten der Inseln und Halligen herrscht auf Föhr ein für die Nordsee ungewöhnlich mildes Klima, die typische Nordseebrandung sucht man hier vergeblich. Das ist auch der Grund, weshalb man seit einigen Jahren beherzt für »Föhr – die friesische Karibik« wirbt.

Mit seinen 82 km² ist Föhr die zweitgrößte der Nordfriesischen Inseln. Ihr Name ist möglicherweise auf das friesische Wort *feer* zurückzuführen, was unfruchtbar bedeutet. Kaum zu glauben, wenn man das von Marschwiesen und Äckern geprägte Land sieht. Doch zwei Fünftel Föhrs bestehen aus der ursprünglich nicht sehr fruchtbaren Geest. Am Südrand der Geest erstreckt sich zwischen den Seebädern Wyk und Utersum ein breiter feiner Sandstrand von 15 km Länge. In der nördlichen Hälfte der Insel breitet sich flache, grüne Marsch aus. Bis zum Bau des Deiches Ende des 15. Jh.

Urkundlich erstmals erwähnt wird die Insel anno 1231. Sie bestand aus zwei dänischen Verwaltungsbezirken, der Osterharde und der Westerharde. 1435 wurde Föhr geteilt, Westerlandföhr blieb bei Dänemark (bis 1864), Osterlandföhr kam zum Herzogtum Schleswig. Vom 13. bis zum 15. Jh. herrschte große Armut auf der Insel. Die Chroniken berichten von Sturmfluten, Landverlusten und Schiffsuntergängen. Eine wirtschaftliche Blütezeit brach erst Mitte des 17. Jh. an, als die Föhrer auf Walfang gingen. Mit Ende des Walfangs Mitte des 19. Jh. endete auch der Wohlstand der Föhrer. 1848 verließen viele Seefahrer die Insel, um als Goldgräber ihr Glück in Kalifornien zu suchen. Noch im 20. Jh. zog es viele fort. Bis heute haben fast alle Föhrer Verwandte in Amerika, zu denen sie Kontakt halten.

Anders als ihre Nachbarn auf Amrum und Sylt leben die Föhrer heute nicht ausschließlich vom Fremdenverkehr. Zwei Drittel der Inselfläche werden landwirtschaftlich genutzt, davon wiederum ist ein Drittel Ackerland, der Rest Viehweiden. Auf vielen Bauernhöfen kann man Zimmer und Ferienwohnungen mieten – das Angebot Urlaub auf dem Bauernhof ist ein wichtiger Nebenerwerb für die Föhrer.

ORIENTIERUNG

Föhr Tourismus GmbH: Reederei-gebäude, 25938 Wyk auf Föhr, inselweite Service-Rufnummer T 04681 300 (Mo–Fr 8–20, Sa/So 10–18 Uhr), www.foehr.de. Die Tourismus GmbH gibt sehr gute kostenlose Infobroschüren heraus, mit Infos, Karten, Tipps, Adressen von A bis Z und Veranstaltungen, auch als Download (www.foehr.de/prospekte-magazine). Tipp: Die für Tagesgäste nützliche Broschüre »Ein Tag auf Föhr« liegt auf der Fähre aus.
Anreise per Autofähre: Von Dagebüll nach Föhr bis zu 12 x tgl., s. S. 229; Inselparkplatz Dagebüll: Fährhafenstr. 2, www.inselpark platz.de. Hinterm Deich – Entfernung zum Hafen ca. 700 m (etwa 10 Gehminuten auf befestigten Wegen). Gebühr 24 Std./7,50 €, Aufpreis für Garagenplatz 1,50 €. Eine Reservierung ist nicht möglich, aber auch nicht nötig. Vom Parkplatz zur Fähre und umgekehrt verkehrt ein kostenloser Shuttlebus, zuletzt 10 Min. vor Abfahrt der Fähre.
Flug: s. S. 230.
Fahrrad: s. Kasten S. 115.

Die Orientierung auf der Insel ist einfach. Bereits am Wyker Hafen weist ein einziges Schild aus der Stadt hinaus zu den Inseldörfern. Alle liegen an der Ringstraße, die von Wyk gen Westen in einem Bogen durch die Insel führt – an der Grenze zwischen Geest und fruchtbarer Marsch. Durch die günstige, erhöhte Lage am Geestrand waren die Menschen sicher vor Sturmfluten, konnten aber auch bequem die Marsch mit ihren Feldern und Fennen (Weiden) erreichen.
Die Dörfer mit ihren reetgedeckten Friesenhäusern, rankenden Rosen-

büschen, schattigen Laubbäumen und gemütlichen Teestuben machen den Zauber der Insel aus.

Wyk ⭐ 📍 G 9

Seine Entwicklung verdankt das charmante Städtchen (ca. 4200 Einw.) seiner günstigen Lage und dem Hafen. Wyk oder *Wik* heißt nichts anderes als Bucht. Das Gebiet war schon in der Frühzeit besiedelt, doch erst 1638 wurde es erstmals als selbstständiger Ort erwähnt. Im Goldenen Zeitalter des Walfangs und der Seeschifffahrt wuchs Wyks Bedeutung, denn die Föhrer Seefahrer schifften sich hier ein. 1704 genehmigte die Obrigkeit einen Hafen, Wyk erlangte Hafengerechtigkeit.
Immer wieder erhielt der Ort Zuwachs durch Halligbewohner, die in den großen Sturmfluten ihr Hab und Gut verloren hatten. Eine kurze Glanzzeit brach für den Nordseeort 1842 mit dem Besuch des dänischen Königs Christian VIII. an, der bis 1847 mit seiner Gemahlin Caroline Amalia, dem Hofstaat und so illustren Gästen wie dem Märchendichter Hans Christian Andersen jeden Sommer etwa fünf Wochen in Wyk verbrachte. Mit dem Tod des Königs im Jahr 1848 endete die glanzvolle Zeit.

Das Kurbad

Erst Mitte der 1860er-Jahre ging es für das mittlerweile preußisch gewordene Seebad wieder bergauf: Vom exklusiven Gesellschaftsbad für wenige Sommerwochen entwickelte es sich zum ganzjährigen Kurort. 1881–83 wurde das erste Kinderhospiz eingerichtet, eine für die Insel entscheidende Entwicklung nahm

Wyk

Ansehen

1 Fährhafen
2 Sturmflutpfahl
3 Nationalpark-Haus
4 Windmühle
5 Park an der Mühle
6 Glockenturm
7 Friesen-Museum
8 St.-Nicolai-Kirche
9 Boldixumer
  Vogelkoje

Schlafen

1 Kurhaus Hotel/Inselkino
2 Gästehaus
  Hilligenlei
3 Dat Südstrandhuus
4 Apartments
  Hellinghaus
5 Jugendherberge

Essen

1 Alt Wyk
2 Zum Walfisch
3 Zum Glücklichen
  Matthias
4 Störtebeker
5 Pfannkuchen-Haus
6 CoffeeFee
7 Café Steigleder
8 Café Klein
  Helgoland
9 Pitschi's
10 Schapers

Fortsetzung s. nächste Seite

Ohl Dörp
Hardesweg
WRIXUM
Karkstieg
Fötjern
Dörpwundtweg
Kirchweg
BOLDIXUM
Kirchweg
Nieblumstieg
Rundföhrstr.
Fehrstieg
Linge
Linge
Kortdeelsweg
Tennishalle
Strandstraße
Roggenweg
Haferweg
Am Malsfeld
Berliner Ri...
Hamburg
Spielplatz
Ring
Haidweg
Spielplatz
Susanne-Fischer-Weg
Am Grünstreifen
Strandstraße
Amselweg
Fehrstieg
Am Charlottenheim
WYK-SÜDSTRAND
Waldstr.
Drosselstieg
Fasanenweg
Gmelinstr.
Nordsee-
Kurpark
Spielplatz
Stockmannsweg
Promenadenweg

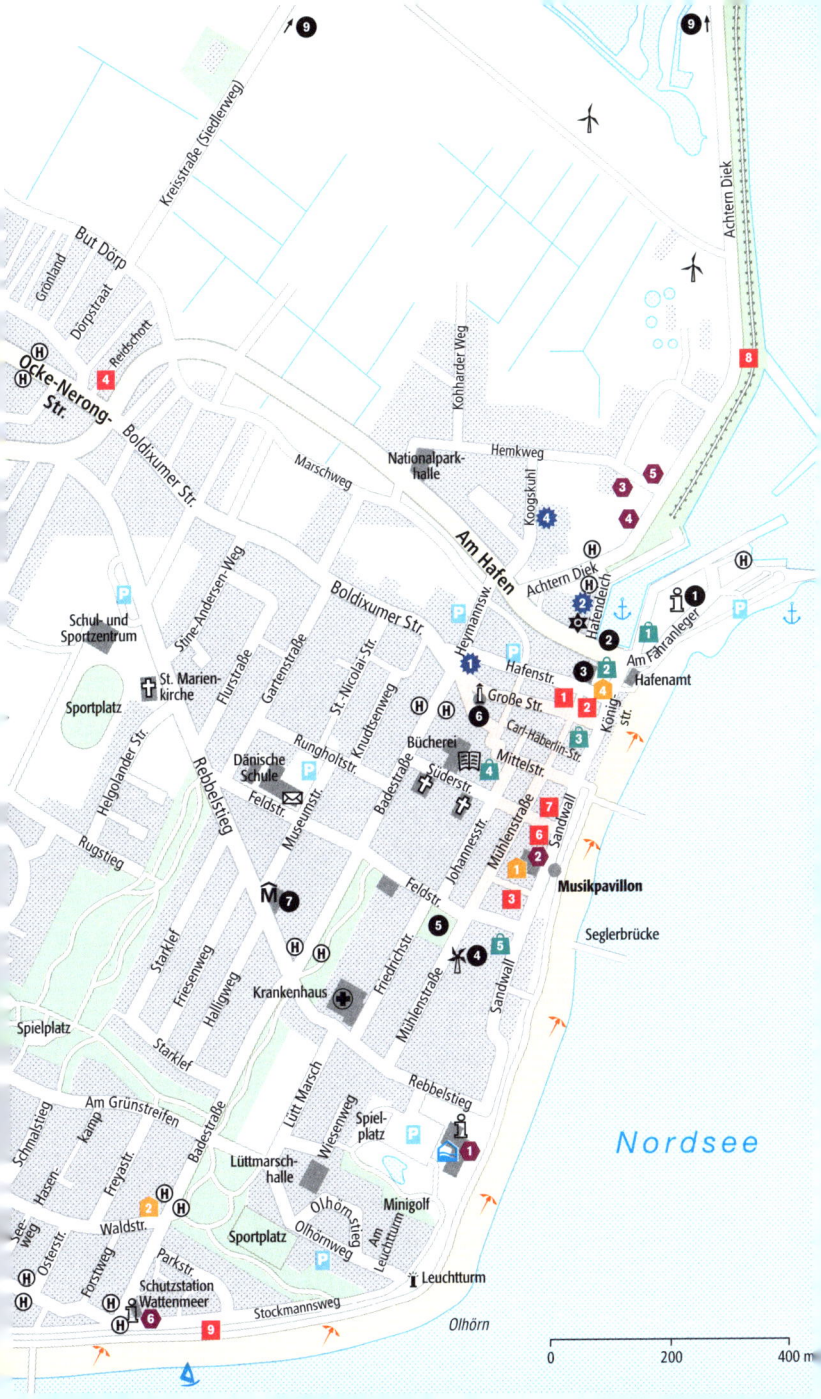

Wyk Fortsetzung von Seite 104

Einkaufen
1. Wyker Fischmarkt
2. Wyker Bauernmarkt
3. Kopp im Hof
4. Wollflur
5. Antiquitäten Peper

Bewegen
1. Aquaföhr
2. Freizeithelfer-Laden im Umwelt- und Veranstaltungszentrum
3. Fun- und Spielpark
4. Robbenzentrum
5. Tierhuus/Wildtieraufnahmestation
6. Schutzstation Wattenmeer

Ausgehen
1. Coozy eventbar
2. Heimathafen
3. Erdbeerparadies
4. Olympic

---

ihren Anfang. In Wyk ansässig gewordene Ärzte begannen die heilsame Wirkung des Nordseeklimas zu propagieren, unter ihnen Professor Dr. Carl Häberlin, der im Jahr 1898 das Nordsee-Sanatorium eröffnete, das auch für Winterkuren geeignet war. Föhr entwickelte sich zum Zentrum der deutschen Meeres- und Klimaheilkunde. Im Ersten Weltkrieg blieb Wyk als einziges Nordseebad geöffnet. Im Kriegsjahr 1918 zählte man 7500 Erholungsuchende – genauso viele wie im Friedensjahr 1911. Im Zweiten Weltkrieg kam der Fremdenverkehr zum Erliegen, doch nach dem Krieg ging es rasch wieder bergauf, bereits 1949 wurde Wyk als Nordseeheilbad anerkannt.

Sehenswert

Der Hafen
Einen Stadtrundgang beginnt man am besten am **Fährhafen ❶** – dem größten im nordfriesischen Inselreich. Nur wenige Schritte vom Anleger passiert man das Servicegebäude der Wyker Dampfschiffs-Reederei mit Touristeninformati-

on. Weiter geht es zum Alten Hafen, in dem neben anderen Schiffen die Föhrer Krabben- und Muschelkutter vor Anker liegen. Auf einem hohen **Sturmflutpfahl ❷** an der Kaikante sind die Höhen der schwersten Sturmfluten der vergangenen Jahrhunderte mit Metallbändern gekennzeichnet. Der höchste Wert, 4,67 m über NN, wurde in der Februarflut 1825 erreicht. Das Zentrum Wyks ist durch einen Deich geschützt. Hinter der Stöpe – ein Deichdurchlass, der im Falle einer Sturmflut geschlossen werden kann –, auf der gegenüberliegenden Straße des Sturmflutpfahls beginnt die Altstadt.

Nationalpark-Haus Föhr
Großzügig und modern ausgestattet ist die Ausstellung des Nationalparkamtes im **Nationalpark-Haus Föhr ❸**. Modelle der Insel, Schautafeln und Muschelsammlungen bieten viele Infos über das Wattenmeer zu allen Jahreszeiten. Es gibt Aquarien (Fischfütterung Mai–Sept. Mo, Mi 15, Fr 11 Uhr), viele Erkundungsmöglichkeiten und eine Spielecke für die Kleinen.
Hafenstr. 23, im Rathaus 2. Stock, T 04681 42 90, www.npz-foehr.nationalparkservice.

de, April–Okt. So–Fr 10–17.30, sonst Do, Sa 14–17 Uhr, 30 €, Familie 7,50 €.

Sandwall

Durch die belebte **Königstraße** gelangt man zum baumbestandenen **Sandwall** oberhalb des Badestrandes. Die Prachtpromenade wurde anlässlich der Sommerbesuche des dänischen Königs angelegt – die berühmte Ulmenallee, die fast vollständig der Ulmenkrankheit zum Opfer fiel, wurde durch Linden ersetzt. Die Promenade verlockt zum Bummeln, zu Cafébesuch, Shopping und Schachspielen und bietet feinste Aussicht über den Strand mit den bunten Strandkörben bis zu den Warften der Halligen Langeneß und Oland. Gedenktafeln verweisen auf illustre Gäste des traditionsreichen Badestädtchens: Am **Sandwall 38** komponierte Johann Strauß im Jahr 1879 seinen Walzer »Nordseebilder«. An der **Ecke Sandwall/Süderstraße** wohnte der Dichter Theodor Fontane. Im Haus des Inselboten in der benachbarten **Großen Straße 16** weilte Hans Christian Andersen als Gast des dänischen Königs.

Carl-Häberlin-Straße

Eine Gedenktafel am Haus **Sandwall 11** erinnert an eine der bedeutendsten Wyker Persönlichkeiten: »Hier wohnte und wirkte 1904 bis 1954 Prof. Carl Häberlin, Forscher und Lehrer der Meeresheilkunde, Schöpfer des Friesenmuseums.« Nach dem Professor ist eine der kleineren Querstraßen benannt. Die **Carl-Häberlin-Straße** mit ihren kleinen Kapitänshäusern zählt zu den schönsten Gassen der Altstadt und steht unter Denkmalschutz. Auch die schmale **Mühlenstraße** birgt so manches Kleinod. Über der niedrigen Tür des kleinsten reetgedeckten Friesenhauses steht: »Letj, man dach min« (fries.: Klein, aber mein). Und die 1879 in der Mühlenstraße erbaute **Windmühle** **4**

trägt den Namen Amica Ventis, Freundin des Windes. Der Galerieholländer befindet sich in Privatbesitz und steht für Besichtigungen nicht offen. Schräg gegenüber der Mühle haben engagierte Bürger auf den ehemaligen Tennisplätzen einen kleinen hübschen **Park** **5** eingerichtet – mit Rosen, Kräutern, Gemüse. Über allem thront ein Storchennest.

Hört meinen Klang …

Ein Wahrzeichen der Stadt ist der **Glockenturm** **6** am Zusammenschluss der Großen Straße und Mittelstraße. Da Wyk eine eigene Kirche fehlte und die Glocken der Boldixumer St.-Nicolai-Kirche nur bei günstigem Wind zu hören waren, beschloss der durch den Bau des Hafens hoch verschuldete Ort zu Beginn des 18. Jh., wenigstens einen Glockenturm aus Holz zu bauen. Die Glocken sollten nicht nur zum Kirchgang rufen, sondern auch vor Feuer oder Sturmflut warnen. Der heute noch erhaltene, an Höhe und Umfang eher bescheidene Steinturm wurde 1886 errichtet.
Große Str./Mittelstr.

In der Welt zuhause

Für das nach seinem Begründer Dr. Carl Häberlin benannte **Friesen-Museum** **7** sollte man genügend Zeit mitbringen, denn es bietet eine beeindruckende Fülle an Exponaten in den Abteilungen Naturkundliche Sammlungen, Vorgeschichte, Geologie und Natur, Handwerk und Baukultur sowie Seefahrt, Fisch- und Walfang (s. Tour S. 110), Auswanderung und Seebadgeschichte. Zum Museum gehört das Haus Olesen aus Alkersum. Das älteste nordfriesische Haus von 1617 wurde 1927 aus dem alten Baumaterial originalgetreu neben dem Museum wieder aufgebaut. Eine Bockwindmühle von der Hallig Langeneß und eine Scheune aus dem Dorf Midlum runden das Freilichtensemble ab, das jederzeit frei zugänglich ist.

Rebbelstieg 34, T 04681 25 71, www.frie sen-museum.de, Mitte März–Ende Okt. Di–So 10–17, Juli/Aug. tgl. 10–17, Nov.–Mitte März Di–So 14–17 Uhr, 3,50/4,80 €, Familien 8/10,50 € (mit/ohne Kurkarte).

Stolze Vergangenheit

Die prächtige **St.-Nicolai-Kirche** ❽ aus dem 13. Jh. liegt in dem 1924 eingemeindeten Ortsteil **Boldixum,** der lange vor der Gründung Wyks der Hauptort der Insel war. Die imposante Kirche wurde auf einem kleinen Geestrücken an der Grenze zwischen beiden Orten errichtet und war immer auch für Wyk zuständig, denn die Wyker hatten keinen eigenen Kirchenbau. Der lichtdurchflutete Innenraum besticht durch farbenfrohe spätgotische Gewölbemalereien, die bei Restaurierungsarbeiten 1969/70 entdeckt wurden. Die kelchförmige Kalksteintaufe wurde Mitte des 13. Jh. auf Gotland hergestellt und gehört zur Erstausstattung der Kirche. Bemerkenswert ist die knapp 1,40 m hohe, um 1300 aus Eichenholz geschnitzte Statue des hl. Nicolaus. Der Kirchenpatron gilt als Schutzheiliger der Kinder und Seeleute. Draußen auf dem Kirchhof sind viele alte wort- und bildreiche Grabplatten zu finden.

St. Nicolaistr. 10, www.kirche-st-nicolai-foehr. de, tagsüber geöffnet, Kirchen- und Orgelführungen Pfingsten–Mitte/Ende Sept. Mo 17 Uhr.

Still ruht der See

Sehr lohnend ist ein Abstecher zur rekonstruierten **Boldixumer Vogelkoje** ❾ nordöstlich von Wyk hinter dem Deich. Die Anlage ist als einzige der fünf noch erhaltenen Föhrer Vogelkojen zu besichtigen. Der windstille Teich inmitten von Bäumen diente einst dem Wildentenfang. Allein in der Alt-Oevenumer Vogelkoje sollen in einer Saison 65 000 Enten gefangen worden sein. Und so gründete man eine Dosenfabrik für die Vermarktung der

vielen Wildenten. Die Boldixumer Fanganlage war von 1888 bis 1968 in Betrieb. Zu dem weithin sichtbaren Wäldchen gelangt man entweder vom Wyker Hafen über den Deich oder von Boldixum aus in nordwestlicher Richtung. An heißen Sommertagen spenden Bäume und Büsche angenehmen Schatten. Ein Modell der Fanganlage ist im Friesen-Museum zu besichtigen.

Im Norden von Wyk, gleich hinter dem Deich, April–Okt. Mo–Fr 10–12 Uhr.

Schlafen

Charmant mittendrin

❶ **Kurhaus Hotel:** Traditionsreiches Haus an der Strandpromenade mit Meer- und Halligblick, 35 Zimmer und eine Suite. Wellnessbereich mit Sauna und Fitnessraum. Im Gebäude befinden sich außerdem ein italienisches Eiscafé, ein Café-Restaurant sowie das Kino, schräg gegenüber der Musikpavillon.

Sandwall 40, T 04681 792, www.kurhausho tel-wyk.de, DZ/Suite 115–200 €.

Familiäre Frühstückspension

❷ **Gästehaus Hilligenlei:** Die 1911 als Kinderkurheim gebaute Frühstückspension bietet 13 Zimmer (zum Teil mit Küchenzeile) und drei Ferienwohnungen, zwei davon im Nebenhaus. Am schönsten ist das DZ Nr. 11 unterm Dach mit Balkon. Der Garten steht allen Gästen offen. Ruhige Lage und doch nur 3 Min. vom Strand entfernt.

Waldstr. 2, T 04681 58 72 58, www.hilligen lei-wyk.de, DZ/FeWo ab 90 €.

In Strandnähe

❸ **Dat Südstrandhuus:** Drei familienfreundliche, schöne Ferienwohnungen für 4–6 Pers. Etwa 100 m sind es zum Strand, entspannen kann man im Garten. Es gibt Spielgeräte und einen Wellnessbereich mit Sauna und Solarium.

Strandstr. 83, Info: T 04681 508 66, www.
datsuedstrandhuus.de, FeWo ab 135 €.

Blick auf Hafen und Meer
4 **Hellinghaus:** 4 freundliche Ferienwohnungen für 4 Pers., am Beginn der
Promenade (Ecke Königstr./Hafenstr.),
zum Strand sind es nur ein paar Schritte, WLAN (kostenlos), kleiner Wellnessbereich mit Sauna. Kinder lieben das
Spielzimmer, Apotheke im Haus.
Hafenstr. 42, T 04681 746 21 00, www.
hellinghaus.de, FeWo 115–125 €.

Willkommen, liebe Familien!
5 **Jugendherberge Wyk:** Nähe Flughafen, ca. 3,5 km vom Hafen und 4 Min.
zum Strand. Familienzimmer, Kinderspiel-
zimmer, Klönschnack-Raum, Spielgeräte,
viele kindgerechte Freizeitangebote –
hier ist man auf Kinder eingerichtet. 162
Zimmer, überwiegend Vierbettzimmer mit
Waschbecken und Etagendusche/WC,
Familienzimmer zum Teil mit Dusche/WC.
Zum Südstrand sind es vier Spazierminuten, 3,5 km zum Hafen.
Fehrstieg 41, T 04681 23 55, www.jugend
herberge.de, Übernachtung ab 29,50 €,
2-Bett-Zimmer 75 €.

Essen

Zahlreiche Cafés mit wunderbarem Blick
auf die Hallig-Skyline von Langeneß reihen
sich am Sandwall aneinander. Einfach mal
gucken, wo Platz ist.

Für Feinschmecker
1 **Alt Wyk:** Tüpfelchen und Türmchen
kommen hier nicht auf den Teller (»wir sind
keine Künstler, wir sind Meister der geschmackvollen Küche«), und doch wurde
die Küche mit einem Michelinstern ausgezeichnet. Das traditionsreiche Haus im
alten Ortskern bietet neben dem stimmi-
gen Ambiente und der internationalen
Küche – die Gerichte sind übrigens sehr

schön angerichtet – auch einen überaus
zuvorkommenden, freundlichen Service.
Große Str. 4, T 04681 32 12, www.alt-wyk.
de, unbedingt reservieren (Öffnungszeiten auf
der Website), Hauptgerichte ab 29 €.

Beliebt
2 **Zum Walfisch:** Traditionsreiches
Restaurant mit vielen Stammgästen, die
den netten Service und die schmackhafte
Küche (vor allem den »besten Fisch in
Wyk«) schätzen.
Große Str. 2, Mo, Mi, Fr, Sa 12–14, 17–
20.30, So 17–20.30 Uhr, keine Reservierung
möglich, ab 12 €.

Urig-maritime Restaurantkneipe
3 **Zum Glücklichen Matthias:**
Schiffsmodelle und Galionsfiguren geben der Gaststube den Look einer See-
mannskneipe. Der nette Service passt gut
dazu, die Speisen sind ebenso herzhaft
wie handfest (ab 12 €). Viel fangfrischer
Fisch, aber auch knuspriges Spanferkel
vom Grill. Für jeden, auch Vegetarier, ist
etwas dabei. Ohne Reservierung geht hier
nichts, denn zu Recht ist das nach Föhrs
erfolgreichstem Walfangkommandanten
benannte Restaurant immer gut besucht.
Feldstr. 2, T 04681 50 18 22, tgl. ab 17 Uhr.

Ein Tipp nicht nur für Vegetarier
4 **Störtebeker:** Ein Platz zum Wohlfühlen für die ganze Familie. Auf der Speisekarte stehen Fisch und Lamm, aber auch
Vollkorn-Pizzen und viel Vegetarisches,
Weine aus biologischem Anbau werden
angeboten.
Reidschott 2, Boldixum, T 04681 89 01, Di–
So ab 18 Uhr, ab 10 €.

Ein Herz für Kinder
5 **Pfannkuchen-Haus im Prinzen-
Hof:** Auf der Speisekarte stehen hausgebackene Kuchen und Torten, süße und
herzhafte Pfannkuchen beispielsweise mit
Lachs, fangfrischen Krabben oder Rinder-
filetstreifen. Im Cafégarten plätschert zur

TOUR
Auf den Spuren der Grönlandfahrer auf Föhr

Radtour einmal quer über die Insel

Infos

📍 F–G 8–9

Planung:
Friesen-Museum in
Wyk ❻ (s. S. 107);
Walfängergräber
auf den Friedhöfen
von St. Nicolai
❼ (s. S. 108),
St. Johannis in
Nieblum (s. S. 120)
und St. Lauren-
tii in Süderende
(s. S. 127)

Länge/Dauer:
10 km, halber Tag mit
dem Rad

Jahrhundertelang herrschte große Armut auf den Inseln. Eine wirtschaftliche Blütezeit brach Mitte des 17. Jh. an, als die Inselfriesen auf Walfang fuhren. Bei einem Besuch im Friesen-Museum in Wyk wird diese spannende Epoche lebendig. Mitte des 19. Jh. endete die ›Goldene Zeit‹, an die auf Föhr noch heute bildhübsche Kapitänshäuser und prächtige Grabsteine erinnern.

Das Goldene Zeitalter der Friesen

Das Goldene Zeitalter begann für die Nordfriesen im 17. Jh. In der Frühphase des Walfangs wimmelte es in den Gewässern des nördlichen Eismeeres um Spitzbergen und Jan Mayen von Walen. Infolge der intensiven Bejagung nahm die Zahl der Wale in den Buchten rapide ab, die ›Goldminen‹ des Nordens waren erschöpft. Noch vor der 2. Hälfte des 17. Jh. musste der Fang an die Packeisgrenze verlegt werden, wo die Schiffe schon mal ein Vierteljahr festsaßen. Im Jahr 1777 wurden 27 Schiffe vom Eis eingeschlossen, 300 Seeleute kamen ums Leben. Und doch brachen die Seeleute immer wieder auf: »Grönlands eisiges Meer war uns, was Spanien Peru«, zitiert Georg Quedens im Großen Nordfrieslandbuch einen Föhrer Pastor. Gegen Ende des Winters brachen die Inselfriesen in ihren kleinen Küstenfahrzeugen, den ›Schmackschiffen‹, auf. Ihr Zielhafen war Amsterdam, später auch Hamburg, Glückstadt und Kopenhagen, wo die Walfangschiffe bemannt und ausgerüstet wurden.

Ein Tor aus zwei 6,30 m hohen Unterkieferknochen eines Blauwals empfängt

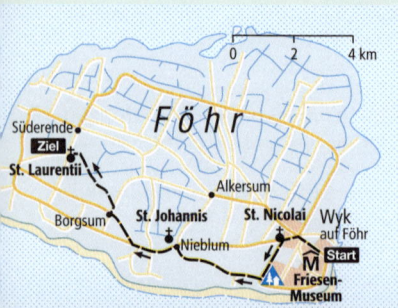

Durch ein Tor aus mächtigen Blauwal-Unterkieferknochen betreten Besucher das Museumsgelände.

die Besucher des **Friesen-Museums** in Wyk – ein passender Beginn für eine Entdeckungstour auf den Spuren der alten Walfänger. Hier befindet sich das 1617 erbaute Haus Olesen – das älteste, erhaltene Haus der Insel wurde im Jahr 1927 aus dem Dorf Alkersum auf das Museumsgelände versetzt. Die Räume sind klein, Baumaterial war immer knapp auf den Inseln. Man lebte von der Landwirtschaft, von der Seefahrt, vom Walfang. Keineswegs alle Föhrer Grönlandfahrer waren Commandeure, obwohl man immer zuerst an sie denkt, wenn man die schmucken reetgedeckten Kapitänshäuser in Nieblum, Oevenum und Oldsum sieht.

Die Kajüte eines Walfängers

Viele Grönlandfahrer blieben zeit ihres Lebens Speck-schneider oder Harpuniere. Ihre Werkzeuge sind im Friesen-Museum ausgestellt. Dort gewährt auch die rekonstruierte Kajüte eines Walfangschiffes Einblick in den Schiffsalltag. Kunstvolle Seemannsarbeiten aus Pottwalzähnen und Walknochen, die während der langen Hin- und Rückreise entstanden, sowie Navigationsgeräte und Fernrohre sind nur einige der vielen Museumsschätze.

Die Privatschulen der Seefahrer

Leicht übersieht der Besucher die Dokumente der Navigationsschulen der Insel, die im Museum ausgestellt sind. Sie erinnern an einen bedeutsamen Aspekt der Föhrer Geschichte: Ihren Erfolg als Walfänger wie auch als Handelsschiffer verdankten die nordfriesischen Seefahrer nämlich größtenteils ihren Navigationskenntnissen, die sie in den Wintermonaten, wenn sie nicht auf Fahrt waren, auf ›Privatschulen‹ erwarben. Den Grundstein zu dieser Ausbildung hatte Richard Petri, der 1620–1678 Pastor an der St.-Laurentii-Kirche auf Föhr war, gelegt: Unentgeltlich vermittelte er den Seefahrern Kenntnisse im Rechnen, in Astronomie und Navigation. Seine einzige Bedingung für die Teilnahme am Unterricht: Seine Schüler sollten ihre Kenntnisse an andere weitergeben.

Später entstanden auch auf anderen Inseln Schulen, in denen Steuerleute und Kapitäne, die sich zur Ruhe gesetzt hatten, junge Seeleute auf das Steuermannsexamen vorbereiteten, das in Tönning, Flensburg oder Kiel abgelegt werden musste. Die heimatlichen Navigationsschulen mussten schließen, als nach dem Anschluss der Inseln an Preußen der Besuch einer staatlichen Navigationsschule auf dem Festland vorgeschrieben wurde.

Gefährliche Jagd

Viele Grönlandfahrer verloren auf der Jagd nach den mächtigen Tieren ihr Leben. Ein Ölgemälde zeigt eine Walfangszene. Neben großen Seglern sind kleine Ruderboote zu sehen, die einen mächtigen Wal einkreisen, hoch über ihnen ein kühn in den Himmel gesetzter Schriftzug: »Vis Vincitur Arte« – Geschick bezwingt Kraft. Hauptsächlich gefangen wurden der Grönlandwal – der durchschnittlich etwa 18 m lang wird – und der kleinere Nordkaper. Die beiden Bartenwale sind langsame Schwimmer. Ihre Speckschicht, aus der der als Lampenöl begehrte Tran gewonnen wurde, ist etwa 25 bis 40 cm dick. Die Wale wurden, wie auf dem Gemälde zu sehen ist, von kleinen Schaluppen (Ruderbooten) aus mit Handharpunen angeschossen und anschließend ›festgemacht‹, d. h. man schoss eine Leine in den Fisch. Ein Schlag der Schwanzflosse hätte genügt, um die kleinen Boote zum Kentern zu bringen.

Wenn dann die nordfriesischen Seeleute im Spätsommer allen Gefahren trotzend aus dem Eismeer zu ihrem Ausgangshafen zurückgekehrt waren, hatten sie noch die Heimfahrt über die stürmische Nordsee in kleinen Küstenfahrzeugen vor sich. Es kam vor, dass sie noch in Sichtweite der heimatlichen Küste verunglückten. Der Chronist C. P. Hansen berichtet z. B., dass im September des Jahres 1744 eine von Amsterdam kommende Schmack mit über hundert heimkehrenden Grönlandfahrern auf dem Kniepsand vor Amrum strandete. Niemand überlebte.

Die Gräber der Grönlandfahrer

Auf den Föhrer Kirchhöfen findet man die prachtvollen Gräber der Walfänger. Von Wyk aus geht es immer gen

Grabplatten und Stelen gehören zu den eindrucksvollsten Zeugen der Seefahrerzeit. Fast alle wurden von inselfriesischen Bildhauern und Steinmetzen geschaffen, sie waren eine bedeutende und geschickte Zunft unter den Föhrern des 17., 18. und 19. Jh. Nicht nur ihre Kunstwerke sondern auch ihre Namen sind ehrenvoll überliefert.

Westen. An der Jugendherberge beginnt der mit einem gelben Punkt markierte Radweg, die sogenannte große Inselrunde, die zunächst nach **Nieblum** führt. Auf dem Kirchhof von **St. Johannis** am nordöstlichen Ortsrand stehen die alten Stelen dezent verteilt zwischen den neuen Gräbern. Da sie nicht immer gleich zu entdecken sind, ist der in der Kirche erhältliche Friedhofsführer sehr praktisch.

Der ›glückliche Matthias‹

Durch Nieblum hindurch geht es über Borgsum weiter Richtung Nordwesten nach **Süderende**. Hier kann man gut dem Radweg entlang der normalen Autostraße folgen, die ausgeschilderte Große Inselrunde macht einen Schlenker über Alkersum. Etwa 1 km südlich des Dorfes erhebt sich die **St. Laurentii Kirche**. Hauptanziehungspunkt ist hier das Grab des Matthias Petersen. Er fing 373 Wale und erhielt darum den Beinamen ›Der Glückliche‹. Bereits mit 20 Jahren hatte man ihm die Führung eines Walfangschiffes anvertraut. 50 Jahre lang fuhr er als Commandeur zur See. Seinen Grabstein südlich der Kirche ziert neben der (lateinischen!) Lebensbeschreibung die Glücksgöttin Fortuna über einem schwimmenden Wal. An den ›glücklichen Matthias‹erinnern auch zwei prachtvolle Messingkronleuchter, die er 1677 gemeinsam mit seinem Bruder der Gemeinde von St. Laurentii spendierte. Es sind der 1. und der 3. der barocken Kronleuchter, die heute noch die Gewölbedecke im Langhaus und Chor schmücken.

Doch das Glück blieb dem Walfänger nicht treu. 1702 wurde Matthias mit seiner Mannschaft entführt und erst gegen ein Lösegeld von 8000 Reichstalern freigelassen. Im selben Jahr fielen seine beiden Söhne Ock und John im Kampf gegen französische Seeräuber. Sein ältester Sohn blieb im spanischen Erbfolgekrieg verschollen.

Nach dem Tod des legendären Walfängers blieb dessen Familie der Kirche die versprochenen 100 Goldtaler für sein Begräbnis in der Kirche schuldig. Aus diesem Grund wurde Matthias 14 Jahre später vor die Tür gesetzt und auf den Platz südlich der Kirche umgebettet, wo er heute noch zu finden ist.

Entspannung ein Brunnen. Für die Kinder gibt es draußen ein Karussell und drinnen steht ein Sofa, das spannende Märchen erzählt …

Gmelinstr. 29, T 04681 765, www.prin zen-hof.de.

An der Flaniermeile

6 **CoffeeFee:** Kuchen, Snacks und freundlicher Service. Dank Lammfell und Decke kann man auch noch in der kühleren Zeit draußen sitzen.

Sandwall 34, T 04681 74 84 74.

Ein Klassiker

7 **Café Steigleder:** Traditionsreiches Café mit eigener Konditorei, köstliche Torten, leckeres Frühstück – dazu die tolle Lage mit Blick auf die Promenade und das Meer.

Sandwall 28, T 04681 44 11, tgl. 9–19 Uhr.

Lohnt einen Umweg

8 **Café Klein Helgoland:** Das kleine Café liegt direkt am Deich mit Blick auf den Sportboothafen. Leckere Kaffeespezialitäten, leckere Torten, Flammkuchen und offene Weine – bei schönem Wetter auf der windgeschützten Außenterrasse mit Teakmöbeln.

Achtern Diek 14/Jachthafen, T 04681 747 16 73, www.cafe-klein-helgoland.de, März–Okt. Kernzeit Mi–Fr ab 12, Sa/So ab 11 Uhr.

Easy living am Strand

9 **Pitschi's:** s. Kasten S. 116

Lockeres Ambiente

10 **Schapers:** s. Kasten S. 116

Einkaufen

Immer wieder sonntags

1 **Wyker Fischmarkt:** Lohnt sich – die bunte Mischung aus Wochen-, Fisch- und Flohmarkt. Im Anschluss an die traditionellen Marktstände findet in der Saison ein Floh- und Trödelmarkt statt, der vor allem von Kindern genutzt wird, um ausgemusterte Spielsachen zu verkaufen, aber auch Erwachsene bieten hier ihre Dachbodenfunde an.

Am alten Hafen, www.fischmarkt-wyk.de, in der Regel So vor Ostern–Mitte Okt. So 10–15 Uhr.

Einfach (mal) lokal einkaufen

2 **Wyker Bauernmarkt:** Ausschließlich Föhrer Produkte werden auf dem Platz vor dem Rathaus angeboten, in den Sommermonaten (»wenn das Gemüse so weit ist«) Mi und Sa 9–12 Uhr.

Insel- und Halligspezialitäten

3 **Kopp im Hof:** Den Laden übersieht man leicht, ein Schild am Sandwall verweist aber auf den Hinterhof. Selbst gemachte Leckereien nach Föhrer Landart. Das Angebot reicht von Wurstwaren, Landrauchschinken, Lammspezialitäten bis zu Käse, Marmelade, Honig und Likören – das alles dekorativ präsentiert im Hinterhof.

Sandwall 10, T 04681 746 49 65, Mo–Fr 11–17, Sa 10–13 Uhr.

Ein liebenswertes Stück Föhr

4 **Wollflur:** Alles warm und natürlich: Felle, Jacken, Westen und handgestrickte Pullover gibt es hier ebenso wie Wolle zum Häkeln, Stricken und Basteln.

Wilhelmstr. 8, T 04681 746 24 31, www wollflur.de, Mo–Fr 10–12.30, 15–18, Sa 10–12.30 Uhr.

Allerlei Trödel und Gummistiefel

5 **Antiquitäten Peper:** Ein netter Laden, etwas abseits des Haupttrubels mit allen möglichen Schätzen zum Entdecken – Hausrat, aber auch Bernstein und Schmuck. Und hier kann man auch Gummistiefel ausleihen, die beim Packen aus Platzgründen oft als erstes wegfallen und dann vermisst werden.

Sandwall 58, T 04681 4113, ab 11 Uhr.

Bewegen

Bei jedem Wetter baden
❶ Aquaföhr: Meerwasser-Wellenbad mit Saunalandschaft. Die Lage ist großartig, aber das Schwimmbad ist in die Jahre gekommen, ein Neubau ist in Planung. Stockmannsweg 1, T 04681 30 48, www. aquafoehr.de, in der Saison in der Saison Mo 10–20, Di 10–21, Mi 10–19, Do 10–17/21, Fr 10–21, Sa, So 10–18 Uhr, Erw. 1 Std. 4,10 €, Tageskarte 11.30 €.

Familien- und budgetfreundlich
❷ Freizeithelfer-Laden im Umwelt- und Veranstaltungszentrum: Die Freizeithelfer (eine Einrichtung der Nordelbischen Kirche) bieten ein vielseitiges Programm für Kinder, darunter Gutenachtgeschichten, Wattführungen, Bastel- und Spielnachmittage. Und viele Veranstaltungen sind sogar kostenlos. Sandwall 38, T 04681 503 49, www.treff punkt-wyk.de.

Egal, ob es regnet, stürmt oder schneit
❸ Fun- und Spielpark: Wetterunabhängiger Spaß unter Dach mit Trampolin-Anlage, Kletterberg, Wellenrutsche, Fun-Shooter. Einige Attraktionen wie Billard, Elektrofahrzeuge kosten zusätzlich. Verleih von E-Bikes (20 €/Tag). Achtern Diek 5–7 (Zugang vom Hemkweg), T 04681 746 22 00, www.foehrfun.de, Erw. 5,50 €, Kinder (ab 2 J.) 10 €.

Alles über Seehund & Co.
❹ Robbenzentrum: Ausstellung über Robben im Wattenmeer. Die Tierärztin Janine Bahr und der Wildtierexperte André van Gemmert arbeiten sehr engagiert für den Schutz der Meeressäuger. Sie sind rund um die Uhr Ansprechpartner, wenn Robben und Tiere in Not sind. Ein Film berichtet über ihre Arbeit. Achtern Diek 5, T 0177 330 00 77 oder 0157

RADFAHREN AUF FÖHR

Fünf gut ausgeschilderte Rundtouren führen zu den schönsten Plätzen der Insel. Im Touristenbüro erhält man eine kostenlose Broschüre inkl. Übersichtskarten (Beschreibung und Download der GPS-Daten: www.foehr.de/radfahren).

75 05 42 19, http://robbenzentrum-foehr. de, tgl. 15–17 Uhr, Di 15 Uhr Kindertag, Do 15.30 Uhr Führung.

Hilfe für Tiere in Not
❺ Tierhuus: Im Sommerhalbjahr (April– Okt.) laden Ziege Justin und seine Freunde jeden Mittwoch und Freitag um 14.30 Uhr zur Führung durch die Auffangstation und Tierpension ein, mit anschließendem Besuch der Doc Doolittle Ranch. Hemkweg 17a, T 0163 333 37 70, www.tier rettung-föhr.de, Spendenempfehlung Erw. 4 €, Kinder 3,50 €, Anmeldung erforderlich, Mo–Sa 12.30–14.30, So 17–18 Uhr.

Watt und Meer
❻ Schutzstation Wattenmeer: Watt und Natur erleben – die Schutzstation bietet ein vielseitiges Programm: Vorträge, Vogel- und Salzwiesenexkursionen, Seetierfangfahrten mit einem echten Fischkutter, Strand- und Wattwanderungen für die ganze Familie. Badestr. 111, T 04681 13 13, www.schutz station-wattenmeer.de, Wattwerkstatt So 14–17 Uhr und zu Veranstaltungen.

Inselschnuppern mit dem Bus
Inselrundfahrten: Eine bequeme Art, die Insel kennenzulernen. Los geht's immer in Wyk/Fähranleger ❶. Classic-Rundfahrt in der Saison tgl., Dauer 1,5 Std., Erw. 9 €; Premium-Rundfahrt inkl. Ausstieg am Deich mit Ausblick nach Amrum und Sylt, Kirch- und Friedhofsfüh-

E

EASY LIVING AM STRAND

Früher gab es hier nur einen kleinen Kiosk der Surfschule, er war mein Lieblingsplatz im Sommer, jetzt ist mehr daraus geworden: Strandcafé, Bistro und Bar. Die Stühle stehen direkt im Sand, die Lütten können nach Herzenslust buddeln und kleckern. Im **Pitschi's** 9 (Promenade 13, https://windsurfing-foehr.com, Mitte März–Okt. tgl. ab 10 Uhr) bei den Surfern am Strand kann man wie im 1 km weiter westlich gelegenen **Schapers** 10 (Promenade 20, www.schapers.net, März–Okt. tgl 11– mind. 22 Uhr, in den Sommerferien tgl. 9–mind. 24 Uhr) sonnige ›Karibik‹-Tage verbringen und diese entspannt ausklingen lassen. Man schaut den Surfern zu, der Service ist freundlich, das Ambiente locker, abends bei schönem Wetter ist Party angesagt. Kleine Speisen wie Currywurst, überbackener Schafskäse, Pizza werden unter 10 € angeboten. In der Saison gibt es 1–2 x pro Woche abends Livemusik (Termine im Veranstaltungskalender).

rung in Nieblum oder Süderende, in der Saison Mo–Sa, 10 €.
T 04681 3705, www.taxi-korf.de/insel rundfahrten.

Unterwegs mit der Bimmelbahn
Friesenexpress: Ab Wyk/Fähranleger ❶ zuckelt man in knapp 2 Std. über die ganze Insel.
Info: www.friesenexpress-foehr.de, in der Saison Mo–Sa, Erw. 13 €, Familien 30 €, Fahrkarten beim Fahrer.

Ausgehen

Klasse Kneipe
🎦 **Coozy eventbar:** Leckere Cocktails, gute Musik, nette Leute.
Hafenstr. 2–4, T 04681 992 99 94.

Abends an der Werkbank
🎦 **Heimathafen:** Drinks und frisch gezapftes Bier in der ehemaligen Maschinenbauwerkstatt der Wyker Dampfschiffs-Reederei (W.D.R.). Alte Ausrüstungsgegenstände tragen zum entspannten, rustikalen Ambiente bei, Superblick auf den Innenhafen.
Hafendeich 9.

Treffpunkt seit 1898
🎦 **Erdbeerparadies (EP):** Musikkneipe in Boldixum, Billard, Dart, Veranstaltungen und Livekonzerte. Kleine Gerichte und Pizzen bis 23 Uhr.
Ocke-Nerong-Str. 29, Boldixum, T 04681 74 84 75, www.erdbeerparadies-foehr.de, tgl. ab 20 Uhr.

Easy living am Strand
9 **Pitschi's,** 10 **Schapers:** Im Sommer, nicht nur zum Sonnenuntergang ein Traum (s. Kasten S. 116).

Die einzige Disco
🎦 **Olympic:** Je nach DJ Techno, Oldies und HipHop.
Im Gewerbegebiet, Koogskuhl 6, Fr, Sa ab 22 Uhr, in der Saison auch Mi.

Filmtheater am Meer
🎦 **Inselkino:** Ein traditionsreicher Kinosaal im Kurhaus, nachmittags werden Kinderfilme gezeigt, es gibt Eis, Getränke und Popcorn (wegen der Coronabeschränkungen 2020 geschlossen, hoffentlich macht es wieder auf).
Im Kurhaus Hotel, Sandwall 40, T 04681 13 33, autom. Programmansage: T 04681 36 63.

Feiern

- **Jazz goes Föhr:** vier Tage im Juli swingt und jazzt es in Wyk, www.jazz-goes-foehr. de.
- **Hafenfest in Wyk:** zweites Wochenende im Aug. Großes Hafenfest mit Musik, vielen Aktionen für Kinder genauso wie für Erwachsene.
- **Jahrmarkt in Wyk:** drittes Wochenende im Okt. Ein bunter Lichtblick zu Beginn der dunklen Jahreszeit.

Infos

- **Tourismus GmbH Wyk:** im Reedereigebäude der W.D.R., Am Fähranleger 1, T 04681 300, www.foehr.de, April Mo–Fr 10–15, Sa, So 10–14, Mai, Juni Mo–Fr 9.30–15, Sa, So 9.30–14, Juli–Sept. Mo–Fr 9–17, Sa, So 9.30–14, Okt.–März Mo–Fr 10–14, Sa, So 10–13 Uhr.
- **Tourist-Information:** im Aquaföhr ❶, April–Okt. Mo–Fr 14–19, Sa u. So 14–17, Nov.–März tgl. 14–17 Uhr.
- **Bus:** Die acht Buslinien der W.D.R. verkehren mehrmals tgl. zwischen den Inseldörfern, dem Fähranleger (Abfahrt am Fähranleger 3, Inselrundfahrten ab Fähranleger 1) sowie im Stadtverkehr von Wyk auf Föhr, Busfahrplan im Touristenbüro und online: www.faehre.de. Achtung! Fahrräder und Bollerwagen werden nicht befördert.
- **Taxi:** T 04681 37 05, www.taxi-korf.com. Auch Inselrundfahrten u. Gruppenfahrten.

Nach Oevenum

📍 G 9

Frischer Wind in Wrixum

An den Ortsteil Wyk-Boldixum schließt fast nahtlos **Wrixum** an, ein typisches Straßendorf. Hier kann man eine der früher zahlreichen Mühlen der Insel besichtigen. Bis 1960 war die 1851 erbaute **Mühle von Wrixum** in Betrieb. Der obere Bereich ist zum großen Teil noch im Originalzustand – zu sehen sind u. a. die ehemaligen Kornaufzüge, der Mühlstein und die großen Zahnräder. Seit 2016 ist die Mühle im Besitz der Gemeinde. Es stehen viele Arbeiten an, um die Mühle zu retten. Sie soll in einen funktionstüchtigen Zustand versetzt werden und wieder Korn mahlen. Nebenan soll ein Neubau entstehen und ein Bäcker einziehen. Spenden sind willkommen.
www.wrixum.de/muehle/unsere-windmuehle.

Buntes Markttreiben

Weiter geht es übers Land. Wenn im benachbarten **Oevenum** der gut besuchte Bauernmarkt stattfindet, ist das Dorfzentrum für Radfahrer gesperrt. Bei einem Bummel durch das malerische Bauerndorf, in dem 1882 die erste Jugendfeuerwehr Deutschlands gegründet wurde, stellt man überrascht fest, dass Nieblum, das als das schönste Dorf der Insel gepriesen wird, starke Konkurrenz hat. Die Orientierung ist relativ einfach. Zwei Hauptstraßen verlaufen parallel zueinander durch den Ort, die Dörpstraat in der Dorfmitte und die Buurnstraat am Rande der Marsch, die Verbindung zwischen ihnen bilden schmale Wege, manche von ihnen noch nicht einmal befestigt.

Schlafen, Essen

Behaglich schlummern und speisen

Sternhagens Landhaus: Ein schönes kleines Landhotel mit 15 individuell eingerichteten Zimmern und Suiten. Das Haus verfügt über einen hübschen sonnigen Innenhofgarten. Sauna, Solarium und Fitness. Das Restaurant bietet kei-

Schafe liefern nicht nur Fleisch und Wolle, sondern auch interessante Fotomotive – wie hier beim Schau-Scheren in Midlum.

ne herkömmliche Speisekarte, sondern Menüs mit Kultur. Dienstag gibt es einen Aperitif vor und Gerichtgedichte zwischen den Gängen (45,50 €), am Donnerstag Aperitif und »Hamburger Seifenoper« mit der Opernsängerin Aleksandra Wolska (57,50 €).
Buurnstraat 49, T 04681 597 90, www.stern hagens-landhaus.de, DZ 140–170 €.

Schön wohnen und Kaffee trinken

Oldsens: Auf vier Häuser verteilt sind insgesamt 15 Wohnungen mitten im Dorf, einige mit Kamin, eine mit Sauna – alle klar, skandinavisch, modern eingerichtet. Auf dem Außengelände gibt es einen Teich mit Liegewiese, Grillhütte und Outdoor-Fitness-Geräten. Im hauseigenen Café und Deli – Macke Pudel – können Hausgäste das Frühstücksbuffet genießen, ab mittags ist es auch für Außerhausgäste ge-

öffnet, ein netter Stopp auf einer Radtour über die Dörfer.
Buurnstrat 24-28, T 04681 502 96 10, https://oldsens.de, FeWo 160–205 €.

Einkaufen

Rund um die Friedenseiche

Dorfmarkt in Oevenum: Außer Marmeladen, Gemüse, Blumen, Kunsthandwerk, Wolle, Trödel und Tee werden auch Inselspezialitäten und Erfrischungen angeboten.
Im Sommer Do 10–12.30 Uhr.

Bunter Zuckerkram

Föhrer Snupkroom: Wer den Laden in Oevenum betritt, erinnert sich vielleicht an Pippi Langstrumpf, die sich im Bonbonladen beherzt bediente … Bonbons, Lutscher, Fruchtgummi, Karamell – was

Sie wünschen – es ist alles da, auch im Online-Shop.

Wohlackerum 2, T 04681 746 21 38, https:// foehrersnupkroom.de, Mo–Fr 10–17, Sa, So 11–14 Uhr.

Midlum und Alkersum ♀ G 9

Kurz hinter Oevenum macht die Ringstraße, die bisher in nordwestlicher Richtung verlief, einen scharfen Westknick nach **Midlum**, dem Sitz der Amtsverwaltung Föhr-Land. Das Dorf liegt mitten auf der Insel und gehört mit dem benachbarten **Alkersum** zu den ältesten Inseldörfern. Bodenfunde bezeugen, dass das Gebiet bereits in den ersten nachchristlichen Jahrhunderten besiedelt war. Heute ist Alkersum vor allem als Paradies für Pferdefreunde bekannt, die von hier aus z. B. ins Watt ausreiten.

Museum Kunst der Westküste
Wer das Meer liebt, ist hier goldrichtig. Das **Museum Kunst der Westküste** sammelt, erforscht und vermittelt Kunst, die sich mit den Themen Meer und Küste auseinandersetzt. Hört sich kompliziert an, ist aber wunderbar. Ausgangspunkt und Kernstück ist die Gemäldesammlung des Museumsstifters Frederik Paulsen. Die maritimen Motive sind zwischen Bergen in Holland und Bergen in Südnorwegen angesiedelt, vertreten sind u. a. Werke von Max Liebermann, Edvard Munch und Emil Nolde. In den modernen Museumskomplex integriert sind ein Garten und Grethjens Gasthof, der mit Kuchen und kleinen Gerichten stärkt.

Hauptstr. 1, Alkersum, T 04681 74 74 00, www.mkdw.de, März–Okt. Di–So 10–17 Uhr, Erw. 10 €, Familien 16 €; öffentliche Führung Di und So 13.30 Uhr, 5 € zzgl. Eintritt.

Essen

Bodenständige Hausmannskost
Midlumer Dorfkrug: Eine traditionsreiche Landgaststätte: Das Essen ist lecker und reichhaltig. Weil hier auch die Einheimischen gerne ihre Feiern ausrichten, sollte man sich vorher erkundigen, ob geöffnet ist. Überhaupt empfiehlt es sich zu reservieren.

Dörpstraat 50, Midlum, T 04681 27 64, www.midlumer-dorfkrug.de, Di–So 11.30–13.30, 17.30–21 Uhr, Hauptgerichte ab 11 €.

Tolles von der Insel
Hofladen Föhrer Inselkäse: Der Hofladen versorgt mit sieben Sorten Rochmilchkäse und allerlei Föhrer Produkten. Auch schöner Kleinkram, Schaffelle, Textilien und Stoffe. Im kleinen Hofcafé gibt es selbstgebackene Waffeln und Kuchen – ob süß oder deftig – sowie Käsebrote. Dazu kann man an der Milchtankstelle selbst frische, unbehandelte Milch zapfen. In der Saison finden Hofführungen statt (Di 10.30, Fr 14.30 Uhr, 3 €, Anmeldung erbeten).

Hauptstr. 9, Alkersum, T 04681 24 92, www.foehrer-inselkaese.de, Mo–Fr 9–18, Sa 9–12.30 Uhr.

Bewegen

Ausritte und Unterricht
Reitstall Christiansen: Liebevoll geführter Zuchtbetrieb, Watt- und Waldritte, Unterricht für Anfänger und Fortgeschrittene, Kinderreitkurse für Kinder ab 6 J., Kutschfahrten, Ponyreiten für die Kleinen.

Kirchweg 9, Alkersum, T 04681 39 67, www.inselgestuet-christiansen.de.

Urlaub für Reiter mit eigenem Pferd
Reiterhof Jacobs: Pferdebesitzer können ihr eigenes Pferd mitbringen. Es gibt

46 Gastpferdeboxen, eine Reithalle, einen Dressurplatz, möglich sind Ausritte bei Ebbe ins Wattenmeer. Es werden keine Reitstunden oder Ausritte für ›Auswärtige‹ angeboten!
Nieblumweg 1, Alkersum, T 04681 37 21, www.reiterhof-jacobs.com.

Nieblum

Als eines der schönsten Dörfer Schleswig-Holsteins gilt das 2 km südwestlich von Alkersum gelegene Nieblum. Die Kopfsteinalleen säumen von Steinwällen umgebene Gärten, Friesenhäuser mit reich verzierten Haustüren, von denen keine der anderen gleicht, und einladende Restaurants und Cafés. Das Dorf ist relativ jung – es wuchs erst durch den Zuzug der Halligbewohner nach den Sturmfluten im 17. und 18. Jh. nennenswert an. Sein Name entstand aus Nei-bohl-em (bei dem neuen Bohl), was Neue Ansiedlung bedeutet.

Der Friesendom

Am nördlichen Dorfeingang steht weithin sichtbar **St. Johannis,** aufgrund seiner Größe auch Friesendom genannt. Der mächtige, reich ausgestattete kreuzförmige Backsteinbau war einst Hauptpfarrkirche der Inseln Föhr und Amrum. Zu Beginn des 13. Jh. entstanden, wurde sie im Lauf der Jahrhunderte immer wieder erweitert und umgebaut. Aus dem romanischen Vorgängerbau erhalten sind der Türsturz an der Südwand und die Granittaufe (um 1200). Auf einem Steinsockel in der Südostecke des Chors erhebt sich eine überlebensgroße Holzfigur Johannes des Täufers. Ein unbekannter Meister schuf den Schutzheiligen der Kirche vermutlich um die Mitte des 15. Jh. Der prachtvolle,

geschnitzte Dreiflügelaltar von 1487 zeigt aufgeklappt eine lange Figurenreihe, eine Marienkrönung, umgeben von Aposteln und Stiftern. Eine Arbeit des Flensburger Meisters Hinrich Ringeling ist die reich geschnitzte Renaissancekanzel von 1618 mit Szenen aus dem Leben Christi.

Auf dem **Kirchhof** erzählen rund 265 Grabplatten und -steine vom Leben und Sterben der Nieblumer. Viele von ihnen stehen noch an ihrem ursprünglichen Aufstellungsort. Christian Morgenstern schwärmte 1907 von dem Nieblumer Friedhof: »Zu Niblum will ich begraben sein, am Saum zwischen Marsch und Geest.«

Goting

Zu Nieblum gehört der Ortsteil **Goting** – das kleine etwas abgelegene Dorf wurde erst Mitte des 15. Jh. urkundlich erwähnt. Zwischen Nieblum und Goting ist die Geest so flach, dass sie während der Sturmflut 1825 überflutet wurde und die Nordsee in die Marsch hineinströmte. In der Umgebung des Dorfes weisen zahlreiche bronzezeitliche Grabhügel auf eine frühe Besiedlung hin.

An den Grabhügeln vorbei gelangt man zum Strand, der vor allem durch das geologisch interessante, aber nicht sehr hohe **Goting Kliff** bekannt ist. Die etwa 1,7 km lange und bis zu 9 m hohe Abbruchkante bietet, so der Anblick nicht durch Sandverwehungen und -anhäufungen verborgen ist, Einblick in den geologischen Aufbau der Föhrer Geest.

Strände

Der **Hauptstrand** von Nieblum ist in 10 Min. mit dem Rad zu erreichen, ver-

Die Nieblumer St.-Johannis-Kirche heißt auch Friesendom. Hier fanden früher gemeinsame Gottesdienste für die Bewohner von Föhr und Amrum statt.

sorgt wird man hier im Restaurant-Café Waterkant.

Sehr schön ist der **Gotinger Strand.** Dort gibt es einen Spielplatz und das **Kliff-Café** mit älterem Minigolf und schöner Aussicht.

Schlafen

Balsam für die Seele

Rüüdje Hüs: Drei Ferienwohnungen in einem bildhübschen, reetgedeckten Friesenhaus mit Garten: die Stallwohnung auf zwei Etagen für 2–3 Pers. die Friesenwohnung für 3–4 Pers. mit historischen Kacheln, beide mit direktem Gartenzugang, und Grethjen's Wohnung unterm Dach für 2–4 Pers. und eigenem Bereich im Garten.

Drunkenmannsstieg 10, T 0172 667 76 35, www.friesenhaus-nieblum.de, FeWo je nach Größe 85–120 €.

Mittendrin ein Fotomotiv

De Gröne Eck: Reetgedecktes Doppel-Friesenhaus im historischen Ortskern, komfortabel ausgestattet für 5–6 Pers. mit windgeschütztem Garten. Typisch bildschönes Nieblum.

Kertelheinallee 2, T 04681 83 91, www.friesenhaeuser-foehr.de, 110–115 €.

Morgensonne im Garten

Haus Agge: Schnuckelige, familiär geführte Frühstückspension mit 5 Doppelzimmern und einem Einzelzimmer.

Wohldsweg 1, T 04681 2229, www.urlaub-anbieter.com/Haus-Agge.htm, DZ 104–116 €.

Essen

Lecker Lamm und Fisch

Altes Landhaus: Eines der traditionsreichsten Café-Restaurants des Dorfes. In dem über 200 Jahre alten Friesenhaus werden Lamm und Fisch serviert. Ein preiswerter Genuss ist ›das kleine Mittagessen‹ für 12,90 €.

Bi de Süd 22, T 04681 25 72, Mo 12–14, Mi–So 12–14, 18–23 Uhr, vegetarische Hauptgerichte ab 14,50 €, Fisch und Fleisch ab 21,50 €.

Ein besonderer Genuss

Saimons: Massenabfertigung, nein danke. In Föhrs kleinem Restaurant werden die Speisen frisch zubereitet, Beefburger (11 €, auch »to go«), Krabbenrisotto (15 €), Kabeljau (29 €). Davor, mittendrin, danach – lassen Sie sich überraschen. Die Speisen sind handschriftlich notiert auf der großen Tafel im kleinen Speiseraum und im Garten. Individuell und persönlich ist der Service.

Jens-Jacob-Eschel-Str. 26, www.saimons.de. In jedem Fall reservieren: T 04681 964 34 84. In der Saison tgl. ab 17 Uhr, sonst Mi Ruhetag.

Gut bürgerlich unterm Reedach

Altes Landhaus: Ohne Reservierung geht hier nichts. Gemütliches Ambiente in einem traditionsreichen, familiengeführten Gasthof, im Sommer draußen auf der gepflasterten Terrasse vor dem Haus. Auf der Speisekarte stehen Meeresfrüchte, Lamm- und Schweinefilet, auch Vegetarisches. Lesenswert auch der Einblick in die Geschichte des Hauses, als die privaten Wohnräume für die Saison zur Speisewirtschaft umgestaltet wurden. Ab auf den Dachboden mit der Familie, so war das damals, wenn die Badegäste kamen.

Bi de Sued 22, T 04681 25 72, www.land haus-nieblum.de, Mi–Mo 12–14 u. ab 18 Uhr, Mittagstisch 12,90 €, Abendkarte Fisch und Fleisch ab 21,50 €.

Kiek rin un klön

Café Kohstall: Gemütliches und kinderfreundliches Café. Es gibt frisch gebackene Kuchen, Eisbecher, kleine Speisen, Di Spanferkel, Fr gegrilltes Salzwiesenlamm (Anmeldung erbeten). Im Sommer ist Platz auf der Terrasse vor und hinter dem Haus.

Jens-Jacob-Eschel-Str. 12, T 04681 51 12, www.cafe-kohstall.de, im Sommer tgl., im Winter nur Mi–So 13.30–18 Uhr.

Nett für die ganze Familie

Föhrer Kerzenscheune und Spiel-Golf: In der Teestube im 1751 errichteten Reetdachhaus verlockt frisch gebackener Kuchen, auch vegan und glutenfrei, außerdem Sojamilch und laktosefreie Milch für die Kaffeegetränke, im Sommer Do ab 18.30 Uhr Flammkuchen, schöne Sonnenterrasse. In der Scheune kann man Kerzen ziehen und gestalten. Gleich nebenan ist eine sehr gepflegte SpielGolfanlage.

Poststraat 7, T 04681 58 01 43, www. hof-pergande.de, tgl. ab 12 Uhr.

Waffeln und Eis

Cappuccino: Hier gibt es das beste Eis von Föhr – das meinen viele. Und auch die Waffeln, die man hier bekommt, sind großartig.

Jens-Jakob-Eschel-Str. 20, in der Saison tgl. 10–21 Uhr.

Genusshandwerk

Namine Witt: Das traditionsreiche Landhaus Witt gegenüber dem Friesendom wurde umgebaut, ein neues Konzept verwirklicht: Bodenständige, deutsche Küche mit Selbstbedienung bietet das Restaurant. Im Bistro gibt's kleine Speisen (7–20 €), dazu Feinkost – handgefertigt ohne Konservierungsstoffe – Pasta, Pesto, Saucen.

Alkersumstieg 4–6, T 04681 964 35 23, https://naminewitt.de, Mi–So 17.30–23 Uhr, Hauptgänge ab 20 €.

Einkaufen

Tee und Präsente

Altes friesisches Theehaus: Hier gibt es Tee aus aller Welt und viel Schönes zu kaufen. Das Haus bietet auch Teehandel und – wenn in der Ferne die Sehnsucht nach friesischen Genüssen wächst – Onlinebestellung.
Jens-Jacob-Eschel-Str. 13, T 04681 29 30, www.theehaus.com.

Kunst und Kulinarisches

Galerie Nieblum: Diese kleine Galerie in einem reetgedeckten Friesenhaus etwas abseits der belebten Hauptstraße zeigt Werke des vielseitigen polnischen Malers und Illustrators Gregor Swoboda sowie Fotografie. Nach der Kunst gibt's gleich nebenan kulinarische Inselspezialitäten in Kopps Schinkenkate und frischen Fisch bei Käpt'n Nolte.
De Gröne Eck 2, www.immerlieb.de.

Natürlich handgemacht

Inselweberei und -polsterei: Die Weberei mit Werkstatt liegt mitten im Dorf, jede der wunderbaren Decken, die Ines Hansen aus handgefärbten Garnen webt, ist ein Unikat. Zur Kuscheldecke ein passender Sessel oder Fußhocker? Gerne doch! Tochter Svea polstert und bezieht. Tochter Lotte fertigt föhr-spezifische Schmuckstücke an – in Gold und Silber, sie hat den FöhrFisch entwickelt. Unbedingt reinschauen: Hier entstehen lauter Lieblingsstücke.
Jens-Jacob-Eschel-Str. 24, T 04681 746 20 27, www.inselweberei.de, Mo–Fr 10–13, 15–18, Sa 10–14 Uhr.

Bewegen

Große Wassersport-Kursauswahl

Nieblumer Wassersport Schule: Windsurfen, Catsegeln, Kitesurfen, SUP, Kitebuggy und Kajak. Kurse für Anfänger, Fortgeschrittene, Kinder und sogar für Rollstuhlfahrer. Im etwas provisorischen Strandcafé gibt's Limo und Bier.
Jens-Jacob-Eschel-Str. 27, T 04681 47 66, www.nws-foehr.de, April–Okt. 8–19 Uhr.

Infos

● **Touristinformation im Dörpshus:** Poststraat 2, 25938 Nieblum auf Föhr, T 04681 25 59, www.nieblum.de, Mo–Fr 9–17, Mai–Okt. auch Sa, So 10–13 Uhr. Zimmernachweis auch für Goting, Wrixum, Alkersum und Oevenum/Midlum.

Borgsum ♀ F 9

Weithin sichtbar, über Äcker und wogende Getreidefelder, erhebt sich die **Borgsumer Mühle,** ein 1992 komplett neu erbauter Galerieholländer in Privatbesitz. Der Name Borgsum stammt vermutlich von dem nahe gelegenen Ringwall, der Borig oder Burg. Gegenüber der Mühle befindet sich das Café-Restaurant **Letj Lembecks's** mit einem windgeschützten Cafégarten.
Café-Restaurant Letj Lembecks's: T 04683 369, www.lembecks.de, in der Saison Mi–Mo 12–21, sonst Do–Mo 18–23 Uhr.

Lembecksburg

Die **Borgsumer Burg,** auch **Lembecksburg** genannt, ist ein bis zu 11 m hoher, mit Gras bewachsener ringförmiger Erdwall. Der einst mit einer Palisade besetzte Wall hat einen Umfang von 450 m bei einem Durchmesser von knapp 100 m. Bei Ausgrabungen fand man eisenzeitliche Keramikscherben, die fast kreisrunde Anlage datiert ins 9.–11. Jh. Es spricht einiges dafür, dass die Bewohner sie nicht nur als Fluchtburg (vor den Wikingern),

Lieblingsort

Ein Strand für Genießer

Strandkörbe haben ihr Gutes, keine Frage – ein naturbelassener Strand ohne komfortable Sitzgelegenheiten aber auch. Der Strand zwischen **Hedehusum** und **Utersum** (📍 E 9) ist ein ruhiges Fleckchen Erde. In dieser sanft auslaufenden Bucht gibt es keine Strandkörbe, auch keinen Kiosk und keine Badeaufsicht, dafür aber dicke Büschel von Strandhafer und sogar Dünen, wie man sie sonst auf Föhr nicht findet. Der Strand mit Blick hinüber nach Amrum lädt zum Picknick ein, bei Niedrigwasser wandert man auf der Suche nach Muscheln weit hinaus auf trockenem, angenehmem Sandwatt (am Strand entlang von Utersum oder auf schmalem asphaltiertem Weg von Hedehusum aus in südliche Richtung durch grüne Weiden und Salzwiesen).

sondern lange Zeit auch als Wohnplatz genutzt haben. Es wurden Reste von Sodenhäusern freigelegt, ein sumpfiges Wasserloch weist auf einen Brunnen hin. Im 14. Jh. gehörte die Burg dem gefürchteten Ritter Klaus Lembeck, der mit seinem Lehnsherrn, dem dänischen König Waldemar Atterdag (1340–75), in Streit geriet und 1374 von Föhr vertrieben wurde.

Nördl. von Borgsum, frei zugänglich.

Die Traumstraße

♀ E–F 9

Von Goting über Witsum und Hedehusum führt die Traumstraße nach Utersum. Sie verläuft durch grüne Felder und gewährt traumhafte Blicke auf das Wattenmeer. Die Strände sind natürlich schön (s. Lieblingsort S. 124). Bei **Witsum** schlängelt sich die Godel malerisch durch die Salzwiesen zum Meer. Bei starkem Hochwasser dringt salziges Meerwasser über das süße Fließgewässer in die von Geestvorsprüngen und Sandwällen umschlossene Lagunensalzwiese vor. Diese sogenannte **Godelniederung** ist ein für See- und Wiesenvögel bedeutendes Brut- und Rastgebiet, sie steht unter Naturschutz und wird vom Bund für Umwelt- und Naturschutz (BUND) betreut, der gemeinsam mit den Anliegern an einem Pflege- und Entwicklungskonzept arbeitet.

Nördlich des kleinen Dorfes **Hedehusum** findet man noch etwa zehn kleine Grabhügel, Reste einer sehr viel größeren Hügelgruppe aus der Wikingerzeit vor rund 1000 Jahren. Die ältesten Bestattungen in den Hügelgräbern südwestlich des Ortes datieren in den Beginn der Bronzezeit: Sie sind mehr als 3000 Jahre alt.

Utersum

♀ E 9

Der kleine Kur- und Badeort am südwestlichen Ende Föhrs wirkt mit seiner überwiegend neueren Bebauung weniger anheimelnd als die anderen Dörfer. Dafür besitzt er den beliebtesten Strand der Insel mit einer ungewöhnlich lebhaften Brandung. Der Blick hinüber zur Amrumer Odde (links) und der Sylter Südspitze mit dem Hörnumer Leuchtturm (rechts) ist besonders bei Sonnenuntergang ein Genuss. Das Haus des Gastes mit der Touristeninformation befindet sich am Übergang zum Hauptbadestrand, der ein paar hundert Meter vom alten Dorfkern entfernt liegt. Eine wunderbare Aussicht über das Meer gewährt das **Restaurant Sehliebe** im oberen Stockwerk.

In Richtung **Dunsum** stößt man unterhalb des Utersumer Deiches auf das letzte erhaltene von 17 Megalithgräbern, die **Grabkammer im Sunberig** aus der frühen Bronzezeit (ca. 2000 v. Chr.). In Dunsum beginnt die Wattwanderung nach Amrum (s. S. 128).

Schlafen

Frischer Wind in Utersum

Restaurant Hennigs im Hotel Waastwingj: Nicht neu, aber geschmackvoll saniert und umgebaut, lädt das ehemalige Hotel zur Post zum Urlauben ein. Regionale, saisonale Küche, auf der Karte stehen auch Föhrer Wein und Föhrer Käse. Klare schöne Zimmer, fast alle mit Balkon oder Terrasse.

Jaardenhuug 2, T 04683 96 33 30, Speisen ab 16–30 €, DZ für 2 Nächte ab 328 €.

Ein Tipp für Camper

Wohnmobil-Stellplatz: Eine freundlich geführte, gepflegte Anlage, 62 Stellplätze

Zu imposant zum Vorbeifahren – die Oldsumer Mühle

in ruhiger strandnaher Lage, alle Plätze mit Strom, Stellplatz pro Tag: 20 € zzgl. Nebenkosten (Kurtaxe, Strom und Wasser werden nach Verbrauch abgerechnet). Strunwai 4, T 04683 214.

Essen

Stimmig

Ual Skinne: In einer umgebauten alten Scheune mit 1980er-Jahre-Charme wird vorzüglich und mit Liebe gekocht – traditionell und innovativ mit mediterranem Einschlag. Übrigens: der Bedarf an Gemüse für das Café und Restaurant wird zum großen Teil aus eigenem Anbau gedeckt. Auch FeWo werden vermietet, 300 m sind es zum Strand.
Boowen Taarep 11, T 04683 13 98, www. ual-skinne.de, April–Okt. 18–22, Juni–Sept. Bistro 12–14 Uhr, Café Do–Di 13.30–18 Uhr, Hauptgerichte ab 20 €.

Letzte Gaststätte vor Amrum

Zum Wattenläufer: Hier kehren vor allem, aber nicht nur, die Wattläufer aus Amrum ein. Außer selbst gebackenen Kuchen und Pfannkuchen (lecker mit Blaubeeren) werden föhrtypische Gerichte serviert.
Am Dunsumer Deich, Öffnungszeiten und Qualität der Speisen variieren.

Bewegen

Schlafen, Essen, Spielen

Hinrichsen's Familienfarm: Ein fantasievoll und engagiert geführter Hof mit Tieren, Hofcafé, Restaurant (köstliche Burger, saftige Steaks), Hofladen und tollen Angeboten für die ganze Familie (Swingolfanlage, Fußballgolf). Attraktion für die Kleinen: ein Sikumodell-Spielland, für die Großen: eine Führung durch die Whiskydestille inkl. Verkostung.

Haus 23, Dunsum, T 04683 963 49 79, www.
hinrichsens-farm.de, Mo–Mi, Fr, Sa 11–18,
So 14–18 Uhr, Do Ruhetag. Wohnen kann
man hier auch, FeWo für 4 Pers. ab 595 €
pro Woche, toll mit Kindern, darum schwer zu
ergattern.

Spannend und informativ
Übers Watt zur Amrum Odde: s. Tour
S. 128

Infos

● **Touristeninformation im Haus des
Gastes:** Klaf 2, 25938 Utersum, T 04681
300, www.utersum.de, in der Hauptsaison Mo–Fr 10–17, Sa, So 9.30–15, im
Winter reduzierte Öffnungszeiten, Sa/So
geschlossen.

Süderende ♀F 8

Das landwirtschaftlich geprägte Dorf, in
dem noch ein großer Teil der Bewohner
Friesisch spricht, passieren die meisten
Föhrbesucher achtlos auf dem Weg zur
Kirche St. Laurentii, dabei gibt es auch
hier hinter rosenbestückten Friesenmau-
ern so manches Kleinod zu entdecken.
Eines der zahlreichen reetgedeckten
alten Häuser ist das **Alte Pastorat.** Der
ältere Teil entstand um das Jahr 1680, der
neuere Teil wurde 1762 angebaut. 1869
verkaufte die Gemeinde das Haus, das
heute – liebevoll restauriert und unter-
halten – ein Hotel beherbergt.

Südlich des Dorfes – etwa gleich weit
von den umliegenden Dörfern Hedehusum, Utersum, Dunsum, Oldsum, Tof-
tum, Klintum und Süderende entfernt –
erhebt sich die Kirche **St. Laurentii** über
die alten Bäume des Friedhofes. Der
schlichte Ziegelbau stammt aus dem
Ende des 12. Jh. und wurde mehrmals

verändert. Verblichene Fresken mit Szenen aus dem Neuen Testament – vermutlich aus der Zeit vor 1600 – schmücken
in warmen Pastellfarben die Gewölbe im
weiß gekalkten Kirchenraum. Zu den ältesten Ausstattungsstücken der Kirche
gehört der romanische Granittaufstein
aus dem 12./13. Jh. Die Taufschale aus
Messing datiert ins Jahr 1720. Mitte des
15. Jh. entstand der dreiteilige spätgotische Altarschrein mit zwölf Figuren:
Maria, der sie krönende Christus sowie
Apostel und Heilige. Aus der Spätrenais-
sance, Anfang des 17. Jh., stammt die
schlichte Kanzel aus Tannenholz. Auf
dem Friedhof stehen prachtvolle Grabsteine wohlhabender Walfangkapitäne
(s. S. 110).

Schlafen

Luxus in historischem Ambiente
Landhaus Altes Pastorat: Das ruhig
gelegene Landhotel bietet acht komfortabel eingerichtete DZ und Suiten,
einige verwinkelt, mit Dachschräge und
Kaminofen. Serviert wird ein reichhalti-
ges Frühstück, abends gibt es gepflegte
friesische Küche aus regionalen Produkten – bei schönem Wetter sitzt man im
Pfarrhausgarten und genießt (keine externen Gäste).
T 04683 226, www.landhaus-altes-pastorat.
de, DZ und Suiten 160–250 €.

Oldsum, Klintum und Toftum ♀F 8

Die idyllischen Dörfer bilden ein zu-
sammenhängendes Langdorf. Oldsum
entwickelte sich im Goldenen Zeitalter
(Ende des 17. bis Anfang des 19. Jh.) zu

TOUR
Wandern auf dem Meeresboden

Zu Fuß übers Watt von Föhr nach Amrum

Eine geführte Wattwanderung zwischen Föhr und Amrum ist eine ebenso spannende wie beliebte Tour, die zu einem Inselurlaub einfach dazugehört. Barfuß und in kurzer Hose ist man bestens für die Tour gerüstet. Weil man das Mittelloch, einen tieferen Priel, durchschreiten muss, können die Gummistiefel getrost zu Hause bleiben.

Beim ersten neugierigen Blick über den Deich ist enttäuschend wenig zu entdecken von der Vielfalt hoch spezialisierter Lebewesen, die das Watt bevölkern soll. Das Auge schweift über das zurückweichende Wasser, dann über die weiten, bereits trockengefallenen Flächen: nur ein paar angetriebene Algen und Muschelschalen. Doch dieser Eindruck täuscht, denn bei Niedrigwasser zieht sich alles, was im Watt kreucht und fleucht, in den schützenden Boden zurück. Erst eine Wanderung mit einem Wattführer öffnet einem die Augen und Ohren für diese Wunderwelt und entpuppt sich als eine Entdeckungstour, die ihren Namen wirklich verdient.

Auf ins Watt!

Die Wattwanderer treffen sich je nach Tour zum angegebenen (tideabhängigen) Termin entweder auf dem Deichparkplatz in Dunsum oder auch am Fähranleger in Wyk. Am Ende bzw. am Anfang der Tour steht in der Regel eine Fährfahrt. Wenn es die Gezeiten zulassen, kann die Wattwanderung auch gerne mit einer Erkundung der Nachbarinsel Amrum verbunden

Mittelloch

Start/Ziel
Dunsum

Süderende

Wattwanderung Föhr – Amrum
nur mit ortskundiger Führung

Amrum Odde

Utersum

Amrum

Föhr

Ⓗ Norddorf   0   2   4 km

Inselhopping zu Fuß – bei Ebbe ist das möglich. Der Start der Führungen richtet sich nach den Gezeiten: Rund zwei Stunden vor Niedrigwasser startet die Wanderung.

werden. An manchen Tagen wandert der Wattführer aber auch einfach nur hinüber zur Amrum Odde. Die geführten Gäste können dann entweder mit ihm auf dem gleichen Weg zurückwandern oder Amrum auf eigene Faust zu Fuß oder per Bus zum Fähranleger in Wittdün durchqueren und von dort die Fähre zurück nach Wyk auf Föhr nehmen.

Wir starten in **Dunsum** auf Föhr, unser Ziel – die Sanddünen der Amrum Odde – liegt verlockend nah, ist es aber nicht. Wegen eines tieferen Priels kann man nicht direkt ans gegenüberliegende, nur 4 km entfernte Inselufer laufen, sondern muss einen Umweg von mehreren Kilometern machen. Am Ende sind es 8 km bis zur Odde und von dort noch einmal etwa 1 km bis zur Bushaltestelle in Norddorf. Obwohl der Weg übers Watt teilweise mit Pricken gekennzeichnet ist, sollte man ihn nur mit ortskundigem Führer unternehmen.

Watt'n Meer

»Ich höre des gärenden Schlammes geheimnisvollen Ton«, so beschreibt Theodor Storm das Wispern und Knistern, mit dem das Watt bei Ebbe erfüllt ist. Es wird u. a. von Schlickkrebsen erzeugt: Immer wenn der 8–10 mm lange Flohkrebs bei der Nahrungssuche seine Fühler auseinanderspreizt, platzt das Wasserhäutchen dazwischen mit einem leisen ›Zipp‹. Er besiedelt mit bis zu 40 000 Exemplaren einen Quadratmeter Schlickboden. Diese ungeheuer hohe Besiedlungsdichte ist ein Charakteristikum für die Tier- und Pflanzenwelt im nährstoffreichen Watt.

Auf der Spur des Sandpierwurms

Das Watt zwischen den beiden Inseln Amrum und Föhr liegt relativ hoch und wird auch bei Hochwasser teilweise nur 1–1,5 m hoch mit Wasser bedeckt. Der **Wattenweg** führt gleich hinterm Seedeich in Dunsum über einen mit Steinen und Muscheln ›gepflasterten‹ Wattstreifen. Die ersten Meter marschiert man zudem noch knietief im Wasser – hat sich der Wattführer etwa in der Zeit und im Ort geirrt? Doch dann ist schnell das für die Füße angenehme Sandwatt erreicht und es herrscht eindeutig Ebbe.

Vor uns erstreckt sich das Reich des Wattwurms, auch Pierwurm und Sandpier genannt. Seine Hinterlassenschaften sind die auffälligsten Tierspuren im Watt. Geringelte Kotsandhaufen und ein dicht daneben einfallender Trichter markieren Ende und Anfang des etwa 20–30 cm tiefen, u-förmig gebogenen Ganges, in dem der Wurm lebt. Mit dem Vorderende nimmt er den durch den Trichter in die Röhre fallenden nährstoffreichen Sand auf, verdaut die organischen Partikel und scheidet die unverdaulichen Anteile als Kotschnüre mit dem Hinterende wieder aus.

Flinke Muscheln

Beim Erzählen zieht der Wattführer für die Gruppe schon mal den einen oder anderen Bewohner aus dem Watt. Die runden, geriffelten Herzmuscheln leben nur 1–2 cm unter der Oberfläche und laufen damit immer Gefahr, freigespült zu werden. Daher müssen sie besonders beweglich sein. Man kann dabei zuschauen, wie sie sich mithilfe ihres Fußes ruckelnd wieder ins Watt eingraben. Wer von ihnen nicht energisch genug ist, wird eine schmackhafte Beute für die Vögel im Watt. Die einzige Muschelart, die unmittelbar auf dem Wattboden siedelt, ist die dunkle, keilförmig gestreckte, bläulich oder bräunlich schimmernde Miesmuschel. Über Haftfäden (Byssusfäden) verbinden sich die einzelnen Exemplare sowohl untereinander als auch mit dem Untergrund und wachsen so zu riesigen Muschelbänken zusammen.

Wer auf Safari in Afrikas Nationalparks unterwegs ist, will die ›Big Five‹ sehen: Elefant, Löwe, Nashorn, Büffel und Leopard. Aber haben Sie schon einmal von den ›Small Five‹ gehört? Um die zu finden, müssen Sie ins Watt: Wattwurm, Herzmuschel, Strandkrabbe, Nordseegarnele und Wattschnecke.

Seehunde in der Ferne

In der Ferne sind Seehunde auszumachen. Wohl dem, der ein Fernglas dabeihat, ohne die erfahrenen Augen des Wattführers hätte man sie vermutlich nicht entdeckt. Die Zahl der Seehunde ist in den letzten Jahren gestiegen, auf den Außensänden nordwestlich von Amrum halten sich im Sommer bis zu 1000 Tiere auf. Und noch eine andere Robbenart tummelt sich im Wattenmeer: die bullige Kegelrobbe, die 300 kg schwer wird. Seit den 1950er-Jahren, als die ersten Kegelrobben vor Amrum entdeckt wurden, hat sich auf einer Sandbank westlich von Amrum eine Kolonie mit etwa 25 Tieren etabliert. Da aber die Seesände vor Amrum von der Nordsee zunehmend abgebaut werden, sind in den vergangenen Jahren nicht wenige der Amrumer Kegelrobben nach Helgoland abgewandert.

Am Wrack vorbei durch tiefes Wasser

Nach etwa eineinhalb Stunden lehrreicher Wanderung lassen sich im Watt die Umrisse eines gesunkenes Schiffes erkennen. Es ist das Wrack der City of Bedford, ein Salpeterfrachter, der hier in der Sturmflut am 4. Februar 1825 auf dem Weg von England nach Esbjerg (Dänemark) versank. Von hier aus sind es noch etwa 30 Minuten bis zum **Mittelloch,** einem breiten Priel, dessen Wasserhöhe stark von den Witterungsverhältnissen abhängig ist. Bei günstigen Windverhältnissen steigt das Wasser gerade mal bis zum Knie, es kann aber auch leicht einmal bis zur Hüfte reichen.

Spätestens hier heißt es: die langen Hosen auszuziehen und in Unter- bzw. Badehose weiter bis ans andere Ufer waten. Der Wattführer kennt den besten Weg. Bei starkem Westwind kann es vorkommen, dass der Sturm das Tidewasser gar nicht abfließen lässt, dann ist hier Schluss, was aber selten vorkommt.

Wer von der Amrum Odde mit dem Wattführer wieder zurück nach Föhr läuft, sollte am Abschluss der Tour im Café-Restaurant Zum Wattenläufer am Deichparkplatz in Dunsum einkehren (s. S. 126). Wer nach der Wattwanderung noch die Insel Amrum erkunden möchte, wandert noch etwa 15–20 Minuten nach Norddorf weiter, wo man ausgiebig speisen und trinken kann.

einem blühenden Ort der Insel. Hübsche, alte Friesenhäuser mit grünen Fensterrahmen und liebevoll gepflegte Gärten in engen, vom Touristenrummel unberührten Seitenstraßen gewähren vielleicht einen besseren Einblick in das ursprüngliche Dorfleben als die Vorzeige-Idylle in Nieblum. Die **Oldsumer Mühle** war bis 1954 in Betrieb.

Schlafen

Zum Wohfühlen

Brarenhof: Urlaub auf einem historischen, reetgedeckten Friesenhof (von 1634) mitten im Dorf. Moderne, freundliche Wohnungen für 2–4 Pers. Entspannen kann man im idyllischen Bauerngarten mit alten Obstbäumen und historischen Rosen. Die Gastgeberin ist ein Schatz, Kinder sind willkommen.
Haus Nr. 44, Oldsum, T 04683 274, www.insel-idylle.de, FeWo 880–149 €.

Essen

Ein verstecktes Kleinod

Im Apfelgarten: Ein charmantes Café mit Galerie. Im Sommer sitzt man unter Bäumen im Garten, im Winter unter gemütlichem Holzgebälk. Im Apfelgarten gibt es Kleinigkeiten zu essen.
Haus Nr. 86, Oldsum, T 04683 898, 11.30–18 Uhr (in der Saison bis 20.30 Uhr), nach Weihnachten bis nach Neujahr tgl. 12–18 Uhr.

Urig und gemütlich

Stelly's Hüüs: Ein zauberhaftes Café in einem Friesenhaus aus dem Jahr 1837. Angeschlossen sind ein Teeladen und eine Töpferei, in der die Besucher der Töpferin bei der Arbeit zuschauen können. Serviert werden sehr leckere, selbst gebackene Kuchen und Torten. Es gibt aber auch Herzhaftes: Jeden Tag steht eine andere hausgemachte Suppe auf der Karte.
Haus Nr. 38, Oldsum, www.stellys-cafe.de, in der Saison tgl. 11.30–18, im Winter Mi–So 14–18 Uhr, T 04683 306.

Einkaufen

Herrlich zum Stöbern

Mariechen: Aus Marink wurde Mariechen. Nach wie vor kann kann man hier viele hübsche Dinge wie Keramik, Gläser, Stoffe und Kerzen kaufen, aber auch Mode und Outdoor-Artikel des schwedischen Labels Fjällräven. Dazu gibt es eine große Auswahl an Stoffen, Kurzwaren, vieles für verschiedene Hobbys.
Haus Nr. 37 a (schräg gegenüber von Stelly's Hüüs), T 04683 96 20 40, Mo–Fr 9.30–18, Sa 9.30–16.30 Uhr.

Inspirierendes und Schönes

Art & Weise: Der kleine Laden verkauft Foto- und Lesebücher aus dem Norden, Kinderbücher, Lektüre über Ayurveda und Ernährung, aber auch handgefertigte Klangspiele und ausgesuchtes Briefpapier. Außerdem gibt es hier die von der Föhrer Natur inspirierte Musik von Hauke Nissen, mit Meeresrauschen, Möwengeschrei und Panflöte – ein Stück Urlaub für zu Hause.
Haus Nr. 56 (ausgeschildert), www.hauke nissen.de.

Hausgemacht und besonders

Inselfein: Fruchtaufstriche, Liköre, verschiedene Senfsorten und -saucen, Salze, Öle und Essige stehen in einem winzigen Laden in einer der kleinen Seitenstraßen zur Marsch hin zum Verkauf. In der Saison bieten die Inhaber ihre exquisiten Köstlichkeiten zusätzlich auf dem Wyker Bauernmarkt (Mi, Sa 9–12 Uhr) an einem eigenen Stand feil.
Haus Nr. 139, Oldsum, T 04683 96 32 50, www.inselfein.de, Ostern–Okt. Mo–Fr 10.30–18, Sa 10.30–16 Uhr.

TOUR

Durchpusten lassen – vom Deich durch die Salzwiese bis ans Watt

Wander- oder Radtour im Oldsumer Vorland

Start/Ziel: Dunsum, 📍 E 8

Dauer: 1–2 Std.

Schutzstation Wattenmeer: www.schutzstation-wat tenmeer.de; die Station ist von Mai bis September besetzt, es werden gelegentlich Vorland- und Salzwiesenführungen angeboten.

Der einsame Nordwesten Föhrs lädt zu einer kleinen ein- bis zweistündigen Rundtour ein. Vor dem Deich erstreckt sich das unter Naturschutz stehende **Oldsumer Vorland.** Hier, im menschenleeren Übergangsbereich zwischen Land und Wasser, wo die Strandvegetation in die Salzwiesenflora übergeht, brüten Säbelschnäbler, Küstenseeschwalben, Sandregenpfeifer, Lachmöwen und Austernfischer. Gelegentlich schiebt ein alter Bauer sein Fahrrad auf den Deich, genießt die Ruhe und sinniert über alte Zeiten, bevor es den Nationalpark und Schutzzonen gab. Das Oldsumer Vorland erreicht man auf asphaltierten Wirtschaftswegen von Oldsum oder auch von Groß Dunsum aus. Am besten vom Parkplatz einfach dem geteerten Deichweg gen Norden folgen. Ein kleines in einem Bauwagen untergebrachtes Infozentrum der Schutzstation Wattenmeer steht sturmflutsicher hinter dem Deich.

Amrum

Kleine Insel, riesiger Strand — wer Spaziergänge am Meer und auf schattigen Waldwegen, durch einsame Dünen, blühende Heide- und Wiesenlandschaften und am vogelreichen Watt liebt, ist hier im Paradies.

Seite 137

Kniepsand

Im Westen Amrums erstreckt sich über 15 km eine bis zu 1,5 km breite Sandbank. Der Wind treibt feine Sandschleier über die ebene Fläche, sammelt sich in einigen Abschnitten zu Primärdünen. Das grandiose Gefühl von Weite geht auch im Hochsommer nicht verloren.

Seite 140

Leuchtturm Amrum

Wie gemalt steht er da – der höchste Leuchtturm der Westküste. Ein bildschönes Fotomotiv, genau 197 Stufen führen hinauf bis zur Aussichtsgalerie.

Leuchtfeuer weisen den Weg, auf See oder in den Dünen.

Eintauchen

Seite 143

Nebel

Das schönste Inseldorf entstand um die St.-Clemens-Kirche. In der Walfangzeit setzten sich hier viele zu Wohlstand gekommene Seefahrer zur Ruhe. Ihre Grabsteine erzählen abenteuerliche Lebensgeschichten.

Seite 156

Quermarkenfeuer

Vom Fuß des kleinen rot-weiß gestreiften Leuchtfeuers am äußeren Rand des Dünengürtels zwischen Nebel und Norddorf schweift der Blick über den weiten Kniepsand bis zum offenen Meer.

Seite 156

Das Eisenzeitliche Haus

In einem weiten Dünental nördlich der Vogelkoje steht heute der detailgetreue Nachbau eines Wohn- und Stallgebäudes aus der Eisenzeit.

Seite 143

Die blaue Maus

Die legendäre Kneipe in Wittdün ist wunderbar, um Oldies zu hören. Ein idealer Ort für Altfreaks und Whiskyliebhaber.

Seite 156

Vogelkoje Meeram

So viel Wald wie auf Amrum gibt es auf keiner der Nordfriesischen Inseln. Um den von Bäumen umgebenen Süßwasserteich führt ein Bohlenweg. Die stillgelegte Entenfanganlage ist heute ein Refugium für Wasservögel.

Seite 139

Zum Dünensee Wriakhörn

Die Wittdüner Strandpromenade geht gen Westen über in einen Bohlenweg, dem man durch die Dünen zu dem vogelreichen und idyllischen Dünensee folgt. Kniepsand oder Leuchtturm wären dann die nächsten Wanderziele.

Amrum hat das, was Sylt nicht hat: einen Strand, der immer breiter wird.

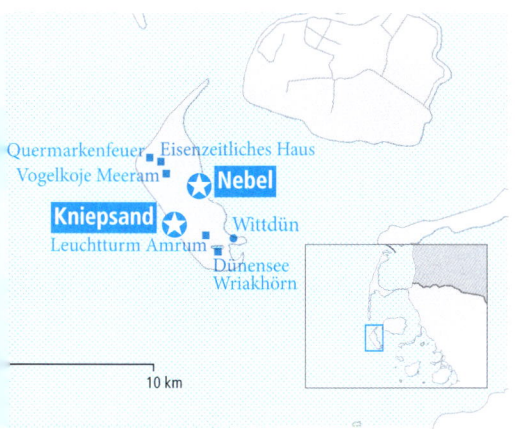

Quermarkenfeuer   Eisenzeitliches Haus
Vogelkoje Meeram
Nebel
Kniepsand
Leuchtturm Amrum   Wittdün
Dünensee Wriakhörn

10 km

»Hark Olufs – Als Sklave verkauft, als General zurückgekehrt«. Der Film läuft im Maritur Naturzentrum. Dazu die perfekte Ferienlektüre: »Der General des Bey« von Udo Weinbörner und »Heimkehr in die Fremde« von Anne Kordasch. Interessant auch der Doku-Film des NDR: «Hark Olufs – Amrumer Abenteurer wider Willen«.

erleben

Die Geliebte des Blanken Hans

Die waldreichste und – wie viele meinen – schönste der Nordfriesischen Inseln gilt ihrer unberührten Natur wegen als Geheimtipp: Die Weite des Kniepsandes, urwüchsige Dünenlandschaften, Heidetäler, schattige Waldwege und das vogelreiche Watt machen auf Amrum endlose Spaziergänge möglich. Wer aufregendes Discoleben sucht, wird zwar enttäuscht, sonst aber gilt: Wer einmal nach Amrum reist, kommt immer wieder.

›Geliebte des Blanken Hans‹ wird die 20 km² große Geestinsel genannt. Während die Sturmfluten unablässig und gefräßig an der großen Schwester Sylt nagen, haben Meer und Wind eine mehr als 10 km² große Sandbank an Amrum herangeschoben, die das Eiland vor der anbrandenden Nordsee schützt. Vom Leuchtturm bei Wittdün bietet sich ein grandioser Blick über die halbmondförmige Insel mit ihrer von West nach Ost gestaffelten Landschaft. Im Westen, zur offenen Nordsee hin, erstreckt sich vom Wriakhörn im Süden bis zur Odde im Norden der 15 km lange und 1,5 km breite Kniepsand und ein von Nord nach Süd verlaufender Dünengürtel. Die durchschnittlich 20 m und zwischen der Vogelkoje

und Nebel-Westerheide sogar bis zu 32 m hohen Dünen bedecken fast die Hälfte der Insel. Auf die Dünenzone folgen landeinwärts die im August/September rosaviolett blühende Heide und dichter Wald. Weiter ostwärts, zum Wattenmeer hin, schließt sich die vom Menschen besiedelte Ackerbauzone an. Hier liegen die alten Inseldörfer Steenodde, Süddorf, Nebel und Norddorf, umgeben von Weiden für Schafe, Kühe und Pferde.

Wegen des Flugsandes, der über die Äcker auf der ohnehin nicht sehr fruchtbaren Geest wehte, konnte die Landwirtschaft für die Amrumer nie eine überragende Bedeutung erlangen. Einen guten Nebenverdienst brachte den Inselbewohnern von alters her das Strandjen ein, das Bergen von Strandgut. Die viel befahrene Schifffahrtsroute vom Ärmelkanal nach Skandinavien führte an Amrum vorbei. Bei Stürmen aus westlicher Richtung lief so manches Schiff in den Untiefen und Sandbänken vor der Insel auf Grund. Streitereien zwischen dem Strandvogt und den Insulanern waren an der Tagesordnung. Im Jahr 1816 wurden 27 Männer – ein Viertel der erwachsenen männlichen Bevölkerung der Insel – wegen Strandräuberei zu Gefängnisstrafen verurteilt. Für die Amrumer war es durchaus lukrativ und vor allem legal, gestrandete Schiffe zu bergen und wieder flottzu-

ORIENTIERUNG

Amrum Touristik: im Reederei-
gebäude am Fähranleger, 25946
Wittdün, T 04682 940 30, www.
amrum.de, Mo–Fr 8.30–17.15 Uhr.
Informations-Broschüren liegen
bereits auf der Fähre aus: z. B. »Amrum« – speziell für Tagesgäste – mit
Bus- und Schifffahrplan, kleiner
Inselkarte, Öffnungszeiten sowie
»Amrum aktuell« mit Terminen und
Öffnungszeiten.
www.amrum-news.de: Onlinezei-
tung mit Neuigkeiten von der Insel.
Bahn und Schiff: s. S. 229
Verkehr auf der Insel: Der Bus
verkehrt in der Saison alle 30 Min.
zwischen Wittdün und Norddorf,
sonst stündlich. Am An- und Abrei-
setag gilt das Bahnticket inkl. Fähre
auch für die Busfahrt zwischen
Anleger und Unterkunftsort.
Taxis: Taxi Harksen (auch Mietwagen): T 04682 96 87 30, mobil
0171 328 72 37
Fahrrad: In allen Dörfern gibt
es Verleihbetriebe (für Wittdün
s. S. 143). Weitere Adressen unter
www.amrum.de.

machen. Auf diese Weise verdiente
beispielsweise der Amrumer Kapitän
Volkert Quedens sein Vermögen, mit
dem er später Wittdün gründete.

Kniepsand

 🌟 📍 D 9–11

Der Wind treibt feine Sandschleier über
die blendende Fläche, die durchschnittlich 1 m über NN liegt. Der Kniepsand
ist nicht geologisch mit der Insel verbunden, sondern ein Geschenk der See.
Noch in den 1930er-Jahren befand sich
zwischen Sandbank und Inselküste der
Kniepsand-Hafen, eine tiefe Wasserrinne, in der Küstenschiffe vor Anker
lagen und die Amrumer Austernfischer ebenso wie die Seenotrettungs-
gesellschaft stationiert waren. Langsam
schob sich der Sand an die Küste heran,
aufgrund der Versandung musste der
Hafen schließlich aufgegeben werden, die Wasserrinne verschwand. Ein
traumhafter Strand bereichert seitdem
die Insel.

Wittdün 📍 E 11

Witjdün bedeutet Weiße Düne. Der auf
drei Seiten vom Meer umgebene jüngste
Inselort ist seit 1889 buchstäblich aus
dem weißen Sand gewachsen. Während
im benachbarten Wyk auf Föhr bereits
1819 ein Seebad gegründet worden war,
lehnte die Gemeindevertretung 1885
den Antrag, auf Amrum ein Seebad
einzurichten, zunächst ohne Gegen-
stimme ab. Man befürchtete den Verfall
der Sitten. Auch vermutete man, dass
das Geld doch nur auswärtigen Finanz-
kräften zufließen würde, daher betrach-
teten die Oberen ein Bad mitnichten
als segensreich.

Dennoch war die Entwicklung
nicht aufzuhalten. 1888 wurden die
ersten Grundstücke auf Witjdün, der
nur aus Sand und Dünen bestehenden
und bis dato unbewohnten Südspitze
Amrums, verkauft. Es war jedoch kein
auswärtiger Spekulant, der das Rennen
machte, sondern ein Einheimischer –
der in Süddorf wohnende Kapitän Volkert Quedens. Er erhielt die Badekon-
zession und ließ 1889 das erste Hotel
errichten.

Wattenmeer

Nordende
Am Deich
Nordstrand
Inselstraße
Wandelbahn
Amrum Touristik
Möwenweg
Tidenweg
Achter Strand
Strandstr.
Mittelstraße
V.-Quedens-Weg
Südspitze
Wandelbahn
Köhn's Übergang
Mittelstraße
Obere Wandelbahn
Strandkörbe
Hundestrand
Badestrand

0   100   200

Der Wittdüner Strand – damals und heute

Fünf Jahre nach dem Bau des ersten Hotels wurde auf Betreiben der neu gegründeten Aktiengesellschaft Wittdün-Amrum eine Bahnlinie über den Kniepsand zum Bad eingerichtet, weil – wie auch heute noch – die Brandung am Wittdüner Strand zu gering und außerdem tideabhängig war. Um 1900 wurde die Bahnstrecke nach Nebel und Norddorf erweitert.

Dort, wo heute nichts als Sand ist, standen in den Gründerjahren in schicklichem Abstand voneinander die Einrichtungen des Damen- und Herrenbades. In der Mitte thronte die Strandhalle auf sturmflutsicheren Pfählen – hier nahmen die Badegäste Erfrischungen zu sich. Nachmittags schmetterte eine Musikkapelle Konzerte in das Rauschen der Brandung – alles in allem eine Welt, wie sie den Einheimischen nicht fremder hätte sein können.

Wittdün blieb lange ein Fremdkörper auf der Insel. Mit den stattlichen Investitionen in das Nobelbad hatte sich die Aktiengesellschaft übernommen. Nach zwei verregneten Sommern meldete sie Konkurs an. Nackte Armut brach über die Wittdüner herein. Ebenso schlecht erging es ihnen, als die Badegäste in den beiden Weltkriegen ausblieben. Das zeigt, dass es auf Amrum keine wirtschaftliche Alternative zum Fremdenverkehr gibt – weder früher noch in der heutigen Zeit.

Spaziergänge in und rund um Wittdün

Wittdün, das wenig alte Bausubstanz besitzt, ist schnell erkundet. Ausgangspunkt für einen Stadtbummel ist der **Fähranleger** ❶. Von hier aus wirkt der Ort nicht besonders einladend, doch in der Hauptstraße, die **Inselstraße** heißt, entdeckt man unauffällige, aber hübsche Häuser. Hier bekommt man die leckersten Fischbrötchen der Insel. Es gibt eine Buchhandlung mit den neuesten Nordfriesenkrimis im Schaufenster und einen gut ausgestatteten Bioladen – ein kleiner Stadtbummel bietet sich also durchaus an.

Wittdün

Ansehen
❶ Fähranleger
❷ Strandhaus
❸ Dünensee Wriakhörn
❹ Seezeichen- und Jacht-
hafen
❺ Leuchtturm

Schlafen
1 Frühstückshotel
Seemannsbraut
2 Strandhaus
3 Jugendherberge
4 Campingplatz Amrum
5 FKK-Campingplatz

Essen
1 Seefohrer Hus
2 Fisch-Buttze
3 Stadl am Meer

Einkaufen
1 Bio Düne
2 Quedens

Bewegen
1 Amrum Badeland

Ausgehen
1 Die blaue Maus

Die Wandelbahn

Eine Promenade mit schöner Aussicht auf das Meer, die Halligen und die Nachbarinsel Föhr führt um die gesamte Südspitze herum. Die Wandelbahn wurde in den Jahren 1914–21 als Uferschutzmauer gegen Sturmfluten gebaut und 2004/2005 grundlegend erneuert. Schön ist es, der Wandelbahn am kleinen Leuchtturm vorbei bis zum **Strandhaus ❷** (DLRG) am Hauptbadestrand zu folgen. Der Wittdüner Badestrand ist zu flach, um ausgiebig im Meer zu schwimmen, dafür aber ideal für Familien mit kleinen Kindern. Am Kiosk Kniepsand kann man im Sommer bis in den frühen Abend direkt am Strand sitzen, während sich die Kids auf dem Spielplatz mit großem Piratenschiff tummeln. Der vergleichsweise schmale Hauptbadestrand geht dann von hier nahtlos in den Kniepsand über.

Vogelparadies inmitten der Dünen

Die Obere Wandelbahn führt am Dünenrand entlang weiter gen Westen. Hier thront so manch schönes Ferienhaus mit Aussicht über den Kniepsand. Im Bereich des **Dünensees Wriakhörn ❸** geht der schmale Fußweg schließlich in einen der typischen Amrumer Bohlenwege über. Hier gibt es mehrere Aussichtsplattformen. Auf dem lang gestreckten See tummeln sich Wasservögel, am Ufer brüten Enten, flirten Blesshühner. Schilder geben über Tier- und Pflanzenwelt Auskunft. Vom See zweigen Bohlenwege zum Amrum Badeland bzw. zum Campingplatz ab. Ein schmaler, sandiger Pfad schlängelt sich über die Dünen zum Kniepsand.

Bunte Farben am grauen Watt

Vom Fähranleger in Wittdün führt ein etwa halbstündiger Spaziergang an der Wattseite entlang zu dem im Ersten Weltkrieg gebauten **Seezeichenhafen ❹**. Am Hafen liegt der Seenotrettungskreuzer der Deutschen Gesellschaft zur Rettung Schiffbrüchiger (DGzRS) »Ernst Meier-Hedde«. Ein Fischrestaurant bietet maritime Spezialitäten, im nahen Tonnenhof werden Tonnen und Bojen gewartet. Die schwimmenden Seezeichen weisen Schiffen den richtigen Weg. Sie sind durch Form und Farbe unterscheidbar und haben international festgelegte Bedeutungen. So markieren rote Tonnen die Steuerbordseite und grüne die Backbordseite. Im Sommerhalbjahr prägen die Masten vieler **Jachten** den Hafen, der Platz für 50 Gastschiffe bietet. Ein Seenotrettungskreuzer liegt dort ganzjährig bereit zum Einsatz. Zu Fuß oder mit dem Rad gelangt man auf der Deichkrone weiter zum alten Anleger in Steenodde.

Der beste Weitblick

Der rot-weiß gestreifte **Leuchtturm** ❺. steht weithin sichtbar auf einer 27 m hohen Düne. 1875 in Betrieb genommen, wurde er 1984 automatisiert und ist mit einer Höhe von 41,8 m der höchste Leuchtturm an der schleswig-holsteinischen Westküste. Seine Lichtsignale reichen 23 Seemeilen (42 km) weit. Wegen der grandiosen Aussicht lohnt der Aufstieg auch für Tagesgäste. Früher erhielt der Leuchtturmwärter neben einem kärglichen Gehalt auch etwas Land, mit dem er seinen Lebensunterhalt bestreiten konnte. Mit der Automatisierung des Leuchtfeuers im Jahr 1984 verließ der letzte Leuchtfeuerwärter den Turm.

2 km westl. von Wittdün, in der Saison Mo–Fr 8.30–12.30, Mi bis 14 Uhr (letzter Einlass), 3,50 € (mit Kurkarte).

Schlafen

«Hang loose …» – schön entspannt …

❶ **Frühstückshotel Seemannsbraut:** Das ehemalige Vitalhotel Weiße Düne ist Geschichte, ein frischer Wind ist mit der Seebraut eingekehrt. Aus dem Schwimmbad im Erdgeschoss wurde ein lichtdurchfluteter Frühstücksraum, die Sauna ist geblieben. Klare, moderne Einrichtung in dezenter Farbgebung, dazwischen einige alte Seemannsutensilien, Galionsfiguren und friesische Wandfliesen.

Achtern Strand 6, T 04682 94 00 00, www. seemannsbraut-amrum.de. DZ und Suiten ab 149–219 €.

Wohnen am Meer

❷ **Strandhaus:** Die Lage mit Blick über den Kniepsand und das offene Meer ist traumhaft. Freundlich eingerichtete Wohnungen für 2–4 Personen. Kaufmann, Bäcker – alles ist zu Fuß gut erreichbar.

Kontakt Fam. Maas-Dombrowski, Inselstr. 17, T 04682 4149, www.strandhaus-amrum.de, FeWo 65–170 €.

Beste Aussichten

❸ **Jugendherberge:** Die Lage ist ein Traum. Großes, 2020 saniertes und modernisiertes Haus oberhalb des Badestrandes. Vom Speisezimmer bzw. von der offenen Terrasse bietet sich ein grandioser Blick über Kniepsand und Meer.

Mittelstr. 1, T 04682 20 10, www.jugendher berge.de, Übernachtung im Mehrbettzimmer 30,50 €, Zweitbettzimmer (Zimmerpreis) 75 €.

Angezogen in den Dünen

❹ **Campingplatz Amrum:** Zelte, Wohnwagen und Wohnmobile; man braucht Sandheringe für den Zeltaufbau. Bohlenwege führen durch die Dünen zum Strand.

In der Nähe des Leuchtturms. Inselstr. 125, T 04682 22 54, www.amrum-camping.de.

Textilfrei in den Dünen

❺ **FKK-Zeltplatz:** Gleich nebenan liegt der FKK-Zeltplatz, einer der schönsten und natürlichsten Plätze Deutschlands, entsprechend beliebt. Für Zelte von Gästen, die nicht Mitglieder im ASN (Amrumer Sport- und Nudistenverein) oder im DFK (Deutscher Verband für Freikörperkultur) sind, ist der Zeltplatz für drei Wochen in der Hochsaison (zwischen Mitte Juli und Mitte Aug., genaue Zeiten auf der Webseite) gesperrt. Als Mitglied zählt, wer bis zum 1.1.2020 Mitglied geworden ist.

Inselstr. 127, T 04682 968 15 55, www. fkk-zeltplatz-amrum.de.

TOUR
Acht Kilometer hin, acht zurück

Mit dem Fahrrad rund um Amrum

Start:
Fähranleger Wittdün
📍 E 11

Länge/Dauer:
16 km; mit dem Rad:
etwa 2 Std. ohne
Pausen

Fahrradverleih: am
Fähranleger; die
Fahrräder können
online vorbestellt
werden, s. S. 143.

Die Rundfahrt über die Insel ist auch oder gerade für Tagesgäste zu empfehlen. Am Fähranleger in **Wittdün** geht es los. Die Orientierung ist einfach: ein mit einem gelben Punkt markierter Weg führt am Watt entlang über **Steenodde** und Nebel nach **Norddorf**. Der Rückweg von Norddorf verläuft auf dem mit einem grünen Dreieck markierten Rad- und Wanderweg durch den Wald zurück an den Ausgangspunkt nach Wittdün. Dabei kommt man an der **Vogelkoje** (s. S. 156) vorbei.

Wer als Tagesgast morgens mit der Fähre ankommt, sollte den Wattweg für die Hintour wählen. Denn nur auf der Wattseite hat man vormittags die Chance, Krabben frisch vom Kutter zu kaufen, entweder im Steuerhaus am Hafen in Steenodde oder am Wohnhaus des Krabbenfischers im Zentrum von Süddorf (Uasterstigh 48, gleich gegenüber der Feuerwache des Ortes, Info: www.derkrabben fischer.de).

Es ist wunderbar, sich auf einer Bank am Wattweg niederzulassen und frische Krabben zu pulen. Nachmittags müsste man auf diesen Genuss verzichten.

Am Ende der Tour lässt sich zudem besser überschauen, wie viel Zeit noch für einen Strandbesuch – z. B. in Nebel – bleibt. Wer früh wieder in Wittdün ist, kann die Zeit bis zum Ablegen der Fähre entweder beim Shoppen in der Einkaufsstraße oder am kleinen Strand neben dem Anleger verbringen, und – je nach Tide – im Watt spazieren oder baden.

Frisch gefangen sind die Krabben grau, erst beim Kochen, das noch an Bord geschieht, erhalten sie – ähnlich wie Hummer – ihre appetitliche rötliche Färbung.

Essen

Am Seezeichenhafen

1 **Seefohrer Hus:** In einer der bunten Fischerhütten am Jachthafen untergebracht, drinnen eher modern und edel schlicht, überdachte Sonnenterrasse zum Hafen. Fische und Krabben werden zum Teil direkt vom Kutter angeliefert. Frischer geht's nicht!
Jachthafen, T 04682 14 51, www.seefoh rerhus.com, in der Saison Fr–Mi 12–16.30, 17–21 Uhr, in der Nebensaison Do Ruhetag, im Winter s. Anschlag, Hauptgerichte ab 15 €.

Auf die Hand

2 **Buttze:** Fischbrötchen, Matjes, Wraps. Alles ist frisch und lecker. An Sitzplätzen mangelt es, also eher zum Mitnehmen. Hier kann man sich kurz vor der Abfahrt des Schiffes mit einem kleinen Imbiss versorgen und auf dem Sonnendeck genießen.
Inselstr. 34, T 04682 50 63 23, in der Saison tgl. ab 11 bis 19 oder 20 Uhr.

Hereinspaziert!

3 **Stadl am Meer:** Ein sehr nettes kleines Restaurant mit einem (dezent) österreichischen Flair. Es gibt norddeutsche und österreichische Küche, von beidem das Beste. Matjes, Lammragout und Wiener Schnitzel werden frisch zubereitet und ausgesprochen herzlich serviert.
Achtern Strand 12, T 04682 9 98 34 64, www.stadl-am-meer.de, ab 17 €.

Einkaufen

Gesundes und Geschenke

1 **Bio Düne:** Gut sortierter Bioladen mit frischem Obst, Gemüse, Milchprodukten, Vollwertbrot, Wein sowie Geschenkartikeln.

Inselstr. 24, T 04682 18 28, www.bio-duene.de, Mo–Fr 9–13, 14.30–18, Sa 9–13 Uhr.

Leidenschaft für die Insel

2 Quedens: Großer, freundlicher Foto- und Buchhandel. Viele Amrumtitel, Kinderbücher auf Friesisch, Digitalbilder in ca. 10 Min., Kameras und Zubehör; nicht nur für Ornithologen ein Tipp: Bei Quedens gibt es gute Ferngläser. Wer sich auf den Urlaub einstimmen will, kann schon mal auf der Webseite vorbeischauen.

Inselstr. 35–37, T 04682 41 11, www.quedens.de, Mo–Fr 9–12.30, 15–18, Sa 9–12.30 Uhr.

Bewegen

Mehr als baden …

1 Amrum Badeland: Hinein in die Welle (alle halbe Stunde), ein gepflegtes Schwimmbad mit schönem Blick in die Dünen. Das Badeland bietet Sauna, Solarium und ein Thalassozentrum. Dort befindet sich auch eine kleine Nationalpark-Ausstellung mit Aquarium, Diorama und Fühlboxen.

Am Schwimmbad 1, T 04682 94 34 31, in der Saison Di–So 10–18 Uhr, Erw. 10,50 €, Kinder (3–18 J.) 7 € für 2,5 Std.

Geruhsames Sightseeing

1 Unterwegs mit Paul und Paula: Ohne Hast geht es in 70 Minuten per Inselbahn 25 km durch die Inseldörfer. Nebenbei erfährt man Wissenswertes über die Insel und ihre Bewohner. Abfahrtzeiten sind dem Veranstaltungskalender bzw. den Hinweisschildern an den Stationen zu entnehmen: Wittdün Fähranleger, Hotel Friedrichs in Nebel und AmrumTouristik in Norddorf.

www.amrumer-inselbahn.de.

Schiffsausflüge

1 MS Eilun, ab Fähranleger Wittdün: Fahrten zu den Halligen, zum Fischmarkt in Wyk auf Föhr, zu den Seehundbänken und zum Krabbenfang. Fahrkarten gibt's an Bord, bei Foto Quedens/Norddorf und im Strandgut/Wittdün (Inselstr. 5).

Info T 04682 23 33, www.eilun.de.

Ausgehen

Kult

1 Die blaue Maus: Ein ausgedientes Surfboard am Fahrradweg verweist auf die legendäre Kneipe für Altfreaks und Whiskyliebhaber. Hier kann man noch wunderbar Oldies hören. In der Kajüte und im Wintergarten darf noch geraucht werden, sonst nicht.

Inselstr. 107, T 04682 20 40, www.blaue maus-am rum.de, in der Saison 20–3 Uhr, kleine Küche.

Infos

- **Touristenbüro und Internet:** s. S. 137.
- **Bus und Taxi:** s. S. 137
- **Fahrradvermietung:** Einen Fahrradverleih findet man ganz in der Nähe des Fähranlegers. Marcs Fahrradverleih, Inselstr. 12, T 04682 94 90 77, www.marcsfahrradverleih.de, tgl. 9–18 Uhr. Die aktuellen Preise stehen auf der Homepage, die Online-Buchung ist unkompliziert.

Nebel  D/E 10

Das Kirchdorf Nebel ist mit Amtsverwaltung, Polizei und anderen Behörden der Hauptort der Insel, zur Gemeinde Nebel gehören dazu noch Steenodde, Süddorf und der Ortsteil Westerheide. Der Name Nebel hat nichts mit der Wetterlage zu tun, sondern bedeutet Neues Bohl (Neue Ansiedlung).

Nebel ist das schönste Inseldorf und entstand erst im 16. Jh. um die bereits einige Jahrhunderte zuvor errichtete Kirche St. Clemens. In der wirtschaftlich florierenden Zeit des Walfangs setzten sich im Ort viele zu Wohlstand gekommene Seefahrer zur Ruhe. Ihre idyllischen Häuser schmücken das Dorf, in einigen sind heute gemütliche Restaurants und Gartencafés untergebracht. Schmale Seitenwege führen an bewachsenen Feldsteinmauern vorbei, geben den Blick frei auf gepflegte Gärten. Gleich hinter dem Dorf beginnen die Salzwiesen und das vogelreiche Watt.

Der Ort bildete das Schlusslicht unter den Amrumer Seebädern. Erst als im Jahr 1925 im schon florierenden Seebad Norddorf mehrere Häuser niederbrannten und die Gäste umquartiert werden mussten, erkannte man die wirtschaftlichen Möglichkeiten des Fremdenverkehrs. Es dauerte allerdings noch weitere 13 Jahre, bis Nebel mit Süddorf offiziell zum Seebad erklärt wurde. Der lange Dornröschenschlaf hat dem Dorf gutgetan, es verschlief die Hochzeit der Spekulanten.

St. Clemens

Die stattliche **Kirche St. Clemens** ist dem Schutzheiligen der Seefahrer geweiht. Um 1240 erstmalig erwähnt, wurde sie vermutlich schon Ende des 12. Jh. als Taufkapelle erbaut, mehrmals im Verlauf der Jahrhunderte umgebaut und erweitert. Der romanische Chor aus Feldsteinen wurde Ende des 19. Jh. erhöht, der hohe schlanke Turm 1908 errichtet. Sehenswert sind die geschnitzte gotische Apostelreihe aus dem 14. Jh., das Kruzifix von 1480 sowie der schlichte, spätromanische Taufstein aus Bornholmer Granit. Der Flügelaltar von 1634

zeigt eine Abendmahldarstellung und die vier Evangelisten.

Besonders beeindruckend sind die 90 ›sprechenden Grabsteine‹ auf dem Friedhof, die Einblick in die Amrumer Geschichte bieten (s. S. 270). Die schönsten der denkmalgeschützten Monumente, deren Giebel mit bildlichen Darstellungen geschmückt sind, befinden sich gleich links neben dem Eingang zum Friedhof.

Hööwjaat 2, www.amrum-kirche.de, 9–17 Uhr geöffnet, Kirch- und Friedhofsführungen in der Saison Di 17 Uhr, Gottesdienst So 10 Uhr.

Öömrang Hüs

In dem anno 1736 erbauten, bis in die 1990er-Jahre bewohnten **Kapitänshaus** blieb ein Stück vergangener Inselkultur bewahrt. Faszinierend ist das an den Wänden gefliese Wohnzimmer – unter vollem Wind segelt das stattliche Schiff des ehemaligen Hausbesitzers dahin. Das Öömrang Hüs ist (wie auch das Naturzentrum Norddorf) eine Einrichtung des **Öömrang Ferian.** Der Verein für Amrumer Naturschutz, Geschichte, Kultur und Sprache unterhält eine eigene Website in Amrum-Friesisch (www.oomram.de).

Waaswai 1, Nebel, T 04682 21 18, www.oeoemrang-hues.de, in der Saison Mo–Fr 11–13.30, Mo–Sa 15–17, Nebensaison Mo–Fr 11–13.30 Uhr.

Heimatmuseum in der Mühle

Am südlichen Ortsrand Richtung Süddorf erhebt sich eine im Jahr 1771 erbaute **Mühle,** die noch Anfang der 1960er-Jahre in Betrieb war. Da die Getreideernte auf Amrum keinen Müller ernähren konnte, wurde Getreide vom Festland auf die Insel gebracht und gemahlen. Der Hin- und Rücktransport lohnte sich, weil es auf Amrum immer mehr Wind gab als auf dem Festland. In alter Zeit verkündete die Stellung der Mühlenflügel den wohlverdienten

Das Öömrang Hüs zeigt, wie es früher beim Käpt'n zu Hause aussah.

Feierabend, Geburten und Hochzeiten, aber auch Trauerfälle.

Das **Heimatmuseum** in der Mühle zeigt eine liebevoll zusammengetragene Sammlung zur Geschichte des Leuchtturms und der legendären Inselbahn, archäologische Funde aus der Vor- und Frühgeschichte, Trachten und Handwerkskunst sowie wechselnde Kunstausstellungen.

Ualjaat 4, www.amrumer-windmuehle.com, April–Okt. tgl. 10.30–13, 14.30–17, Mo bis 16, So ab 11 Uhr, Spende zum Erhalt der Mühle erwünscht.

Friedhof der Heimatlosen

Auf der gegenüberliegenden Seite der Autostraße liegt der **Friedhof** der Heimatlosen. Hier wurden von 1905 bis 1969 die Toten bestattet, die das Meer an den Strand warf. Ihre Namen sind nicht bekannt, auf den Kreuzen steht nur das Datum des Fundtages. Die Inschrift des hölzernen Torbogens am Eingangsportal lautet zuversichtlich: »Es ist noch eine Ruhe vorhanden.«

Gegenüber der Mühle.

Westerheide

Noch bis Mitte des 20. Jh. dominierte Heide die Landschaft zwischen Leuchtturm und Norddorf. Mit der verstärkten Aufforstung in den 1950er-Jahren erhielt Amrum ein neues Gesicht. Bereits im 17. Jh. hatte der Inselpastor Monrad versucht, in seinem Garten Bäume anzupflanzen, musste aber hinnehmen, dass alles, was den Gartenwall überragte, »wegen der salzigen Nordwinde« verdorrte.

Im Jahr 1866 gelang es, an der Vogelkoje den ersten kümmerlichen Wald anzupflanzen. Ab 1887 wurde dieses Areal zwischen Dünen und Heide mit Kiefern aufgeforstet, in deren Windschutz heute sogar Birken und Buchen gedeihen. Durch die Aufforstung verschwand die Heide zunächst, dehnt sich heute aber auf brachliegenden Feldern wieder aus und blüht im August/September rosaviolett. Im Nebler Ortsteil Westerheide liegen die Häuser, die seit den 1970er-Jahren zwischen Hauptstraße und Düne entstanden, mitten im Wald. Ein Naturlehrpfad bietet Informationen, u. a. über die riesigen Ameisenhaufen, die durch Zäune geschützt sind.

Schlafen

Zum Wohlfühlen
Ekke Nekkepenn: Kleines, persönlich geführtes Frühstückshotel mitten im Dorf. Je 4 DZ und Suiten 139–159 € (teils mit extra Wohnraum).
Waasterstigh 19, T 04682 945 60, www.ekkenekkepenn.de.

Ein wundervolles Friesenhaus
San auer Neebel: Der Name ist friesisch und bedeutet Sonne über Nebel. Drei großzügige, in schwedischem Landhausstil eingerichtete Hausteile für 4–5 Pers. beherbergt das reetgedeckte Friesenhaus im historischen Ortskern. Jedes Hausteil erstreckt sich über zwei Etagen und hat einen eigenen Eingang. Die Räume sind mit schönen alten Kachelöfen ausgestattet. Mit Terrassen. Der Eintritt ins Amrum Badeland ist im Preis inbegriffen.
Krümwai 3, T 0421 722 52 (Info: Constanze Peters), FeWo 190–210 €, Mindestaufenthalt 1 Woche.

Genießen und entspannen
Haus Hafis: Schöne, ruhige Lage am Watt. Die voll ausgestatteten Wohnungen für 2 bis 6 Pers. bieten einen weiten Blick aufs Wattenmeer. Terrasse, Kaminofen, Badewanne. Zwei Wohnungen (2 bzw. 4 Pers., 100 bzw. 185 €) befinden sich im Meyerhof mit Garten und Strandkorb im historischen Ortskern an der St.-Clemens-Kirche.
Infos: www.witj-duen.de.

Garten am Watt
Waashüs: Sieben Wohnungen für 2–6 Pers. in einem liebevoll renovierten Friesenhaus in ruhiger Lage am Ende eines Anliegerwegs direkt am Wattenmeer; alle Wohnungen haben einen eigenen Eingang.
Waaswai 5, T 04682 26 45, www.amrum-waashues.de, FeWo 73–155 €, Mindestaufenthalt 5 Tage.

Essen

Nix ›to go‹ …
Seekiste: Hier wird gerne gekocht. Versteckt in einer Seitengasse mitten im Dorf ist dies ein Platz zum Wohlfühlen: im Restaurant mit maritimem Sammelsurium inkl. Galionsfiguren, auf der Terrasse oder im windgeschützten Wintergarten. Nachmittags gibt's Kaffee und Kuchen, abends köstliche friesische Küche für den großen und kleinen Hunger oder auch nur ein Glas Wein.
Smääljaat 2, T 04682 96 15 26, Di–So 14–24 Uhr, Hauptgerichte ab 12 €.

Gemütlich Tee trinken
Friesen-Café: Tee auf dem Stövchen, typisch friesisch, eng und gemütlich. Die Waffeln und Torten sind köstlich, daher muss man schon mal auf einen freien Platz warten – in der Hochsaison nicht unbedingt zu empfehlen für Familien mit lebhaften Kindern, es sei denn, man ergattert einen Tisch im lauschigen Cafégarten.
Uasterstigh 7, T 04682 966 20, in der Saison tgl. 11–18, im Winter Mo Ruhetag.

Schnuckeliges Café
Dörnsk an Köögem: »Stube und Küche« heißt das Café, und wer sie betritt,

versinkt in einer anderen Welt. Einige Tische, der Duft von Tee, Musik aus den 1920ern und -50ern, und eine nette Wirtin, die das eine oder andere Lied mitsingt. Es werden Getränke und Kleinigkeiten zu essen serviert. Im Sommer sitzt man draußen an der Straße, mitten im Dorfgeschehen. Außerdem gibt es hier Porzellan, Bernstein, Schafsmilchseife, Liköre und Gelees zu kaufen. Uasterstigh 19.

Einkaufen

Lauter Lieblingsstücke
Hoonwerk: Minimalismus ist ja gut und schön, aber während ich dies schreibe, bedaure ich es immer noch, einen besonders schönen Teller nicht gekauft zu haben. Hätte ich doch … ! Ein wunderbarer Laden mit handgetöpferter Keramik, Glas- und Filzarbeiten – und zauberhaften Strandschönheiten. Unbedingt reinschauen. Uasterstigh 92, T 0162 386 90 75, www.strandschoenheiten.com, in der Saison Mo–Fr 11–17, Sa 11–13 Uhr.

Cooler Laden in alter Apotheke
blaufeuer: Individuelle Kombination aus Bistro, Bar und Modegeschäft. Erst die frisch zubereiteten kleinen Speisen genießen, dann Mode (u. a. Armor Lux; Musqueton, Maloja) shoppen, und zum Ausklang einen handgebrühten Filterkaffee oder einen der über 40 Gins im Strandkorb auf der Terrasse genießen. Waasterstigh 24, www.blaufeueramrum.de.

Galionsfiguren sollten das Segelschiff vor Unglück schützen. Nicht immer waren sie weiblich und barbusig, wie in der Seekiste in Nebel.

Bewegen

Aquarellkurse
Birgitt Sokollek: Die Aquarelle der Künstlerin zeigen die Farben der Insel. Wie inspirierend! Es gibt zwei Arten von Aquarellmalkursen: die ausführlichen Dreitagekurse (vormittags) im Haus des Gastes und die »Montagsmaler« als Kompaktkurs nachmittags im Atelier. Termine im Veranstaltungskalender. Beim Offenen Atelier (Mai–Okt. Mo und Fr 11–13 Uhr) kann man die Bilderausstellung und die Tonskulpturen im verwunschen Garten bewundern.
Atelier, Strunwai 1, T 04682 41 72, www. sokollek.de, den aktuellen Flyer gibt es auch als Download.

Stillleben in Nebel
Atelier & Galerie im alten Pastorat: Zarte Gräser, frühherbstlicher Holunder, leuchtende Früchte, ein Rollmops, ein Bonbon. Das alte Pastorat ist ein angenehmer Ort, um Aquarelle, Stillleben und Landschaften auf sich wirken zu lassen oder selbst kreativ zu werden. Eine offene Malwerkstatt wird in der Saison Mi 15–18 Uhr in der lichtdurchfluteten Veranda angeboten, Teilnahmegebühr 36 € inkl. Material, weitere Termine s. Aushang oder auf der Homepage: www.annasusannejahn.de.
Smäswai 4, T 04682 96 84 88, Fr 10–12, in der Saison auch Mo 10–12, 15–18 Do 17–19 Uhr.

Kleine Surfschule am großen Strand
Surfspot Nebel: Vom Parkplatz am Strand gelangt man über einen kurzen Dünenweg und den 800 m breiten Kniepstrand zur Surfbude. Einen bequemeren Zugang zum Wasser sowie ein gutes Angebot an Surfkursen gibt es am Norddorfer Strand (s. S. 161).
Nur im Juli/Aug., Info vor Ort.

Ausgehen

Die einzige Disco der Insel
54 Grad Nord: Ein großes (leeres) Lagerhaus mit Discolichtern und riesigem Wandposter (Abendmahl mit Hollywoodgrößen), ein paar Strandkörbe zum Ausruhen, wechselnde DJs, von House bis Schlager, alles dabei.
Strunwai, T 0171 642 08 71.

Infos

● **Amrum Touristik Nebel:** Im Haus des Gastes (nahe der Kirche), Meeskwai 1a, 25946 Nebel, T 04682 943 00, Mo–Fr 9–17, Sa 10–12 Uhr. Beim Haus des Gastes gibt es einen kleinen Kurpark und einen schönen Spielplatz mit (Eltern) Bänken, auch im Schatten.
Strecke ca. 12 km, Dauer 4–5 Std.

Die Umgebung von Nebel ♀ D–E 10

Zur Gemeinde Nebel gehören die Inseldörfer Steenodde und Süddorf. Sie liegen inmitten von üppigen Weiden auf einem schmalen Streifen fruchtbarer Marsch. Dieses Land ist zwischen Steenodde und Wittdün durch einen Deich gesichert.

Süddorf ♀ E 10

In dem ländlich geprägten, im Jahr 1464 erstmals erwähnten Süddorf gibt es keine Geschäfte, dafür aber einen Reiterhof und seit 1968 die Dörferge-

TOUR
Sand bis zum Horizont.
Kilometerlang. Kilometerweit.

Zum Kniepsand wandern

Infos

Start:
Nebel 📍 D 10

Länge/Dauer:
12 km, mit Baden
4–5 Std.

Von Nebel aus (Haltestelle Strandweg) geht es auf dem **Nebeler Strandweg** durch ein kleines Stück Wald und Dünen zum Kniepsand. Kurz davor passiert man die **Strandhalle,** die letzte Möglichkeit einzukehren und sich zu stärken. Immer geradeaus geht es auf den Flutsaum zu, im Sommer sollte man die Gelegenheit zum Baden nutzen. Immer am Wasser entlang wandert man Richtung **Leuchtturm.** Auf Höhe des Leuchtturms wendet man sich wieder der Insel zu, man quert den Kniepsand. Der Wanderpfad führt am Leuchtturm vorbei, über die (befahrene) Inselstraße, der man ca. 500 m Richtung Wittdün folgt, dann zweigt die Straße nach Steenodde ab, über den **Steenodder Deich** geht es am Seezeichenhafen vorbei zurück zum Fähranleger (Bushaltestelle). Alternativ könnte man auch den Rückweg über den Wriakhörnsee und die Strandpromenade im Süden von Wittdün wählen.

meinschaftsschule, in der alle Inselkinder ihren Realschulabschluss machen können. Süddorf ist der Geburtsort von Hark Olufs, dessen Grabstein in Nebel von seinem abenteuerlichen Leben, u. a. als Sklave in Algier, erzählt (s. S. 270). In Süddorf erinnert eine nach ihm benannte Straße an den Seefahrer. Hier steht auch sein Geburtshaus. Den Ortsausgang Richtung Nebel markiert die Süddorfer Mühle, die schon in den 1950er-Jahren zum Wohnhaus ausgebaut wurde.

Steingrab Esenhugh 　📍E 10

Von herausragender kulturgeschichtlicher Bedeutung sind die unzähligen vor- und frühgeschichtlichen Funde in der Umgebung von Steenodde. Nördlich des Dorfes erhebt sich das mit 4,70 m Höhe und 26,5 m Durchmesser größte Steingrab der Insel – der **Esenhugh** (›Eesenhuuch‹ ausgesprochen), auf dem jahrhundertelang im Februar das alljährliche Biikefeuer abgebrannt wurde. Da die Feuerversicherung für die umliegenden Reetdachhäuser schließlich unerschwinglich wurde, verlegte man den Biikeplatz. Es ist nicht bekannt, ob der Esenhugh aus der Stein- oder der Bronzezeit stammt – bisher gab es noch keine archäologischen Untersuchungen. Von oben bietet sich in Richtung Nebel ein weiter Blick über die Marschwiesen. In der näheren Umgebung des Esenhugh liegt eine große Ansammlung von Grabhügeln aus der Wikingerzeit (10./11. Jh.).

Auf Amrums Wattseite gibt es zauberhafte, stille Winkel und sogar kleine Sandstrände – wie hier im Steenodder Hafen.

Die Funde – Spielsteine aus Bernstein, Schmuck und Thorshämmer – belegen, dass es auf den Geestinseln neben der westgermanischen Bevölkerung auch Wikingeransiedlungen gegeben haben muss.

Frei zugänglich.

Steenodde   📍E 10

Der Name **Steenodde** bedeutet Steinspitze und bezieht sich auf die vielen Steine und Findlinge, die hier im Übergangsbereich von der Geest zum Wattenmeer zutage treten. In dem 1721 gegründeten **Hafenort** ist es auch in der Hochsaison sehr still. Nichts erinnert mehr daran, dass hier einst ein großer Walfängerhafen mit Platz für 500 Schiffe angelegt werden sollte. Die Holländer, die die Konkurrenz fürchteten, machten den Amrumern einen Strich durch die Rechnung, indem sie den Export von Walfangschiffen und Fanggeräten untersagten. Eine Zeitlang war Steenodde Fährhafen für die Fährlinie Amrum–Halligen–Schlüttsiel. In der Saison gibt's hier Krabben und Fisch direkt vom Kutter – fangfrisch. Der kurze Weg vom alten Anleger zu dem im Ersten Weltkrieg angelegten Seezeichenhafen führt auf der Deichkrone entlang.

Schlafen, Essen

Komfortabel entspannen auf dem Dorf
Inselhotel Kapitän Tadsen: Die Ruhe im Inselhotel tut gut, gefrühstückt wird mit Blick aufs Watt. Die Ferienwohnungen (mit 2–3 Zimmern) haben alle eine eigene Terrasse, der Wellnessbereich mit Biosauna und Schwimmbad ist für alle da. Im Restaurant »hal mei« werden den Gästen sehr schön angerichtete friesische Tapas mit Herzlichkeit serviert, köstlich sind auch die vegetarischen Tapas (Kernzeit Di–So 17.30–20.30 Uhr, Tapas ab 4,50 €.

Stianoodswai 17, Steenodde, T 04682 942 40, www.amrum-inselhotel.de, DZ 108–136 €, FeWo (2–4 Pers.) ab 99–134 €.

Essen

Herrlich ist's am Watt
Likedeeler: Regionale und internationale, frisch zubereitete Speisen. Ein Genuss für sich ist die ruhige idyllische Lage mit einer Gartenterrasse zum Watt.

Steenodde, T 04682 777, www.likedee ler-amrum.de, in der Saison tgl. ab 17 Uhr, in der Saison sollte man vorbestellen, Hunde sind nicht erwünscht.

Einkaufen

Frischer geht's nicht
Krabbenkutter: Frühmorgens fährt der (einzige) Amrumer Krabbenfischer hinaus auf Fang. Für die fangfrischen Krabben und je nach Beifang auch frischen Fisch stehen die Insulaner gerne an.

Verkauf im Steuerhaus N°1 an der Mole im Hafen von Steenodde oder in Süddorf, Uasterstigh 48, in der Regel vormittags.

Bewegen

Im Tölt oder Galopp durch die Brandung
Islandpferde faan Stianood: Unterricht in kleinen Gruppen sowie Ausritte für fortgeschrittene Reiter. Am schönsten ist es in der Vor- und Nachsaison, wenn auf dem Kniepsand keine Strandkörbe stehen.

Stianoodswai, Steenodde, T 0177 481 18 07, www.stianood.ricklefs.de.

TOUR
Auf Bohlen durch den Urwald

Rundwanderung durch die Amrumer Vogelkoje

Infos

Start:
Naturzentrum Amrum
und Maritur
D 10 (s. S. 159)

Vogelkoje: 2,5 km
südl. von Norddorf,
frei zugänglich.

Rundwanderung:
Von Norddorf über
Quermarkenfeuer,
Steinzeitgrab, durch
das archäologische
Areal und zurück
durch den Inselwald
7,5 km und ca.
2,5 Std.

Lebend-Fanganlagen für Wildenten gab es auf allen Nordfriesischen Inseln. Die in kleine Wäldchen eingebetteten Süßwasserteiche sind heute wichtige Naturräume für Pflanzen und Tiere. Die Anlage auf Amrum wurde 2011 zum Naturerlebnisraum Vogelkoje Meeram erweitert.

Zwischen August und Dezember ziehen Hunderttausende von Wildenten und -gänsen auf ihrem Flug nach Süden über die Inseln an der Nordseeküste hinweg. Die Holländer entwickelten bereits um 1550 eine Methode, einen Teil dieses kulinarischen Segens abzufangen: Sie ersannen die Vogelkojen (der nett klingende hochdeutsche Begriff Koje entwickelte sich aus dem niederländischen *kooi*, was so viel wie Käfig, Verschlag, Stall heißt). Die Amrumer Koje liegt wie alle nordfriesischen Kojen entsprechend dem holländischen Vorbild in kleinen, extra angepflanzten Wäldchen aus Weiden, Erlen, Birken und Pappeln in der Nähe des Meeres. Die erste Vogelkoje wurde 1730 in der Gemeinde Oevenum auf Föhr gebaut, alle anderen Inseln folgten mit einer oder mehreren Anlagen.

Strandgut
Die im Jahr 1866 angelegte Amrumer Vogelkoje Meeram (*Meerham* = Stätte des Moores) ist ein wunderbares Ausflugsziel. Sie befindet sich auf halber Strecke zwischen Nebel und Norddorf im Wald und ist nur zu Fuß oder mit dem Fahrrad zu erreichen. Man kann hier Enten und Gänse füttern, ein Picknick machen, auf dem Spielplatz toben, aber auch Einblick nehmen in eine Zeit,

Amrum

Start
Naturzentrum Maritur

Ziel

NSG

Norddorf

Aussichtsdüne
32 m

Amrumer

Quermarkenfeuer

Eisenzeitliches Haus

Dünen   31 m   Vogelkoje Meeram

0   1   2 km

Nebel

als die Insulaner jede nur erdenkliche Ressource nutzen mussten, um zu überleben.

Die goldene Zeit der Grönlandfahrten war gerade zu Ende gegangen. Bittere Not herrschte auf der sandigen Insel. Man fischte, sammelte Seevogeleier und Strandgut. Welch ein Glückstreffer, wenn es hieß »Skap üüb strun« (Schiff auf Strand!) und ein hoch beladenes Handelsschiff auf die Sandbänke vor der Insel geworfen wurde – das geschah selten genug. Regelmäßig dagegen kehrten die Wildenten ein. Die Amrumer Vogelkoje wurde auf Rechnung einer Interessengemeinschaft angelegt, die 80 Anteile verkaufte, wobei eine Person nicht mehr als zwei Lose erwerben durfte. Anteile an der Amrumer Koje besaßen fast alle Familien.

Start in Norddorf

Die Vogelkoje ist mit dem Fahrrad auf dem Waldweg von Norddorf und Nebel zu erreichen. Eine besondere Wanderung aber führt von Norddorf durch die Amrumer Dünen. Ein günstiger Ausgangspunkt ist das **Naturzentrum Amrum und Maritur** mit der Ausstellung über den Kojenmann Cornelius Peters (s. u.). Wer lieber gleich loswandern möchte, kann den Besuch der Ausstellung auch an das Ende der Tour oder auf einen anderen Tag verlegen.

Nur ein paar Schritte sind es vom Naturzentrum zum Badestrand. Von hier geht es zunächst über den Kniepsand gen Süden – dem Flutsaum oder dem Dünenrand folgend. Einen guten Orientierungspunkt und eine schöne Panoramaaussicht bietet das Quermarkenfeuer, von hier führt ein Bohlenweg mitten durch die Dünen zur Vogelkoje. Dabei passiert man mehrere in den Naturerlebnisraum der Vogelkoje Meeram integrierte archäologische Fundstätten und das **Eisenzeitliche Haus** (s. S. 156).

Die Baumpflanzung in der Vogelkoje war die erste Aufforstung auf Amrum. Als grüne Oase in der (früher) baumlosen Amrumer Landschaft bot und bietet sie Vogelarten einen Lebensraum, die hier sonst nicht vorkommen. Auch der Graureiher baut hier seinen Horst.

Der Kojenmann

Am Eingang der Vogelkoje kommt man an einem **kleinen Häuschen** vorbei. Hier wohnte früher der Kojenmann – auf Amrumfriesisch *Koimaan*, der für den Entenfang angestellt wurde. Der erste Amrumer Kojenmann war ab 1869 Cornelius Peters, der seinen

Der Graureiher fliegt in aller Ruhe sein Nest an – in der Amrumer Vogelkoje wird heute nicht mehr gejagt.

kargen Lebensunterhalt durch Eiersammeln, Austernstrich (eine spezielle Form der Austernfischerei) und Kaninchenjagd aufbessern musste. Den sorgfältig geführten Kojenbüchern in der Norddorfer Ausstellung ist zu entnehmen, dass in der Vogelkoje bis zur Stilllegung im Jahr 1936 etwa 420 000 Enten gefangen wurden – vor allem die großen und schmackhaften Spießenten. Jedes Dorf hatte seine festen Fangtage, der jeweilige Tagesfang wurde abends vom Vorsteher der Kojengemeinschaft abgeholt und verteilt. Der Kojenmann erhielt für jede gefangene Ente eine Prämie, entsprechend eifrig ging er zu Werke. Wie der Fang funktionierte, lässt sich in der Amrumer Vogelkoje nachvollziehen. Das alte Fangsystem wurde Anfang der 1950er-Jahre zur Anschauung für die Gäste renoviert. Am Kojenhäuschen vorbei gelangt man zu einem **Bohlenweg,** der an einem Abschnitt der konstruierten Anlage entlang zum Wasser führt.

Gelockt und ge(k)ringelt

Im Zentrum der Amrumer Anlage befindet sich wie in jeder Entenfanganlage ein **Süßwasserteich.** Von seinen Ecken zweigen sich allmählich verjüngende, hornförmig gebogene, 20–30 m lange Gräben, sogenannte Pfeifen, ab. Sie enden jeweils in einer Reuse und sind in ihrer ganzen Länge mit Netzen bedeckt und von dichtem Schilf und Gebüsch umgeben. Auf dem Teich schwammen zahme Enten mit gestutzten Flügeln, die

die einfallenden Wildenten in die Pfeifen lockten, wo sie Futter suchten und auch fanden. Vom Kojenwärter aufgescheucht und ans äußerste Ende der Gräben in die Reusen getrieben, wurden sie ge(k)ringelt – eine etwas harmlose Bezeichnung dafür, dass ihnen der Hals umgedreht wurde.

Die Fangergebnisse variierten von Koje zu Koje, waren im 18. und 19. Jh. aber allgemein sehr hoch. Am erfolgreichsten war die älteste der nordfriesischen Kojen in Oevenum, die über 3 Mio. Enten fing. Allein 1789 wurden hier fast 67 000 Enten geringelt.

Das Ende der Kojen

Ein Großteil der Vogelkojen wurde seit den 1930er-Jahren geschlossen. Die 1934/35 erlassenen Reichsjagd- und Naturschutzgesetze schränkten den Massenfang von Tieren ein und stellten Pflege und Schutz der Wildtiere in den Vordergrund. Ohnehin war der Bestand der Wildenten entlang der holländischen, deutschen und dänischen Nordseeküste durch den intensiv betriebenen Vogelfang bereits drastisch dezimiert. Auch schreckte der zunehmende Tourismus und die damit verbundene Bebauung und Unruhe die Enten mehr und mehr ab, der Fang lohnte am Ende nicht mehr. Viele der Anlagen stehen heute unter Naturschutz und dienen als Rückzugsgebiet für Fauna und Flora. In der urwüchsigen Umgebung des idyllischen Süßwasserteichs in der Amrumer Vogelkoje brüten heute Graugänse, Enten, Teichrallen und Fasane.

Im Kojenwald

Ein neu angelegter Bohlenweg führt aus der Vogelkoje hinaus an die Grenze zwischen Düne und Wald – faszinierende Welten tun sich hier auf: duftende Heide zur Dünenseite, zum Wald hin feuchte, mit Birken bestandene Senken und kleine Moore. Im Winter steht in weiten Teilen des Kojenwaldes Wasser, hier haben sich Erlen angesiedelt und es ist ein Bruchwald entstanden.

In einem Bogen geht es zurück zur Vogelkoje. Auf dem Vorplatz schnattern Wildgänse, im Kiosk kann man sich stärken. Dem Waldweg gen Norden folgend, gelangt man wieder nach Norddorf.

Vogelkoje 📍 D 10

Auf halber Strecke zwischen Nebel und Norddorf befindet sich in einem kleinen Wäldchen aus Birken, Erlen und vereinzelten Pappeln die 1866 angelegte Vogelkoje, das Herzstück des Naturerlebnisraums **Vogelkoje Meeram.** Auf dem Vorplatz wurde ein schöner Spielplatz angelegt, im Kiosk kann man sich stärken. In einem Freigehege neben der Vogelkoje lebt eine Damwildfamilie. Ein neu angelegter Rundweg erschließt den Kojenwald mit Dünenmoor und Erlenbruchwald – eine faszinierende, geheimnisvolle Landschaft, die auch für Kinder sehr spannend ist. Frei zugänglich, s. auch Tour S. 152.

Eisenzeitliches Haus und Großsteingrab 📍 D 10

Von der Vogelkoje kann man auf einem federnden Bohlenweg auf wenigen Metern von der Gegenwart weit zurück in die Vergangenheit spazieren. Großformatige Informationstafeln weisen auf die archäologischen Funde in diesem Gebiet.

Den eingelassenen Jahreszahlen folgend stößt man zunächst auf Siedlungsfunde aus der Eisenzeit. Entdeckt wurden Überreste von mehreren Häusern sowie Spuren von landwirtschaftlicher Nutzung und Handel. Unmittelbar neben den Hausgrundrissen befindet sich die detailgetreue Rekonstruktion eines eisenzeitlichen **Mehrgenerationen-Wohnstallhauses.** Nach historischem Vorbild wurde es in hölzerner Ständerkonstruktion mit Reetdach und Sodenwänden errichtet.

Das Hausinnere veranschaulicht die Wohnkultur vor mehr als 2000 Jahren auf Amrum: Die Menschen lebten damals gemeinsam mit ihren Nutztieren unter einem Dach.

Weiter geht es auf dem Bohlenweg bis in die Jungsteinzeit zu den Resten eines **Großsteingrabs.** Das Hünenbett von Nebel besaß ursprünglich zwei Grabkammern. Tafeln informieren über einen interessanten Schädelfund. Nördlich der Vogelkoje (s. Karte Tour S. 152), frei zugänglich; archäologisch-kulturhistorische Führungen vor Ort mit Öömrang Ferian, Termine im Veranstaltungskalender Amrum Aktuell (www.amrum.de).

Quermarkenfeuer 📍 D 10

In etwa 20 Minuten führt der Bohlenweg von der Vogelkoje vorbei am Eisenzeitlichen Haus zum Quermarkenfeuer südlich von Norddorf. Es geht mitten durch eine atemberaubend schöne, weite und urwüchsige Dünenlandschaft nach Norden. Vom kleinen rot-weiß gestreiften Leuchtfeuer bietet sich ein traumhafter Blick über graue Dünen, den weißen Kniepsand bis hin zum offenen Meer. Auf dem Weg zum Wasser liegen verstreut inmitten der Primärdünen einzelne fantasievolle Bauwerke und ›Hippie-Hütten‹ aus Treibgut, Richtung Nebel sind noch mehr davon zu entdecken (s. S. 158).

Norddorf 📍 D 9

Am Ende der Inselstraße liegt Amrums nördlichste Ortschaft malerisch eingebettet zwischen Dünen, Strand, Heide, Wald und saftig grüner Marsch. Lange vor dem heutigen, 1464 erstmals urkundlich erwähnten Dorf hat es hier vermutlich schon eine erste Siedlung gegeben, die unter dem Dünensand verschwand. Bei Grabungen ist man immer wieder

Guck mal … fühl mal … ! Eine Entdeckungstour im Naturzentrum in Norddorf stillt die Neugier: Was knistert im Watt? Was fressen kneifende Hummer? Wo ist der Wal?

auf Zeugnisse aus der Vor- und Frühzeit gestoßen. Norddorf wurde mehrmals von Feuersbrünsten verwüstet. Im Jahr 1768 brannten nahezu alle Häuser nieder und 1925 fiel dem Feuer fast ein Dutzend Reetdachhäuser zum Opfer.

Das unter Pastor Friedrich von Bodelschwingh errichtete **Seehospiz** leitete im Jahr 1890 Norddorfs Entwicklung zum Badeort ein. Nach skandinavischem Vorbild wurde die Anlage aus Holz errichtet. Bereits die erste Saison war so erfolgreich, dass bald weitere Hospize entstanden (1990 wurde das ganze Unternehmen an den Wiking-Konzern verkauft und zu Mutter-Kind-Kurheimen umgebaut). Im Jahr 1892 erwarb der aus Altona stammende Heinrich Hüttmann das alte Schulhaus und baute es zu einem Hotel um. Der mittlerweile stark angewachsene, architektonisch ansprechende **Hüttmannkomplex** beherrscht noch immer das Dorfzentrum am Kurpark.

Heute ist Norddorf ein moderner Urlaubsort mit großzügigen Kuranlagen und dem Lichtblick – dem einzigen Kino der Insel. Trotz viel neuer Bausubstanz hat Norddorf seinen dörflichen Charakter bewahrt. Vor allem im **Uaster-Anj**, dem zum Watt hin gelegenen Ostteil, findet man viele ausnehmend schöne alte Friesenhäuser.

Naturzentrum Amrum und Maritur

Das am Weg zum Strand liegende Naturzentrum des Öömrang Ferian informiert über Wattenmeer, Umweltschutz und die Inselnatur. In Meerwasseraquarien tummeln sich einheimische Fische. In den oberen Räumen des Gebäudekomplexes (ein ehemaliges Schwimmbad) liegen die Ausstellungsräume des

Lieblingsort

Strandgut

Wie eine Fata Morgana steigen sie vor einem auf – **Hütten aus Treibholz,** Fischernetzen und Plastikfolien. Man entdeckt die seltsamen Gebilde in den Primärdünen am Rande des Kniepsandes zwischen Nebel und Norddorf (♀ D 9/10). Manche von ihnen sind stabile Refugien, ausgestattet mit einem Hüttenbuch, andere nur luftige Kunstwerke. Pfähle ragen wie Masten in den Himmel, gespickt mit Handschuhen und Flaschen, Figuren mit Bojenköpfen verbunden durch blaue Taue, an denen Schuhe baumeln. Der Kreativität und prickelnden Entdeckungslust sind hier in den Dünen am weiten Meer keine Grenzen gesetzt – bis zum Ende des Sommers. Dann werden die Konstruktionen im Sand vergraben, den Rest erledigen die Herbststürme.

maritimen **Erlebniszentrums Maritur** (Maritim und Natur) mit zwei sehenswerten Ausstellungen zu Amrums Geschichte. Die eine erzählt vom Seemann Hark Olufs und dessen Abenteuer in Nordafrika (mit Film), die andere ist dem Kojenmann Cornelius Peters und dem Leben im alten Amrum gewidmet. Eine weitere Attraktion ist das rund 12 m lange Skelett eines jungen Pottwals, das man (im leerstehenden, ehemaligen Schwimmbecken) von allen Seiten betrachten kann. Er war 2016 in der Nordsee vor Helgoland verendet. Die Kosten der Präparation betrugen rund 300 000 €, die zu einem Teil durch Spenden finanziert werden müssen, Spendenbox vor Ort.

Strunwai 31, T 04682 16 35, www.natur zentrum-amrum.de, April–Okt. Fr–Mi 10–17, Nov.–März Mi, Fr, Sa, So 12–16 Uhr, Eintritt frei, Spende erwünscht.

Das Vogelschutzgebiet Amrum Odde   ♀ D–E 9

Auf dem Weg, der durch die Marschwiesen zum Seehospiz und weiter am Schullandheim vorbeiführt, gelangt man zur Odde, der Nordspitze Amrums. Bereits 1936 unter Naturschutz gestellt, gewährt sie Vögeln, vor allem den zahlreichen Eiderenten, einen ungestörten Brutplatz. Das kleine reetgedeckte **Vogelwärterhäuschen** wird nur während der Brutzeit von April bis August bewohnt. In der Saison bietet der Vogelwart ornithologische Führungen an, die auch für Kinder empfehlenswert sind. Vom Fahrradständer an der Wattseite nördlich von Norddorf sind es gut zehn Minuten zu Fuß zum Treffpunkt an der Treppe, die über die Düne zur Vogelwarte führt.

Die Odde ist eine der Schwachstellen der Insel. Steilabbrüche der Stranddünen zeugen von der zerstörerischen Kraft der Nordsee – in den letzten 200 Jahren hat die Odde etwa die Hälfte ihrer einstigen Größe eingebüßt.

Ornithologische Führungen Mai–Okt. Di–So 10 Uhr, Spende erwünscht.

Schlafen, Essen

Traditionsreich
Hotel-Restaurant Hüttmann: Ein auf mehrere Häuser verteiltes Imperium mit komfortablen Zimmern, Suiten. Apartments für bis zu 9 Pers. Wellnessabteilung mit Sauna, Solarien, Fitnessraum. Wer sich vom Kochen zu Hause erholen möchte, kann's hier tun: im Café-Bistro »der kleine Hüttmann« und das erstklassige Restaurant sind auch Außerhausgäste willkommen. Am Abend kann man gut in der Entenschnack-Bar des Hauses entspannen.

Ual Saarepswai 2–6, T 04682 922-0, www. hotel-huettmann.com, DZ, FeWo und Suiten 78–241 €.

Ein Stück vom Glück
Mein Inselhotel: Von außen eher schlicht, überrascht das Hotel innen mit heimeliger Atmosphäre. Jedes der 15 liebevoll eingerichteten Zimmer ist eine Welt für sich – sie heißen z. B. standroseRot und himmelBlau. Leckeres Frühstücksbuffet, feine bodenständige Küche am Abend.

Madelwai 4, T 04682 945 00, www.mein-in selhotel.de, DZ 150 €.

Altes Amrumer Wirtshaus
Ual Öömrang Wiartshüs: Gute, traditionelle nordische Küche, besonders Fisch- und Krabbenspezialitäten. Serviert wird in einem gemütlichen alten Friesenhaus mit lauschiger Gartenterrasse. Abends unbedingt reservieren. Wohnen kann man im historischen Friesenhaus (DZ/FeWo ab 126–174 €) ebenso wie

auch im nur wenige Schritte entfernten, 2013 neu erbauten Friesenhaus (Suiten 172–195 €).

Bräätlum 4, T 04682 836, Hauptsaison tgl. ab 17.30 Uhr, Nov.–Ostern Di Ruhetag, im Winter einige Wochen geschl. Vegetarisches ab 15 €, Fisch und Fleisch ab 19 €.

Essen

Bessere Küche als zuhause
Oomes Hüs: Modernes, maritim-friesisches Ambiente mit nettem Garten. Hier stimmt alles. Die Speisen werden frisch zubereitet und mit Freundlichkeit serviert, entsprechend gut besucht.

Dünemwai 4, T 04682 21 99, www.oomes-hues.de, ab 18 €.

Wie aus dem Bilderbuch
Ual Öömrang Wiartshüs: Ein gemütliches, friesisches Kapitänshaus mit hübschem Garten. Kreativ zubereitet und serviert werden nordische Klassiker vom Fisch, Schwein, Rind und Lamm.

Bräätlun 4, T 04682 836, uoew.de, Vegetarisches ab 15, Fisch und Fleich ab 19 €.

Sonnenterrasse am Meer
Strand 33: Leichte, frische, deutsche und internationale Küche, z. B. Antipasti, Suppen, Salate, Pasta, Gerichte aus dem Wok, Burger. Tagsüber herrscht viel Betrieb. Man kann aber gut bis in den Abend hier sitzen – Wolldecken werden gereicht.

Direkt am Strand, www.strand33.de, Hauptgerichte 12–34 €.

Wo die Leute Schlange stehen
Café Schult: Traditionsreiche Bäckerei und Konditorei mit Café-Terrasse. Verlockende Auswahl an Broten und Brötchen. Auch Vollkorniges und himmlische Torten.

Am Kurpark, 9.30–18 Uhr. Bäckerei Mo–Sa ab 7.30, So ab 8 Uhr.

Der Sandspaghettihäufchenmacher!

Beim Naturzentrum die Treppe hinauf
De Strunluuker: Im Gebäude des alten Schwimmbades geht es hinauf an der Maritur-Ausstellung vorbei und noch eine Treppe hoch – der Aufstieg lohnt: Hier werden traditionelle, vor allem norddeutsche Gerichte aus überwiegend regionalen Produkten nach dem jahreszeitlichen Angebot frisch zubereitet. Slowfood ist hier kein Werbegag – einfach klasse!

Strunwai 31, T 04682 968 94 40, www.destrunluuker.de, in der Saison So–Di, Do–Fr 12–15 und ab 17.30 Uhr, Mi ab 12 Uhr bis »Sonne weg«, Fr wird auf der Terrasse gegrillt.

Einkaufen

Bücher und Fotos
Quedens: Filiale des Geschäfts in Wittdün (s. S. 143) mit dem gleichen Angebot.

Strunwai 22, T 04682 41 11. Wer mag kann sich auch online mit Amrum-Büchern/Souvenirs eindecken: https://quedens.de.

Räder und Drachen
Amrumer Fahrradcenter & Drachenland: Fahrräder und Zubehör, dazu alles, was das Drachen-Herz begehrt: Kinderdrachen, Windspiele.
Lunstruat 3, T 04682 962 71, www. amrumer-fahrradcenter.de, Mo–Sa 9–18, So 11–18 Uhr.

Schönes aus Ton
Cordulas Töpferei: Im Gewerbegebiet liegt – von Norddorf kommend rechter Hand kurz vor dem Abenteuerland – Cordulas Töpferei mit schöner Keramik.
Hoofstich. in der Saison, jeden Fr 11–16 Uhr, Verkaufsausstellung im Garten.

Bewegen

Gut Schlag an der Dünenkante
Minigolfplatz Norddorf: Die Lage ist etwas Besonderes –ruhig und geschützt zwischen Wald und Dünen. Auch Bungee und SpielGolf.
April–Okt., T 0175 784 43 38, www. minigolfamrum.de, Hauptsaison tgl. 11–19, Nebensaison 12–18 Uhr.

Für Regentage
Amrumer Abenteuerland: Indoor-Spielplatz im Norddorfer Gewerbegebiet. Mit Kletterberg, Tischtennis und Trampolinanlage. Fahrten mit dem Autoscooter kosten extra.
Hoofstich 3, T 04682 96 86 64, www. boyens-amrum.de/abenteuerland-amrum/, Kernöffnungszeit in der Saison tgl. 12–17.30, in den Sommerferien Mo–Sa ab 10.30 Uhr, Kindertageskarte 9,50, Erw. 5 €.

Am Norddorfer Strand
Wassersportschule Amrum: Windsurfen, Kiten, Katamaran und SUP, dazu Spielplatz, Trampolin und Kiosk. Der Norddorfer Strand bietet je nach Wind und Windrichtung beste Revierbedingungen – Stehreviere bei Niedrigwasser eignen sich zum Üben für Anfänger, Fortgeschrittene stürzen sich bei Hochwasser in die Wellen. Da keine direkte Zufahrt zum Badestrand besteht, kann man sich für den Transport des Surfboards an die Surfschule wenden. Dort ist auch die Lagerung möglich. Kurse zum Schnuppern, für Anfänger und Fortgeschrittene.
Am Norddorfer Strand, T 0171 484 93 16 oder T 0160 427 60 84, https://boyens-amrum.de, April–Okt. tgl. 8–18 Uhr.

Barfuß im Weltnaturerbe
Wattwanderungen: Am schönsten sind die Touren von Insel zu Insel – zwischen Amrum und Föhr – die auch Dark Blome, anbietet, T 0176 94471123, www. der-inselläufer.de. Termine findet man im Veranstaltungskalender Amrum-aktuell.
Rainhard Boyens, T 0160 93 54 59 00, www. wattwandern-amrum.de; Andreas Herber, T 0171 401 20 57, www.wattwanderung-amrum.com.

Ausgehen

Konkurrenzlos
Kino Lichtblick: Schönes, kleines Kino mit großer Theke und Bistro-Tischen im lichtdurchfluteten Foyer. Gerne auf einen kleinen Snack vor der Vorstellung. Das Kinoprogramm ist im Veranstaltungskalender »Amrum aktuell« aufgeführt.
Triihuk 1, T 04682 962 00, https:/.kino-amrum.de.

Infos

- **Amrum Touristik Norddorf:** 25946 Norddorf, T 04682 947 00, Ual Saarepswai 7, in der Saison Mo–Fr 9–17, Sa 10–12, sonst Mo–Fr 10–14 Uhr.

Pellworm und die Halligen

Eine grüne, ruhige Insel im Meer — am Horizont, wie ankernde Schiffe auf hoher See, die Warften der Halligen.

Seite 170

Alte Kirche

St. Salvator mit der mächtigen Turmruine ist das markante Wahrzeichen der Insel Pellworm. Eine Kostbarkeit ist die 1711 von dem berühmten Meister Arp Schnitger erbaute Orgel.

Seite 170

Rungholt-museum

»Heute bin ich über Rungholt gefahren, die Stadt ging unter vor sechshundert Jahren.« Die Funde aus dem Wattenmeer um Pellworm vermitteln ergreifende Einblicke in das Leben der in den Uthlanden untergegangenen Siedlungen.

Die Ringelgans: Alptraum für Bauern, heilige Kuh für Naturschützer.

Eintauchen

Seite 180

Hallig Hooge

Die ›Königin der Halligen‹ zählt die mit Abstand meisten Tagesgäste. Die Backens-, Kirch- und Hanswarft werden von der Halligkutsche angefahren. Doch nur wer die ganze Hallig mit ihren breiten Prielen durchquert oder sie auf dem Sommerdeich umrundet, kann ihre Schönheit ermessen.

Seite 189

Ketelswarf

Die malerische Warf auf Langeneß bezaubert mit denkmalgeschützten Friesenhäusern aus der großen Epoche der Seefahrer. Im Kapitän-Tadsen-Museum wird diese Zeit wieder lebendig.

Seite 190

Mit der MS Rungholt zu den Halligen Oland und Gröde

Die beiden Eilande gehören zu den Perlen des Hallig-Archipels, und das keineswegs nur im Juli, wenn der Halligflieder blüht. Das kleine Motorschiff Rungholt ist in der Saison im Halligmeer unterwegs, versorgt die Bewohner mit Lebensmitteln und bringt Übernachtungsgäste – oder auch Tagesbesucher, die neugierig sind auf den Halligalltag.

Seite 179

Süderoog

Gastfreundschaft hat auf der kleinen Hallig südlich von Pellworm eine ebenso lange Tradition wie der sorgsame, verantwortungsvolle Umgang mit der Natur und dem Leben. Die Post wird hierhin zu Fuß übers Watt gebracht. Wer mag, darf mitlaufen.

Seite 180

Königspesel auf Hooge

Ein Kleinod der Halligkultur ist die mit Kostbarkeiten aus der goldenen Seefahrerzeit ausgestattete Friesenstube auf der Hanswarft.

3500 Schafe, 1000 Kühe und 1200 Menschen wohnen auf Pellworm.

30 °C und kein Wasser in Sicht? Kann im Wattenmeer passieren; so ist das eben mit Ebbe und Flut. Schuhe aus und raus auf den sonnenwarmen Meeresboden. Eine Wohltat!

erleben

Bullerbü im Wattenmeer

G

»Grenzenlose Einsamkeit! Herrlich! Kommt mit! Kommt mit! Ihr Lieben! Eine neue, liebe, schöne Welt dort!«, schwärmte Detlev von Liliencron 1891. Der Zauber Pellworms machte aus dem unruhigen und bis dahin in allen praktischen Lebensbereichen gescheiterten Baron einen Dichter ersten Ranges.

Grüne Bauerninsel im Meer: Pellworm

Seit Detlev von Liliencrons Zeiten hat sich viel verändert, aber noch immer gilt: Wer auf Sandstrand und Dünen verzichten kann, wer Ruhe und Entspannung sucht, der findet sie auf dieser grünen, vom Kranz der Halligen umgebenen Bauerninsel. Auch in der Hauptsaison kann man hier noch die Seele baumeln lassen – auf schmalen Wegen inmitten saftiger Weiden und wogender Getreidefelder, auf grünem Deich zwischen grasenden Schafen, an schilfumkränzten, vogelreichen Pütten oder auf ausgedehnten Wanderungen im silbergrauen Watt.

Pellworms eigenständige Geschichte beginnt mit der verheerenden Sturmflut von 1634: Es wurde losgerissen von der Großinsel Strand. Mit holländischer Un-

ORIENTIERUNG **O**

Kur- und Tourismusservice Pellworm: Uthlandestr. 2, 25849 Pellworm, T 04844 189 40, www. pellworm.de. Der monatliche Veranstaltungskalender »Pellworm heute« enthält alle aktuellen Öffnungszeiten, auch als Download. Auf dem Smartphone informiert die App http://mobile.pellworm.de.

Anreise perBahn/Bus: Zugverbindung bis Husum mit Busanschluss zum Fähranleger.

Anreise per Fähre von Strucklahnungshörn/Nordstrand: Fahrtdauer ca. 35 Min., 3–7 x tgl., Info und Buchung der Autoplätze (s. S. 229.).

Parken: Kostenpflichtige Langzeitparkplätze liegen hinter dem Deich in Strucklahnungshörn, Kartenautomat, 4 € pro Tag, Monatskarte 12 €.

Verkehr auf der Insel: Ein Linienbus verkehrt in Verbindung mit Fährfahrten (das Fährticket gilt auch für den Bustransfer). Der Bus steht bei Ankunft der Fähre am Tiefwasseranleger bereit. Die meisten Vermieter holen ihre Gäste von der Fähre ab. Sammeltaxi der Reederei N.P.D.G. (Mietwagen, Taxi) T 04844 15 15.

terstützung gelang es den Bewohnern der ehemaligen Pellwormharde, große Teile ihres verbliebenen Landes zu retten. Schwere Sturmfluten machten der Insel weiterhin zu schaffen, immer wieder brachen die Deiche, das letzte Mal in der verheerenden Februarflut 1825.

Mit der Gewinnung des Bupheverkooges im äußersten Nordosten erhielt Pellworm 1938 seine gegenwärtige Gestalt. Heute umschließt ein rund 25 km langer, 8 m hoher Deich ein gutes Dutzend fruchtbarer Köge. Ohne den schützenden Deich würde die Insel im Wechsel der Gezeiten täglich zweimal überfluten. Würde er brechen, liefe die Insel voll ›wie eine Suppenschüssel‹.

Kleinode im Wattenmeer: die Halligen

Ganz anders die Halligen, die – von einem niedrigen Sommerdeich auf Hooge abgesehen – bis heute unbedeicht sind. Bis zu 50-mal im Jahr melden einige von ihnen »Land unter«, dann ragen nur noch die Warften aus dem Meer. Keineswegs ein Unglück, im Gegenteil – durch herangetragenen Sand und Schlick wächst das Halligland empor, langsam aber stetig und kann damit (im Gegensatz zum eingedeichten Land der Inseln) bisher noch mit dem Meeresspiegel-Anstieg Schritt halten.

Zehn Halligen sind es: Langeneß, Oland, Gröde, Habel, Hooge, Norderoog, Hamburger Hallig, Nordstrandischmoor, Süderoog und Südfall – und jede von ihnen hat einen ganz eigenen Charakter: Die großen Halligen Langeneß und Hooge zählen jeweils über hundert Einwohner, die kleinsten sind allein das Reich der Seevögel und werden von einem Vogelwart gehütet.

Das Leben auf den Halligen war über Jahrhunderte ein Kampf um die bloße Existenz. Sterbende Inseln wurden sie genannt, unablässig nagte die

Nordsee an ihnen. Die heutigen Halligen weisen nur noch ein Zehntel bis ein Drittel ihrer ursprünglichen Größe auf. Bei der Februarflut 1825 wurden auf den Halligen von 339 Häusern 233 so verwüstet, dass sie unbewohnbar waren und wieder neu aufgebaut werden mussten. 74 Halligbewohner und fast alle Schafe ertranken. Staatliche Hilfe ließ lange auf sich warten. Erst Ende des 19. Jh. wurden erste Schutzmaßnahmen bewilligt.

Doch erst mit dem 1953 aufgestellten Programm Nord zur Förderung wirtschaftlich und strukturell unterentwickelter Regionen Schleswig-Holsteins sowie einer ab Anfang der 1960er-Jahre durchgeführten Sonderaktion zum Schutz der Halligen zogen Fortschritt (Strom und fließend Wasser) und Sicherheit auf den entlegenen Eilanden ein: Warften wurden erhöht und verstärkt, ein Großteil der alten, reetgedeckten Hallighäuser abgerissen und durch große Zweckbauten ersetzt. In allen neuen Gebäuden wurde im Obergeschoss ein

ORIENTIERUNG

Touristikbüro Hallig Hooge: Hanswarft, 25859 Hallig Hooge, T 04849 91 00, www.hooge.de.
Tourismusbüro der Halligen Langeneß und Oland: Ketelswarf 1, 25863 Hallig Langeneß, T 04684 217, www.langeness.de.
Internet: Informative Seiten mit Links zu Touristenbüros und Unterkunftsverzeichnissen sind www.nordfriesische-halligen.de und www.halligen.de.
Fähre: regelmäßige Fährverbindungen zwischen Schlüttsiel, Langeneß, Hooge und Amrum (s. S. 230).
MS Rungholt: Tagesausflüge in die Halligwelt von Schlüttsiel (s. S. 190).

Schutzraum eingebaut. Die aus Stahlbeton gemauerten, sturmflutsicheren Kästen sind nach dem alten Ständerprinzip auf Pfeilern tief in der Warft verankert und liegen fast 4 m über dem höchsten je gemessenen Sturmflutniveau.

Arbeiten und Lernen mitten im Meer

Neben dem Küstenschutz gehört heute der Tourismus zu den Haupterwerbszweigen. Landwirtschaft, d. h. Weidewirtschaft (Rinder und Schafe), wird bis auf wenige Ausnahmen als Nebenerwerb betrieben, zu einem großen Teil mit Pensionsvieh vom Festland. Es wird im Frühjahr auf die Halligen gebracht und im Herbst wieder abgeholt. Auf allen von mehreren Familien bewohnten Halligen gibt es eine Schule, sodass die Kinder bis zum Hauptschulabschluss auf ihrer Heimathallig bleiben können – in der Schule auf Nordstrandischmoor werden durchschnittlich zwei, auf Hooge und Langeneß ›eine gute Handvoll‹ bis 15 Schüler unterrichtet. Die Schule auf Gröde wurde 2012 wegen Schülermangel geschlossen. Auf Pellworm ist die Zahl der Schüler dank Zuzug junger Familien in den letzten Jahren erfreulich gestiegen. Gut 95 Schüler zählt die Hermann-Neuton-Paulsen-Schule, benannt ist sie nach Hermann Paulsen, dem weltoffenen Pädagogen und Besitzer der Hallig Süderoog.

Pellworm

Tammensiel　　　　📍 J 13

Mehr als 1,5 km ragt der Tiefwasseranleger ins Wattenmeer hinaus, hier legt die Fähre von Nordstrand an. Bei ihrer Ankunft wartet ein Bus, der die Urlauber kostenlos nach Tammensiel bringt. Die kleine Ortschaft mit verschiedenen Läden, Cafés und Fahrradverleihen ist das eigentliche Zentrum Pellworms. Im Hafen legen nicht nur die Ausflugsdampfer ab. Hier löschen auch Küstenfrachtschiffe ihre Lasten, gehen die Jollen und Motorboote vor Anker, die bei Ebbe auf schlickigem Watt trockenliegen. Auch die Fisch- und Krabbenkutter landen ihre Fänge an. Pellworm ist Heimathafen für ein halbes Dutzend Fischkutter, die von Mitte März bis Ende November auf Krabbenfang gehen.

Inselmuseum

Die sorgsam angelegte Sammlung zeigt auf 150 m² die landschaftliche und kulturelle Entwicklung der Insel. Anhand von Modellen und Originaldokumenten gewinnt man einen Einblick in Deichbau, Wasserversorgung, Salzgewinnung, Haus- und Warftenbau sowie Schul- und Kirchenleben. Um Platz zu sparen, sind viele zusätzliche Ausstellungsstücke in Schubladen untergebracht, die auch Kinder dazu verlocken, auf Entdeckungsreise zu gehen. Uthlandestr. 2, geöffnet wie Touristeninformation, zusätzlich Sa, So 9–16 Uhr, Eintritt frei, Spende erwünscht.

Schifffahrtsmuseum Pellworm

Klein, aber sehenswert ist die Ausstellung »Seefahrt tut not« im alten Reedereigebäude, das heute Museum ist. Hier befand sich bis zur Fertigstellung des Tiefwasseranlegers das Büro der Neuen Pellwormer Dampfschifffahrts-Gesellschaft. Die im oberen Stock untergebrachte Dauerausstellung dokumentiert die Geschichte der Pellwormer Schifffahrt und der Seenotrettung. Im Erdgeschoss, das in den Wintermonaten wegen Überflutungsgefahr bei Sturmflut geräumt wird, werden jährlich wechselnde Ausstellungen präsentiert. Alter Hafen, T 04844 266 oder 241 tgl. 10–17 Uhr, Eintritt frei, Spende erwünscht.

Eine Straße im Meer: Seit 1992 ermöglicht der Tiefwasseranleger die tideunabhängige Anreise auf die Insel.

Leuchtturm 📍 J 14

Der prachtvolle, rot-weiß gestreifte, 37 m hohe **Leuchtturm** sichert seit 1907 die Einfahrt in den Heverstrom. Um dem Bauwerk eine feste Grundlage zu geben, mussten 127 Pfähle von 13,5 m Länge in den moorigen Untergrund gerammt werden. Das Leuchtfeuer, das 26 km weit zu sehen ist, wurde von Anfang an elektrisch betrieben. Da es keine Stromversorgung auf der Insel gab (Pellworm ging erst Ende der 1930er-Jahre ans Netz), lieferten Akkumulatoren, die von zwei Dieselmotoren aufgeladen wurden, den nötigen Strom. 1977 wurde er automatisiert. Einkehren in Leuchtturmnähe (s. S. 175). Süderkoog, Besichtigung nur im Rahmen einer Führung, Mindestalter 8 J., 5 €/2,50 € (Karten nur beim Kur- und Tourismusservice), Termine in der Regel Mo, Di, Do nachmittag;

frühzeitige Reservierung empfohlen, sowohl Termine als auch Teilnehmerzahl limitiert.

Pütten und Halligblick 📍 H 14

Im Südwesten der Insel befinden sich binnendeichs zahlreiche schilfumkränzte Feuchtgebiete und Wasserflächen, sogenannte **Pütten,** die in früheren Zeiten durch Erdentnahme für den Deichbau entstanden sind. Sie bieten ideale Brut- und Rastplätze für zahlreiche Seevögel. Seewärts sieht man am Horizont die Hallig Süderoog. Fast ein halbes Jahrhundert lang, von 1917 bis 1963, brachte der mit dem Bundesverdienstkreuz geehrte Halligpostbote Heinrich Liermann die Post von Pellworm über das Watt nach Süderoog. Heute ist es Knud Knudsen, der Post,

TOUR
Die Seehundbänke zwischen Pellworm und Norderoogsand

Schiffstour mit den Brüdern Hellmann

Infos

Start:
an der Hooger Fähre
◉ H 13

Planung:
MS Gebrüder Hellmann, T 04844 320, Termine im Pellwormer Veranstaltungskalender oder unter www.pellworm.de,

Dauer: etwa 4 Std.

Kosten: 20 €

Eines der nicht nur für Kinder einprägsamsten Küstenerlebnisse ist eine Schiffsfahrt zu den Seehundbänken. Sie liegen in der Ruhezone des Nationalparks, die nicht betreten werden darf. Normalerweise. Denn als Passagier der MS Gebrüder darf man sogar mitten im Nationalpark aussteigen. Ihre Tour führt von Pellworm nach Norderoogsand direkt an den Seehundbänken vorbei.

Am Anleger Hooger Fähre im Nordwesten der Insel liegt die MS Gebrüder. Das kleine Schiff der Familie Hellmann nimmt seit Jahrzehnten Urlauber mit ins Wattenmeer. Der Kapitän hilft den Gästen persönlich an Bord. Erst wenn auf dem Deich keine eiligen Zuspätkommer mehr zu entdecken sind, legt er ab und steuert das Schiff an Hallig Hooge vorbei in Richtung Norderoogsand, dem mittleren und zweitgrößten der nordfriesischen Außensände im Nationalpark.

Das Treiben auf den Sandbänken

Auf dem Weg nach Norderoogsand passiert die MS Gebrüder ausgedehnte Sandbänke, wo sich Seehunde sonnen. Die possierlichen Tiere leben einen Großteil des Jahres auf den Inseln, die dem Wattenmeer vorgelagert sind, und jagen in der offenen See. Doch im Sommerhalbjahr sind sie zur Geburt und Aufzucht der Jungen sowie zum Haarwechsel und in der Paarungszeit auf die Sandbänke im Wattenmeer angewiesen. Nur jetzt ist es möglich, näher an sie heranzukommen. Ruhig und entspannt liegen sie da. So gut müsste man es haben, denkt man sich. Doch so gut wie derzeit ging es ihnen nicht immer.

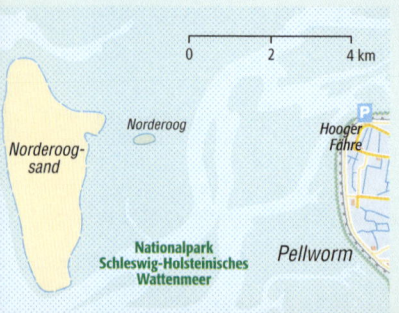

Norderoog

Norderoogsand

Hooger Fähre

Nationalpark Schleswig-Holsteinisches Wattenmeer

Pellworm

0   2   4 km

SOS im Wattenmeer

In den letzten 150 Jahren geriet der Seehundbestand in der Nordsee immer wieder in Gefahr. Umweltverschmutzung durch Dünnsäureverklappung und DDT-Einträge schwächte die Population. Erst nach dem Verbot des Verklappens von Giftstoffen

Die Seehunde kennen die ›Hellmänner‹ und bleiben gelassen beim Anblick der »MS Gebrüder Hellmann«. Schon ihr Urgroßvater schipperte mit seinem Segelschiff die ersten Gäste durch das Wattenmeer.

stiegen die bereits bedrohlich zusammengeschmolzenen Bestandszahlen wieder. Neue Gefahren in Form von Seuchen kamen hinzu. 1988 und 2002 wurde der Seehundbestand durch eine ansteckende Viruskrankheit drastisch reduziert, erholte sich aber wieder.

Seehunde brauchen Ruhe

An der schleswig-holsteinischen Nordseeküste leben derzeit rund 12 000 Seehunde. Der Bestand ist stark und gesund und wächst weiter, dem Schutz sei Dank. Auch scheinbar harmlose Störungen durch Wattwanderer, Freizeitkapitäne und Surfer gefährden Seehunde. Um keine Unruhe aufkommen zu lassen, tuckert die MS Gebrüder vorsichtig und langsam an den Seehundbänken vorbei. Am südlichen Zipfel von **Norderoogsand** wird der Anker ausgeworfen, über einen ausgelegten Plankenstieg gelangen die Passagiere auf den Sand, der eigentlich kein Sand mehr ist.

Eine neue Insel

In den letzten Jahren haben sich an der Nordspitze Dünen von bis zu 4 m Höhe aufgetürmt, knapp 50 verschiedene Pflanzenarten haben sich angesiedelt, rund zehn Vogelarten brüten hier, eine kleine Sensation und auf eine Art doch ganz normal im Wattenmeer, wo der stete Wechsel das einzig Beständige ist. Kapitän Hellmann führt ein Stück über das Eiland – ein idealer Platz für Muschel- und Schatzsucher: Die Hellmanns haben hier schon etliche Flaschen Rotwein entdeckt, die aus einem französischen Schiff stammen, das im Jahr 1856 vor der Küste gesunken ist. Auch alte Münzen und jede Menge Bernstein.

Tipp: Den Kiosk an der Hooger Fähre schätzen auch die Insulaner. Die Speisekarte ist umfangreich und familienfreundlich, der Service ausgesprochen nett.

Am Ende der Tour wird eine Dose mit kleinen Bernsteinen herumgereicht, jeder darf sich als Erinnerung an die Tour einen aussuchen.

**SAG JA –
HEIRATEN AUF PELLWORM** J

Wer sich trauen will, ist auf Pellworm am richtigen Ort. Die Insel hat sich als Hochzeitsinsel einen Namen gemacht. Trauungen finden auf dem Leuchtturm, auf dem Schiff, im Rungholt-Turm oder vor der Seehundbank statt. Schön und wunderbar natürlich ist es auf der Hallig: Der Wattführer Knud Knudsen geleitet die Brautleute nach Süderoog. Nach alter Tradition führt er einen Brautbitterstock mit sich, mit dem er am Hallighaus Einlass begehrt. Der gemütliche Pesel dient als Trauzimmer. Ein Festessen aus biologisch erzeugten Halligprodukten wird auf Wunsch serviert (Info: www.inselhochzeit-pellworm.de, www.leuchtturm-hochzeit.de).

Wattwanderer und Brautleute auf die Hallig führt (s. Kasten S. 170).

In Höhe der Badestelle Schütting passiert man binnendeichs die **Tammwarft** (H 13). Auf Pellworms einzier mit mehreren Wohnhäusern bebauten Warft ist noch ein Fething erhalten, der bis weit ins 20. Jh. hinein Regenwasser für das Vieh sammelte. Das nette Strandcafé auf der Tammwarft blieb im Coronajahr (2020) geschlossen, einfach mal schauen, ob es wieder auf hat.

Rungholtmuseum H 13/14

Alles, was Heimatforscher Hellmut Bahnsen auf seinen Wattgängen als Hinweis auf untergegangene Siedlungen sammelt, findet im **Rungholtmuseum** seinen Platz. In der Saison bietet er heimatkundliche Führungen zu den untergegangenen Kulturspuren im Wattenmeer (s. S. 178) an.

Westerschütting 2, T 04844 569 in der Regel Mi ab 15 Uhr, tgl. geöffnet auf Anfrage, Termine findet man im Pellwormer Veranstaltungskalender oder unter www.pellworm.de, 5 €.

Alte Kirche   H 13

Die **Kirche St. Salvator** mit der mächtigen Turmruine ist das markante Wahrzeichen der Insel. Die Anfänge des Baus reichen in die Zeit des Dänenkönigs Knud den Store (Knut der Große, 1018–1035) zurück, der neben einem großen Teil Englands (Danelag) auch über das damalige Schleswig herrschte. Die erste auf einem alten Thingplatz errichtete Holzkirche wurde im 12. Jh. durch einen Steinbau ersetzt. Chor und Apsis zeigen noch den etwas wuchtigen romanischen Baustil. Innen sieht man eine Fülle von Kunstschätzen. Der spätgotische Flügelaltar, der fast die gesamte Apsis einnimmt, entstand um 1460. Das 1475 von Hinrich Klinghe gegossene bronzene Taufbecken stammt aus dem in der Flut von 1634 untergegangenen Dorf Buphever. Auf der Empore im Westteil der Kirche befindet sich die 1711 von dem berühmten Meister Arp Schnitger erbaute Orgel, die 1987–89 restauriert wurde. Es ist die einzige erhaltene Schnitger-Orgel in Schleswig-Holstein. Musikalische Hochgenüsse bieten die im Sommer regelmäßig stattfindenden Orgelkonzerte (s. S. 237).

Neben der Kirche erhebt sich die beeindruckende **Ruine des Kirchturms,** der einst mit dem Gotteshaus verbunden war. Noch heute kann man im Mauerwerk Reste gotischer Fenster und Balkenabsätze erkennen. Aus heiterem Himmel stürzte der fast 60 m hohe Turm an einem windstillen Tag im April des Jahres 1611 auf seine heutigen, immer noch stattlichen 25 m zusammen.

TOUR
Einen Gang runterschalten

Inselumrundung auf der Deichkrone

Infos

Start:
Fähranleger 📍 J 14
Länge: 28 km

Fahrradverleih: am
Hafen (s. Kasten
S. 172). Zubringer-
bus nach Ankunft der
Fähre zum Hafen.

Die schönste Radwandertour auch für Tagesgäste verläuft immer am Wasser entlang, sie führt auf bzw. vor dem grünen Seedeich im Uhrzeigersinn einmal um die Insel herum. Vom Deich aus sind es jeweils nur wenige Schritte zu den herausragenden Sehenswürdigkeiten der Insel: dem Leuchtturm im Süden, der Alten Kirche im Westen und der Nordermühle im Norden. Von der Nordermühle führt der Nordermitteldeich quer durch die Insel zum Hafen. Wer es eilig hat, kann diese Abkürzung nutzen, er spart etwa 6 km, verpasst allerdings den einsamen Bupheverkoog und die Vogelkoje. Die Tour ist 28 km lang, kann aber immer wieder abgekürzt werden.

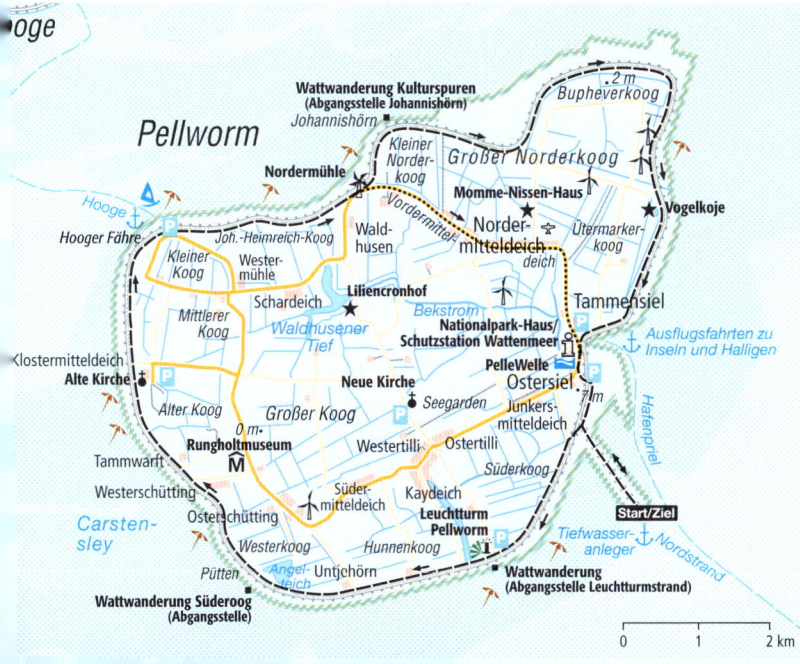

F

PELLWORM – EINE 1A-FAHRRAD-INSEL

Drei Inselradtouren, die alle ihren Ausgang am alten Hafen nehmen, sind auf dem kostenlosen Flyer (Radwanderkarte) mit Tipps zur Einkehr verzeichnet (liegt überall aus, auf der Fähre, im Touristenbüro und bei den Fahrradvermietern: Außendeichrunde inkl. Bupheverkoog und Vogelkoje, 28 km (s. S. 171); Große Runde, vorbei am Leuchtturm, Rungholtmuseum, der Alten Kirche und Nordermühle, 21 km; die Koogrunde mit Leuchtturm, Neue Kirche und Solarfeld, 14 km; Es gibt mehrere Fahrradverleihe auf Pellworm. Sehr guten Service und auch E-bikes bietet Momme von Holdt (Uthlandestr. 4, gleich hinter dem Deich, neben dem Kurmittelhaus, T 04844 348, www.fahrraeder-pellworm.de, tgl. 9–18 Uhr). Fahrradverleih André Andersen (Westertilli 14 und Rungholtweg 2, T 04844 99 23 85).

Unterhalb der Turmruine, zum Deich hin, liegt der 1895 eingerichtete **Friedhof Heimat der Heimatlosen**, auf dem unbekannte angespülte Tote begraben sind. Ein größerer Gedenkstein erinnert an 15 junge Schweden, die 1950 mit ihrem Schiff Ormen Friske (Mutige Schlange) vor Helgoland untergingen. In jahrelanger Arbeit hatten die jungen Männer ein Wikingerschiff originalgetreu nachgebaut, um es auf der Weltausstellung in Paris zu präsentieren. Auf dem Weg nach Frankreich zerbrach es und alle Passagiere ertranken. Stärken kann man sich in der Nordsee Lodge, in der auch Außerhausgäste willkommen sind (s. S. 174).

Tagsüber geöffnet, www.alte-kirche.de.

Hooger Fähre und Nordermühle

♀ H 13

Über den Alten Kirchenweg oder weiter auf der Deichkrone gelangt man zur **Hooger Fähre** an der Nordküste Pellworms, wo das kleine Motorschiff MS Gebrüder zu Ausflügen in den Nationalpark ablegt (s. S. 168). Vom grünen Strand blickt man direkt hinüber zur Hallig Hooge, die bei Niedrigwasser im Rahmen einer geführten Tour auch zu Fuß übers Watt zu erreichen ist. An der Hooger Fähre liegt eine beliebte Badestelle, für das leibliche Wohl sorgt ein Kiosk gleich hinterm Deich. Ein Stück weiter östlich erhebt sich die imposante, im Jahr 1777 nach einem Brand neu aufgebaute **Nordermühle** über dem Deich. In Berichten über die Orkanflut von 1634 ist von acht zerstörten Windmühlen in der Pellwormharde die Rede, insgesamt soll es hier einmal 14 Mühlen gegeben haben. Die Nordermühle ist als einzige erhalten geblieben. Über viele Jahrhunderte war sie in Betrieb und schloss dann 1967. Sie diente lange als Restaurant und beherbergt heute Ferienwohnungen (s. S. 174).

Bupheverkoog

♀ J 12/13

Durch den kleinen Norderkoog geht es weiter Richtung Nordosten. Der erst 1938 eingedeichte **Bupheverkoog** ist der jüngste aller Pellwormer Köge. Das durch Lahnungsbau gewonnene und von Schafen bevölkerte weite Vorland dient dem Küstenschutz, häufig sieht man Schuten mit Reisig und Material für die Lahnungsarbeiten im Watt liegen. Auf der Ostseite des Bupheverkoogs beginnen die Wattwanderungen zu den Spuren der 1634 untergegangenen Siedlungen (Termine im Veranstaltungskalender).

Vogelkoje ♥ J 13

Weithin sichtbar im ebenen, baumlosen Land ist das windgeschorene Wäldchen der **Vogelkoje** im Nordosten des Üter-markerkoogs. Im Jahr 1904 erteilte die Königliche Regierung Heinrich Boysen, der in Wyk auf Föhr eine Wildenten-konserven-Fabrik gegründet hatte, die für den Betrieb einer Vogelkoje benötigte Konzession. Finanziell beteiligt waren außer dem Fabrikanten auch einige wohlhabende Holländer und ein Pellwormer Bauer. Um die relativ klein gehaltene Anlage wurden rund 10 000 Bäume angepflanzt: Pappeln, Eschen und Ulmen. Die Pellwormer Wildenten – in guten Jahren wie 1934 gingen bis zu 11 000 Tiere in die Falle – wurden jeden Abend nach Föhr gebracht, noch in der gleichen Nacht gerupft und in Dosen eingemacht. Mitte der 1930er-Jahre vertrieben dann die lärmenden Bauarbeiten im Zuge der Eindeichung des Bupheverkoogs die scheuen Wildvögel.

Die 1995 restaurierte Anlage verlockt an heißen Sommertagen zu einem Spaziergang im kühlen Schatten hoher Bäume. Wenn sich hier (wie 2020) ein Seeadlerpaar zum Brüten niederlässt, bleibt die Vogelkoje von April/Mai bis Mitte August geschlossen. 2020 gab es leider keinen Seeadlernachwuchs, das Seeadler-Paar gab die Brut auf. Auf dem Deich gelangt man direkt nach Tammensiel und zum Hafen zurück.

Unmittelbar hinterm Deich, ca. 2 km nördl. von Tammensiel, außerhalb der Brutzeit frei zugänglich.

Strände

Rund um die Insel liegen grüne Badestrände (keine Sandstrände). Ausgestattet sind die Badestellen mit Strandkörben, Kinderspielplätzen und Kaltwasserduschen.

Quer über die Insel ♥ H/J 13

Im Inselinneren gibt es keine geschlossenen Siedlungen. An der Straße, die von der Nordermühle in Richtung Süden zum Leuchtturm führt, liegen mehrere große, geschichtsträchtige Höfe. Einer der eindrucksvollsten ist der **Waldhusenhof** im Großen Koog südlich der Nordermühle. Er entstand 1750–1755 rund um einen geschlossenen Innenhof. Berühmt ist die Blaue Stube, ein 1748 eingerichtetes Zimmer in ländlichem Rokoko (keine Besichtigung).

Liliencronhof ♥ H 13

Auf dem von dichten Bäumen umgebenen **Liliencronhof** lebte der Dichter Detlev von Liliencron vom 1. März 1882 bis zum 1. Oktober 1883. Nur eine bescheidene Gedenktafel über dem Hauseingang erinnert an den lebenslustigen ›Danzbaron‹, der hier als Hardesvogt, d. h. als landesherrlicher Repräsentant des Verwaltungs- und Gerichtsbezirks, tätig war. Heute wird der Hof privat bewohnt, die unteren Räume beherbergen eine Töpferei. Von Montag bis Samstag kann man hier im Pellwormer Töpferei und Kunsthandwerksladen schönes nordfriesisches Kunsthandwerk anschauen und kaufen (s. S. 176).
Liliencronweg 28.

Neue Kirche ♥ H 13

Im großen Koog, im Herzen der Insel, liegt die **Neue Kirche** inmitten eines hübsch angelegten Friedhofs mit seltenem und üppigem Baumbestand. Nach dem Brand 1998 ist die Kirche wieder vollständig renoviert. Ihre Ursprünge gehen auf das 16. Jh. zurück. Der heutige Kirchbau mit der neugotischen Westfassade, den Spitzbogenfenstern und dem Westportal entstand bei der umfassenden Renovierung 1867. Sehr viel älteren Datums ist das Inventar – viele wertvolle Stücke wurden nach der Sturmflut von 1634 aus den zerstörten Alt-Nordstrander Kirchen auf die verbliebenen Gotteshäuser verteilt. Aus der versunkenen Kirche zu Ilgroff (zwischen Pellworm und Nordstrand) stammen die um 1600 entstandene Kanzel an der Südwand und der figurenreiche, in den alten liturgischen Farben Gold, Rot und Blau gehaltene Altaraufsatz von 1520. Tagsüber geöffnet.

Momme-Nissen-Haus   ♥ J 13

Allen, die länger auf Pellworm weilen und sich für die Geschichte der Uthlande interessieren, sei ein Besuch im **Momme-Nissen-Haus** empfohlen. In einem ehemaligen Bauernhof ist seit 1978 für die große Zahl katholischer Sommergäste eine katholische Kapelle untergebracht, die zur St. Knud-Gemeinde auf Nordstrand gehört. Bemerkenswert sind die von dem holländischen Professor Franz Griesenbrock gestalteten Glasfenster, die in dramatischen Szenen die Geschichte von Alt-Nordstrand darstellen, vor allem die Orkanflut von 1634 (Abbildung des Fensters im Haus-Flyer, Download s. Website). Bupheverweg 1, tagüber frei zugänglich, www.momme-nissen-haus.de.

Schlafen

Wohlfühlen auf der Warft

Clausenhof: Einer der schönsten Höfe von Pellworm, im Jahr 1761 erbaut, inzwischen liebevoll restauriert. Fünf geschmackvolle, komfortable Ferienwohnungen für jeweils 4 Pers. Großer alter Bauerngarten zum Verweilen. Wunderschön ist der Garten – mit altem Baumbestand und weitem Blick über die Insel. Waldhusen 9 (♥ H 13), T 04844 290, www.clausenhof.de, FeWo 105 €.

Wohnen, wo der Wind weht

Nordermühle: Drei neu ausgebaute Wohnungen für 2–4 bzw. 6 Pers. Das

Innere prägen sonnige Farben und uraltes Eichengebälk. Von den oberen drei Stockwerken bietet sich ein traumhafter See- und Halligausblick. Zum Badestrand sind es nur 50 m. Nordermitteldeich (♥ J 13), Info: www.fewo-nordsee-insel-urlaub.de/FeWo 88–148 €.

Ein Bullerbü für Kinder

Friesenhof: Ein freundlich und persönlich geführtes Haus. Der windgeschützte Bauerngarten ist eine Welt für sich. Es gibt einen kleinen Kinderspielplatz. Wer mag, kann Halbpension bestellen, das Essen ist exquisit. Alte Kirche 7, T 04844 530, www.friesenhof-pellworm.de, DZ und FeWo (2–4 Pers.) 75–120 €.

Nordfriesische Gastfreundschaft

Nordsee Lodge: Bereits in der 5. Generation werden an der Alten Kirche Gäste empfangen. Das Hotel wurde neu gestaltet, 22 Zimmer, modern, freundlich, ohne Schnickschnack mit herzlichen Gastgebern. Was braucht man mehr für eine Auszeit? Eine Wellnessabteilung mit verschiedenen Saunen und Restaurant mit regionaler Küche, die auch von Außerhausgästen geschätzt wird. Alte Kirche 1, T 04844 789 41 00, www.nordseelodge.de, DZ ab 125, DZ mit Balkon ab 139 €.

Familienurlaub bei netten Gastgebern

Ferienhof Paulsen: Sieben ganz unterschiedliche Ferienwohnungen (für 1–6 Pers.), viele Tiere (auch Ponys) und jede Menge Spielmöglichkeiten. Mit Kindern hier Urlaub zu machen ist ein Traum. Ütermarkerweg 8, T 04844 417, www.ferienhofpaulsen.de, FeWo 70–85, auch ein EZ/DZ 42 €.

Camping mit Café

Wattenmeerhaus: Ein kleiner individueller Mix in der Nähe der Alten Kirche:

mit einigen Stellplätzen für Wohnmobile und Zelte, einem Doppelzimmer, einer Ferienwohnung, einem Bett&Bike-Zimmer – und dem Café Rosengarten, vom Bauerngarten schöner Blick auf die Alte Kirche, sympathisch und typisch Pellworm. Am Klostermitteldeich 14. T 04844 990 42 88, www.wattenmeerhaus-pellworm.de, Mitte März–Okt.

Essen

Die Restaurants sind ausflugsfreundlich um die ganze Insel verstreut. Nachmittags bieten sie meist Kaffee und Kuchen, mittags und abends gutbürgerliche bis exquisite Küche mit deftigen Nordseespezialitäten wie Deichlamm und Seezunge.

Etwas Besonderes
Anticus: Ein charmantes Café unweit der Nordermühle – frische Blumen, Leinentischdecken, dazu unwiderstehliche Kuchen und Torten, auch gluten- und meist eine lactosefreie Kreation.
Nordermitteldeich 61, T 04844 99 05 64, www.cafe-pellworm.de, Do–Di 9–18 Uhr.

Daumen hoch …
Hafen Pub: Gemütliche Gaststätte am Hafen, bodenständige Küche mit Blick aufs Wasser, viel Fisch, dazu ein Frischgezapftes.
s. Ausgehen S. 178.

Gut essen auf dem Deich
Unter den Linden: Bodenständige, gutbürgerliche Küche. Serviert werden Fisch, Fleisch-, besonders Lammspezialitäten. Das Preis-Leistungs-Verhältnis ist stimmig. Schön sitzt man nach hinten raus auf der Deichterrasse. Vermietet werden auch Ferienwohnungen.
Westertilli 23, T 04844 399, www.unterden lindenpellworm.de, Do–Di 16–21, So 17–21 Uhr, ab 14 €.

Entspannt und chillig
Schipperhus: Modernes, gemütliches Ambiente, tolle Deckterrasse, eine urige Bar und ein supernettes Team. Die Messe sowie die schwebende Galerie bieten den entspannten Rahmen zum Speisen und Verweilen. Auf der Speisekarte stehen Flammkuchen und Pizza (8,50–18 €) Auch die Einheimischen kehren hier gerne ein.
Tammensiel 26, T 04844 990 22 66, www. schipperhus-pellworm.de, Mi–So 17–22 Uhr.

Einkehr in Leuchtturmnähe
Schön sitzt man im Garten des **Cafés Landhaus Leuchtfeuer,** 200 m vom Strand. Nett ist auch das **Lighthouse Inn** (Curry am Leuchtturm), das mit Curry, Malt&Meer wirbt. Im Ausschank eine Auswahl von mindestens 60 Single Malt Whiskys, kombiniert mit echter Berliner Currywurst – das ist für manche der Himmel auf der Insel.
Süderkoogweg 10, T 0170 286 24 11, www. lighthouse-inn-pellworm.de, saisonal angepasste Öffnungszeiten.

Einkaufen

Auf Pellworm gibt es eine ganze Reihe sehenswerter Galerien und Kunstgewerbeläden. Die Adressen mit Öffnungszeiten findet man auf www.pellworm.de unter den Stichworten Dienstleistungen/Kunstgewerbe, die aktuellen Öffnungszeiten stehen im Veranstaltungskalender.

Lebensmittel
Es gibt zwei **Lebensmittelläden** auf der Insel, der eine (groß und neu) in Tammensiel (Tammensiel 20, T 04844 666, Mo–Fr 8–12, 14–18, Sa 8–12, 17–18, in der Saison So 10–11.30 Uhr), der andere (kleiner und gemütlicher) am Nordermitteldeich 40 (♀ J 13, Tel 04844 227, www. hansikoopmann.de, Mo–Sa 8–12, Mo, Di, Mi, Fr 14–18 Uhr). Pellwormer Produkte gibt es im Inselhofladen (Schulstr. 1,

*Strandurlaub einmal anders –
im grünen Gras Pellworms*

T 0162 696 25 46). In der Saison findet Fr vormittags ein kleiner Wochenmarkt am alten Hafen/Südseite statt. Hier werden auch Krabben und (gegebenenfalls) Beifang von den Fischern angeboten.

Watt'n Käse
Inselkäserei: Von Kühen, die auf grünen Weiden in frischer Nordseeluft geweidet haben, so stellt man sich glücklichen Käse vor. Mal mehr, mal weniger gereift. Termine für Käserei-Besichtigungen und Käseverkauf auf der Webseite und im Veranstaltungskalender.
Liliencronweg 3, T 04844 255, www.insel kaeserei-pellworm.de.

Alles Gute von der Insel
Inselhofladen Thams: So einen Laden kann sich jede Insel, jede Region nur wünschen. Das Fleisch stammt von pellwormer Färsen, Deichlämmern und

Schweinen. Frisch/gefroren, als Salami, Leberwurst oder als schnelle Mahlzeit zwischendurch im Glas. Das Bio-Obst und -Gemüse wird von drei Biobauern in der Nähe von Husum ausgewählt. Dazu gibt es ein großes Sortiment an Bioprodukten: Milch, Joghurt, Butter Käse, Brotaufstrichen und eine verlockende Auswahl an schönen Dingen, wie Lammfellen, Geschirr, Kerzenleuchtern.
Schulstr. 1, T 04844 369, www.pellworm-in selhofladen.de. Der Lieferservice ist übrigens gratis für Pellwormer und Urlauber.

Rinkieken kost nix
Kaufmannsladen Martensen: Ein Laden mit Krimskrams, in dem man einfach alles findet, Bücher, Geschirr, Klamotten und maritime Souvenirs.
Tammensiel 24, T 04844 219, www.kauf mannsladen-martensen.de, Mo–Sa 9–12, Mo–Fr 14–18 Uhr.

Handwerkskunst bei Hermann
Pellwormer Töpferei und Kunsthandwerksladen: Hoch auf der Warft liegt die Töpferei von Hermann Petersen. Neben inseltypischer Keramik auch Glas, Schmuck, Malerei und Flechtgestaltung – ach, hier gibt es so viel Schönes! Ideal zum Geschenkefinden.
Liliencronweg 28, T 04844 15 88, Di–Fr 10–12.30, 14–18, Sa 10–12.30 Uhr.

Für Pellwormfans
Schmuckatelier Sonnenmond: Eine kleine, aber besondere Werkstatt. Spezialität der Goldschmiedin sind Trauringe mit einer Gravur des Pellwormer Leuchtturms oder der Alten Kirche.
Ostersiel 29, T 04844 99 06 66, www. pellwormer-trauringe.de, Mo–Fr 10–13, Mi 15–17 Uhr oder nach Absprache.

Viel Spaß beim Stöbern
Holzwürmchen: Handgefertigtes Holzspielzeug, viele Artikel rund um das Schaf, Maritimes für Heim und Haus, aber auch

ein großes Teesortiment und alles was zum gemütlichen Teetrinken gehört.
Schardeist 1, T 04844 652, www.holzwuerm chen.com, Mo–Fr 10–12, 14–16 Uhr.

Bewegen

Ganzjähriger Badespaß
PelleWelle Freizeitbad: Es gibt einen Kinderbereich mit der Wasserrutsche PelleExpress, eine Saunalandschaft sowie einen Fitnessraum.
Uthlandestr. 6, T 04844 99 04 49, www. pelle-welle-freizeitbad.de, Mo 10–16, Mi 14–21.30, Do–So 14–20 Uhr, Eintritt Schwimmbad Erw. 4,60 €, Kinder 2,70 €.

Gelbes Haus am Hafen
Nationalpark-Haus Pellworm – Schutzstation Wattenmeer: Die Schutzstation Wattenmeer befindet sich am alten Hafen in Tammensiel. Die Ausstellung bietet vielfältige Informationen über die Tier- und Vogelwelt der Nordsee, in Aquarien sind gut getarnte Plattfische und auffällige Blumentiere zu sehen. Angeboten werden Wanderungen, Radtouren und Exkursionen.
Tammensiel 6 (♥ J 13), T 04844 760, www. schutzstation-wattenmeer.de, Mo, Di, Mi, Fr, Sa 10–13, 14–17, So 14–17 Uhr, Eintritt frei, Spende erwünscht.

Pellwormer Urgestein
Ausflugsfahrten mit MS Gebrüder: Am Anleger Hooger Fähre im Norden liegt das kleine Ausflugsboot vor Anker. Die Schiffstouren zu den Halligen Hooge und Oland und zu den Seehundbänken sind Kult: Die Brüder Hellmann dürfen mit ihrem Kutter in die Schutzzone 1 des Nationalparks fahren und ihre Gäste auf der Sandbank Norderoogsand sogar aussteigen lassen (s. Tour S. 168). Es gibt keine Restauration an Bord, am Kiosk Hooger Fähre kann man sich vor Fahrtbeginn noch mit Schnaddelkram eindecken.

Info T 04844 320, Termine im Veranstaltungskalender ›Pellworm heute‹ oder unter www. pellworm.de.

Insel- und Halligfahrten
MS Adler Express: Fahrt nach Hörnum/Sylt (Aufenthalt 5,5 Std.), Fahrt nach Wittdün/Amrum (Aufenthalt ca. 7 Std.). Wichtig: Fahrkarten müssen einen Tag vor dem Ausflug gekauft werden, NPDG-Gebäude/Mole, nur Bargeld möglich.
In der Saison ab Tiefwasseranleger/Mole. 15 Min. vor der Abfahrt gibt es einen kostenlosen Zubringerbus ab Hafen bzw. Kurzentrum.

Ausflugsfahrten
Mit dem Fahrgastschiff MS Nordfriesland: Hinein ins nordfriesische Wattenmeer! Angeboten werden Ausflugsfahrten zu den Halligen Süderoog, Südfall, Nordstrandischmoor und Gröde, auf Seetier- und Krabbenfang sowie zu den Seehundbänken, aber auch nach Amrum und Sylt, Helgoland. Wenn die MS Nordfriesland in ihrem alten Hafen liegt, lädt das Café Tidenhub zu einem kleinen Imbiss ein, auch im Winterhalbjahr (11.30–17 Uhr).
Abfahrt in der Saison ab Alter Hafen am Tammensiel oder vom Tiefwasseranleger, Info T 04844 753, www.faehre-pellworm.de.

Über Land
Inselrundfahrten mit dem Bus: Eine entspannte Art, die Insel kennenzulernen – Radfahren kann man später immer noch genug. 9 €.
April–Okt. tgl. um 13.45 Uhr vom alten Hafen, Dauer etwa 75 Min.

Im Pferdefreundehimmel
Appelhof: Ein freundlich und liebevoll geführter Pferdehof. Kinder sind willkommen, vor dem Voltigieren werden die Pferde gemeinsam geputzt. Zum Ponyführerschein gehört das Pferde-Verstehen. Wer mag, kann hier auch wohnen und am Hofleben teilhaben. Jeder darf helfen, wozu er

Lust hat. Frühzeitig buchen sollte man die Kutschfahrten. Für erfahrene Reiter ein absolutes Highlight: das Wattreiten. Schulstr. 9, T 04844 224, www.appelhof-pellworm.de und www.wattreiten.de, FeWo Ingrid Marie (2–4 Pers.) 60 €, Boskop (4–6 Pers.) 90 €.

Wat mutt, dat mutt

Zu Fuß durchs Watt: Eine Wattwanderung ist liebenswerte Pflicht auf Pellworm. Informationen über die sehr unterschiedlichen Touren sowie Termine findet man im Veranstaltungskalender »Pellworm heute«

Zur Hallig Süderoog: mit dem Halligpostboten Knud Knudsen (s. S. 179) oder einem Mitarbeiter der Schutzstation Wattenmeer, Abgangsstelle Süderoog, 12 km, Dauer ca. 4,5 Std. In den Monaten Juli und Aug. ist eine Anmeldung erforderlich. Teilnehmerlisten hängen in der Schutzstation Wattenmeer aus (Tammensiel 6).

Zu Besuch bei Muscheln und Krebsen: Informative Wattführung mit der Schutzstation Wattenmeer, die Tour führt ca. 500–600 m ins Watt und ist auch für die Kleineren geeignet, Abgangstelle am Leuchtturmstrand, Dauer ca. 1,5 Std.

Zur Heverkante: Eine 2–3-stündige Wanderung durchs Watt mit einem Mitarbeiter der Schutzstation, ca. 5 km, Abgangsstelle Süderoog.

Wattwanderungen zu den Kulturspuren: Mit Hellmut Bahnsen geht es auf die Suche nach den Spuren der 1362 untergegangenen Siedlungen. Die Tour führt ca. 1 km ins Watt, Dauer 1,5 Std, eine Voranmeldung ist nicht erforderlich, Treffpunkt Johannishörn.

Ausgehen

Mittendrin

Schipperhus: Das Ambiente ist chillig und maritim. Die Dachterrasse Infinity lädt zum Sundowner ein, s. Essen S. 175. Tammensiel 29.

Meist geliked

Hafen Pub: Wer kennt sie nicht die Geschichte von Stefan Raab, der im Fernsehen live (mehr oder weniger durch einen Zufall) mit Arno vom Hafen Pub schnackte und spontan empfahl, dessen Hafenpub auf Facebook zu liken. So empfohlen, so geschehen. Schnell übertraf der Pellwormer Hafenpub das Münchner Hofbräuhaus und das Hard Rock Café in New York. Ein Filmteam reiste an. Das alles war großartige Werbung, die aber eigentlich nicht nötig war. Der Hafen Pub ist Kult: Tagsüber gibt es Kuchen und warme Speisen, klasse ist nicht nur der Fisch, im Sommer auf der Terrasse mit Blick auf den Hafen. Das ganze Jahr über ist der Pub der Abendtreff für junge und alte Pellwormer. Tammensiel, T 04844 12 09, www.hafen-pub.de.

Moin, moin am Abend

Beerkrog im Ponyhof: Ponys gibt es hier nicht, aber eine sehr gemütliche Bier-

---

FILM ERLEBEN IM KINO KLUB PELLWORM K

Das kleine feine Kino befindet sich im Bürgerhaus am Kaydeich 15a. Es gibt eine bequeme (originale!) Kinobestuhlung. Das (unregelmäßige) Programm ist wunderbar, Blockbuster in jedem Fall nein danke. Für das Kulinarische Kino gab es schon vor Corona lange Wartelisten. Getränke, kleine Snacks und frisches Popcorn – alles bio, regional und nachhaltig (Kino Klub Pellworm, www.kino-pellworm.de). Übrigens: Das Kino ist eine Privatinitiative, ebenso wie der Abenteuerspielplatz nebenan: Toll für Kinder, und jedes Jahr kommt irgendetwas zum Spielen, Schaukeln oder Klettern hinzu.

stube. Die Speisekarte ist klein, alles wird frisch zubereitet und mit Freundlichkeit serviert – köstliche Salate und hausgemachte Pizzen.

Osterschütting 11, T 04844 414, Di–Sa ab 18 Uhr, warme Küche bis 21 Uhr.

Feiern

- **Pellwormer Rosentage:** eine Woche Mitte Juni. ›Offene Gärten‹ laden zum Besuch während der üppigen Rosenblüte ein, auf einer speziellen Radtour kann man die Inselgärten erleben.
- **Trifun:** Jedes Jahr im Sommer (Juli oder Aug.) wird der Triathlon für Jedermann ausgerichtet. Treffen am Hafen: Kurz vor Hochwasser springen die Teilnehmer hier ins frische Nordseewasser. 500 m Schwimmen, im Anschluss 20 km Fahrrad fahren und zu guter Letzt 5 km Laufen (www.trifun-pellworm.de).

Infos

- **Pellworm heute:** Das Heft erscheint monatlich mit Veranstaltungsterminen, Öffnungszeiten, einer eigenen Kinderseite und vielen nützlichen Adressen. Die Broschüre ist als Download auch im Internet unter www.pellworm.de erhältlich.

Übers Watt nach Süderoog ♀ G 14/15

7 km südwestlich von Pellworm liegt die Hallig Süderoog, die wegen ihrer exponierten Lage zur offenen See hin schon in den ältesten Seekarten der nordfriesischen Küste verzeichnet ist. Die anbrandende Nordsee raubte im Verlauf der Jahrhunderte so manches

Stück Halligland, vor der völligen Abtragung bewahrte sie der vorgelagerte **Süderoogsand,** auf dem allerdings viele Schiffe strandeten. Auf der Website des Pellwormer Schifffahrtsmuseums findet man ein interessantes Verzeichnis der seit 1798 vor Süderoog gestrandeten Schiffe (www.seefahrt.pellworm.net/strandungen.php).

1867 wurde auf dem Sand eine 22 m hohe Rettungsbake errichtet. Als die spanische Bark Ulpiano drei Jahre später vor Süderoog strandete, konnte die Besatzung die Rettungsbake erreichen und wenig später von der Strandvogt-Familie Paulsen geborgen und versorgt werden. Das aus Dankbarkeit zurückgelassene, kunstvoll gearbeitete Heckbild der Ulpiano hängt noch heute über der Tür des reetgedeckten Hallighauses auf Süderoog.

Gastfreundschaft hatte auf Süderoog also bereits eine lange Tradition, als Hermann Neuton Paulsen (1898–1951) den kleinen Vorposten im Wattenmeer über die Landesgrenzen hinaus bekannt machte. Der engagierte Pädagoge richtete hier 1927 eine Internationale Begegnungsstätte ein. Bis 1966 trafen sich auf der ›Hallig der Jungs‹ in den Sommermonaten bis zu 150 Jungen aus Skandinavien, Island, Holland, Österreich, der Schweiz, Ungarn und Deutschland. Eine kleine Ausstellung im **Hallighaus** erinnert an Paulsen, die Schule auf Pellworm trägt seinen Namen.

Heute liegt die Hallig in der höchsten Schutzstufe des Nationalparks und wird gemeinsam vom Verein Jordsand und dem Bund für Vogelschutz betreut. Ein Ehepaar wohnt ganzjährig auf der Insel. Die beiden versorgen ihre Schafe, Kühe und Hühner, sind Vogelwart, Küstenschutzarbeiter und gleichzeitig Halligwirt für die im Sommer täglich auf die Hallig kommenden Gruppen.

Man erfährt viel Wissenswertes über das Leben auf der Hallig. Hier hat man eine der seltenen Gelegenheiten, einen der **Schutzräume** zu besichtigen, die auf den Halligen nach der 1962er-Flut eingerichtet wurden – den letzten Zufluchtsort der Halligbewohner, wenn die Wellen während einer Sturmflut die Warftkrone überspülen. Ob man für die Tour selber Proviant mitnehmen muss oder bei der Ankunft mit Kaffee und Kuchen bewirtet wird, steht im Veranstaltungskalender. www.halligsuederoog.de. Die Hallig darf nur im Rahmen von geführten Touren besucht werden. Mehrmals wöchentlich werden Wattführungen von Pellworm (s. S. 178) aus angeboten, im Sommer Ausflugsfahrten von Husum, Nordstrand und Pellworm (u. a. mit der Reederei NPDG Pellworm, T 04844 753, www.faehre-pellworm.de).

Die Halligen

Hooge   G 12

Die ›Königin der Halligen‹ ist bereits seit 1914 von einem rund 11 km langen, bis zu 1,80 m hohen Sommerdeich umgeben und muss nur noch vier- bis fünfmal pro Jahr »Land unter« melden. Die halligtypische Salzwiesenvegetation hat sich zurückgebildet – Süßwasserpflanzen haben sie verdrängt. Eine Hallig sei das gar nicht mehr, sagen die Nachbarn, die zudem argwöhnisch auf die enorme Zahl von Tagesgästen schielen, die in den Sommermonaten über die Insel schwärmen. Auf der mit 5,6 km² zweitgrößten Hallig wohnen etwa 100 Einwohner auf neun Großwarften – im Sommer mehr, im Winter weniger. Haupterwerbszweig ist der Tourismus. Jährlich werden über 45 000 Übernachtungen und ca. 90 000 Tagesgäste gezählt. Die meisten Tagesgäste bewegen sich im Bereich der Backens-, Kirch- und Hanswarft, diese

drei werden auch von den Halligkutschen angefahren. Doch nur wer die ganze Hallig mit ihren breiten Prielen durchquert oder sie entlang der steinernen Befestigungskante umrundet, kann ihre Schönheit ermessen.

Hanswarft

Auf der **Hanswarft**, die mit 15 Häusern, Gärten und drei Fethingen einem kleinen, idyllischen Dorf gleicht, findet man neben verschiedenen Cafés, Restaurants und dem Kaufmann auch eine Fülle von hochkarätigen Attraktionen: Königspesel, Naturschutzzentrum, Heimatmuseum und Sturmflutkino.

Königspesel

Die berühmteste Sehenswürdigkeit der Halligen erhielt ihren wohlklingenden Namen **Königspesel**, weil König Friedrich VI. von Dänemark – durch schlechtes Wetter auf Hooge festgehalten – hier übernachten musste. Er befand sich gerade auf einer Reise durch die Uthlande, um die Schäden der Sturmflut von 1825 in Augenschein zu nehmen. Schmuckstück des 1760 von Kapitän Tade Hans Bandix erbauten, reetgedeckten Hauses ist die mit Kostbarkeiten aus der goldenen Seefahrzeit ausgestattete Friesenstube. Die blauweiß gefliesten Wände des Königspesels zieren Verse und Motive aus der Bibel. Die Deckenmalereien sind mit Naturfarben wie Ochsenblut, Eigelb usw. aufgetragen. Nach einem Brand 1995, bei dem das Inventar keinen Schaden nahm, wurde der Pesel originalgetreu wiederhergestellt. T 04849 219, tgl. geöffnet nach Ankunft der Schiffe und nach Vereinbarung, Besichtigung nur im Rahmen von Führungen, 2,50 €.

Heimat- und Halligmuseum

Nur ein paar Schritte weiter gewährt das **Privatmuseum Hans von Holdt** Einblicke in die Geschichte und Alltagskultur der Halligen. Das Themenspektrum ist

groß: Neben einer alten friesischen Wohnstube und Zeugnissen aus der Seefahrer- und Walfängerepoche sind hier auch Wattfunde untergegangener Warften zu besichtigen. Man kann sich beim Betrachten Zeit lassen, Fragen werden gern beantwortet, eine sehr angenehme Atmosphäre.
T 04849 238, www.halligmuseum.de, März–Okt. tgl. 10–16 Uhr, 3 €.

Sturmflutkino

Gleich um die Ecke vom Heimatmuseum wird ein Film über die Sturmfluten auf Hooge gezeigt. Den Film über das »**Volllaufen der Hallig**« sollten auch Tagesgäste vor der Erkundung der Hallig anschauen, denn der Wiedererkennungswert ist groß. Man betrachtet Hooge hinterher bei der Halligerkundung mit ganz anderen Augen.
www.sturmflutkino.de, tgl. alle 20 Min., 15 Min. Länge, 3 €, ab 5 Pers.

Erlebniszentrum Mensch & Watt

Am Rand der Hanswarft liegt das **Wattenmeerhaus der Schutzstation Wattenmeer.** Es beherbergt das Erlebniszentrum Mensch & Watt, das Einblicke in die Entstehungsgeschichte des Wattenmeers und in das Hallig-, Watt- und

Nordseeleben gewährt. Außer einem Gezeitenaquarium und Diavorträgen bietet die Station auch naturkundliche Exkursionen an. In der »Wattwerkstatt« des Hauses kann gestöbert, geforscht und gebastelt werden.
T 04849 229, www.schutzstationwattenmeer.de/unsere-stationen/hooge, Eintritt frei, 2 € Spende erwünscht.

Kirchwarft

Zu den meistbesuchten Zielen der Halligbesucher zählt die **Kirchwarft.** Bescheiden duckt sich die alte, 1636 erbaute Kirche mit dem freistehenden Glockenturm neben das 1907 errichtete prachtvolle und um einiges größere Pastorat. Viele Jahrhunderte lang gehörten die Hooger der Pellwormer Kirchengemeinde an, nachdem sie in der großen Mandränke im Jahr 1362 ihre alte, aus der Friesenmission stammende Holzkirche verloren hatten. Zum Gottesdienst gingen sie bei Ebbe nach Pellworm hinüber. Als der Priel zwischen Insel und Hallig immer breiter und der Kirchgang immer beschwerlicher wurde, bekam Hooge um 1600 erstmals wieder einen eigenen Pfarrer. Über den Priel in unmittelbarer Nähe der Kirche führt – parallel zur Autostraße – ein 1999 rekonstruier-

DIE ETWAS ANDERE ART DES URLAUBS

Wer mindestens zwei Wochen Zeit hat und das echte Halligleben kennenlernen möchte, kann sich im Rahmen des Projekts **Hand gegen Koje** um einen Ferienjob auf Hallig Hooge bewerben. Die Arbeiten – vier bis sechs Stunden am Tag – erfolgen ehrenamtlich und richten sich nach den persönlichen Möglichkeiten. Handwerkliche Fähigkeiten werden geschätzt, aber auch Bänke streichen, Rasen mähen, Halligtaler (Kurtaxe) kassieren, Internetrecherche betreiben oder Archivarbeiten durchführen, stehen zur Wahl. Die Unterkunft wird gestellt, die Anreise muss selbst bezahlt werden. Zur Vorbereitung empfiehlt sich das Buch »Himmel über der Hallig«. Lena Johannsen hat den leicht lesbaren Roman in ihrer Zeit als ›Halligschreiberin‹ verfasst (Infos und Bewerbungsbogen auf http://hooge.de, Stichwort: Hand gegen Koje).

ter Stock, eine schmale hölzerne Brücke, wie sie in früherer Zeit üblich war.

Die Kirche

Den in den friesentypischen Farben Blau, Rot, Gelb bzw. Gold gehaltenen Innenraum der **Kirche** prägen die 1624 gefertigten Bänke mit 26 schön geschnitzten Wangen sowie die reich verzierte Renaissancekanzel des Flensburger Meisters Ringeling vom Anfang des 17. Jh. Bemerkenswert ist die Tür zur Kanzel – sie zeigt eine Walmutter mit ihrem Jungen. Ein Grönlandfahrer hat sie 1734 auf hoher See geschnitzt.

Das älteste Kunstwerk der Kirche ist das ins frühe 16. Jh. datierte Kruzifix, das nach der Sturmflut von 1825 am Hooger Strand angeschwemmt wurde. Bei einer Überflutung der Kirche, wie im Jahr 1976 geschehen, kann das eindringende Wasser durch den Sand- und Muschelgrund zwischen dem Kirchengestühl absickern.

Di–So, Gottesdienst So 10 Uhr, 1 € Spende erwünscht.

Schlafen

Der Tagestourismus auf Hooge hat solche Ausmaße angenommen, dass diejenigen, die auch tagsüber Ruhe haben möchten, in der Saison eher eine Unterkunft auf den etwas abseits gelegenen Warften nehmen sollten. Es gibt mehrere Jugendheime auf Hooge, auf der Volkertswarft kann man auch zelten (www.volkertswarft.de).

Abseits vom Tagestourismus

Frerk's Buernhus: Hotelpension ca. 100 m vom Deich. Gepflegte Zimmer und Suiten (für bis zu 4 Pers.), Sauna im Haus. Auf der ruhigen Caféterrasse gibt es nachmittags Kuchen (tgl. ab 13 Uhr). Abendessen für Hausgäste und angemeldete Auswärtige. Das 3-Gänge-Menü am Abend kostet für Hausgäste 19 €. Vermietet werden auch drei Ferienwohnungen für 2–4 Pers. auf der Westerwarft, alle mit Terrasse, 65–95 €.

Lorenzwarft 1, T 04849 254, www.hallig-ho tel.de, DZ 72–94 €.

Typisch Hallig

Hus Halligblick: Einfache Pension in unmittelbarer Nähe des Anlegers und doch ruhig und ursprünglich. Mit Aufenthaltsraum, Sauna, Terrasse. Mittag- und Abendessen auf der Warft möglich, ca. 250 m zur Badestelle. Auf der Website werden nicht nur die Gastgeber, sondern auch alle Warftbewohner vorgestellt – wer sie sind, womit sie ihren Lebensunterhalt verdienen. Mehrere vermieten Privatzimmer.

Backenswarft 5, T 04849 222, www.hus-hal ligblick.de, DZ ab 56 € (mit Etagendusche), FeWo ab 53 € (ab 67 € mit Frühstück).

Mit dänischem Kaminofen

Fri Boysens Hus: Vier komfortable Ferienwohnungen für 4 Pers. in zwei Reetdachhäusern. Die größte ist eine 6-Pers.-Wohnung, die über zwei Etagen geht. Sie verfügt über eine Wohnküche mit offenem Kamin, drei Schlafzimmer, zwei Bäder und eine Sauna. Schön ist Fri Boysens Tidenblick, eine Ferienwohnung auf der Westerwarft für bis zu 4 Pers., 80 € für Einzelreisende, drei der Wohnungen, auch der Tidenblick, werden im Winter für 50 € pro Tag vermietet.

Mitteltritt 2, T 04849 336 od. 0431 649 96 30, www.halligferien.de, FeWo ab 80 € bzw. 120 €.

Willkommen auf dem Bauernhof

Bingehof: Abseits vom Tagestourismus wohnt es sich hier wunderbar bei netten Gastgebern, die ihren Hof naturverträglich und nachhaltig bewirtschaften. Es gibt verschiedene, gut ausgestattete Ferienwohnungen für 1–6 Pers. auf dem Bingehof und im benachbarten Haus

Japsand. Herrlich ist der Weitblick über die Hallig, im Obergeschoss bis zum Meer. Im Hofladen gibt es Produkte von der Hallig: Wurst und Fleisch vom Lamm und Rind, Eier und Honig. Die Eier zum Frühstück selber einsammeln? Aber gerne doch!

Middeltritt 3, T 04849 208, www.hallighof.de, FeWo 40–85 €.

Essen

Ein Stück Halliggeschichte

Restaurant Friesenpesel: In Hooges ältester Gaststätte werden nordfriesische Spezialitäten serviert, große Sonnenterrasse mit Hallig-Weitblick. Im Inneren sind 200 Jahre alte holländische Wandfliesen sowie ein Pesel von 1746 zu bewundern.

Backenswarft 6, T 04849 250, www.friesen pesel.de, ab 13 €.

Mittendrin

T-Stube: Unter offenem Dachgebälk in dem 1736 erbauten Reetdachhaus sitzt man gemütlich im Sofa – gerne tagsüber, am liebsten aber abends, wenn die Tagesgäste fort sind. Auf der Speisekarte stehen halligtypische Getränke, friesische Spezialitäten. Der Tee wird auch zum Außerhausverkauf angeboten.

Hanswarft 6a, T 04849 289, www.t-stube hooge.de, im Winterhalbjahr geschl., Hauptgerichte ab 9 €.

Traditionsreich

Zum blauen Pesel: Das urige Hallig-Café in einem um 1750 erbauten, reetgedeckten Friesenhaus ist nachmittags geöffnet. Der berühmte blaue Pesel wird heute noch als Wohnraum genutzt, man darf einen Blick durch die geöffnete Tür werfen.

Backenswarft 2, T 04849 231, www.blauer pesel.de, April–Okt. Di–So 14–18.30 Uhr, Öffnungszeiten im Winter stehen im »Buddelbreef«.

Hallig Hooge erradelt man sich Stück für Stück – hier geht's an der Kirchwarft vorbei.

Einkaufen

Hooge ist als Fairtrade-Hallig ausgezeichnet. Eine Auswahl von fair gehandelten Produkten ist im ›Eine-Welt-Schrank‹ der Schutzstation Wattenmeer, beim Halligkaufmann und in der Gastronomie zu erwerben.

Zentraler geht's nicht
Der Halligkaufmann: Wer sich den Kühlschrank vor der Anreise füllen lassen möchte: Bestellung spätestens zehn Tage vor der Anreise, Lieferentgelt 5 €. Hanswarft, T 04849 290, www.halligkaufmann.de, in der Saison: Mo–Fr 8–18, Sa 9–15 Uhr, Öffnungszeiten außerhalb der Saison stehen im »Buddelbreef«.

Ökologisch einwandfrei
Bingehof: s. Schlafen, S. 182.

Halligsouvenirs
Galerie Sturmflut: Fotografien, Bücher und verschiedene Souvenirs aus der Halligwelt. Hanswarft 9 a, T 04849 90 99 20.

Bewegen

Weit hinaus
Zum Japsand (♀ F 12): In der Saison bietet die Schutzstation Wattenmeer Führungen an, Treffpunkt am Deichabgang Lorenzwarft/Volkertswarft. Dauer ca. 4 Std, 6,50 €. Termine im Veranstaltungskalender, Infos auch im Erlebniszentrum Mensch & Watt (s. S. 181).

Feiern

- **Ringelgans-Tage:** im April, s. S. 236.
- **Hooger Speeldeel:** in der Regel wöchentl. Ostern–Ende Okt. sowie zum Jahreswechsel. Vorstellungen des Hallig-Theaters im Veranstaltungssaal von Uns Hallig Hus auf der Hanswarft. Termine unter www.hooger-speeldeel.de.
- **Trachtensommer:** alle 2 Jahre am ersten Sept.-Wochenende (das nächste Mal geplant für 2021). Dann treffen sich die Trachtengruppen der umliegenden Halligen, Inseln und des Festlandes auf Hooge und führen traditionelle Trachtentänze auf (www.trachtensommer.de).

Infos

- **Touristikbüro Hallig Hooge:** Uns Hallig Hus auf der Hanswarft, s. S. 165. Neben dem Touristikbüro befinden sich in dem Haus auf der Hanswarft auch die Gemeindepflegestation, das Fundbüro, der Veranstaltungssaal sowie öffentliche Toiletten.
- **WLAN:** Im Bereich von ›Uns Hallig-Hus‹ auf der Hanswarft steht ein öffentliches WLAN-Netzwerk zur Verfügung.
- **De Hooger Buddelbreef:** Veranstaltungskalender mit aktuellen Öffnungszeiten.
- **Fähre:** Von Mai–Okt. wird die Hallig 2 x tgl. im Linienverkehr zwischen Schlüttsiel, den Halligen Hooge und Langeneß und Amrum angesteuert. Die großen Schiffe kommen am Fähranleger im Nordosten der Hallig Hooge an, während die kleine Hooger Fähre von Pellworm am Landsende im Südosten anlegt.
- **Parken:** Gebührenpflichtige Parkplätze stehen ausreichend in Schlüttsiel zur Verfügung (Münzen erforderlich). Bewachter Parkplatz beim Hafenmeister.
- **Tipp:** in der Saison verkehrt der MS Adler-Express 2x tgl. von Nordstrand über Hallig Hooge nach Amrum und Sylt, Info T 04651 987 08 88, www.adler-schiffe.de.
- **Fahrradverleih:** Während der Saison gibt es einen Fahrradverleih am Fähranleger, ganzjährig auf der Backenswarft, T 04849 224.

TOUR
Spaziergang auf der Hallig Hooge

Im NaturErlebnisRaum zu Fuß unterwegs

Nach der Ankunft gleich zur Hanswarft, eine kleine Kutschfahrt und ab ins Café? Muss nicht sein. Abseits der trubeligen Warften kann man an 15 Stationen das Leben auf der Hallig Hooge kennenlernen. Die Tour nimmt ihren Ausgang am **Anleger,** führt an der Halligkante zunächst gen Süden, dann durch Salzwiesen und am Priel entlang halligeinwärts. Über saftige Fennen und den Stock vor der Kirchwarft geht es zum **Segelhafen** mit neuem Seiler Hus (Seglerhaus) auf Stelzen (WC). Unterwegs bieten großformatige Schilder Wissenswertes über Natur und Kultur der Halligwelt. Ganz leicht ist der Weg nicht zu finden – das Suchen und Erkunden gehört zum Konzept.

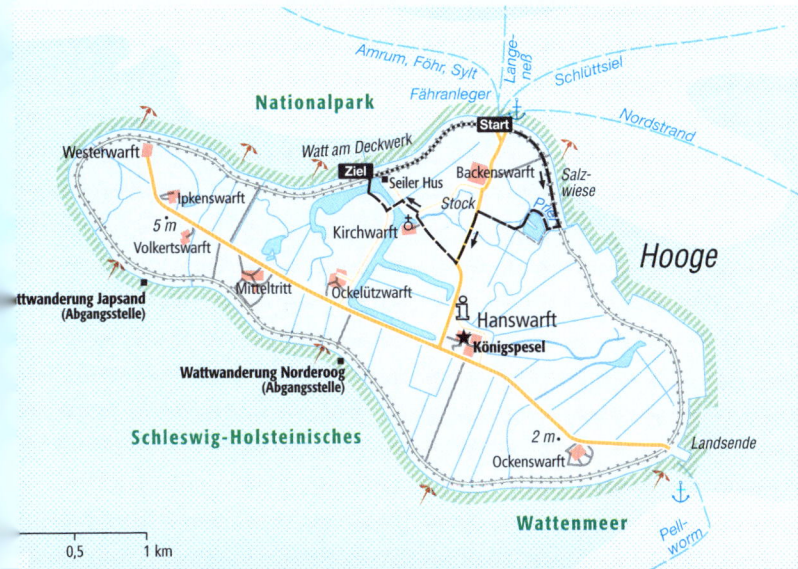

Übers Watt nach Noderoog 📍 G–H 13

Die einzige Warft auf der ›Hallig der Seevögel‹ wurde während der Sturmflut des Jahres 1825 zerstört und von ihrem letzten Bewohner aufgegeben. Die Bemühungen verschiedener Pächter, die Hallig wieder dauerhaft bewohnbar zu machen, scheiterten an finanziellen Mitteln. So wurde sie nur in den Sommermonaten von Hooge aus bewirtschaftet. Für die stattliche Summe von 12 000 Goldmark erwarb schließlich im Jahr 1909 der erst zwei Jahre zuvor gegründete Verein Jordsand die Hallig als **Vogelschutzgebiet.** Der erste Vogelwart war der 1875 in Dänemark geborene Jens Sörensen Wand. Als Behausung diente ihm eine Hütte auf einem Pfahlgerüst.

In den 1996 erneuerten Pfahlbauten wohnt und arbeitet noch immer ein Vogelwart, häufig ein Bufdi (junger Mensch, der im Bundesfreiwilligendienst arbeitet). Während man an den schmalen langen Tischen seinen mitgebrachten Proviant verzehrt, erläutert der Naturschützer seine Arbeit, zu der das Zählen der Vögel gehört. Während der Zeit des Vogelzugs im Frühjahr und Herbst halten sich hier und auf dem vorgelagerten **Noderoogsand** über 50 000 Seevögel auf. Die Hallig ist Brut- und Rastplatz seltener Seevögel. Mit mehreren Tausend Brutpaaren ist die Brandseeschwalbe *(Sterna sandvicensis)* vertreten. In der Brutzeit sind daher Besucher auf der Hallig nicht erwünscht.

Nach dem Ende der Brutzeit aber zieht neues Leben auf der Hallig ein: Die jährlich notwendigen Reparaturen der Uferschutzbefestigungen erfolgen durch den freiwilligen Arbeitseinsatz von jungen Naturschützern aus aller Welt. Ihre Arbeits- und Lebensbedingungen auf der Hallig sind nicht gerade komfortabel. Wenn es regnet, versinken sie im Schlamm, wenn die Sonne scheint, gewährt kein Baum Schatten. Sie wohnen im Zelt, ihr Badezimmer besteht aus einigen Waschschüsseln, die luftig auf einem Steg platziert sind.

Wattführungen nach Noderoog bietet die Schutzstation Wattenmeer, nach Ende der Brutzeit (Juli–Sept.) an. Termine im Hooger Veranstaltungskalender, Erw. 8,50 €.

Langeneß 📍 G 10/11–J 10

Vom Festland führt ein Schienendamm zur Hallig Oland und weiter durch das Watt nach Langeneß. Von 1945 bis 1970 rollte hier Käpt'n Magda Matthiessen per Segellore über den Damm – voll beladen mit Lebensmitteln, Post und Feriengästen, die bei Windstille auch schon mal mitschieben mussten, um das abenteuerliche Gefährt ans Ziel zu bringen. Heute tuckern die Halligbewohner mit (TÜV-geprüften!) Dieselloren durch das Watt – das allerdings nur, wenn die Wasserbauarbeiter Feierabend haben. Die meisten Gäste reisen mit dem Schiff an.

Mit 9,6 km² ist Langeneß die größte der Halligen. Fast 10 km sind es von einem zum anderen Ende der Hallig. 100 Einwohner leben auf den 18 Warften. Die Größe der Hallig erklärt sich daraus, dass Langeneß noch zu Beginn des 20. Jh. aus drei Halligen – **Nordmarsch, Langeneß und Butwehl** – bestand, die durch breite Wasserläufe getrennt waren. In den Jahren 1847 und 1869 durch Dämme verbunden, wuchsen sie zusammen. Eine Autostraße führt der Länge nach über die vereinten Halligen und zweigt zu den einzelnen Warften ab. Die für Tagesgäste attraktivsten Warften – Ketelswarf und Kirchwarf – liegen, vom Anleger aus gesehen, mittig

*Vogelzählen auf Norderoog. Wer ein freiwilliges ökologisches Jahr (FÖJ)
oder Zivildienst leistet, darf hier als Vogelwart leben.*

bzw. in der hinteren Hälfte der Hallig.
Die relativ großen Entfernungen verhindern, dass die ›eiligen Gäste‹, die
nur wenige Stunden Aufenthalt haben,
über die ganze Hallig ausschwärmen. So
kann man hier trotz sommerlichem Tagestourismus und Urlaubsgästen auch
in der Hochsaison noch Stille und Ab-
geschiedenheit finden.

Halligtour
Bei Ankunft der Ausflugsdampfer steht
in der Saison der Halligexpress bereit,
der die Gäste über die Insel befördert.
Interessant für Tagesgäste ist eine Rundtour mit dem Halligbus (Infos s. S. 195).
Es ist möglich, sich auf der Rixwarf am
Anleger ein Fahrrad zu leihen und eine
Tour auf eigene Faust zu unternehmen – aber Achtung: Häufiger als auf
dem Hinweg muss man auf dem Rückweg mit Gegenwind rechnen. So kann

man sich leicht verschätzen und fliegt
mit dem Wind ans Ostende der Hallig,
um ihn auf dem Rückweg zum Anleger
gegen sich zu haben. Als Tagesgast sollte
man bei starkem Wind aus westlichen
Richtungen darum besser nur bis zur
Ketels- bzw. Honkenswarf fahren und
dann umkehren. Die im Folgenden be-
schriebenen Sehenswürdigkeiten sind in
der Regel während des Aufenthaltes der
Tagesgäste geöffnet.

Rixwarf und Hilligenley   📍 G 11
Unmittelbar oberhalb des Fähranlegers am abbruchgefährdeten Westufer
der Hallig erhebt sich die **Rixwarf,** die
durch Uferschutzmaßnahmen gerade
noch rechtzeitig vor dem Untergang
bewahrt wurde. Im reetgedeckten Haus
befindet sich das **Nationalpark-Infor-
mationszentrum,** ein Kiosk sowie ein
Fahrradverleih.

Lieblingsort

›Zuckersnuuten-Zeit‹ auf Hallig Langeneß

Als Tagesgast auf Langeneß macht es großen Spaß, am Anleger ein Fahrrad zu leihen und zwei oder drei Stunden über die Hallig zu zuckeln. Aber dann wird man unruhig wegen der Fähre, vor allem wenn der Wind ins Gesicht pustet, und kehrt meist viel zu früh zurück zum Anleger. Doch die Wartezeit bis zur Abfahrt der Fähre lässt sich prima mit einer kleinen, feinen Einkehr im **Anker's Hörn auf der Mayenswarf** 📍 G 10 überbrücken. Ohne Zweifel ist eine Übernachtung in dem Viersterne-Hotel traumhaft, aber es ist auch wunderbar, dort einfach nur eine Tasse Tee zu trinken und über Fennen, Leuchtfeuer und das Meer zu schauen – ›Zuckersnuuten-Zeit‹ ist täglich von 14 bis 18 Uhr (s. S. 189, Info www.ankers-hoern.de).

Die nächste Warft ist **Hilligenley.** Der Name leitet sich von der friesischen Bezeichnung *lei* für einen Priel/Wattstrom ab. Hilligenley (heiliger Priel) wird sich auf Kirchenland beziehen, das an dem Wasserlauf lag. Das gleichnamige Hotel-Restaurant ist Treffpunkt für Tagesgäste und Halligbewohner.

Ketelswarf ♀ H 10
Die malerische Ketelswarf bezaubert mit alter und neuer Bebauung im Friesenstil. Neun der insgesamt elf Häuser sind reetgedeckt, viele stammen noch aus der großen Epoche der Seefahrer und stehen unter Denkmalschutz. Im **Kapitän-Tadsen-Museum** wird diese Zeit wieder lebendig (T 04684 217, in der Saison Mo–Sa 13.30 Uhr, nach der Führung geschl.). Im Inneren des 1741 erbauten Kapitänshauses beeindrucken bemerkenswerte Wand- und Deckenmalereien sowie über 1600 holländische Wandfliesen. Auch außerhalb des Museums gibt es viel zu entdecken: Der Nachbau der kleinen **Halligbockmühle** wurde 1996 eingeweiht, die **Segellore** kam 2004 hinzu.

Kirchwarf ♀ H 10
Sehenswert ist die 1894 errichtete **Langeneßer Kirche** mit ihrer schön bemalten Balkendecke. Das älteste Ausstattungsstück ist das aus der Nordmarscher Kirche stammende, im 13. Jh. gefertigte Taufbecken aus Muschelkalk. Den gemalten Flügelaltar stifteten 1670 zwei Langeneßer Schiffer. Die Kanzel stammt ebenso wie das Gestühl aus dem ausgehenden 17. Jh.

Peterswarf ♀ H 10
Für länger auf der Hallig verweilende Gäste lohnt ein Abstecher zum **Wattenmeerhaus** Langeneß auf der Peterswarf, das neben naturkundlichen Vorträgen auch Führungen durch Salzwiese und Watt veranstaltet (Termine im Veranstaltungskalender und im Internet

unter www.langeness.de). Von Mitte Juli bis Mitte August erstreckt sich hier ein lilafarbenes Blütenmeer von Halligflieder. Da viele Pflanzen der Salzwiese trittempfindlich sind, existieren sie auf beweideten Flächen nicht mehr. Dass im Umfeld der Peterswarf salzresistente Pflanzen und Tiere zu finden sind – wie es sonst in dieser Vielfalt nur noch selten vorkommt –, ist dem WWF zu verdanken. Beispielhaft führt er an der Peterswarf eine extensive Salzwiesenbeweidung durch.

Lorenbahnhof ♀ J 10
Von Dagebüll auf dem Festland führt ein Lorendamm zur Hallig Oland (ca. 5 km) und weiter zur Hallig Langeneß (2,5 km). Oland hat keinen Lorenbahnhof – die Loren müssen dort aus dem Gleis gehebelt werden, damit die Langeneßer vorbeituckern können. Langeneß verfügt dagegen über einen ›Endbahnhof‹ mit mehreren Gleisen, auf denen die Gefährte stehen. Die Lorenbahn ist kein öffentliches Verkehrsmittel: Einige der privat genutzten Loren sind wenig mehr als fantasievoll aufgerüstete Plattformen auf Rädern. Die Küstenschützer verfügen dagegen über geschlossene Wagen und knuffige, kleine Lokomotiven. Ein lohnenswertes Ziel, hier endet die asphaltierte Straße.
Am Nordostende der Hallig.

Schlafen

Vier Sterne auf der Hallig
Anker's Hörn: Ein Haus zum Wohlfühlen mit Blick über Fennen und Nordsee, stilvolle, freundliche Einrichtung mit viel Holz und Naturmaterialien, Strandkörbe mit Weitblick, schöner geht's nicht. Für das leibliche Wohl ist gesorgt: Es gibt ein leckeres Frühstück, tagsüber leichte Snacks und frisch gebackene Kuchen, abends ein Drei-Gänge-Menü, für Au-

TOUR
Einen Lieblingsort
finden …

Mit der MS Rungholt zu den Halligen Oland und Gröde

Die ganzjährig bewohnten Halligen Oland und Gröde gehören zu den Perlen des Hallig-Archipels, keineswegs nur im Juli, wenn der Halligflieder blüht. Das kleine Motorschiff Rungholt ist in der Saison im Halligmeer unterwegs, versorgt die Bewohner mit Lebensmitteln und bringt Übernachtungsgäste auf die winzigen Eilande – es gibt keine schönere Art, die Halligwelt zu erkunden.

Das charmante kleine Ausflugsschiff Rungholt fährt nach Langeneß, Hooge und zu den Seehundbänken. Wenn es nach Oland und Gröde geht, wird erst einmal gepackt und verstaut – Bananenkartons mit Lebensmitteln, Koffer von Urlaubern, die länger auf Hallig Gröde bleiben. Die Übernachtungsgäste für die Hallig Oland können sich auch von ihrem Vermieter mit der Lorenbahn abholen lassen. Für alle gilt: Die Autos bleiben an Land hinter dem Deich. Der Fahrplan der MS Rungholt richtet sich nach den Gezeiten, Gröde und Oland werden nur bei Hochwasser angelaufen, an manchen Tagen stehen beide Halligen auf dem Programm. Bevor es losgeht, wird unten im Salon Kaffee gekocht, seit jeher gefiltert und von Hand aufgegossen.

Liebliches Oland

Die MS Rungholt geht in dem kleinen Hafen in Sichtweite der einzigen Warft vor Anker. Dicht beieinander liegen hier die Halligkirche, knapp 20 Häuser und ein reetgedeckter Leuchtturm. Bereits um 1231 wurde *Ul-laun* (altes Land) im

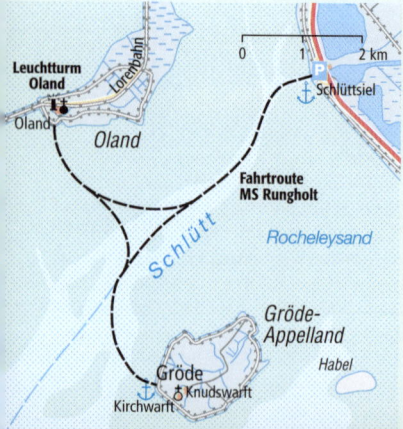

Die MS Rungholt liegt vertäut an Grödes Steg und wartet auf die Rückkehr der Halliggäste.

»Erdbuch«, dem Steuererfassungsbuch des dänischen Königs Waldemar II., genannt und gilt damit als älteste Hallig. Um 1800 gab es hier noch drei Warften. Die fortschreitenden Landverluste im Westteil der Insel wurden durch Landgewinn im Osten wieder ausgeglichen, vor allem seit 1860 der erste Damm zum Festland entstand.

Neugierig strömen die Tagesgäste vom Anleger hinauf zur Warft, etwa anderthalb Stunden Zeit haben sie für ihre Erkundungen. Erstes Ziel ist meist die um 1824 errichtete **Halligkirche** am Westrand der Warft. Sie trotzte 1825 und 1962 den Sturmfluten und stand zuletzt 1976 und 1981 unter Wasser. Die Ausstattung des Gotteshauses stammt aus älteren Kirchen. Das schlichte romanische Granittaufbecken und das eindrucksvolle Kruzifix reichen in die Zeit um 1200 zurück. Auf dem Friedhof liegt der Schriftsteller Wilhelm Lobsien (1872–1947) begraben. Er verfasste den Roman »Der Halligpastor«, den man früher in einem kleinen Lädchen gegenüber der Kirche kaufen konnte. Der Laden wurde geschlossen, die jungen Leute haben Oland verlassen. Das Leben auf der Hallig ist in den vergangenen Jahren stiller geworden. Die Gemeinde hat Wert darauf gelegt, Häuser nicht an Auswärtige zu verkaufen, man wollte keine Zweitwohnbesitzer, die in der Zeit, wenn Nachbarschaftshilfe am nötigsten ist, d. h. im stürmischen Winterhalbjahr, abwesend sind. Nun stehen einige Häuser leer. Auf einer so kleinen Hallig fällt das ins Gewicht.

Infos

Oland ♀ J 9/10,
Gröde ♀ J/K 10/11

Start: MS Rungholt
ab Schlüttsiel ♀ K 9.
Auch andere Ree-
dereien bieten Touren
an (s. S. 230).

Dauer: 5 Std. für
beide Halligen, ein-
zeln je 3–4 Std.

Info: Kapitän Peter-
sen, T 04667 367,
www.halligmeerfahr
ten.de, Kombifahrt
Oland/Gröde 25 €.

Versorgung:
Gaststätte Kiek in auf
Oland (nicht immer
geöffnet), Monikas
Kiosk auf Gröde.

Die Wasserversorgung auf den Halligen

Im Zentrum der Warft befindet sich ein von hübschen
Hallighäusern gesäumter **Fething.** In diesem Teich
wurde Regenwasser gesammelt, das zum Tränken des
Viehs diente, denn den von Salzwasser umgebenen
Halligen fehlte Süßwasser. Warft- und Hausbau waren
darum mit der sorgsamen Planung einer Anlage zum
Auffangen und Sammeln von Regenwasser untrennbar
verknüpft.

Dort, wo eine Warft angelegt werden sollte, steck-
te man bereits auf ebenem Boden den Standort für
die Häuser ab, den Trinkwasserteich für die Tiere
(Fething), den Brunnen für die Menschen (Trink-
wasser-Sood) und den Schöpfbrunnen für das Vieh
(Fething-Sood). Mit dem Aufschichten der Erde
wuchsen Fething und Brunnen mit der Warft in die
Höhe. In ihnen wurde das Regenwasser gesammelt.

Peitschte bei einer Sturmflut die See so hoch, dass
die Warft überflutete und sich Fething und Sood
mit Meerwasser füllten, wurden alle Wasservorräte
auf einen Schlag ungenießbar. Das geschah zuletzt
während der Sturmflut im Februar 1962. Unmittelbar
nach dem Orkan überflogen Hubschrauber der Bundeswehr die desolaten Eilande und warfen Kanister
mit Trinkwasser ab, um zumindest die erste Not zu
lindern. In den folgenden zehn Tagen wurden 7 Mio. l
Süßwasser mit Spezialschiffen vom Festland zu den
Halligen gebracht.

Um derartige Wassernotlagen in Zukunft zu verhindern, begann man mit dem Verlegen von Wasserlei-
tungen. Bereits ein Jahr nach der großen Flut erhielten
Oland und Langeneß Anschluss an das Wassernetz.
1970 folgten die Hamburger Hallig und über die Insel
Pellworm auch Hooge. 1975 floss Trinkwasser nach
Nordstrandischmoor, nach Gröde dann ein Jahr später. Die Fethinge dienen heute als Löschwasserteich
und als Speicher für Notzeiten, die trotz Wasserleitung
nicht ausgeschlossen werden können.

Der Besuch auf Oland geht zu Ende. Doch vor der
Weiterfahrt auf der MS Rungholt bietet die **Gaststätte
Kiek in** Erfrischungen an.

Schöne Hallig – Gröde

Nächster Stopp der MS Rungholt ist für etwa eine Stunde Gröde. Bei der Ankunft steht **Monikas Kiosk** den Besuchern zur Stärkung offen. Auf der Hallig gehen Übernachtungsurlauber von Bord der Rungholt. Sie werden von den Tagesgästen neugierig beäugt. Was macht man bloß eine ganze Woche oder gar zwei, drei auf so einem Winz-Eiland im Nirgendwo? Und was, wenn es ein »Land unter« gibt? Das hoffen viele, aber buchen kann man es nicht.

Während die Koffergäste mit dem Trecker am Anleger abgeholt werden, zieht der Strom der Tagesgäste zu Fuß zu den zwei bewohnten Warften. Auf der **Knudswarft** gruppieren sich vier reetgedeckte Wohnhäuser um den malerischen Fething. Als kleinster Wahlbezirk Deutschlands macht Gröde regelmäßig von sich reden. Das Wahlergebnis kann theoretisch sofort nach Schließung des Wahllokals – das sich im Wohnzimmer des Bürgermeisters befindet – verkündet werden. Allerdings ziehen die wahlberechtigten Halligbewohner die Briefwahl vor – »sonst weiß ja jeder sofort, wer wen gewählt hat«.

Das lang gestreckte Gebäude auf der benachbarten **Kirchwarft** vereint die aktuell leerstehende Schule samt Lehrerwohnung und die Halligkirche St. Margarethen. Die Kirche aus dem Jahr 1779 ist das siebte Gotteshaus auf der Hallig seit der großen Flut im Jahr 1362. Der Pastor kommt zu Gottesdiensten von Langeneß angereist – je nach Wetterlage alle vier bis fünf Wochen.

Eine Hallig für die Vögel

Östlich von Gröde liegt die nur 7 ha große **Hallig Habel** in der Ruhezone des Nationalparks. Sie darf nicht betreten werden, aber auf der Halligfahrt weist der Kapitän auf sie hin. Um 1812 lebten auf Habel noch fünf Familien auf zwei Warften, Ende des 19. Jh. gab es nur noch eine Warft mit einem Haus und Fething. 1905 übernahm der Staat das baumlose Eiland für 6000 Mark – die Nutzfläche bot kein Auskommen mehr. Ab 1934 wurde dem steten Abbruch mit der Befestigung der Halligkante ein Ende gesetzt. Habel wird vom Verein Jordsand betreut und im Sommerhalbjahr von einem Vogelwart bewohnt.

Die MS Rungholt von Kapitän Uwe Petersen, 1966 in Friedrichskoog vom Stapel gelaufen, liegt in Schlüttsiel. Klein ist sie und aus Holz gebaut und nicht zu verwechseln mit der gleichnamigen Fähre der Wyker Dampfschiffs-Reederei, die 2019 nach 26-jähriger Dienstzeit im nordfriesischen Wattenmeer nach Piräus verkauft wurde.

EIN KULTURSCHATZ AUF DER HONKENSWARF 🅷

Ein zauberhaftes Stück Halligggeschichte findet man auf der Honkenswarf (📍 H 10), die östlich der Kirchwarf liegt: Die Friesenstube – das Gegenstück zum Königspesel auf Hooge – ist mindestens so schön wie dieser, aber wohltuend weniger touristisch. Eine Führung bietet einen faszinierenden Einblick in die Kulturgeschichte der Halligen (in der Saison Di, Do 10.30 Uhr).

ßerhausgäste nur auf Anmeldung; ›Zuckersnuuten-Zeit‹ (tgl. 14–18 Uhr) für alle Halligbesucher (s. auch Lieblingsort S. 188).
Mayenswarf 2, T 04684 291, www.ankershoern.de, DZ ab 128 €.

Einnehmend
Hotel-Restaurant Hilligenley: Mit Hotel-Restaurant, auch für auswärtige Gäste. Schön sitzt es sich auf der Sonnenterrasse mit Blick zum nahen Anleger.
Hilligenley, T 04684 223, www.hilligenley.de, DZ ab 84 €, 5 FeWo für 2–4 Pers. 67 und 84 €.

Behaglich und mit Meerblick
Reethuus am Fething: Neues Friesenhaus auf einem großen freien Grundstück mit einem unter Denkmalschutz stehenden Fething. Das Ferienhaus ist in zwei Häuser aufgeteilt: Haus Nordmarsch für 2 Pers. (90 €), Haus Butwehl für 4 Pers. (175 € für 2 Pers., jede weitere Pers. 15 €). Die Wohnungen sind komfortabel. Auf der Terrasse kann man im Strandkorb den Weitblick genießen.
Ketelswarf, T 04684 92 12, www.langeness-reethuus.de.

Auch privat genutzt
Dat Rote Huus: Der Zweitwohnsitz des Autorenehepaars Köster-Lösche ist ein reetgedecktes Einzelhaus im Zentrum der Warft. Eine liebenswert persönliche und gemütliche Ausstattung – ein Platz zum Wohlfühlen.
Ketelswarf, T 04663 13 36, 80 € für 2 Pers., jede weitere Pers. 10 €.

Essen

Zuckersnuuten-Zeit
Restaurant und Café Anker's Hörn: s. Schlafen und Lieblingsort S. 188

Schöne Terrasse
Gasthaus Hilligenley: s. Schlafen

Ein Wohlfühlort für Halligfreunde
Kookenstuv: Genau von so einem Café kann man auf der Hallig träumen. Liebevolle Einrichtung und eine herzliche Gastgeberin, die köstliche Kuchen und Torten kreiert – die besten an der Nordsee, sagen de Gäste –, gebacken wird mit Bio-Mehl, die Kaffeebohnen sind fair trade und auch die Weinauswahl ist teilweise bio. Samstag gibt es hier von 18 Uhr bis in die Puppen Seemannslieder mit Akkordeon und Geige.
Ketelswarf.

Kiosk
Bi de Katja: Der Kaufmann auf der Hunnenswarft ist weg, aber der Kiosk – direkt an der Halligkante! – ist auch klasse, hier gibt es Getränke, Süßigkeiten und einige Souvenirs.
T 04684 95 20 51.

Einkaufen

Lebensmittelversorgung: Die Halligen Langeneß und Oland werden vom Festland beliefert, detaillierte Infos auf www.

Weniger königlich als der Königspesel auf Hallig Hooge, dafür aber nicht weniger prächtig ist die Friesenstube auf der Honkenswarf ausgestattet.

langeness.de (unter Wissenwertes für Ihren Aufenthalt).

Versorgung auf der Hallig: Auf der Honkenswarf gibt es frische Milch, Butter, Eier, Marmeladen/Gelees, Honig und Liköre.

Hallighof Johannsen: T 04684 296,
Kiosk auf der Rixwarf: T 04684 95 20 60
und **Hunnenswarf:** T 04684 95 20 51.

Infos

- **Tourismusbüro für die Halligen Langeneß und Oland:** s. S. 165
- **Flaschenpost:** Jährliches Informationsheft der Gemeinde u. a. mit Adressen und Tidenkalender. Außerdem gibt es 1 x im Monat einen Veranstaltungskalender mit allen Terminen.
- **Anreise:** s. S. 230

- **Langeneß:** Der Halligexpress wartet in der Regel bei Ankunft eines Ausflugsschiffes (nicht bei Ankunft der Fähre!) am Fähranleger.
- **Langeneß:** Fahrradverleih am Anleger – Kiosk Rixwarf (T 04684 95 20 60). E-Bikes nach Verfügbarkeit kann man im Hotel Anker's Hörn (T 04684 291) ausleihen.
- **Halligführung im Halligbus:** Mai–Okt. 12 Uhr ab Rixwarf, nach Ankunft der Fähre (Anmeldung T 01575 66 046 84). Die Fahrt geht quer durch die Hallig zum Lorendamm, anschließend Besuch der Halligkirche und des Kapitän-Tadsen-Museums, 14 Uhr ab Ketelswarf Rückfahrt zum Anleger. Ebenfalls empfehlenswert ist die Halligführung mit der Schutzstation Wattenmeer, ebenfalls um 12 Uhr ab Rixwarf, Termine unter Veranstaltungen. Halligführung: Erw. 7, Kinder 3,50 €.

Nordstrand und Husum

Schafe, Wolken und überall Deiche — ideal für Radfahrer ist die beschauliche Bauerninsel. Über den Damm geht es vom Seeheilbad Nordstrand aufs Festland nach Husum, einem liebenswerten Hafenstädtchen mit hochkarätigen Museen.

Seite 214
Husum ⭐

Als ›Graue Stadt am Meer‹ ist Theodor Storms Geburtsstadt bekannt. Doch grau ist sie nicht, wenn die 4 Mio. Krokusse im Schlosspark blühen. Im Außenhafen legen Ausflugsschiffe zu den Halligen ab und gehen die Krabbenkutter vor Anker.

Seite 218
Schobüll

Was für ein Blick! In Husums Ortsteil Schobüll reicht er frei übers Wattenmeer – kein Deich in Sicht. Das gibt es nur hier, wo nicht die tiefliegende Marsch, sondern die Geest direkt ans Meer grenzt.

Dem Deich folgen, den Wind im Rücken. Nur Fliegen ist schöner!

Eintauchen

Seite 206
Radtour durch den Beltringharder Koog

In der ehemaligen Nordstrander Bucht erstreckt sich das größte Naturschutzgebiet auf dem schleswig-holsteinischen Festland. Die riesige Salzwasserlagune, Schilfgebiete und Feuchtwiesen sind für Vögel ein idealer Lebensraum.

Seite 221
Nordfriesisches Lammkontor

Inmitten friesischer Antiquitäten genießt man in Husum »feinheimische« Küche, auch im dazugehörigen Hofladen locken Köstlichkeiten aus der Region.

Zur Hallig Südfall

Auf die Hallig 5 km westlich von Nordstrand geht es zu Fuß oder mit der Kutsche übers Watt. Hier lag einst das sagenumwobene Rungholt.

NordseeMuseum

Man sieht nur, was man weiß. Das NordseeMuseum in Husum beeindruckt mit spannenden Ausstellungen zu Rungholt, Sturmfluten und Halligleben.

Tagestour nach Helgoland

Nirgendwo in Deutschland ist die Luft so prickelnd rein wie hier. Auf dem Oberland führt der Klippenrandweg am Lummenfelsen vorbei zur Langen Anna. Der rote Felsen ist das Wahrzeichen von Helgoland.

Pharisäerhof

Am gemütlichen Entstehungsort des Pharisäers auf Nordstrand sollte man sich das nordfriesische Kultgetränk gönnen.

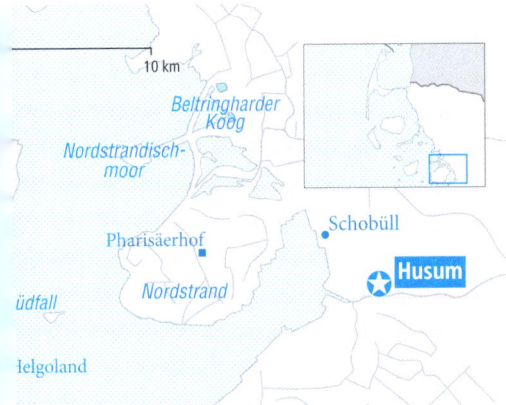

10 km

Beltringharder Koog

Nordstrandischmoor

Pharisäerhof

Schobüll

Nordstrand

Husum

üdfall

Helgoland

Pharisäer, Tote Tante: heiß und hochprozentig, herrlich bei Schietwedder!

Fisch vom Kutter. Fangfrisch! Es gibt ihn noch. Das InfoPortal ›Fisch vom Kutter‹ zeigt Ihnen, wo (www.fisch vomkutter.de). In Husum werden von Bord der »SU 1 Störtbeker« Krabben und Fisch verkauft. Der Stammplatz liegt am Außenhafen beim Fischrestaurant La Mer.

erleben

Natur- und Kulturschätze mit Festlandanschluss

N

Nordstrand – ein weiter Himmel wölbt sich über einem Flickenteppich von Kögen: Elisabeth-Sophien-Koog, Pohnshallig-Koog, Morsumkoog, Osterkoog, Alter Koog, Neukoog und Trendermarschkoog. Eingerahmt wird das fruchtbare Marschland, das durchschnittlich mehr als einen halben Meter unter dem mittleren Hochwasser liegt, von einem 8–9 m hohen, 28 km langen Seedeich. Saftige Weiden mit schwarz-weißen Kühen, goldene Raps- und wogende Getreidefelder prägen die von ehemaligen Seedeichen durchzogene Landschaft. Weit verstreut liegen stattliche, von windgeschorenen Bäumen gesäumte Höfe auf hohen Warften. Im Vorland und auf den Außendeichen weiden Tausende von Schafen, die Badestrände sind Grünstrände – vieles ist genauso wie auf Pellworm. Mit einem feinen Unterschied: Durch den Bau des 3 km langen Straßendamms zum Festland, dem Nordstrander Damm, im Jahr 1935 hat Nordstrand seinen insularen Charakter weitgehend verloren.

Wie die Pellwormer leben die Nordstrander von der Landwirtschaft und dem Fremdenverkehr. Sie fühlen sich nach wie vor als Insulaner und wer mit

ORIENTIERUNG O

Kurverwaltung Nordstrand/ Zimmervermittlung: Schulweg 4, 25845 Nordstrand, T 04842 194 33 und -454, www.nordstrand.de, Zimmervermittlung im Schwimmbad (s. S. 210). Dort gibt es auch einen öffentlichen Internetzugang, gratis!
Touristeninformation Husum: s. S. 223.
Was ist los auf Nordstrand: Veranstaltungskalender Nordstrands erhältlich in der Kurverwaltung, in Läden, Cafés und Restaurants.
Bahn: Husum ist IC-Station der Strecke von Hamburg nach Westerland. Es gibt regionale Bahnverbindungen nach St. Peter-Ording, Tönning, Friedrichstadt, Schleswig, Flensburg, Dagebüll, Niebüll, Sylt, Kiel sowie nach Dänemark, Info: www.bahn.de, www.nob.de.
Bus: 8–10 x tgl. Bus von Husum nach Nordstrand.

dem Fahrrad oder zu Fuß die grüne Halbinsel durchstreift, wird ihnen zustimmen. Nordstrand ist eine Welt für sich, wenn man das Auto stehen lässt und nicht jeden Tag zum Shoppen und Bummeln ins 11 km entfernte Husum fährt. Die charmante Hafenstadt ist die größte Stadt an der schleswig-holsteinischen Westküste. Sie liegt geschützt zwischen der Halbinsel Eiderstedt und Nordstrand in der Husumer Bucht und bezaubert mit einer hübschen Altstadt, einem sehenswerten Schloss und einer reichen Museen- und Kulturlandschaft.

Nordstrand

📍 L/M 13–15

Nirgends lässt sich die Geschichte der leidgeprüften nordfriesischen Küste, der unerbittliche Kampf gegen den Blanken Hans besser nachvollziehen als am Beispiel der Insel Nordstrand. Nach der verheerenden Sturmflut von 1634 verließen viele Bewohner die verwüstete Heimat. Während die Pellwormer mit niederländischer Unterstützung innerhalb weniger Jahre einen Großteil ihrer Harde wieder eindeichen konnten, blieben die restlichen Teile des alten Nordstrand noch fast zwei Jahrzehnte ohne neuen Deich. Sie wurden bei jeder größeren Flut überspült. Die Landreste zwischen Nordstrand und Pellworm gingen verloren, das Watt breitete sich aus.

Erst 1652, also 18 Jahre nach der großen Flut, konnten die Nordstrander einige kapitalkräftige Niederländer für die Neueindeichung gewinnen. Die erleichterte Landesregierung sprach den Teilhabern, Partizipanten genannt, neben der ganzen Insel samt Kirchen, Pfarrhäusern, Schleusen und Sielen umfangreiche Rechte und Freiheiten zu – wodurch die eingesessenen Nordstrander praktisch enteignet wurden.

Die Lorenbahn erleichtert den Transport nach Nordstrandischmoor, ehemaliger Teil Nordstrands.

Eine neue Auswanderungswelle folgte – die, die blieben, wurden Untertanen und traten als Tagelöhner in den Dienst der neuen Landherren.

Zwei Jahre dauerte die Eindeichung des ersten Nordstrander Koogs, des heutigen Alten Koogs. Die Kosten lagen weit höher als ursprünglich veranschlagt, was u. a. dem Unwillen der einheimischen Deicharbeiter gegen die neuen Herren zuzuschreiben war. Die Partizipanten wären ohne die tatkräftige Unterstützung der Brabanter Arbeitskolonnen vermutlich »durch die feindlich gesinnten Insulaner massacriert« worden, heißt es in einem zeitgenössischen Bericht. Auch für die Eindeichung des Osterkoogs wurde Hilfe aus Brabant geholt.

Nach einer Reihe schwerer Sturmfluten in der ersten Hälfte des 18. Jh. brachen die Deiche. Mühsam gewonnenes Neuland musste wieder aufgegeben werden. Die ohnehin hoch verschuldeten Partizipanten konnten die Mittel zur Wiederbedeichung nicht mehr aufbringen und übertrugen die Deichreparaturen ihren einheimischen Pächtern. Viele der niederländischen Partizipanten kehrten – finanziell erschöpft und des Kampfes müde – in ihre Heimat zurück. Die Zahl der Einheimischen, ihr Besitz und Einfluss nahmen wieder zu. Trotz schwerer Zerstörungen in den großen Sturmfluten des 19. Jh. konnte 1866 der Morsumkoog gewonnen werden. Es folgte im Jahr 1926 der Pohnshallig-Koog – er war als erster der Nordstrander Köge aus Staatsmitteln finanziert.

Strände

Rund um Nordstrand liegen die Badestrände überwiegend im Grünen. Die beliebtesten Badebuchten sind Fuhlehörn und Holmer Siel, der als einziger Sandstrand zu bieten hat.

Nordstrander Damm
📍 M/N 13

Der bereits im Jahr 1906 zwischen der Pohnshallig und dem Festland errichtete Lahnungsdamm, der zunächst nur von Fußgängern und Radfahrern genutzt werden konnte, wurde Mitte der 1930er-Jahre zu einem hochwassersicheren Autodamm ausgebaut. Am 14. Juli 1935 erfolgte die feierliche Einweihung. Mit der Eindeichung der Nordstrander Bucht zum **Beltringharder Koog** im Jahr 1987 wurde schließlich die letzte große Baumaßnahme abgeschlossen. Nordstrand erhielt seine endgültige Gestalt. Als Halbinsel ragt es jetzt ins Wattenmeer.

Sieben Flaggen für Nordstrand
Eine bemerkenswerte **Skulpturengruppe** grüßt schon von Weitem die Ankommenden. **Sieben Flaggen** erheben sich an prägnanter Stelle, dort, wo der Damm auf die Insel trifft. Ihre Zahl erinnert an die sieben Köge, die die Nordstrander nach den großen Mandränken der Nordsee wieder abrangen. Die an 6,5 m hohen Lärchenholzmasten befestigten Flaggen sind aus verschiedenen Gesteinen – Granit, Gneis, Kalk oder Sandstein – gehauen und gegen die übliche Windrichtung ausgerichtet. Wie einst die Bewohner Nordstrands treten sie Wind und Wellen trotzig entgegen.

Süderhafen
📍 M 14

Wer mit dem Auto über den Damm nach Nordstrand kommt, gelangt – mehrere Köge durchquerend – in einer Viertelstunde ans andere Ende der Insel zum Hafen nach Strucklahnungshörn. Um das Festlandgefühl zu verlieren, ist es jedoch schöner, die Hauptstraße zu verlassen und der ersten Abzweigung nach **Süderhafen** zu folgen. Der kleine Nordstrander Ort entwickelte sich nach der Gewinnung des Morsumkoogs im Jahr 1867 mit der Anlage des Hafens, von dem aus bis 1935 der Passagier- und Frachtverkehr sowie die Viehtransporte zwischen Nordstrand und Husum abgewickelt wurden. Nach der Festlandanbindung Nordstrands verlagerte sich der Verkehr dann immer mehr vom Hafen weg auf die Straße.

Den 1963 neu angelegten Hafen, in dem heute vor allem Sportboote und Jachten vor Anker liegen, überragt ein Siloturm, der vielen Nordstrandern ein Dorn im Auge ist. Es gibt Vorschläge, den 42 m hohen Turm zu einem Kunstwerk umzugestalten.

Engel Mühle

Die 1890 erbaute und 1982 restaurierte **Engel Mühle** war zu ihrer Zeit ein hoch moderner Holländer, der einen Winddynamo zum Aufladen von Elektrobatterien besaß. Der Strom reichte zwar nur für die Beleuchtung der Mühle, aber das immerhin 50 Jahre lang, bevor die Insel ans Stromnetz angeschlossen wurde. Die Engel Mühle war bis 1970 in Betrieb. Dann wurde die 1924 darin eingerichtete Konditorei um das Café **Glück zu** erweitert. Im Mühlenhof gibt es drei Ferienwohnungen.

Süderhafen 15, T 04842 214, keine Besichtigungen.

Süden und Odenbüll 📍 L 14

Das eigentliche Zentrum Nordstrands liegt in Süden, einem der hübschesten Flecken der Insel, an dem sich viele Töpfer und Kunsthandwerker niedergelassen haben. › Auf dem Süden‹ stehen dann auch zwei der insgsamt drei dicht zusammenliegenden Inselkirchen. Die Nordstrander Kirchengeschichte ist be-

merkenswert: Nach der Zerstörung der alten Insel Strand gestand man den zur Sicherung der Inselreste eingewanderten Niederländern die Religionsfreiheit zu. Drei der vier Hauptpartizipanten waren katholischen Glaubens, ebenso wie ein Großteil ihrer für die Deicharbeiten nach Nordstrand geholten Landsleute. Noch heute existieren drei Religionsgemeinschaften auf Nordstrand, die jeweils ihre eigene Kirche besitzen.

St. Knud

Die römisch-katholische Kirchengemeinde St. Knud umfasst neben Nordstrand auch die Halligen Süderoog, Südfall und Nordstrandischmoor sowie die Insel Pellworm. Doch im Gegensatz zu Nordstrand, wo rund 400 Katholiken wohnen (das sind immerhin 20 % der Bevölkerung), ist der Anteil der Katholiken in diesen Gemeinden sehr viel geringer. Die Kirche St. Knud wurde 1866 auf der Deichwarft Süden errichtet, der Altarraum 1929 verlängert und der Turm hinzugefügt. Sie ist dem heiliggesprochenen dänischen König und Märtyrer Knud (gest. 1086 in Odense auf Fühnen) geweiht. Eine Darstellung des Heiligen findet sich auf einem Kirchenfenster im Eingangsbereich.

Herrendeich, Süden, www.st-knud-nordstrand.de, in der Regel tagsüber geöffnet.

St. Theresia

Die denkmalgeschützte alt-katholische Kirche St. Theresia (1662) ist die ursprüngliche Pfarrkirche der flämischen und niederländischen Katholiken, die sich Mitte des 17. Jh. auf Nordstrand niederließen, um die zerstörten Deiche wieder aufzubauen. Als sich in Holland die Jansenisten von der römisch-katholischen Kirche trennten, führte dies im Jahr 1740 auch zur Spaltung der Katholiken auf Nordstrand. Die Gemeinde der Alt-Katholiken zählt nur noch ein Dutzend Mitglieder, weshalb der Nordstrander

St. Theresia – die alt-katholische Gemeinde trifft sich hier.

Pastor die Pfarrgemeinden in Schleswig-Holstein, Hamburg und Bremen mitbetreut. Dort gibt es insgesamt etwa 550 Mitglieder.

Osterdeich, Süden, www.alt-katholisch.de/gemeinden (unter Nordstrand/Inseldom), in der Regel tagsüber geöffnet.

St. Vinzenz

Die im 13. Jh. gebaute evangelische Kirche überstand die große Sturmflut von 1634 unbeschadet. Ihr ursprüngliches Erscheinungsbild ist nach umfassenden Renovierungen zwar völlig verändert, doch die reiche Innenausstattung ist noch älteren Datums. Aus der Zeit um 1480 stammt der figurenreiche spätgotische Schnitzaltar. Die mit biblischen Szenen geschmückte Kanzel wurde 1605 gestiftet. Auf dem Friedhof erinnert ein Gedenkstein an den Nordstrander Ing-

wer Ludwig Nommensen (gest. 1918). Er ist der Gründer der Batak-Kirche auf Sumatra/Indonesien, der größten evangelischen Kirche in Asien.

Odenbüll 17, www.kirche-nordstrand.de, tagsüber geöffnet.

Unterwegs im Alten Koog   📍 L 14

Immer am Deich entlang geht es an der westlichen Kante Nordstrands zunächst Richtung Norden. Vom beliebten Badestrand **Fuhlehörn** aus werden Kutschfahrten und Wattwanderungen zur Hallig Südfall unternommen (s. S. 210). Von Fuhlehörn etwa 2 km weiter nördlich liegt Strucklahnungshörn, Heimathafen der Nordstrander Krabbenkutter und Station des Rettungskreuzers der Deutschen Gesellschaft zur Rettung Schiffbrüchiger (DGzRS). Von Strucklahnungshörn fahren die Fähren nach Pellworm und die Ausflugsschiffe zu den Halligen und Inseln ab.

Über eine Brücke musst du geh'n

In Deichnähe fällt ein windschiefes kleines Wäldchen mitten im platten Land auf – die 1905 angelegte **Vogelkoje.** Die Fänge – es sollen in der Fangzeit bis zu 2000 Tiere täglich gewesen sein – wurden zur Weiterverarbeitung nach Wyk geschickt. Durch den Bau des Nordstrander Dammes 1935 gingen die Fänge drastisch zurück. Die Einrichtung verfiel. Aus dem Wäldchen entwickelte sich ein dichter Urwald. Ein Teil der Vogelkoje wurde 1995 als kulturhistorisches Denkmal wieder instand gesetzt, während ein abgegrenzter Bereich des Biotops unberührt blieb. Die Vogelkoje ist über eine Zugbrücke zu erreichen. Tische und Bänke am Kojenhaus laden zum Picknick ein.
Besichtigung nur im Rahmen von Führungen.

Norderhafen

Der Hafen von Norderhafen bestand bereits Ende des 17. Jh., erlangte aber – anders als Süderhafen – nie größere Bedeutung. Eine Stichstraße führt in das 1973 erbaute Kurzentrum, das mit Schwimmbad, Solarium, Fitnesscenter und medizinischen Bädern ausgestattet ist. Restaurants, eine Bäckerei sowie einige Blocks mit modernen Ferienapartments runden das etwas nüchtern geratene Viertel ab.

Watt is' los im Watt?

Die im Gebäude des Schwimmbades untergebrachte Ausstellung des **Nationalparkhaus Norderhafen** informiert über Entstehung und Geschichte des Wattenmeeres, über die Tier- und Pflanzenwelt im Watt und deren Gefährdung. Im Meerwasseraquarium kann man den Baby-Schollen und Krebsen beim Wachsen zusehen. Es gibt ein großes Angebot an naturkundlichen Exkursionen – zur Hallig Nordstrandischmoor, Wattführung vor der Badestelle Fuhlehörn, vogelkundliche Führung im Beltringharder Koog, Salzwiesenführung sowie viele Vorträge.
Am Kurhaus 27, T 04842 466, www.schutz station-wattenmeer.de, Öffnungszeiten s. Homepage, Do immer geschlossen, Eintritt frei, Spenden willkommen.

Elisabeth-Sophien-Koog
♀ L 13–M 14

Der Holmer Fährweg führt binnendeichs zum Elisabeth-Sophien-Koog, der als eigenständige Gemeinde 1994 als Seeheilbad anerkannt und in das Gesamtkurgebiet der Insel integriert wurde – vier Jahre nach Nordstrand. Der Koog wurde nach der Ehefrau des Grafen Desmercieres benannt, der 1768 als Landinteressent nach Nordstrand kam. Er erwarb eine Teilfläche des später in Sturmfluten verloren gegangenen Christians-Koogs, deichte ihn bis 1771 ein und verkaufte das neu gewonnene Land dann zu ungemein günstigen Bedingungen. Da es ihm nicht darum ging, das Land möglichst teuer an Vermögende zu verkaufen, kamen durch ihn viele einheimische Familien wieder zu Landbesitz.

Im Norden des Elisabeth-Sophien-Koogs liegt **Holmer Siel,** der beliebteste Nordstrander Badestrand mit einem Streifen Sandstrand, dem netten Strandkorb-Bistro (www.zum-strandkorb-nordstrand.de) und wunderbarer Aussicht auf das vogelreiche Naturschutzgebiet Beltringharder Koog (s. Lieblingsort S. 211).

Schlafen

Schön schlafen, lecker essen
Hotel Am Heverstrom: Die Zimmer im Obergeschoss haben Panoramablick über das Deichvorland und das Meer. Im Café-Restaurant mit schöner Sonnenterrasse gibt es hausgebackene Kuchen und regionale Spezialitäten.
Heverweg 14, Süderhafen, T 04842 80 00, www.am-heverstrom.de, DZ ab 77 €.

Herrlich allein auf weiter Flur
Gräfinhof: Der Hof in wunderbarer Alleinlage auf der Püttenwarft war lange Landsitz der ›Halliggräfin‹ (s. S. 213). Schöner kann man kaum wohnen. Die zwei reetgedeckten Häuser bieten ganz unterschiedliche Ferienwohnungen und Zimmer, auch eine preiswerte, einfache Radlerunterkunft. Für alle Gäste frei zugänglich ist der großzügige Garten, es gibt einen Spielplatz für die Lütten. Zum Wasser sind es nur 150 m.
Püttenweg 4, südlich von Fuhlehörn, T 04842 902 90 02, www.graefinhof.de.

Dogs paradise
Pharisäerhof: In einem Neubau neben dem historischen Pharisäerhof sind Hunde mit ihren Besitzern willkommen. Ein Dog-Package mit Napf, Decke und Leckerlies gehören zum Service. Hundestrände in der Umgebung: Holmersiel (Entfernung 5 km), Westen Fuhlehörn (ca. 10 km), Lüttmoorsiel (ca. 10 km).
Elisabeth-Sophien-Koog 3, T 04842 353, https:// pharisaerhof.de, DZ ab 121 €, Familienzimmer 196 €.

Erholen mit Kindern? Kein Problem
Ferienhof Jacobsen: Wohnungen für 1–5 Pers. in einem reetgedeckten friesischen Bauernhof im Neukoog. Es gibt viel Platz für Kinder zum Spielen, Kleintiere und Ponys zum Streicheln.
Evensbüller Chaussee 12, T 04842 388, www.ferienhof-jacobsen.de, FeWo 25–70 €.

Im Norden hinterm Deich
Campingplatz: Ruhige Lage, schön ist die Nähe zum Beltringharder Koog und Badestrand Holmer Siel. Sehr cool, gemütlich und bemerkenswert geräumig sind die Campingfässer.
Elisabeth-Sophien-Koog 17, T 04842 85 34, www.nordstrandcamping.de.

Im Süden hinterm Deich
Camping: Ein komfortabler, gepflegter Platz, Bäume und Büsche bieten Windschutz, mit Aufenthaltsraum und Spielplatz.
Süderhafen 8, T 04842 85 53, www.camping-nordstrand.de.

Herzlich willkommen
Womoland Nordstrand: Mit Hecken voneinander abgegrenzte Stellplätze für 44 Wohnmobile im Nordosten am Beltringharder Koog. Nette Betreiber; Kiosk und Biergarten.
Norderquerweg 2, T 04842 473, www.womoland-nordstrand.com.

Essen

Traumhafte Sonnenuntergänge
Hotel-Restaurant Zur Nordsee: Die Sonnenuntergänge sind mehr als schön, traumhaft ist die Lage direkt am Deich mit Sonnenterrasse zum Meer, aber auch der Service ist klasse. Freundlich serviert werden Kaffee und Kuchen, bodenständige nordfriesische Küche. Nebenan liegt das Strandcafé, das gelegentlich auch Veranstaltungsort bei den Nordstrander Musiktagen ist.
Norderhafen 20 und 22, T 04842 86 07, www.zur-nordsee.de, Do–Di warme Küche 11.30–14, 17.30–21 Uhr, Fisch und Fleisch ab 16 €.

Ein netter Treffpunkt
Norderstrander Teestuv 22: Die kleine nette Teestube gehört zur Töpferei – sie ist so klein, dass es sich nicht gelohnt hat, sie nach dem Corona-Lockdown zu öffnen. Wenn aber die Abstandsregeln wieder gelockert sind, lässt sich hier gemütlich ein Tee genießen.
Süden 42, neben der Töpferei, Süden 42.

Berühmt im Nirgendwo
Der Pharisäerhof: Hier soll der Pharisäer erfunden worden sein. Könnte gut sein, das Ambiente ist traditionsreich und friesisch-gemütlich. Im **Café mit Schwips** genießt man neben hausgebackenem Kuchen und leckeren Torten auch selbstgemachtes Eis. Und im **Hofladen** nebenan sollte man auch vorbeischauen: Nordstrander Spezialiäten, Kunsthandwerk, tolle, sehr besondere Nähprodukte, Glashoffs Marmeladen (www.glashoffs. de), Getöpfertes der Töpferei Küstentöne (www.kuestentoene.de) und feinduftende Köstlichkeiten aus dem Rosengarten am Deich (www.rosenfeines.de).
Elisabeth-Sophien-Koog 3, T 04842 353, https://pharisaeerhof.de, Frühstück tgl. 7.30–10.30 Uhr (Nicht-Hotelgäste bitte mit Anmeldung), Mittag 12–14 Uhr (nur Pfannkuchen oder Milchreis), Kaffee 11–18 Uhr, Restaurant Mi–Mo 18–21 Uhr, Hofladen in der Saison tgl. 14–18 Uhr, eingeschränkte Öffnungszeiten im Winter, Café und Hofladen: So 14–17.30 Uhr.

Nur ein Imbiss, aber gerne wieder
Wattn-Grill: Lage klasse, Burger lecker, Service super, was gibt es mehr zu sagen? Den Imbiss auf dem Deich in Süderhafen schätzen Einheimische und Urlauber: Ein nettes Team serviert dir (nicht Ihnen) Burger mit selbstgebackenem Brot, auch Ofenkartoffeln, Fischfrikadelle – das Imbissübliche, aber frisch und lecker zubereitet.
Süderhafen, T 04842 901 78 55, www.wattn-grill.de, Ende März–Anf. Nov., tgl. 11 bis ca. 21 Uhr (in der Nebensaison Mi Ruhetag).

VON BADESTRAND ZU BADESTRAND
Eine Radwanderung von Holmer Siel nach Lüttmoorsiel (♥ L 12–13, Karte s. Tour S. 206) bietet allerschönste Natur – zwischen Wattenmeer und der Lagune des Beltringharder Koogs. Man kann vor bzw. hinter dem Deich fahren. Die familientaugliche Radtour von 8 km hin und zurück dauert ca. eine Stunde. Jeweils am Start und am Ziel gibt es einen Badestrand, eine Cafeteria mit Kiosk sowie Toiletten und kostenfreie Parkplätze. Von Lüttmoorsiel führt der Lorendamm zur Hallig Nordstrandischmoor. Es ist einfach spannend, wenn hier eine Diesellore vorbeizuckelt (kein öffentliches Verkehrsmittel).

Einkaufen

Der Stil der Landschaft
Süderhafen Töpferei: Schafe, Zugvögel, Blumenranken – in den Farben des hohen Himmels und des grauen, braunen Watts. Motive und Farben passend zum Urlaub am Meer. Die Auswahl ist riesig, neben Gebrauchskeramik, gibt es auch Gartendeko, Lampen und Klangspiele.
Tegelistraat 22, T 04842 587, Ostern–Weihnachten Mo–Sa 12–18, So 14–18 Uhr, sonst Mo–Fr 12–18 Uhr oder Betriebsferien.

Feines Kunstgewerbe
Nordstrander Töpferei und Galerie Lat di Tied: Lasst euch Zeit und sucht ein schönes Stück für den Alltag aus. Einen Kaffeebecher, eine Müslischüssel oder eine Blumenvase. Vorbild für die Formen der Gebrauchskeramik sind Funde aus dem Watt. Neu sind der grau-blaue Farbton und die handgemalten Nordsee-

TOUR
Vogelkieken und Baden

Mit dem Fahrrad durch den Beltringharder Koog

Infos

Start:
Lüttmoorsiel, Arlauer
Schöpfwerk ⚲ L 12
oder Holmer Siel
⚲ L 13

Länge:
ca. 23 km (31 km
vom Holmer Siel)

Dauer:
ca. 3 Std., mit
Hamburger Hallig ca.
4 Std.

**Infos und
Ausstellung:**
Naturschutzstation
Holmer Siel, Elisa-
beth-Sophien-Koog.
Infotafeln frei
zugänglich, ebenso
am Strandübergang
Lüttmoorsiel.
Naturschutzstation/
Schöpfwerk Arlau, T
01525 815 09 20,
www.beltringharder
koog.de, in der Sai-
son So 12–16 Uhr
Amsinck-Haus,
Hamburger Hallig,
T 04671 92 71 54,
www.amsinck-haus.
de, April–Okt. tgl.
10–18 Uhr.

In der ehemaligen Nordstrander Bucht erstreckt sich das größte Naturschutzgebiet auf dem Festland Schleswig-Holsteins. Eine ausgedehnte Salzwasserlagune, Schilfgebiete und Feuchtwiesen bieten verschiedensten Vögeln einen idealen Lebensraum. Schwer vorstellbar, dass die Schaffung dieses Biotops vor über 30 Jahren heftig umstritten war.

Vom grünen Deich bei Lüttmoorsiel schweift der Blick zwischen dem Wattenmeer und der Lagune hin und her: Wasser und Vögel zu beiden Seiten – idealer Ausgangspunkt für eine Radtour durch den Beltringharder Koog. Seit über 30 Jahren darf sich die Natur im Norden der Halbinsel Nordstrand frei entfalten. Die Übergänge von Land zu Wasser sind fließend. Wat- und Wasservögel staksen durch die Salzwiesen und Schilfgürtel, auf den Feuchtwiesen sieht man Gänse in großen Scharen. Tief im Schilf ist manchmal sogar das seltene Blaukehlchen zu entdecken. Dieser Vogelreichtum begeistert auch Kinder, die mit einem Fernglas auf Erkundung gehen.

Gott schuf das Meer, der Friese die Küste

Die ausgeschilderte Fahrradtour führt vom Lüttmoorsiel zunächst auf dem Außendeich entlang gen Norden Richtung Sönke-Nissen-Koog-Schleuse. Ca. 1 km hinter der Schleuse erstrecken sich die **Reußenköge**, zu denen auch ein Teil des Beltringharder Koogs und die Hamburger Hallig gehören. Soweit das Auge reicht Köge, das heißt plattes Marschland, das von Mitte des 18. bis Anfang des 20. Jh. durch Deichbau und Entwässerung aus dem Meer gewonnen wurde. Über Jahrhunderte holten sich die Menschen unter Mühen das Land zurück, das ihnen das Meer geraubt hatte. Künstliche Dämme und Lahnungen förderten die Verlandung. Sobald sich Queller und Andelrasen ansiedelten, konnte das neue Land als Weide genutzt werden, später wurde es eingedeicht.

Schön ist es, wenn der Radweg am Meer entlangführt. Aber noch viel schöner, wenn das Wasser zu beiden Seiten glitzert.

Nur flacher Landstreifen trennt die vogelreiche Lagune vom Meer. Auf künstlich aufgespülten Inseln befinden sich Brutkolonien von Seeschwalben, Säbelschnäblern und Regenpfeifern. Im Frühjahr und Herbst sammeln sich dort bei Hochwasser riesige Schwärme von Watvögeln.

Abstecher zur Hamburger Hallig

Wer sich für einen Abstecher zur Hamburger Hallig entscheidet, fährt auf schnurgerader Straße durch den **Sönke-Nissen-Koog**, den jüngsten der bewohnten Reußenköge. Benannt wurde er nach dem nordfriesischen Eisenbahningenieur Sönke Nissen, der im damaligen Deutsch-Südwestafrika (heute Namibia) Karriere machte und durch die Rechte an gefundenen Diamant-Vorkommen zum Millionär wurde. Mit seiner finanziellen Unterstützung gelang die Eindeichung des Koogs, dessen Häuser eine architektonische Sehenswürdigkeit sind. Die großzügigen Einzelhof-Anlagen haben trotz unterschiedlicher Größe einen ähnlichen Grundriss, weiße Außenwände und grüne Dächer. Entworfen wurden sie vom Architekten Heinrich Stav. Seit 2005 stehen 24 der Höfe unter Denkmalschutz.

Nach etwa 4 km ist das **Amsinck-Haus** erreicht, ein hervorragend ausgestattetes Informations- und Servicezentrum. Von hier führt ein Plattenweg 4 km quer über die Hallig. Linkerhand passiert man das kleine Häuschen des Vogelwarts auf dem sogenannten Schafberg. Hier kann man gerne einmal ins Fernrohr kieken. Am Ende der Straße liegt der **Halligkrug.** Von hier sind es nur ein paar Schritte zur Badestelle – bei schönem Wetter kann man hier den ganzen Tag verbringen. Aber zurück zum Beltringharder Koog.

Dem Meer abgetrotzt

Wer die Erkundung der Hallig erst mal vertagt, zweigt nördlich der Schleuse gen Osten ab. Nach ca. 1 km führt die ausgeschilderte **Beltringharder Route** Richtung Süden durch den Cecilien- und den Desmciereskoog zur **Naturschutzstation Arlau** am nördlichen Rand der Hattstedter Marsch. Im Gebäude des ehemaligen Schöpfwerks befinden sich ein kleines Naturkundemuseum und Informationen zum Beltringharder Koog. Der Name Beltringharde erinnert an den ehemaligen Verwaltungsbezirk, der in den großen Sturmfluten 1362 und 1634 weitgehend zerstört wurde. Das verlorene Land zurückzugewinnen, war der Plan. Doch Die Eindeichung der artenreichen Vorlandflächen bedeutet immer auch die Zerstörung

des Lebensraums seltener Flora und Fauna. So geriet die Bedeichung der Vorlandflächen und verlandenden Buchten ab Mitte des 20. Jh. zunehmend in die Kritik von Naturschützern.

Naturschutz hat Vorrang
Die Eindeichung der Nordstrander Bucht sollte nicht der Landgewinnung, sondern vor allem dem Küstenschutz und der Entwässerung der rückliegenden Flächen dienen. Jahrzehntelang bekämpften Naturschützer die gigantische Baumaßnahme. So wurden am Ende statt der ursprünglich geplanten 5680 ha nur 3340 ha Vorland und Watt eingedeicht.

Im Juli 1987 schoben Bagger und Raupenschlepper bei Ebbe den letzten großen Priel zu und trennten damit das hinter dem Deich liegende Gebiet von Ebbe und Flut. Die Aktion stank bereits nach wenigen Tagen buchstäblich zum Himmel, denn 500 ha Watt trockneten völlig aus, die Tiere, vom Wattwurm bis zu Krabben und Fischen, die auf den Gezeitenwechsel angewiesen sind, verendeten.

Am grünen Schlafdeich entlang
Von der Naturschutzstation Arlau folgt man dem grünen Schlafdeich (ein Deich in zweiter Reihe) Richtung Norden. Ein **Aussichtsturm** an der Straße ca. 1 km nördlich der Schleuse bietet einen grandiosen Blick über den Beltringharder Koog, die Arlauniederung und die angrenzenden Köge bis zur Geest. Wunderbar ist es hier, Vögel zu beobachten. Der Beltringharder Koog entwickelte sich schnell zu einem Vogelparadies. Er umfasst 860 ha Salzwasserlagune, 400 ha Feuchtgrünland, 1040 ha Sukzessionsfläche mit großen Schilf- und Weidendickichten, 590 ha Speicherbecken sowie zwei größere Seen. Seine Bedeutung als Rast-, Brut- und Nahrungsgebiet für viele See-, Schilf- und Wiesenvögel dokumentieren großformatige, gut gemachte Informationstafeln.

Über einen Autodamm geht es mitten durch den Beltringharder Koog zurück nach Lüttmoorsiel. Und jetzt ab ins Café, wohlverdient. Oder ins Wasser …, – wenn es da ist – … oder auf der Deichkrone den Sonnenuntergang genießen (s. Lieblingsort S. 211).

motive. Das Sortiment ist ansprechend. In der Galerie Bilder, Silberschmuck, Skulpturen, Glas, Ausstellungen von Künstlern aus der Region.

Süden 44/46, T 04842 400, www.nordstrander-toepferei.de, tgl. 10–18 Uhr.

Landlust

Hofladen Baumbach: Sie lieben Schafe? Dann sind Sie hier richtig und können staunen, was es alles so gibt: Schönes und Nützliches – Kleidung, Kindersachen, Pflegeprodukte, Wohn- und Küchenaccessoires, Tücher, Bücher und natürlich Lebensmittel. Spezialitäten vom Lamm und Fleisch von den (eigenen) Galloway-Rindern sowie Schaf- und Ziegenkäse aus der Region.

Pohnshallig-Koog 1, T 04842 495, www.lammfleisch.de, April–Okt. Mo–Sa 9–18, So 10.30–18, Nov.–März Mo–Sa 9–16.30, So 10.30–16.30 Uhr.

Tolle Tischlerei

Hardenhof: Bisher steht an der Straße nur ein einfaches Schild »Hardenhof«! Nichts wäre leichter, als an der »Manufaktur für Park und Garten« vorbeizufahren. Aber wie schade wäre das. Auf dem alten Nordstrander Hof entstehen ganz besondere, kreative, formschöne Tischlerarbeiten – eine große Ausstellung zeigt Nistkästen, Zäune, Staudenhalter, Laternenbaum und vieles mehr. Sehenswert ist auch der parkähnliche Garten mit verschlungenen Wegen und bemerkenswerten Akzenten. Die Öffnungszeiten sind nicht verlässlich, einfach mal auf die Website und vor Ort vorbeischauen. Es lohnt!

Pohnshalligkoog 11, T 015151 25 78 27 oder ab 17 Uhr 04842 308, www.hardenhof.de.

Bewegen

Baden auch bei Ebbe

Nordstrander Schwimmbad: Es ist kein riesiges Spaßbad, aber doch ein nettes kleines Schwimmbad zum Schwimmen im Bewegungsbecken mit Gegenstromanlage, zum Relaxen im Warmwasser-Sprudelbad, zum Abkühlen im Kaltbad mit Seewasserbefüllung. Das Personal ist freundlich, alles sauber und gut in Schuss, das Preis-Leistungsverhältnis ist stimmig.

Am Kurhaus 27, T 04842 466, aktuelle Öffnungszeiten im Veranstaltungskalender.

Friesenliebe

Friesengestüt Nordstrand: »Schwarze Perlen« nennt Peter Schroeder seine Friesenpferde. Die Zucht ist seine Leidenschaft, Friesenpferdliebhaber sind willkommen – zum Schnuppern, zum Reiten, mit und ohne Pferd. Auch wohnen kann man hier: DZ 65 €, FeWo (für 3–5 Pers.) 89 €, für eigene Pferde gibt es Gastboxen.

Elisabeth-Sophien-Koog 16, T 04842 901 96 24, www.friesengestuet-nordstrand.de.

Wandern über den Meeresboden

Wattführungen: Es gibt verschiedene Ziele und Anbieter, lange und kurze (Familien-)Touren, alle Termine findet man im Veranstaltungskalender. Zu den Halligen Südfall und Nordstrandischmoor führt **Christine Dethleffsen.** Auch die **Adler-Schiffe** bieten Touren nach Nordstrandischmoor an.

Christine Dethleffsen, T 04671 66 14, mobil 0151 18 35 55 76, www.watt-wandern.de. Adler Schiffe, T 4842 900 00, www.adler-schiffe.de.

Mit 2 PS

Kutschfahrt zur Hallig Südfall: Achtung: Manche der Fahrten gehen nur bis zur Halligkante. Dann zahlt man weniger, muss aber auf den interessanten Halligvortrag verzichten. Ohne geführte Tour, sei es mit der Kutsche oder zu Fuß, ist das Betreten der Hallig verboten.

Ab Fuhlehörn, Termine im Veranstaltungskalender, Auskunft und Anmeldung bei Andresen, T 04844 300.

Lieblingsort

Wenn die Sonne im Meer versinkt

In lauen Sommernächten, wenn die Flut erst in den späten Abendstunden auf-
läuft, strömen die Nordfriesen ans Meer. Sie kommen von der Arbeit, packen
Kinder, Badesachen und ein Picknick ein und ziehen an die grünen Strände
auf den Deichen, die auch von Radfahrern, Skatern und Spaziergängern
genossen werden, bis die Sonne im Meer versunken ist. Mein abendlicher
Lieblingsplatz (auch ohne Baden) liegt an der Nordküste von Nordstrand, auf
dem Deich beim Badeplatz **Holmer Siel** (♥ L 13). In Richtung (Nord)-Wes-
ten bilden die Warften der Hallig Nordstrandischmoor eine traumhafte, fast
unwirkliche Kulisse im letzten Tageslicht.

Schiffsausflüge
Adler-Schiffe: Es geht zu den Inseln Amrum und Sylt, zu den Halligen Hooge, Gröde und Nordstrandischmoor (teilweise kombiniert mit einer Wattwanderung). Programme liegen überall aus, u. a. am Hafen in Strucklahnungshörn.
Ab Strucklahnungshörn, T 04651 987 08 88, www.adler-schiffe.de.

Feiern

• **Nordstrander Musiktage:** An fünf Montagen im Juli/Aug. wird auf drei Bühnen, u. a. im Strandcafé Halligblick, Livemusik geboten, jeweils 20 Uhr – kostenlos und sehr sympathisch. Veranstalter ist die Gemeinde Nordstrand, www.nordstrander-musiktage.de.

Infos

• **Kurverwaltung/Zimmervermittlung:** s. S. 198

Nordstrandisch-moor ⚲ K/L 12–13

Das nördlich von Nordstrand gelegene, auch Lütt-Moor genannte Eiland Nordstrandischmoor ist ein kleiner Überrest der großen Insel Alt-Nordstrand. ›Dat wüste Moor‹, ein unbesiedeltes, unwirtliches Hochmoor, bot in der Orkannacht im Oktober 1634 vielen Alt-Nordstrandern die letzte rettende Zuflucht. Einige Überlebende blieben – mangels Alternative – auf dem nun von allen Seiten vom Meer umspülten, rund 500 ha großen Inselrest. Aus ehemals wohlhabenden Ackerbauern wurden einfache Halligbauern.

Heute wohnen auf der noch etwa 170 ha großen Hallig fünf Familien auf vier Warften. Etwa 50 Mal im Jahr wird »Land unter« gemeldet, dann ist die Hallig ›blank‹ und nur noch die Warften schauen aus dem Wasser. Seit 1933 gibt es einen 3,5 km langen **Lorendamm** zum Festland, der bei Hochwasser nicht befahrbar ist. Die Lorenbahn (s. Bild S. 199) ist kein öffentliches Verkehrsmittel, in erster Linie dient sie dem Landesbetrieb für Küstenschutz, Nationalpark und Meeresschutz als Transportmittel. Außerhalb der Arbeitszeiten steht sie dann den Halligbewohnern zur Verfügung.

Die Erkundung der Hallig

Man trifft immer auf die asphaltierte Straße, die zur **Neuwarft** führt, ob man nun vom Fähranleger oder über das Watt auf der Hallig ankommt. Hier liegt der Halligkrug – Treffpunkt für Einheimische und Gäste. Auf der benachbarten ›Warft zum halben Wege‹, der **Schulwarft**, befindet sich die Schule, in der im Schnitt zwei Schüler unterrichtet und auch Gottesdienste abgehalten werden. Der Glockenturm wurde 1984 zur Erinnerung an den Untergang des Alten Strandes aufgestellt.

Unmittelbar vor der Schulwarft zweigt linker Hand ein schmaler Pfad zum **Halligfriedhof** ab. Die Grabsteine aus Carrara-Marmor sind, anders als sonst üblich, flach auf den Boden gelegt, damit die Flut sie nicht mit sich reißen kann. Auf dem Friedhof wurden von 1881 bis 1925 insgesamt 20 Halligbewohner bestattet, heute werden sie auf Nordstrand beigesetzt.

Wer mag, kann übrigens auf der Hallig Urlaub machen, Unterkünfte findet man im Nordstrander Gastgeberverzeichnis (erhältlich unter www.nordstrand.de).

Mit zwei PS durch das Wattenmeer zur Hallig Südfall, und dabei noch »über Rungholt fahren«, das hat schon was.

Hallig Südfall

📍 J/K 14

Die 5 km westlich von Nordstrand gelegene Hallig darf nur im Rahmen genehmigter Führungen besucht werden, von Fuhlehörn/Nordstrand zu Fuß oder mit der Kutsche (s. S. 210, Bewegen). Im Sommer werden auch Ausflugsfahrten von Pellworm angeboten.

Bis zur großen Mandränke im Jahr 1362 lag im Bereich des heutigen Südfall noch die **Edomsharde** mit dem sagenumwobenen Rungholt. Irgendwann wurde das neu aufgeschlickte Halligland wieder besiedelt – wann genau ist nicht bekannt. Doch in der Jahrhundertflut von 1825 kamen alle Bewohner ums Leben. Nach einer langen Reihe von Besitzern kaufte die legendäre Diana von Reventlow-Criminil die Hallig zu Beginn des 20. Jh. Die eigensinnige 46-jährige Komtesse, auch bekannt als ›die Halliggräfin‹, brachte eine Köchin, ein Hausmädchen, einen Kutscher, eine Gouvernante sowie Pferde, Hunde und Hühner mit nach Südfall. Sie lebte von ihrem Vermögen und starb 1953 im Alter von 91 Jahren. Das Land Schleswig-Holstein erwarb das Eiland für 20 000 DM und verpachtete es 1954 an einen Nordstrander Landwirt. 1959 ließ dieser die baufällige gräfliche Villa abreißen und durch ein Hallighaus mit einem sturmflutsicheren Fluchtraum ersetzen.

Seit 1957 wird die 56 ha große Hallig wegen ihrer immensen Bedeutung für Brutvögel und Durchzügler vom Verein Jordsand betreut. Die Bewirtschaftung erfolgt durch ein Ehepaar, zu dessen Aufgaben Küstenschutzarbeiten,

Vogelzählungen und der Empfang der Ausflügler gehören. Es gibt einen Vortrag, man kann eine Kleinigkeit zu essen kaufen. Die Erkundungsmöglichkeiten auf der Hallig sind beschränkt: Nur wenige Minuten dauert die Umrundung der einzigen Warft inklusive des von hohen Büschen umgebenen Fethings. Dann stößt man, wieder am Anleger, auf das Schild: »Hallig Südfall. Betreten verboten.«

Husum

Als ›Graue Stadt am Meer‹ erlangte die Geburtsstadt von Theodor Storm Weltruhm. Die größte Stadt an der schleswig-holsteinischen Westküste ist Nordfrieslands Hauptstadt. Sie präsentiert sich liebenswert und keineswegs grau. 1252 wurde das im Binnenland liegende Dörfchen als Husenbro (Brücke bei den Häusern) erstmals erwähnt. Durch den Einbruch der Nordsee ins Land erhielt der zuvor unbedeutende Flecken während der Sturmflut von 1362 unversehens schiffbaren Zugang zur Nordsee. Fortan konnten Waren auf dem Schiffsweg angeliefert werden. Die Husumer nutzten die Gunst der Stunde und richteten einen Marktplatz ein, der sich im 15. und 16. Jh. zu einem blühenden Umschlagplatz für Vieh und Getreide entwickelte. Der seit 1544 im Norden Schleswig-Holsteins regierende Herzog Johann Adolf von Gottorf ließ Ende der 1570er-Jahre das Schloss vor Husum als Residenz erbauen und erteilte dem Hafenort 1603 die Stadtrechte.

Die schwere Sturmflut von 1634 traf die Stadt selbst zwar kaum, aber mit der Zerstörung der Insel Alt-Nordstrand und weiter Teile des fruchtbaren Umlandes waren die guten Jahre erst einmal vorbei. Erst im 18. Jh. ging es langsam

wieder bergauf. Mit dem Wachsen der industriellen Zentren verzeichnete der Viehhandel im 19. Jh. einen enormen Aufschwung, von dem Husum profitierte. Die Hafenstadt entwickelte sich zum Verwaltungs- und Dienstleistungszentrum für die Küstenregion.

Der tideabhängige, von hübschen Giebelhäusern gesäumte **Binnenhafen** prägt das Stadtzentrum. Bis zu ihrem Umzug im Jahr 1978 war hier die traditionsreiche Husumer Schiffswerft angesiedelt, die sich mit dem Bau von Fahrgastschiffen, aber auch Frachtern und Tankern in der zweiten Hälfte des 20. Jh. zu einem der größten Arbeitgeber der Region entwickelt hatte. Mit der Verschlechterung der Konjunkturlage musste die Husumer Werft Ende der 1990er-Jahre den Betrieb einstellen. Damit ging für Husum eine Ära zu Ende. Auf dem Gelände der alten Werft entstand 1988/89 das **neue Rathaus.** Ein Stück weiter im **Außenhafen** legen die Ausflugsschiffe zu den Halligen ab. Auch die Krabbenkutter gehen hier vor Anker.

Am Markt

100 m vom Hafen entfernt erstreckt sich der **Marktplatz ❶**, auf dem in der Saison zweimal wöchentlich Markt abgehalten wird. Dann bieten Fischhändler und Bauern aus dem Umland ihre Produkte an. Handel hat es in der Stadt am Meer immer gegeben. Prächtige Fassaden aus dem 16. und frühen 17. Jh. künden vom einstigen Wohlstand der blühenden Handelsstadt. In der Mitte des Marktplatzes steht der 1902 von dem in Husum geborenen Bildhauer Adolf Brütt (1855–1939) geschaffene **Tine-Brunnen.** Er erinnert an zwei vermögende Husumer, August Friedrich Woldsen und Catharine (Tine) Asmussen, die ihren Besitz der Stadt vermachten. Die hoch

Theodor Storms »graue Stadt am Meer« ist bunt und lebendig. Am Binnenhafen leuchten die Fassaden in sattem Gelb und warmem Backsteinrot.

aufragende klassizistische **Marienkirche** ❷ entstand 1829–33 als Ersatz für den 1807 wegen Baufälligkeit abgerissenen spätgotischen Vorgängerbau. Sie gilt als eines der Hauptwerke des Klassizismus in Schleswig-Holstein.

Museen

Ab ins Museum!

Ludwig Nissen verwirklichte den ›amerikanischen Traum‹, vom Tellerwäscher zum Millionär zu werden: Er war 1855 in Husum als sechstes von zehn Kindern eines Seilermeisters geboren worden und wanderte als junger Mann nach Amerika aus, wo er als als Tellerwäscher und Stiefelputzer arbeitete. 1924 starb er als reicher Juwelier und Diamantenhändler in

New York. Einen Großteil seines Vermögens vermachte er seiner Geburtsstadt für ein Museum. Das 2007 grundlegend sanierte und neu gestaltete **NordseeMuseum im Nissenhaus** ❸ beeindruckt durch vielseitige, spannende Exponate und Ausstellungen zu Landschaft, Natur, Kunst und Kultur Nordfrieslands. Die Themen wie z. B. Rungholt, Sturmfluten und die Halligen faszinieren auch Kinder. Im Nissenhaus befindet sich außerdem die Stadtbibliothek und ein schöner Wasserspielplatz im Innenhof. Herzog-Adolf-Str. 25, T 04841 25 45, www. museumsverbund-nordfriesland.de, in der Hauptsaison tgl. 10–17, Rest des Jahres Di–So 11–17 Uhr, 5 €.

Zuckerschiff am Zingel

Die Ausstellung im **Schifffahrtsmuseum** ❹ informiert auf anschauliche Weise

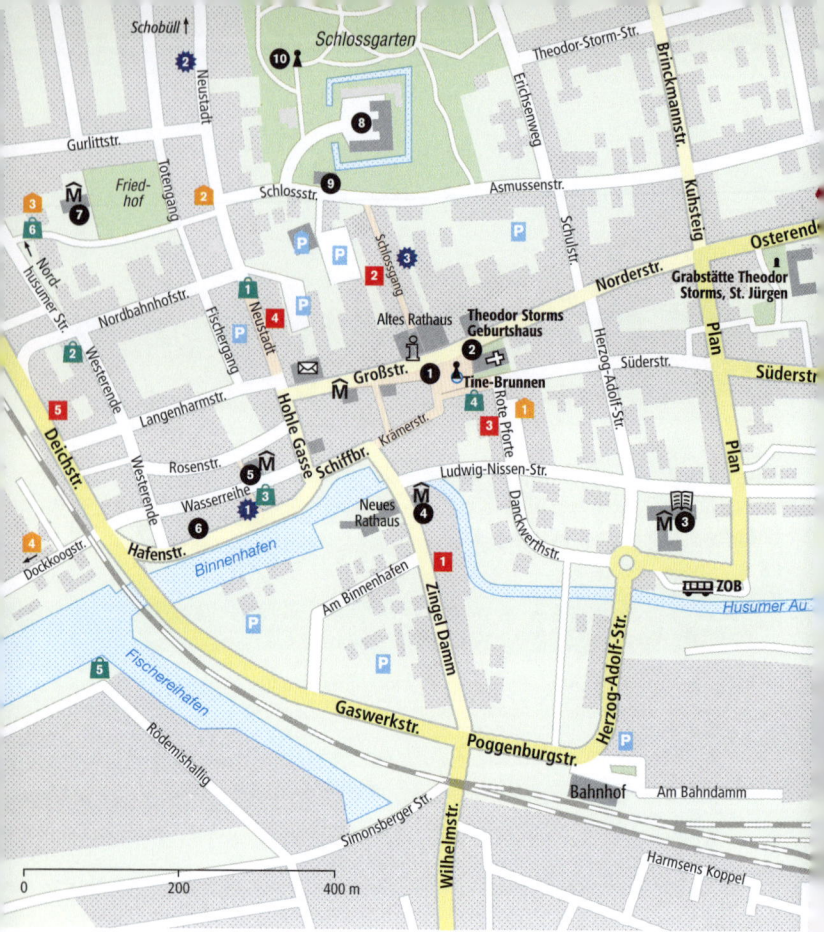

über die nordfriesische Schifffahrts- und Werftgeschichte. Ein wertvolles Exponat ist das »Zuckerschiff«: Das bei Sielarbeiten im Uelvesbüller Deich entdeckte Wrack eines Lastenseglers aus dem 16. Jh. wurde nach seiner Bergung im Jahr 1994 drei Jahre lang in einer Zuckerlösung konserviert, bevor es ausgestellt wurde. Ein Film dokumentiert die Arbeit der Archäologen bei der Ausgrabung des Wracks. Zum Museum gehört noch das kostenlos zugängliche Freigelände am Husumer Binnenhafen

und an der Zingelschleuse. Zu entdecken gibt es dort alte Schiffsmodelle, eine große Ankersammlung und das Quermarkenunterfeuer von Hörnum aus dem Jahre 1904.

Zingel 15, T 04841 52 57, www.schiffahrts museum-nf.de, tgl. 10–17 Uhr, 4 €.

Theodor Storms ›Poetenstübchen‹

Theodor Storm (1817–1888), dessen Novelle »Schimmelreiter« zur Weltliteratur zählt, fand viele Motive für seine

Husum

Ansehen

1 Marktplatz
2 Marienkirche
3 NordseeMuseum
im Nissenhaus
4 Schifffahrtsmuseum
5 Theodor-Storm-Haus
6 Nationalparkhaus/
Weltladen
7 Freilichtmuseum Ostenfelder Bauernhaus
8 Schloss/Poppenspäler
Museum
9 Torhaus
10 Theodor-Storm-Büste

Schlafen

1 Altes Gymnasium
2 Theodor-Storm-Hotel/
Husums Brauhaus
3 Jugendherberge- und
gästehaus
4 Husumer Campingplatz

Essen

1 Gasthof Dragseth's
2 Jaqueline's Café
3 Alex Kitchen
4 Künstlercafé
5 Nordfriesisches
Lammkontor

Einkaufen

1 Neustadt
2 Das Weihnachtshaus
3 Husumer AntiQuariat
4 Stadtschlachter Claußen
5 Krabben & Fisch
6 Galerie Lüth

Bewegen

1 HusumBad

Ausgehen

1 Speicher
2 Kino-Center
3 Kulturkeller

Novellen und Gedichte in Husum und Nordfriesland. Sein Geld verdiente er im bürgerlichen Beruf als Advokat (Rechtsanwalt) und später als Amtsrichter. In dem 1730 in der Wasserreihe erbauten Kaufmannshaus lebte der Dichter 1866–80. In dem roten, original eingerichteten Poetenstübchen im **Theodor-Storm-Haus 5** entstanden mehr als 20 Novellen, darunter »Pole Poppenspäler« und »Aquis submersus«. Das Haus ist heute Sitz der Storm-Gesellschaft (www.storm-gesellschaft.de).

Wasserreihe 31, T 04841 803 86 30, www. storm-gesellschaft.de, April–Okt. Di–Fr 10–17, Sa 11–17, So, Mo 14–17, Nov.–März Di, Do, Sa 14–17 Uhr, 4 €.

Watt erleben am Hafen

Hereinspaziert ins **Nationalparkhaus 6** mit **Weltladen** direkt am Hafenbecken, Es zeigt eine gut gemachte Ausstellung mit Informationen zum Welterbe, zum Landschafts- und Klimawandel, zur Vo-

gelwelt und zu den heimischen Meeressäugern. Ein großes Aquarium und ein Fühlbecken gewähren Eindrücke für alle Sinne von der Unterwasserwelt.

Hafenstr. 3, T 04841 66 85 30, www. nationalparkhaus-husum.de, tgl. 10–18 Uhr, im Winter nur bis 17 Uhr, Eintritt frei, Spende erwünscht.

Ein Kleinod mit Garten

Das **Freilichtmuseum Ostenfelder Bauernhaus 7** ist das älteste Freilichtmuseum des Landes. Das vor 1600 erbaute, reich ausgestattete niederdeutsche Hallenhaus stand ursprünglich im 15 km östlich von Husum gelegenen Ostenfeld. Anno 1899 wurde es durch die Kommission für Kunst, Wissenschaft und Denkmalpflege der Provinz Schleswig-Holstein angekauft und nach Husum versetzt. Das älteste Freilichtmuseum Deutschlands dokumentiert bäuerliche Wohn- und Arbeitskultur vergangener Jahrhunderte. Die 1789 angebaute

Döns (die täglich genutzte Wohnstube) und der repräsentative Pesel (nur festtags genutzt) zeugen vom Wohlstand der ehemaligen Hofbesitzer.

Nordhusumer Str. 13, T 04841 25 45, www.museumsverbund-nordfriesland.de, April–Okt. Di–So 14–17 Uhr, 2,50 €.

Herrschaftliche Kulisse und Blütenmeer

Das einzige erhaltene **Schloss** ❽ an der Westküste Schleswig-Holsteins wurde vom Gottorfer Herzog Adolf in den Jahren 1577–82 als Nebenresidenz erbaut und später als Witwensitz genutzt. Im Mitteltrakt der Schlossanlage sind die einstigen Wohn- und Schlafräume der Bewohner aus dem Hause Schleswig-Holstein-Gottorf zu besichtigen. Vom Glanz alter Zeiten künden noch der Rittersaal mit einem eindrucksvollen Todeskampfkamin, die fürstliche Loge und die Schlosskapelle. Das lange Zeit als Amtsgebäude für den Kreis Nordfriesland genutzte Schloss dient heute kulturellen Zwecken. Es präsentiert Kunstausstellungen, Vorlesungen und Konzerte. Im Küchenbau des Schlosses befindet sich das stilvolle Schlosscafé.

Sehr hübsch ist der **Herzoginnengarten** direkt am Schloss, zugänglich durch das Museum. Seit einigen Jahren ist das **Poppenspäler-Museum** in einem Seitenflügel des Schlosses untergebracht: Zu bestaunen sind einzelne Puppen, faszinierende historische und neue Requisiten und Bühnen (gleiche Öffnungszeiten wie das Schloss). Eine lange Tradition hat das Internationale Figurentheater Festival/Pole Poppenspäler Tage im September.

Durch einen Wassergraben vom Schloss getrennt ist das 1612 erbaute **Torhaus** ❾ mit einem prächtigen Renaissance-Portal. Im frei zugänglichen Schlossgarten steht eine 1898 enthüllte **Büste von Theodor Storm** ❿. Wunderschön ist der Park, wenn im März 4 Mio.

Wildkrokusse blühen. Mit der berühmten Krokusblüte beginnt der Frühling.

König-Friedrich V.-Allee, T 04841 897 31 30 od. 04841 25 45, www.museumsverbund-nordfriesland.de, www.pole-poppenspaeler.de, März–Okt. Di–So 11–17 Uhr, Nov.–Feb. nur Sa, So, 5 €.

Schobüll   ⚲ N 13/14

Im Stadtteil Schobüll reichen Ausläufer der eiszeitlichen Geest direkt bis an die Nordseeküste, das bedeutet, dass es hier natürlichen Sandstrand gibt und kein Deich den freien Blick übers Wattenmeer versperrt. Das altehrwürdige ›Kirchlein am Meer‹, ein frühgotischer Backsteinbau, stammt aus der Mitte des 13. Jh. Ausgedehnte Spazierwege führen durch Wald und Heideflächen in der näheren Umgebung.

4,5 km nordwestlich von Husum.

Schlafen

Luxus für Genießer

❶ **Altes Gymnasium:** 5-Sterne-Komfort in der Schule von 1866/67, die ein ehemaliger Schüler zum Romantik-Hotel umbauen ließ. 72 individuell eingerichtete Zimmer und Suiten, 40 davon im 1954 erbauten Gartenhaus. Erlebnisbad mit Sauna und Dampfbad in der früheren Turnhalle. Im Restaurant Eucken gehobene Küche.

Süderstr. 2–10, T 04841 83 30, www.altes-gymnasium.de, DZ 195–239 €, Suiten 295–329 €.

Auf ein Bier nebenan

❷ **Theodor-Storm-Hotel:** Das traditionsreiche Haus gehört zur Hotelkette Best Western. Die 55 Zimmer sind auch für Allergiker geeignet. Viele Gäste wissen die unmittelbare Anbindung an

Lieblingsort

Lesen macht glücklich

Die schönste Buchhandlung an der Westküste liegt in einer der stillen kopf-steingepflasterten Gassen Husums, schräg gegenüber vom Storm-Haus. Man ist verzaubert, wenn man das **Husumer AntiQuariat** 🛍3 betritt. Bücherregale bis an die Decke, Stapel von Reisebüchern auf dem Boden, Hunderte von Blechschildern und alte Werbekunst, Reprints von Kinderbüchern, nostal-gische Glanzbilder, venezianisches Geschenkpapier – eine Fundgrube für Entdecker, für Menschen, die gerne lesen, reisen und gern besondere Dinge verschenken (Wasserreihe 48, T 04841 811 99, Mo–Sa 11–18 Uhr).

Theodor Storm – des Dichters Schaffenskraft ist im Storm-Haus gut dokumentiert.

die Husumer Brauerei mit Gasthaus zu schätzen.

Neustadt 60–68, T 04841 896 60, www. theodor-storm-hotel.de, DZ 129–149 €.

Am nordwestlichen Stadtrand

3 Jugendherberge und -gästehaus: Modernes, sympathisches Haus mit 192 Betten in 1- bis 8-Bett-Zimmern. Vom Bahnhof sind es etwa 35 Min. zu Fuß, Transfer möglich.

Schobüller Str. 34, T 04841 27 14, https:// nordmark.jugendherberge.de, Richtung Schobüll u nd Nordstrand, ab 27,50 €/Nacht, Zweibettzimmer 67 €.

Hinterm Nordseedeich

4 Husumer Campingplatz: Kinderfreundlicher Platz, ca. 3 km ab Stadtmitte. Klasse ist die Nähe zum Badestrand.

Dockkoog 17, T 0431 327 23 70 (Mo–Fr 10–15 Uhr), März–Okt., www.regenbogen.ag/

ferienanlagen/husum. Gleich nebenan gibt es einen Stellplatz für Wohnmobile.

Essen

Entlang der Hafenstraße am alten Binnenhafen gibt es Fischrestaurants, Cafés, Imbisse. Stilvoll und behaglich sitzt man im **Schlosscafé** im Nordflügel des **Schlosses 8** (über den Schlosshof zugänglich).

Charmant alt geworden

1 Gasthof Dragseth's: Urig sind die niedrigen Gaststuben im ältesten Gasthof von Husum (in einem Dokument im Husumer Stadtarchiv erstmals 1582 erwähnt). Hier wird norddeutsche Küche zum Sattwerden bei freundlichem Service serviert. Im Sommer sitzt man hinten im verschwiegenen Garten.

Zingel 11, T 04841 77 99 95, www.
dragseths-gasthof.de, tgl. 11–14 und 17–22
Uhr, Hauptgerichte 15–29 €, Mo–Fr Stamm-
essen 11.30–14 Uhr 7,20 €.

Mittendrin versteckt

2 Jacqueline's Café: Frühstück, Mittagstisch und selbst gebackene Kuchen
im gemütlichen, mit alten Möbeln eingerichteten Café in der Fußgängerzone
zwischen Markt und Schloss, ruhige Gartenterrasse, netter Service, hier kehren
auch gerne Einheimische ein – schön zum
Frühstück (auch vegan).
Schlossgang 10, T 04841 55 53, Mo–Sa
9–18, So 10–18 Uhr.

Natürlich gut

3 Alex Kitchen: Auch Husumer, die
sonst nicht essen gehen, schauen hier
vorbei. Gute Auswahl auch für Vegetarier und Veganer: vegane Pasta mit Pesto,
vegane Burger (ab 7 €). Viele Zutaten
stammen aus dem Bioladen ›ebbe und
flut‹ gleich nebenan.
Rote Pforte 12, T 04841 939 64 99, www.
alex-kitchen.de, Mo–Sa 11–22 Uhr, Gerichte
5–19 €.

Dieses Frühstück … !

4 Künstlercafé: Eine Auszeit einfach
mal im Alltag nehmen? Die Husumer tun's
besonders gerne im Künstlercafé, das
2021 vergrößert wird und gegenüber in
den Räumlichkeiten von Hartmann's Land-
küche neu eröffnet wird. Neben Tartes und
Torten stehen auch kleine herzhafte Speisen auf der Karte.
Neustadt 13, T 01516 752 14 00, www.
kuenstlercafehusum.de, tgl. 11–18 Uhr,
Frühstück Do–So 9–11.30 Uhr.

Feinheimische Genüsse

5 Nordfriesisches Lammkontor: Im
Restaurant Eiskeller kommen Salzwiesenlamm und Freiland-Rind von den Deichen
und Marschen auf den Tisch. Im Bistro im
Innenhof genießt man Kaffee und Kuchen

und kann nach (nordfriesischen) Antiquitäten stöbern, im Hofladen Produkte aus
der Region erwerben (in der Saison tgl.
10–16 Uhr).
Deichstr. 7–8, T 04841 404 28 01, www.
lammkontor.de, tgl. 9–21 Uhr, Hauptgerichte
9–35 €).

Einkaufen

Regionales

❶ Wochenmarkt: auf dem Marktplatz,
Do vormittags, in der Saison auch Sa.

Fairgnügt

❻ Weltladen im Nationalparkhaus:
Klasse zum Stöbern und Shoppen mit
gutem Gewissen.

Eine besondere Bummelmeile

❶ Neustadt: In dieser Straße, vor allem
im unteren Abschnitt (Fußgängerzone),
macht es Spaß, auf Entdeckungstour
zu gehen. Es gibt hier ganz individuelle
Läden: **Kerits** – Skandinavische Mode
und Deko- und Wohnartikel vermitteln
nordisches Lebensgefühl (Neustadt
Nr. 5). **Kokon** (Nr. 9) bietet Naturtextilien
und schönen Schmuck. **Merlinum Magic
Candy** (Nr. 20) ist ein Paradies für Nasch-
katzen. Die gute alte Zeit ist noch lebendig
im **Teehaus Hansen** (Nr. 26), der Kandis
wird hier noch in Säcken gelagert. Edle
Damenmode, Schmuck und Accessoires
findet frau in der First- and-Secondhand-
boutique **Pusteblume** (Nr. 36).

Für Weihnachtsfans

2 Das Weihnachtshaus: Café, Museum und Shop zum Thema Weihnachten.
Wer die pummeligen Engel mit den elf
weißen Punkten auf den grünen Flügeln
aus seiner Kindheit kennt, sie sammelt
oder verschenken will – hier findet er sie,
übrigens auch die Blumenkinder der traditionsreichen Firma Wendt & Kühn. Nebenbei erfährt man, wie Theodor Storm

DRAUSSEN BADEN **B**

Vom Husumer Hafen aus ist es nur ein kurzer Weg zur tideabhängigen Badestelle **Dockkoogspitze.** Hier gibt es Strandkörbe, nette Strandgastronomie (WunderBar), einen Spielplatz und grandiose Sonnenuntergänge. Um die Landspitze führt ein hübscher Spazierweg mit Kunstinstallationen. Direkt hinter dem Deich liegen ein Campingplatz. und ein Wohnmobilstellplatz. Mit deichfreiem Blick auf Nordsee oder das Watt lockt die **Badestelle** in Husums Stadtteil **Schobüll.** Bei Ebbe: gleich nebenan lädt das **Schobüller Freibad** zum gezeitenunabhängigen Badespaß. Gezeitenunabhängig ist auch die **Badestelle Lundenbergsand** 12 km südwestlich von Husum (♥ N 15). Alle Nordsee-Badestellen in der Husumer Bucht sind frei zugänglich und kurabgabefrei. Kostenpflichtig ist das **HusumBad Hallen- und Freibad** ➊, Flensburger Chaussee, www.husum-bad.de, Tageskarte 4,60 €.

den Heiligen Abend feierte und erhält Anregungen für die Adventsbäckerei. Im Sommerhalbjahr sehenswerte Sonderausstellungen, die nichts mit Weihnachten zu tun haben.
Westerende 46, T 04841 668 59 08, www. weihnachtshaus.info, Kernzeit ganzj. tgl. 11–17 Uhr, im Jan./Feb. verkürzte Öffnungszeiten (s. Website), 3 €.

Lesen macht glücklich
➌ **Husumer AntiQuariat:** s. Lieblingsort S. 219.

Spitzenqualität
➍ **Stadtschlachter Claußen:** Das in Blau-weiß-friesisch gehaltene Geschäft bietet Spezialitäten von der Küste, den Inseln und Halligen.
Am Markt 20, www.stadtschlachter.de, Mo–Mi, Fr 9–18, Do 8.30–18, Sa 9–16 Uhr.

Am Kutterhafen
➏ **Krabben & Fisch:** Meeresfrüchte im Direktverkauf. Husums beste Adresse für frischen Fisch.
Rödemishallig 9 (Hafen Südufer), T 04841 64 07 22, vwww.krabben-und-fisch.de, ganzj. Mo–Fr 9–18, 9–13 Uhr, in der Saison verlängerte Öffnungszeiten am Wochenende.

Zeitgenössische Bilder und Erstausgaben
➏ **Galerie Lüth:** Bis zu zehn Ausstellungen pro Jahr mit aktuellen Arbeiten zeitgenössischer Künstler aus und in Schleswig-Holstein.
Altendorfer Str. 21, Halebüll/Schobüll, T 04846 456, www.galerie-lueth.de, Mi–So 10–18 Uhr.

Ausgehen

Direkt am Hafen gibt es einige Pubs, in denen man auch tagsüber gut sitzen und speisen kann.

Kleine Stadt, vielseitige Kultur
✪ **Speicher:** Ein sympathisches Kulturzentrum, in dem Konzerte, Lesungen, Theater, Ausstellungen, Filme, Flohmärkte und Poetry Slams stattfinden. Ein Tipp für Veganer ist die vegane Volxküche (häufig am Do 18.15 Uhr).
Hafenstr. 17, T 04841 650 00, www.speicher-husum.de.

Cinema
✪ **Kino-Center:** Seit 1986 ist das Kino-Center Veranstaltungsort für die renommierten Husumer Filmtage.
Neustadt 114, Programmansage T 04841 617 42, Kartenvorbestellung ab 14 Uhr, T 04841 25 69, www.kino-center-husum.de.

Bereits seit 1465 lädt der Wochenmarkt in Husum inmitten der historischen Stadtkulisse zum Shoppen und Schlemmen ein.

Selbstgebrautes

2 Husums Brauhaus: Hier wird eigenes Bier gebraut, das man in Flaschen abgefüllt mit nach Hause nehmen kann. Im Brauhaus gibt es regionale, bodenständige Küche, auch Pizza und Pasta, Salate, Flammkuchen und Burger, 9–30 €.
Im **Best Western Theodor-Storm-Hotel**, Neustadt 60–68, T 04841 896 60, www.husums-brauhaus.de, Mo–Sa ab 17 Uhr.

Im historischen Gewölbe

Kulturkeller: Der urige Braukeller ist Geschichte, die Räumlichkeiten bilden den stimmungsvollen Rahmen für Kultur- und Festveranstaltungen.
Schlossgang 7, http://kulturkeller-husum.de.

Feiern

• **Husumer Hafentage:** fünf Tage im Aug. pralles Programm, mit Livemusik, Hafentage-Lauf, Kultur, Spiel und Spaß (www.hafentage-husum.de).

• **Raritäten der Klaviermusik:** Eine Woche im Aug. Musikliebhaber können hier seltene Schätze der Klaviermusik genießen. Stimmungsvoll wird es dann im historischen Ambiente des Husumer Schlosses, Info: www.piano-festival-husum.de.
• **Pole Poppenspäler-Tage:** im Sept., s. S. 236.
• **Husumer Filmtage:** im Sept./Okt. www.husumer-filmtage.de, s. Kino-Center.
• **Husumer Krabbentage:** Ein Wochenende im Oktober dreht sich alles um die köstlichen Schalentiere.

Infos

• **Touristeninformation Husum/Husumer Bucht:** Großstr. 27, 25813 Husum, T 04841 898 70, www.husum-tourismus.de, Mo–Fr 9–17 (im Sommer bis 18 Uhr), Sa 10–16 Uhr. Stadtführungen: Mitte März–Ende Okt. Mo–Sa 14.30 Uhr, Dauer ca.1,5–2 Std.
• **Bahn und Bus:** s. S. 198

TOUR
Butterfahrt mit Naturgenuss

Ein Tag auf der Hochseeinsel Helgoland

Infos

📍 A/B 7

Ausflugsschiffe:
MS Adler-Express,
T 04651 987 08 88,
www.adler-schiffe.de,
Mai–Okt. Mo–Do ab
Strucklahnungshörn/
Nordstrand über
Wittdün/Amrum,
Inselaufenthalt knapp
4 Std., Erw. 64,50 €,
Kinder (6–14 J.)
36,50 €, Familie
178,90 €; Reederei
Cassen Eils, www.
helgolandreisen.de,
Mitte April–Anfang
Okt., tgl. ca. 9.30 Uhr
ab Büsum

Nirgendwo in Deutschland ist die Luft so prickelnd rein wie hier. Von den kräftigen Armen der Börtemänner sicher in Empfang genommen, lässt man die Geschäftsstraßen des Unterlandes besser hinter sich. Auf dem Oberland führt der Klippenrandweg am Lummenfelsen vorbei zur **Langen Anna.**

Fast 60 m ragt die rote Sandsteininsel aus dem Meer empor – rund 70 km von der nordfriesischen Küste entfernt. Administrativ gehört Deutschlands einzige Hochseeinsel, die aus **Felseninsel** (0,95 km²), **Düne** (0,7 km²) und Felswatt besteht, zum Kreis Pinneberg in Schleswig-Holstein. Rund 1300 Menschen leben hier – mit jährlich einer halben Million Besuchern, vor allem Tagesgäste, die einen Ausflug auf die Insel mit zollfreiem Einkaufen verbinden. Helgoland besteht aus drei Teilen, dem Unterland mit Kur- und Verwaltungseinrichtungen, dem Oberland mit Schule und Kirche sowie dem kleinen Mittelland mit dem Krankenhaus. Infotafeln verschiedener Themenwege verweisen auf Besonderheiten der Natur und Geschichte Helgolands.

»Welkoam iip Luun!«
Helgoländerinnen in hübschen Trachten empfangen die Gäste im Sommer an der Landungsbrücke und verteilen eine Informationsbroschüre mit Inselplan. Am Hafen steht eine Büste des Dichters Heinrich Hoffmann von Fallersleben, der im Jahr 1841 auf Helgoland, d. h. im

englischen Exil, das »Lied der Deutschen« dichtete –
die heutige Nationalhymne.

Wechselvolle Geschichte

Überhaupt blickt die Insel, die mal unter dänischer,
dann wieder unter englischer Herrschaft stand, auf
eine überaus wechselvolle Geschichte zurück. Wegen
seiner exponierten Lage war Helgoland ein beliebter
Schlupfwinkel für Schmuggler und Seeräuber. Die be-
rüchtigten Likedeeler unter Klaus Störtebeker wurden
um 1401 von der hanseatischen Flotte vor Helgoland
überwältigt. 1890 tauschte Kaiser Wilhelm II. die zu
England gehörende Hochseeinsel gegen die deutschen
Kolonialrechte in den ostafrikanischen Ländern So-
maliland und Wituland sowie in Sansibar ein.

Infos zu Reisen
nach/von Helgo-
land, Unterkunft,
Kurztrips: www.
helgoland.de

Militärische Vergangenheit

Ab 1908 wurde Helgoland zur Seefestung ausgebaut.
Ein Kriegshafen samt U-Bootbunker entstand. Im Felsen wurden Luftschutzbunker, Munitionslager und ein
Lazarett angelegt. Im Rahmen einer Bunkerführung
sind Reste der Anlagen zu besichtigen. Im Zweiten
Weltkrieg wurde die waffenstarrende Insel bombardiert, die Bebauung zerstört und die rund 3000 Bewohner evakuiert.

Der Big Bang

Helgolands Hauptstraße **Lung Wai** führt am Rathaus
und an unzähligen Geschäften vorbei direkt auf den
Fahrstuhl ins **Oberland** zu. Wer mag, geht zu Fuß.
Von oben bietet sich eine fantastische Aussicht über
den Hafen und die Bäderschiffe bis hinüber zur Düne.
Spuren der extremen Geschichte sind kaum noch sichtbar. Nach Kriegsende nutzten die Engländer Helgoland als Übungsplatz für weitere Bombenabwürfe.
1947 schließlich deponierten sie 6700 t Sprengstoff in
Bunkern und unterirdischen Gängen und versuchten
die Insel zu sprengen. Der Big Bang misslang. Statt
zu verschwinden, veränderte die Insel lediglich ihre
Form. Das **Mittelland** entstand. 1950 hissten zwei
Heidelberger Studenten die Europaflagge auf dem
geschundenen Felseneiland und forderten ein Ende
der Bombardierungen. Ihr Appell fand weltweit Be-
achtung: 1952 wurde die Insel endgültig freigegeben,
ihre Bewohner konnten zurückkehren.

Fuselfelsen? – Das war einmal

Oben, an der Straße **Am Falm**, gibt es wie auch im Unterland viele Geschäfte und Restaurants. Dass Helgoland
vom Tourismus lebt, merkt man. Nach dem Wiederauf-
bau der Insel boomte das Fremdenverkehrsgeschäft, 1973
zählte man 820 000 Tagesgäste. Doch statt zu investie-
ren, wurde abkassiert. Erst als die Gästezahlen dramatisch sanken, begannen sich die Helgoländer gegen das
schlechte Image ihrer Insel als ›Fuselfelsen‹ zu wehren
und deren natürliche Vorzüge zu preisen: die reine, gesundheitsfördernde Hochseeluft, die einmalige Natur mit
Felswatt und Vogelfelsen, die bewegte Historie und die
liebevoll gepflegten, friesischen Traditionen.

Am Lummenfelsen

Basstölpel sind
Hochseevögel, die
deutschlandweit
nur auf Helgoland
brüten. In ihre
Nester bauen sie
Plastikmüll und
alte Fischernetze
ein, alles Mögliche,
das im Meer treibt.
Viele Vögel, auch
die Trottellummen
nebenan, verenden
durch Plastikmüll.
Sie verschlingen
es oder ver-
heddern sich in
Schlaufen, kom-
men nicht mehr frei
und sterben.
Müllsammeln hilft
zwar, ist aber nur
ein Tropfen auf
den heißen Stein:
www.kueste-ge
gen-plastik.de.

Am Falm beginnt der Weg, der im Uhrzeigersinn um
das Oberland herumführt (3 km). Am nordwestli-
chen Felsrand Helgolands liegt der **Lummenfelsen**,
Deutschlands einziger Vogelfelsen und Brutkolonie
für etwa 7000 Vogelpaare. In den steilen Wänden
brüten im Frühjahr überwiegend Dreizehenmöwen,
aber auch Basstölpel und die pinguinähnlichen Trottellummen.

Ein spektakuläres Schauspiel bietet sich im Juni: Die
junge, noch flugunfähige Lumme stürzt sich vom Felsen, flattert dabei so kräftig es geht mit den Flügeln, bis
sie unsanft im Wasser aufplatscht. Dort wartet schon
die Altlumme, die gemeinsam mit ihrem Jungen auf
die offene See hinausschwimmt. Das Schauspiel ist so
beeindruckend, dass die Helgoland-Touristik in dieser
Zeit mehrtägige Erlebnisreisen auf die Insel anbietet.
Eine Attraktion, die nur noch durch das Robbenbaby
Watching im Dezember/Januar getoppt wird, wenn
auf der Düne bei Helgoland der Nachwuchs der Kegelrobben in der Jungenaufzucht bewundert werden
kann Im Winter 2019/2020 stieg die Zahl der auf der
Helgoländer Düne geborenen Kegelrobben auf 530
Lebendgeburten. Das sind rund 100 Jungtiere mehr
als in der Wurfsaison des vorangegangenen Jahres.

Lange Anna

Ziel aller Wanderer ist die **Lange Anna** an der Nordspitze der Insel – Helgolands Wahrzeichen. Noch bis 1860
war der 48 m hohe, freistehende Felsen durch einen

Helgoland ist ein Naturrefugium von erlesener Güte. Seit 1991 beherbergt es die einzige Brutkolonie von Basstölpeln in der Nordsee.

Felsbogen mit der Insel verbunden. Doch unermüdlich nagte die Brandung an dem weichen Gestein. Um dem weiteren Abbruch der Insel vorzubeugen, baute man eine 1300 m lange Uferschutzmauer, außerdem erhielt die Lange Anna zur Stabilisierung eine Füllung aus Stahl und Beton.

Highlights im Unterland

Wer auf intensives Shoppen verzichten kann, hat nach seiner Tour im Oberland noch genügend Zeit für einen Besuch des **Aquariums** der Biologischen Anstalt Helgolands (Mo–Fr 10–17, Sa, So 10–16 Uhr). In 19, mit frischem Nordseewasser gefüllten Becken werden u. a. die selten gewordenen blauen Hummer gezeigt.

Der Schriftsteller James Krüss (1926–1997) verbrachte auf Helgoland seine Kindheit. Viele seiner Bücher wie »Der Leuchtturm auf den Hummerklippen« oder »Timm Thaler« zählen zu den Klassikern der modernen Kinderliteratur.

Wer sich für Geschichte und Kultur der Insel interessiert, sollte im **Museum Helgoland** in der Nordseehalle vorbeischauen. Die kleinen Hummerbuden vor dem Museum beherbergen verschiedene Ausstellungen, u. a. über den Schriftsteller James Krüss.

Die echten Hummerbuden befinden sich am Südhafen. Es sind die ehemaligen Lagerschuppen der Fischer. Obwohl erst nach der Freigabe Helgolands 1952 entstanden, vermitteln sie das Flair des alten Helgoland. Heute bilden sie den Rahmen einer maritimen Meile, auf der Kunst, Kultur und Kulinarisches geboten werden. Und dann sticht das Schiff auch schon wieder in See.

Das Kleingedruckte

*Wohnen in einer Windmühle mit
traumhaftem Nordseeblick: In der
Nordermühle auf Pellworm ist das möglich.*

Anreise

... mit dem Auto

Zwei Autobahnen führen von Hamburg aus gen Norden. Auf der A 7 in Richtung Flensburg sind die Ausfahrten zur Westküste nach Heide, Husum und Niebüll ausgeschildert. Die A 23 führt von Hamburg bis Heide, von dort geht es über die Bundesstraße 5 Richtung Niebüll weiter. Auf die Inseln Sylt, Föhr, Amrum und Pellworm kann man das eigene Auto zwar mitnehmen, angenehmer für die Insel aber ist es, das Fahrzeug auf dem Festland zu lassen und die **Fähre** zu nehmen. In der Nähe der Fähranleger sind gebührenpflichtige Parkplätze eingerichtet. Es ist ratsam, nicht auf den letzten Drücker anzureisen, besser eine Stunde vor Abfahrt der Fähre ankommen, um in Ruhe das Gepäck auszuladen und zu parken.

Wer mit dem **Auto** nach Sylt kommt, wählt zwischen dem Autoreisezug von Niebüll nach Westerland oder der Fähre von der dänischen Insel Rømø nach List. Der Fährhafen Havneby befindet sich im Süden der dänischen Insel, die über eine Straße vom Festland aus erreichbar ist. Der Fährpreis richtet sich hier nach der Autolänge. Der **Autoreisezug Sylt Shuttle** fährt im Stundentakt nonstop von Niebüll nach Westerland.

Autoreisezug: www.syltshuttle.de

... mit Bahn und Bus

Von Hamburg verkehren täglich Intercity-Züge über Husum und Niebüll nach Westerland auf Sylt. Die Fahrzeit beträgt ca. 2,5 Std. Im Sommerhalbjahr erreicht man Dagebüll-Mole ohne umzusteigen, von hier gehen die Fähren nach Föhr und Amrum. Informationen in allen Reisezentren der Deutschen Bahn.

Alpen-Sylt-Nachtexpress: Im eigenen Abteil geht es im Schlaf von Salzburg nach Sylt. Einstiegshalte ab Salzburg gen Norden: Salzburg, Freilassing, Traunstein, Prien am Chiemsee, Rosenheim, München-Pasing, Augsburg, Donauwörth, Nürnberg, Würzburg, Aschaffenburg, Frankfurt (Main)-Süd. Ausstiegshalte gen Norden: Hamburg-Hbf, Hamburg-Altona, Husum, Niebüll, Sylt (Westerland). Reisetage ab Salzburg, im Sommer Fr und Sa, Ankunft jeweils am folgenden Tag, nur im Sommer, www.nachtexpress.de. Das persönliche Liegewagen-Abteil kostet ab 399 € pro Fahrt, egal wie weit man fährt, fünf Personen (Familie, Freunde) dürfen (kostenlos) mit.

Zu den **Fährorten** Strucklahnungshörn (Pellworm) und Schlüttsiel (nach Hooge, Langeneß und Amrum) verkehren **Zubringerbusse** vom **IC-Bahnhof Husum**.

Bahn: www.bahn.de, www.thetrainline.com
Busverbindungen Festland: www.nah.sh

... mit dem Schiff

Fährverbindungen zu den Inseln und zu den Halligen (Hooge und Langeneß) gibt es ganzjährig, Ausflugsfahrten zu den Seehundbänken vorwiegend im Sommer. Die Preise gelten je Erw. für Hin- und Rückfahrt (Fahrkarten sind zwei Monate gültig). Tagesrückfahrkarten sind in einigen Fällen günstiger, die Preise für Privatfahrzeuge variieren stark, z. B. nach Pellworm zwischen 57,50 und 138 € (je nach Fahrzeuglänge).

Rømø/Dänemark – List/Sylt: Autofähre, ganzjährig Rømø-Sylt-Linie GmbH, T 0461 86 46 01, www.sylt-faehre.de, Fahrzeit ca. 45 Min., Rückfahrkarte mit Pkw inkl. Passagiere 85 €.

Dagebüll – Föhr – Amrum: Autofähre, ganzjährig, ebenso von Schlüttsiel nach Hooge, Langeneß und Amrum. Wyker Dampfschiffs-Reederei (W.D.R.), Service-T 04681 300 (tgl. 8–18 Uhr), www.faehre.de, Fahrzeit nach Föhr 45 Min., Rückfahrkarte Erw. 14,40 €, nach Amrum 90 Min. (über Föhr 120 Min.), 20,20 €.

Nordstrand – Pellworm: Autofähre, ganzjährig, von Strucklahnungshörn. Neue Pellwormer Dampfschiffahrts-GmbH (NPDG, T 04844 753, www.faehre-pellworm.de), Fahrzeit 35 Min., 13,50 €.

Nordstrand – Hallig Hooge – Amrum – Hörnum/Sylt: keine Autos, aber Radmitnahme. Insel- und Halligreederei Adler-Schiffe (T 04651 987 08 88, www.adler-schiffe.de), in der Saison 2 x tgl., Fahrzeit Nordstrand – Amrum 90 Min., Nordstrand – Sylt/Hörnum 2,5 Std.

Schlüttsiel – Halligen, Langeneß: MS Rungholt, Kapitän Uwe Petersen (T 04667 367, www.halligmeer fahrten.de), April–Okt., keine Autos, Ausflugsfahrten nach Oland, Gröde, Langeneß und Hooge, 20–30 €. Halligreederei von Holdt (T 04674 15 35, www.seeadler-eins.de), Juni–Sept., keine Autos, Hooge, Gröde 25 €. Ab Schlüttsiel (nach Hooge) und Wyk auf Föhr (nach Hooge und Langeness): Halligreederei MS Hauke Haien (T 04841 814 81, www. wattenmeerfahrten.de), April–Okt., keine Autos.

ACHTUNG BUHNEN! **B**

Am Sylter Weststrand trifft man in regelmäßigen Abständen auf senkrecht in die See verbaute Reihen von Holz- oder Betonpfählen, Stahlspundwänden – sogenannte Buhnen, die durch ihre Bauweise den küstenparallelen Sandtransport verringern sollten (leider vergeblich, wie man heute weiß). Die Buhnen, ihre mitunter gefährlich gezackten rostigen Überreste und auch die Strömungen um sie herum sind sehr gefährlich für Schwimmer. Gelbe Buhnenkreuze weisen am Strand auf sie hin, diese Bereiche sollte man meiden.

… mit dem Flugzeug

Es gibt täglich nationale und internationale Flugverbindungen auf die Insel Sylt. Direktverbindungen bestehen ab Berlin/Tegel, Düsseldorf, Frankfurt/Main, Hamburg, Mannheim, München, Stuttgart, Zürich.

Auf dem Flughafen Wyk auf Föhr können Privatflieger landen. Westküstenflug bietet Rundflüge und Charterflüge an.

Flughafen Sylt, T 04651 92 06 12, www.flughafen-sylt.de
Flughafen Wyk, Tower T 04681 55 04, www.flugplatz-wyk.de
Westküstenflug T 04681 81 39, www.westkuestenflug.de

Bewegen und Entschleunigen

Angeln

Es ist ein besonderes Erlebnis, die Angel vom Strand auszuwerfen. Im Hochsommer ziehen Makrelen an Sylts Küste vorbei, - beispielsweise an der Hörnum Odde und dem Ellenbogen. Von den Inseln werden in der Saison Angelfahrten mit dem Kutter angeboten, u. a. auf Sylt vom Lister Hafen (Info: www.adler-schiffe.de). Für das Angeln im Meer braucht man einen Jahresfischereischein. Zwei wellenruhige, idyllische Binnengewässer liegen im Osten von Sylt (s. S. 65), auch auf Pellworm gibt es einen wunderbar friedlichen Angelteich hinterm Deich. Für das Angeln in Binnengewässern benötigt man zusätzlich einen Erlaubnisschein, der in den Touristenbüros/ Kurverwaltungen vor Ort erhältlich ist.

Baden

Die Geestinseln Sylt, Föhr und Amrum haben weitläufige Sandstrände, während die Marschinseln Pellworm und Nordstrand mit Grünstrand werben – das Areal für die Strandkörbe und Spielplätze liegt auf grasigem Deich und ist mit einem Zaun von den weidenden Schafen abgegrenzt.

Die größte Attraktion Sylts ist die westliche Brandungsküste. Hier zieht sich das

Wasser bei Ebbe zwar zurück, aber es bleibt doch in Sichtweite. Der Sprung ins kühle Nass ist hier immer möglich. Das Baden im Wattenmeer auf der Ostseite Sylts ist dagegen gezeitenabhängig. Bei Ebbe muss man hier sowie auf allen anderen Inseln und den Halligen auf das Baden im Meer verzichten, der Meeresboden fällt trocken. Doch gerade auf Sylt gibt es in dieser Region idyllische, ruhige Buchten – ideal für Familien mit kleinen Kindern, denen die Wellen im Westen der Insel zu hoch sind (die meisten Strandparkplätze an der Westküste Sylts sind gebührenpflichtig, die Parkplätze an der Wattseite sind frei).

Sicherheit: Das Baden im Wattenmeer ist gezeitenabhängig. Niemals sollte man bei ablaufendem Wasser schwimmen gehen, denn selbst erfahrene Schwimmer können vom Sog aufs offene Meer hinausgezogen werden. Vor allem Familien mit Kindern wird geraten, nur die bewachten Strände aufzusuchen. Auch während der offiziellen Badezeiten gilt: Ein am bewachten Badestrand hochgezogener roter Warnball bedeutet Badeverbot für Kinder und Nichtschwimmer, zwei Warnbälle verkünden allgemeines Badeverbot.

FKK: Ausgewiesene FKK-Strände findet man auf Sylt gleichmäßig verteilt von Nord nach Süd, in diesen Bereichen liegen auch die Strandsaunen, deren Adressen im Vor-Ort-Kapitel angegeben sind. Die bekanntesten FKK-Abschnitte liegen bei der Buhne 16 nördlich von Kampen sowie an den Stränden Sansibar und Samoa südlich von Rantum. Auf Amrum gibt es FKK-Strände, die sich an die Hauptstrände von Wittdün, Nebel und Norddorf anschließen. Föhr hat zwei FKK-Strände: westlich von Wyk in Höhe des Flughafens und westlich vom Goting-Kliff bei Nieblum. Auf Pellworm liegt der FKK-Strand auf dem grünen Vorland an der Nordermühle.

Liste mit kurzer Beschreibung der schönsten FKK-Strände: www.nordseetourismus.de/fkk-an-der-nordsee

KARTEN

In den meisten Unterkunftsverzeichnissen sind Übersichtskarten enthalten, häufig auch Ortspläne. Bei vielen Kurverwaltungen gibt es kostenlose Broschüren mit Tourenvorschlägen für Wanderer und Radfahrer (Föhr, Pellworm, Hallig Hooge). Empfehlenswert sind die Kompass-Wanderkarten im Maßstab 1 : 40 000 (Sylt sowie Föhr, Amrum mit der Hallig Langeneß).

Drachensteigenlassen

Wind und Drachen – das passt eigentlich bestens zusammen, doch an den Hauptbadestränden, am vogelreichen Watt und in den Dünen sowie in allen Naturschutzgebieten ist es verboten, Drachen steigen zu lassen. Denn die Vögel werden durch flatternde und sausende Drachen extremem Stress ausgesetzt. Auf allen Inseln gibt es jedoch ausgewiesene Abschnitte, an denen der luftige Spaß erlaubt ist. Detaillierte Informationen geben die Touristinformationen bzw. Kurverwaltungen. Nach Drachenflugplätzen erkundigt man sich bei der Gemeinde- oder Kurverwaltung.

Golf

Das Golfspielen hat auf den Inseln so seine Tücken: Der Wind vertreibt manchen gut gezielten Ball. Einen sehr schön gelegenen Golfplatz gibt es auf Föhr. Sylt hat sich spätestens mit der Eröffnung des Golfplatzes Budersand inklusive luxuriöser Hotelanlage in Hörnum zu einem Hotspot für Golfer entwickelt. Drei der vier (ausgenommen der Golfclub Morsum) präsentieren sich gemeinsam, um die Plätze zu bespielen ist ein Handicap von -36 erforderlich.

Föhr: www.golfclubfoehr.de
Hörnum: www.gc-budersand.de
Wenningstedt: www.golfclubsylt.de

Westerland: www.sylt-golf.de
Morsum: www.golf-morsum.de

Golfhopping: Drei Plätze zu einem Preis, das Angebot Golfhopping ›pur‹ bietet die Möglichkeit, die Golfplätze in der Vor- und Nachsaison kennenzulernen, beim Angebot Golfhopping ›plus‹ kommt der Golfclub auf Föhr hinzu.
www.golfkueste.de.
www.sylt.de/entdecken/sport/golfen

Inlineskating

Dahinzugleiten in frischer Luft ist schon für sich allein ein Vergnügen. Kommen dann noch eine Prise Salz und das Meeresrauschen dazu, ist das Inselurlaub vom Feinsten. Auf den Marschinseln verlaufen in unmittelbarer Meeresnähe, vor und hinter dem Deich, glatt geteerte Wege.

Nordic Walking

Alle Inseln präsentieren umfassende Angebote rund um das Nordic Walking. Dazu gehören angenehme und anstrengende Wegstrecken, Schnupper- und Aufbaukurse, geführte Touren und Stockverleih. Auskünfte erteilen die Touristenbüros.

Der Nordic Walking Park Sylt zählt zu den größten Deutschlands. 220 km Wegenetz führen durch Sylts atemberaubende Dünen- und Heidelandschaft, über Wiesen und Deiche, Watt und Strand. Das Streckennetz ist eingeteilt in 26 Routen mit Längen zwischen 1,6 und 18,7 km und mit drei Schwierigkeitsgraden. In den Inselorten erleichtern Tafeln mit Übersichts- und Detailkarten die Orientierung. In allen Gemeinden werden Lauftreffs und Kurse mit zertifizierten Trainern angeboten.
Walkingrouten und Tipps: www.nordseetouris mus.de/nordic-walking

Radfahren

Nordseeurlaub und Radfahren gehören einfach zusammen. Vor Ort bieten Radverleiher eine große Auswahl an Hollandrädern, Mountainbikes, E-Bikes, Tandems, Anhängern und Bollerwagen.

INSELFÜHRUNGEN

Das Angebot der Sylter Inselführer ist vielfältig. Auf dem Programm stehen Kirchen- und Kunstführungen, Wattwanderungen, geologische Kliffexkursionen und Fahrradausflüge sowie viele auch ganz individuelle Touren. Detaillierte Infos s. www.sylt.de/entdeckenerlebnisse/sylt-fuehrungen. Auf Amrum bietet der Öömrang Ferian ein abwechslungsreiches Programm, das neben vogel- und naturkundlichen Strand-, Dünen- und Wattführungen auch archäologische Entdeckungstouren umfasst, Infos und aktuelle Veranstaltungen auch als Download unter www.amrum-downloads.de/amrumaktuell.pdf.

Auf der Website der NordseeTouristik GmbH findet man Routenvorschläge, Adressen von Miet- und Akkustationen), fahrradfreundlichen Unterkünften und Werkstätten sowie Pauschalangeboten.
Fahrradvermietung: Ein einfaches Standardrad kostet ab 6 €/Tag, ein Trekkingrad mit 7-Gang-Schaltung 10 €/Tag, E-Räder ab 22 €. Auch hier gilt: Wochenweise gemietet sind sie billiger.
www.nordseetourismus.de/radreisen

Reiten

Zahlreiche Reiterhöfe auf Sylt, Föhr, Amrum, Pellworm und Nordstrand bieten Unterricht und Ausritte, einige sogar Unterkunft für Reiter und Pferd an. Die Adressen sind in den Gastgeberverzeichnissen und auf den Internetseiten der jeweiligen Insel aufgelistet.

Auf **Sylt** führen rund 30 km Reitwege durch Dünen, Wiesen und über den Sandstrand. Die beiden Keitumer Reitställe Grünhof und Hoffmann bieten für erfahrene Reiter 2-stündige Strandritte an. Sie führen entlang des Wattenmeers zwischen Keitum und Kampen durch die Braderuper Heide. Weitere Reitställe gibt es in Tinnum und Morsum. Auf **Föhr** gibt es fünf Reiterhöfe. Auch auf **Amrum** und **Pellworm** werden geführte Reittouren angeboten.

Reiterhöfe in **Nordfriesland** und Tipps für Reiter: www.nordseetourismus.de/reiten
Sylt: www.sylt.de/entdecken/sport/reiten
Föhr: www.foehr.de/reiten
Amrum: www.reiterhof-andresen-amrum.de
Pellworm: www.appelhof-pellworm.de

Segeln und Surfen

Im Bereich der Nordfriesischen Inseln liegen traumhafte Surf- und Segelreviere. In der Brandungszone vor Westerland auf Sylt wird jedes Jahr im Herbst der Windsurf World Cup ausgetragen (s. S. 83). Ohnehin gilt Sylt als Mekka für Surfer: Auflandiger Wind und hohe Wellen an der Westküste fordern die Könner heraus, Sylts ruhige Wattenmeerküste macht Anfängern Mut. Gute Surfgebiete und Surfschulen findet man auch auf Föhr, Amrum und Nordstrand.

Nützliche Tipps zu Wellenreiten, Surfen: www.nordseetourismus.de/wassersport

Wandern

Die Inseln sind ein Paradies für Spaziergänger und Wanderer. Nur zu Fuß kann man sich auf den kilometerlangen Sandstränden, auf der Deichkrone und durchs trockengefallene Watt bewegen. Es ist die Gelegenheit, sich treiben zu lassen und die Zeit zu vergessen, Muscheln, Steine und Treibholz zu sammeln. Ein spezielles Angebot ist das Fastenwandern auf Sylt, Infos unter www.fasten-sylt.de.

Etwas Besonderes sind die **Wattwanderungen** – auf dem Meeresboden zu gehen. Man sollte sie nie auf eigene Faust unternehmen. Zu groß ist die Gefahr, von einem plötzlich aufziehenden Seenebel oder einem stark strömenden Priel überrascht zu werden. Die Priele füllen sich bei auflaufendem Wasser zuerst, leicht können sie einem den Rückweg zum Strand abschneiden.

Überall an der Küste und auf den Inseln und Halligen stehen geführte Wattwanderungen auf dem Programm. Im Rahmen der Führungen erfährt man nicht nur Naturkundliches, sondern oft auch Anekdoten über die Insel und ihre Bewohner. Besonders spannend sind **Wanderungen von Insel zu Insel** – etwa von Föhr nach Amrum (s. S. 128) – oder zu den Halligen, z. B. von Dagebüll nach Oland, von Pellworm nach Hooge und Süderoog, von Nordstrand nach Nordstrandischmoor und Südfall. Termine sind den Veranstaltungskalendern zu entnehmen.

Wellness und Thalasso

Wenn man am Meer steht und tief durchatmet, stellt sich das Wohlbefinden eigentlich schon von ganz allein ein. Mit einem breit gefächerten Wellnessangebot (Sauna, Massagen, Whirlpool und Schwimmen) lässt sich der Wohlfühlfaktor noch steigern. An Angeboten dieser Art herrscht auf den Inseln kein Mangel.

Thalasso ist ein neuer, alter Trend: Schwimmen im Meer, Salz auf der Haut, Schlick am Körper. Thalasso-Anwendungen nutzen die natürliche Heilkraft des Meeres. Algen und Meerwasser enthalten viele gesundheitsfördernde Wirkstoffe, die in Kosmetik, Bädern und Schlickpackungen Verwendung finden. Es ist Wellness sowie eine therapeutisch-medizinische Behandlungsmethode.

www.nordseetourismus.de/kuren-thalasso

Yoga

Entspannen am Meer steht hoch im Kurs, sind doch Übungen bei Meeresrauschen ein besonderer Genuss. In vielen Inselorten gibt es fortlaufende Kurse – hier ist ein Einstieg bzw. einmaliger Besuch ohne Voranmeldung möglich.

Auf Sylt kann man auch Einzelunterricht nehmen. Infos in den Touristenbüros oder im Internet. Auch auf Föhr, Amrum, Helgoland und der Hallig Hooge werden Yogakurse angeboten.

Ideal zum Entspannen und Meditieren ist die Instrumentalmusik des Föhrer Musikers Hauke Nissen, in die er Klänge von Strand, Meer und Vögeln einfließen lässt (s. Art & Weise in Oldsum S. 132).
www.sylt.de/entdecken/sport/yoga.html

Essen und Trinken

Seeluft macht hungrig. Nach einem Spaziergang am Meer fällt auch einem kalorienbewussten Binnenländer das Zulangen nicht schwer. An der Küste schätzt man traditionelle Hausmannskost ebenso wie eine leichte kreative Küche mit frischen Zutaten aus der Region. Auf den Speisekarten steht Fisch, ebenso wie zartes Salzwiesenlamm und ausgefallene, regionale Spezialitäten. Die Zusammenstellungen sind bisweilen eigenwillig: Mag man Backpflaumen oder Specksauce zum Mehlbüddel? Fisch mit gedörrtem Obst oder lieber mit Krabben? Einfach mal probieren.

Typisch norddeutsch

Ein Klassiker ist das **Labskaus.** Die Grundlage für das traditionelle Seemannsgericht sind Kartoffeln, Zwiebeln, Corned Beef und Rote Bete, dazu gibt es saure Gurken und Salzheringe. Ein süßes und zugleich deftiges Hauptgericht ist **Birnen, Bohnen und Speck,** das allerdings selten auf den Speisekarten zu finden ist. Zu den typischen Mehlspeisen gehört der **Mehlbüddel** (Mehlbeutel), ein im Tuch gekochter Kloß aus Mehl, Hefe, Eiern und Milch. Obst, Specksauce oder Sirup runden den Geschmack ab.

Mit dem ersten Frost beginnt die Saison für **Grünkohl.** Der Frost wandelt die Bitterstoffe des Grünkohls in Zucker um. Zubereitet wird der Grünkohl regional unterschiedlich – mit durchwachsenem

Speck, Kasseler oder Pinkel, einer geräucherten Wurst aus Speck, Zwiebeln und Hafergrütze. Um die kalorienreichen Gelage besser zu verdauen, trinkt man dazu frisch gezapftes Bier und einen hochprozentigen Klaren. Gerne kippt man die beiden im Wechsel, gemäß dem Motto »Nicht lang schnacken, Kopp in' Nacken!«

Der **Pharisäer,** das Kultgetränk an der Küste, ist eine Nordstrander Erfindung, enstanden im Pharisäerhof (s. S. 204): Zu einer Taufe anno 1847 war auch der Pastor, ein erklärter Feind des Alkohols, geladen. Um ihn nicht zu verärgern, wurde ihm reiner Kaffee eingeschenkt, der Kaffee der anderen Gäste aber mit einem Schuss Rum angereichert. Ein Sahnehäubchen verdeckte den verräterischen Geruch. Erst als der Pastor versehentlich zur falschen Tasse griff, verstand er, warum die Runde um ihn herum immer fröhlicher geworden war. Empört rief er aus: »Oh, Ihr Pharisäer!«

Fisch in allen Variationen

Überaus reich ist das Angebot an Fisch und Meeresfrüchten auf den Nordfriesischen Inseln. Ein Großteil des in den Restaurants angebotenen Fisches stammt aus dem Nordatlantik und wird in Hamburg angelandet. Kleinere Fischkutter gehen von den Inselhäfen in küstennahen Gewässern auf Fang. Einige Restaurants beziehen ihren Fisch fangfrisch vom Kutter.

Von Mai bis Anfang Juni hat der neue **Matjes** Saison. Nach dem Fang reift der junge Hering etwa acht Wochen bei Temperaturen zwischen 6 und 15 °C in einer milden Salzlake. Matjes isst man traditionell so: Fisch am Schwanz fassen und ihn »sutje in die Luke runterlassen«, also langsam in den geöffneten Mund gleiten lassen. Auf der Speisekarte findet man frischen oder gebratenen Matjes mit Bratkartoffeln. Eine Delikatesse sind Matjesheringe in Sahnesauce mit Pellkartoffeln und grünen Bohnen.

Köstlich sind frische, zarte **Maischollen.** Sie werden auf vielfältige Art zubereitet: gedünstet, gedämpft, gebraten, im eigenen Saft mit leichter Senfsauce oder deftig mit Speckstippe.

Nordseekrabben

Genau genommen ist die *Crangon vulgaris* eine Garnele. In Nordfriesland heißen die delikaten Tierchen auch Porren. Krabben sind unbesorgt in großen Mengen zu genießen, denn sie sind nicht nur reich an Eiweiß und Mineralstoffen, sondern auch arm an Kalorien und Fett. Spätestens seit dem 17. Jh. gehörte die Krabbe auf den Speiseplan der Küstenbewohner. Zunächst wurde sie bei auflaufender Flut im Watt mit der sogenannten Gliep, einem kescherartigen Netz, gefangen.

Seit Ende des 19. Jh. fahren die Fischer zum Krabbenfang aufs Meer hinaus. Noch während der Fahrt, unmittelbar nach dem Fang, werden die Krabben in Nordseewasser abgekocht. Das Pulen erfolgt dann später und meist nicht vor Ort: Ein Großteil der delikaten Tierchen wird hierfür in Tiefkühltransportern nach Polen und Marokko gebracht, weil das Krabbenpulen dort preisgünstiger ausgeführt wird. Nur wer seine Krabben noch mit Schale oder frisch vom Kutter kauft, kann daher sicher sein, dass sie noch keine lange Reise hinter sich haben.

Süßes und Hochprozentiges

Zu den bekanntesten süßen Spezialitäten in Nordfriesland zählt die **Friesentorte,** sie besteht aus Blätterteig, Pflaumenmus und Schlagsahne. Dazu gibt es Tee auf dem Stövchen, der mit Kluntjes (weißem oder braunem Kandiszucker) und echter Sahne gereicht wird. Ein weiterer Klassiker ist **Rode Grütt** (Rote Grütze) – mit Milch, Sahne oder Vanillesauce übergossen. Ein Gericht für Fest- und Feiertage ist die **Wiensupp** (Weinsuppe), die mit Korinthen, Graupen und Rosinen gekocht und mit einem Schinkenbrot serviert wird.

SYLTER STERNEKÖCHE FÜR ZUHAUSE

S

Sylt ist bekannt für seine guten Restaurants, die eine exzellente Küche geradezu zelebrieren. In prächtig bebilderten Bänden weihen die mit einem oder auch zwei Michelinsternen ausgezeichneten Meisterköche in die Geheimnisse ihrer Küche ein.

Mit dem Titel »Es lebe die Klassik« feierte Jörg Müller 2012 sein 30-jähriges-Insel-Jubiläum. Johannes King, der Chef vom Söl'ring Hof in Rantum präsentiert in seinem »Kochbuch von Land und Meer« 100 Rezepte – die Grundprodukte stammen von der Insel, kein Problem für den Meister der Haute Cuisine, der Eigentümer eines Fischkutters und Pächter eines Bauernhofs in Morsum ist. Auch Holger Bodendorf ist ein Multitalent ist. Der Sternekoch zelebriert sein Repertoire aus dem Landhaus Stricker in seinem Werk »Eine Prise Sylt«.

Ungemütliche Tage kann man sich mit heißen, hochprozentigen Köstlichkeiten versüßen: z. B. mit dem Getränk **Tote Tante.** Es wird statt mit Kaffee wie beim Pharisäer mit heißer Schokolade zubereitet. Nach einem steifen **Grog** – Rum mit heißem Wasser und Zucker – sehnt man sich, sobald es kalt wird. An der Küste gilt das alte Grogrezept: »Rum muss, Zucker darf, Wasser kann.«

Feiertage

1. Januar, Karfreitag, Ostermontag, Pfingstmontag, 1. Mai, Christi Himmelfahrt, 3. Oktober, 25./26. Dezember

Feste und Events

Viele der nordfriesischen Bräuche fielen früher in die Winterzeit, wenn die zur See fahrenden Männer zu Hause waren. Heute feiern die Insulaner die meisten Feste im Sommer zusammen mit ihren Gästen, z. B. Regatten, Kunsthandwerks- und Bauernmärkte, Ringreiten oder Open-Air-Konzerte. Im Rahmen des alljährlichen Schleswig-Holstein-Musik-Festivals gehören Westerland auf Sylt und Wyk auf Föhr im Juli und August zu den Festivalorten.

Brauchtum

Biikebrennen: s. S. 269
Ringreiten: Ein beliebter Brauch ist das Ringreiten im Sommer, dessen Wurzeln möglicherweise auf Ritterturniere zurückgehen. Das älteste Ringreitercorps besteht seit 1861 auf Sylt. Auf den Turnieren stechen die Reiter in vollem Galopp mit einer Holzlanze einen am Seil hängenden Ring herunter, der im Laufe des Turniers durch kleinere ersetzt wird. Die treffsichersten Reiter werden als König, Kronprinz und Prinz gefeiert.
Rummelpottlaufen: Ein alter Volksbrauch ist das Rummelpottlaufen (auf Amrum Hulken genannt). Am Silvesterabend ziehen maskierte und verkleidete Kinder von Haus zu Haus, wünschen ein gesegnetes Neues Jahr und bitten mit Gedichten und Sprüchen um eine Gabe. Früher spielten sie auf lauten Instrumenten, daher der Name Rummelpott.
Trachten: Die bekannteste nordfriesische Tracht ist die Festtagstracht der Frauen von Föhr, die auch heute noch zu festlichen familiären und öffentlichen Anlässen getragen wird.

Nordfriesische Highlights

Gourmet Festival Sylt: Berühmte Meisterköche kommen im Januar vier Tage nach Sylt, um in fremden Küchen kulinarische Genüsse für Genießer zu kreieren, Gastgeber sind Feinschmeckertempel u. a. in Kampen, Westerland, Tinnum.
Programminfo und Buchung: www.gour met-festival-sylt.de
Nordfriesische Lammtage: Zwölf Wochen von Mai bis Juli stehen im Zeichen der Deichbewohner: An Tagen der Offenen Tür schaut man Schäfern beim Scheren zu. Beim großen Lämmerball wird eine Lammkönigin gewählt. Es gibt Ausstellungen und Märkte mit kulinarischen Spezialitäten.
www.lammtage.de
Ringelgans-Tage: Auf den Halligen sind im April/Mai zehn Tage der arktischen Gans gewidmet. Gemeinden, Nationalparkverwaltung und Naturschutzverbände erstellen ein hochkarätiges Programm, u. a. mit Ringelgans-Beobachtungen, Wattexkursionen, naturkundlichen Halligführungen und Salzwiesenerlebnissen.
www.ringelganstage.de
Hooger Trachtensommer: Alle zwei Jahre treffen sich am ersten Sonntag im September (nächster Termin 2021), die Trachtengruppen der umliegenden Halligen, Inseln und vom Festland in voller Pracht und Tracht auf der Hallig Hooge. Auf der Wiese der Hanswarft führen sie traditionelle Tänze vor.
Rungholttage: s. S. 268
Internationales Figurentheater Festival: Pole Poppenspäler aus der gleichnamigen Storm-Novelle ist das Symbol für die Liebe und Leidenschaft, mit der in Husum Figurentheater gespielt wird. Zehn Tage im September präsentieren nationale und internationale Puppenspieler auf dem Internationalen Figurentheater Festival, auch **Pole Poppenspäler Tage** genannt, ein vielseitiges Programm für Groß und Klein. Hauptveranstaltungsort ist das Schloss vor Husum
www.pole-poppenspaeler.de
Husumer Krabbentage: Granat, Porren, Krabben – die eiweißreichen Nord-

F

FESTKALENDER

Januar
Neujahrsbaden: Es vertreibt in Wenningstedt auf Sylt den Silvesterkater.
Gourmet Festival Sylt: s. S. 236
Februar
Biikebrennen: s. S. 269
März/April
Krokusblütenfest Husum: ab Mitte/ Ende März. Blütenmeer im Husumer Schlossgarten, zweitägiger Markt.
Syltlauf: 33,3 km langer Lauf an einem Sonntag von Hörnum über Westerland nach List (meist im Herbst des Vorjahres ausgebucht, aber Verlosungen von Restkarten, www.tinnum66.de).
Mai/Juni
Beach Polo World Cup Sylt: zwei Tage zu Pfingsten am Strand von Hörnum (www.polosylt.de, s. S. 97).
Harley Davidson Sommerparty Sylt: ein Wochenende im Mai/Juni auf Westerlands Promenade. 500–900 Harleyfahrer präsentieren ihre Maschinen, mit Konvoi über die Insel und Countrymusik.
Kitesurf World Cup: fünf bis sechs Tage Ende Juni–Anf. Juli vor Westerland. Im Anschluss findet die Deutsche Meisterschaft im Windsurfen statt (s. S. 83).
Kampener Literatur- und Kultursommer: Juni–Sept. Prominente Autoren lesen in Kampen auf Sylt (s. S. 40).
Pellwormer Rosentage: eine Woche Mitte Juni. Rosenmarkt und offene Gärten (s. S. 179).
Juli/August
Insel- und Mitmachzirkus: bei Wenningstedt, Sylt s. S. 52.
Cat Festival Sylt: eine Woche im Juli. Catamaran-Regatten vor Hörnum.
Pellwormer Trifun: ein Sa im Juli/Aug.

500 m Schwimmen, 20 km Radfahren, 5 km Laufen (www.trifun-pellworm.de).
Multivan Surf Cup Sylt: fünf Tage Ende Juli (s. S. 83).
German Polo Masters Sylt: zwei Wochenenden im Juli/Aug. in Keitum/ Sylt (s. S. 61).
Hörnumer Hafenfest: Wochenende Anf. Aug. maritimes Programm mit Shantys, Feuerwerk, Segeltörns und großer Hafenparty (s. S. 97).
Hafenfest Wyk auf Föhr: ein Wochenende im Aug.
Sylt Sailing Week: ein Wochenende, im Aug. hochkarätiges Sportprogramm auf dem Wasser am Brandenburger Strand von Westerland (s. S. 83).
Orgelsommer auf Pellworm: Juli/ Aug. Namhafte Organisten spielen mittwochs auf der Arp-Schnitger-Orgel in der Alten Kirche.
Husumer Hafentage: fünf Tage im Aug. Größtes Hafenfest an der Nordseeküste Schleswig-Holsteins! Livemusik, Schlemmer-Meile, Feuerwerk.
September/Oktober
Hooger Trachtensommer: alle zwei Jahre am ersten So im Sept. (s. S. 236).
Longboardfestival Sylt: sechs Tage Anfang Sept. Zahlreiche Surfer und Surf-Fans kommen nach Kampen (s. S. 40).
Husumer Krabbentage: s. S. 236
Windsurf World Cup Sylt: Ende Sept.–Anf. Okt. in Westerland (s. S. 83).
Jahrmarkt in Wyk: drittes Wochenende im Okt. Seit 1710 der Höhepunkt des Jahres für alle Insulaner.
Dezember
Silvesterlauf: in Westerland in ausgefallenen Kostümen.

seegarnelen haben viele Namen. Die Hafenstadt Husum widmet den Schalentieren ein Wochenende im Oktober. Krabben werden dann frisch vom Kutter verkauft, man kann sich im Krabbenpulen versuchen oder ein Stück vom größten Krabbenbrötchen der Welt probieren. Dazu gibt es viel Musik, Show-Kochen und Shantys. Am Sonntag sind die Geschäfte in der Altstadt zwischen historischem Markt und malerischem Binnenhafen geöffnet.

Informationsquellen

Infos im Internet
www.nordseetourismus.de
Informative Website des Nordseebäderverbands Schleswig-Holstein mit dem Angebot, Infobroschüren (Camping, Radfahren, Wattenmeer u. m.), Gastgeberverzeichnisse (Inseln und Küste) sowie Fahrpläne (Bus, Schiff, Flug) herunterzuladen.
www.museen-sh.de
Übersichtliche Portalseite mit Informationen zu allen Museen in Schleswig-Holstein, nach Orten und Themen sortiert. Viele Links zu Museumsportalen, zur Landesregierung und Tourismusagentur.
www.bsh.de
Auf der Seite des Bundesamtes für Seeschifffahrt und Hydrographie können in der Rubrik Sport und Freizeit strandaktuelle Informationen zu Wasser- und Lufttemperatur, Wasserstand, Wind und Wellen, die Auf- und Untergangszeiten von Sonne und Mond abgerufen werden.
www.nah.sh
Übersichtliche Infoseite zum öffentlichen Nahverkehr in Schleswig-Holstein, mit Routenplaner.
http://meerjobs.de
»Bist du reif für die Insel? Wirf die Leinen los!« Eine Website für Jobsuchende und Arbeitgeber an der Küste und auf den Inseln.

Informationsstellen
In allen Insel- und Küstengemeinden gibt es Touristenbüros und/oder Kurverwaltungen, die gegen eine freiwillige Portogebühr Gastgeberverzeichnisse verschicken. Die Touristeninformationen vor Ort sind ganzjährig Mo–Fr, in der Saison auch Sa und So geöffnet, die Adressen sind im jeweiligen Vor-Ort-Kapitel vermerkt.

SPARTIPPS FÜR DEN FAMILIENURLAUB **F**

Mit dem kostenlosen, in allen Touristenbüros erhältlichen Kinderpass kommen Kinder bis 14 Jahre preisgünstiger – mitunter auch umsonst – in Museen, Freizeit- und Kultureinrichtungen und erhalten Rabatte in Restaurants. Viele Badeorte betreuen die Kinder kostenlos. Die Freizeithelfer der evangelischen Kirche bieten auf Föhr und Pellworm ein vielseitiges Programm für die Kleinen – einfach mal in die Veranstaltungskalender schauen (www.pellworm.de, www.foehr.de).

Touristeninformationen
Nordsee-Tourismus-Service GmbH
Zingel 5, 25813 Husum
Service-T 04841 897 50 (Mo–Fr 8–20, Sa 9–19, So 10–18 Uhr)
www.nordseetourismus.de

Kinder

Wer mit Kindern schöne Ferientage erleben möchte, ist auf den Nordfriesischen Inseln genau richtig. An feinsandigen Stränden, im silbrigen Watt, auf grünen Deichen gibt es allen Platz der Welt für Kinder. Ebbe und Flut bestimmen den Alltag am Meer. Bei Niedrigwasser kann man zwar nicht baden, dafür aber nach

Lust und Laune schaufeln und Gräben ziehen sowie Muscheln suchen.

Alle Inseln sind auf Kinder eingestellt. Die meisten Gastgeberverzeichnisse listen familienfreundliche Unterkünfte. Die Fülle an Veranstaltungen für Kinder ist überwältigend. Erlebnisbäder auf Sylt, Föhr und Amrum versprechen Spaß für die ganze Familie und ganzjähriges Badevergnügen unabhängig von Ebbe und Flut. Etwas kleiner ist die PelleWelle auf Pellworm. Wer mit Kindern Strandurlaub macht, sollte sich am besten schon zu Hause mit einigen Strandutensilien wie Schlauchboot, Bodyboard, Riesenkrokodil oder Tauchausrüstung versorgen.

Wer im Urlaub einen Babysitter braucht, wendet sich an den Tourismusservice bzw. an die Kurverwaltung.

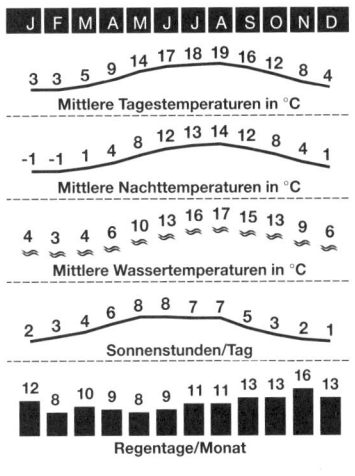

So ist das Wetter in Westerland/Sylt.

Klima und Reisezeit

Klima

Die ›reizvolle‹ Seite des Nordseeklimas beschrieb schon der Sylter Kapitän und Chronist Jens Booysen (1756–1833), als er sich über die Städter mokierte: »Das Klima auf Silt ist … sehr gesund … indessen scheint es doch, daß einige Schwächlinge aus den Städten die Luft ein wenig stark finden«. Der Nordseebäderverband Schleswig-Holstein wirbt für die Küstenregion mit dem Slogan: »Viel Reiz, viel Klima«. Auch Thomas Mann wusste um diesen Reiz: Er fühlte sich allein durch die Tatsache »moralisch gehoben«, dass er das raue Klima anstandslos vertrug. Nur seine Frau litt »durch den unaufhörlichen Wind«.

Der meist aus westlichen Richtungen kommende, oft stürmische Wind ist charakteristisch für das Wetter auf den Nordfriesischen Inseln. Er reißt die Wolkendecke auf, die sich über dem Festland zusammenballt, und sorgt für häufige Wetterwechsel. Der Westwind bringt kühle frische Meeresluft auf die Inseln,

daher liegen die Durchschnittstemperaturen im Sommer 2–3 °C unter denen des Binnenlandes. Anhaltende Ostwinde gehen häufig mit Hitze- und Kälteeinbrüchen auf den Inseln einher. Es gibt selten mehrere Regentage hintereinander auf den Nordfriesischen Inseln und reichlich mehr Sonnenstunden als auf dem Festland: Auf Sylt beispielsweise scheint die Sonne pro Jahr durchschnittlich 1750 Stunden, das sind 220 Stunden mehr als in Hamburg.

Reisezeiten

Die Nordfriesischen Inseln bieten das ganze Jahr für jeden etwas. Hauptreisezeit ist zwischen den Oster- und den Herbstferien, aber auch im Winter ist die Nordsee für Urlauber interessant. Vor allem für Kurende eignet sich das raue Meerklima. Die Naturheilkräfte der Nordsee sorgen für eine Stärkung des Wohlbefindens und der Leistungsfähigkeit. Im Meerwasser sind Mineralien und Spurenelemente gelöst, die, von Wind und Brandung aufgestäubt, mit jedem Atemzug aufgenommen werden.

SYLTOPIA – TOTAL DURCH- **S** GEKNALLT: REVOLUTION AUF DER INSEL

Die im Jahr 2050 spielende Doku-Fantasy »Syltopia« beschreibt eine Vision für die Insel, von der man sich wünscht (nicht in allen Punkten), sie möge wahr werden. Sehr spannend auch oder vor allem für Syltkenner ist die treffend auf den Punkt gebrachte Analyse aller derzeit existierenden Missstände auf der Insel. Der Sylter Biologe und Meeresforscher Lothar Koch ist außerdem Autor des Naturerlebnisführers »Natürlich Sylt« (s. Lesetipps S. 241; Infos über den Autor s. Webseite www.syltopia.de).

Durch vernünftig dosierte Sonnenbestrahlung verbessert sich die Haut, wird ihre Vitamin- und Hormonproduktion angeregt. Die Wärme- und Kältereize fördern den Stoffwechsel.

Frühjahr
Für viele, die sich nicht an die Ferienzeiten halten müssen, sind die Frühlingsmonate die schönste Zeit auf den Nordfriesischen Inseln. Vogelfreunde haben vor allem in den Monaten März/April (ebenso wie im Herbst im September/Oktober) etwas von der Tiervielfalt am Meer, wenn die Zugvögel im Wattenmeer rasten.

Sommer
Die beliebteste Reisezeit liegt in den Bademonaten Juli/August. Vor allem für Familien ist die Nordseeküste in dieser Zeit ein angenehmes Urlaubsziel. Das Strandleben pulsiert, Surfer und Segler tummeln sich auf dem Wasser, weiße Ausflugsschiffe durchziehen das Wattenmeer. Im August hat die Nordsee ihre maximale Durchschnittstemperatur (18 °C) erreicht.

Herbst
Schön ist der September, wenn das Meer noch warm genug zum Baden, der Hauptschwung der Gäste aber schon abgereist ist. Im Oktober wechseln windstille sonnige Tage mit Sturmtagen, an denen sich die Wolken am Himmel zu Gebirgen auftürmen und die Brandung auf den Strand peitscht. Wind und Wetter werden ungezähmter. Auf Sylt findet der Worldcup der Surfelite statt. Aber nicht jeder Tag eignet sich zum Surfen. Orkanböen können mit über 100 Stundenkilometern über die Nordsee und den Brandenburger Strand in Westerland fegen. Wer jetzt auf den Halligen Urlaub macht, erlebt die Ringelgänse, die sich hier zu Abertausenden sammeln, vielleicht auch ein erstes Land unter. Orangefarbene Sanddornbeeren leuchten an silbernen Sträuchern und werden zu Köstlichkeiten wie Marmelade, Likör oder Saft verarbeitet.

Winter
Im Winter haben viele Museen, Restaurants und Pensionen geschlossen. Ausgenommen sind die Weihnachtsferien mit Silvester. Dann herrscht Trubel auf den Inseln. Das Abschießen von Böllern und Raketen ist wegen der vielen reetgedeckten Häuser allerdings vielerorts verboten. Ansonsten ist der Winter eine stille Zeit mit eigenen Reizen. Die Nordsee tobt an die Küste, in den Gaststuben dampfen die Groggläser, die Einheimischen haben Zeit zum Klönen. Nur bei anhaltendem Ostwind wird es richtig eisig kalt, die Durchschnittstemperaturen liegen in den Wintermonaten über dem Gefrierpunkt. Schnee bleibt selten liegen. Bezaubernd sind die frostklaren Tage, wenn Dünen und Deich mit glitzerndem Raureif überzogen sind.

Was sollte man mitnehmen?
Sowohl an der Küste als auch auf den Inseln bläst fast permanent ein raues Lüft-

chen. Ohne Ohren- und Sonnenschutz geht es nicht. Vor allem Kinder müssen immer eingecremt werden, mit einem hohen Lichtschutzfaktor. Auch im Sommer gehören Regenzeug und feste Schuhe ins Gepäck, in der Vor- und Nachsaison lange Unterwäsche, Schal und Mütze. An ein Fernglas zum Beobachten von Vögeln und Walen denken!

Lesetipps

Ohne spannende Urlaubslektüre an die Nordsee reisen? Kein Problem. Die Flut an Regionalkrimis ist enorm. Darüber hinaus sind historische Romane und Standardwerke zu den Nordfriesischen Inseln vor Ort erhältlich.

Silke von Bremen: Gebrauchsanweisung für Sylt. München 2010. Die ›Königin der Nordsee‹ einmal aus einer anderen Perspektive, eine ebenso informative wie unterhaltsame Lektüre für Einheimische und (Stamm-)Gäste. Ebenfalls empfehlenswert sind der wunderschöne Bildband 365 Tage Sylt (zusammen mit dem Fotografen Hans Jessel, Köln 2015) sowie die im Wachholtz-Verlag erschienenen kleinen Bände über Wenningstedt, Keitum, Rantum & Hörnum (z. T. vergriffen).

Sandra Dünschede: Friesenstolz. Meßkirch 2020. Dieser wie auch die zwölf vorherigen Krimis der in Nordfriesland aufgewachsenen Autorin spielen in der Region um Niebüll und Husum.

Dora Heldt: Mathilda oder irgendwer stirbt immer, München 2020. Die gelernte Buchhändlerin und Bestsellerautorin Dora Heldt wurde auf Sylt geboren. In vielen ihrer Romane spielt die Insel eine Hauptrolle (u. a. »Tante Inge haut ab«), so auch in den Krimis mit der vom Eierlikör beschwingten Ermittlerrunde um Kai Sönnichsen, die der Westerländer Polizei zeigt, wie man erfolgreich ermittelt (»Böse Leute«, »Wir sind die Guten«). Nettes Lokalkolorit versprüht auch »Ma-

thilda«, deren nordfriesische Dorfidylle in schwere Turbulenzen gerät.

Katja Just: Frische Brise auf dem Sommerdeich, München 2019. Katja Just ist 2000 von der Großstadt München auf die Hallig Hooge gezogen, seit 2018 ist sie Bürgermeisterin. In »Barfuß auf dem Sommerdeich. Mein Halligleben zwischen Ebbe und Flut« beschreibt sie ihre ersten Jahre als Vermieterin von zwei Ferienwohnungen. In »Frische Brise auf dem Sommerdeich« erzählt sie Neues von der Hallig. Sehr persönlich, liebenswert und nicht so leicht wie es die (etwas seicht klingenden) Titel vermuten lassen.

Lothar Koch: Natürlich Sylt. Hamburg 2012. Der Naturerlebnisführer ist ein Gewinn für alle, die aktiv unterwegs sein wollen und vor Klimawandel, Landschaftsverbrauch durch Bauboom sowie der Zunahme des Verkehrs nicht die Augen verschließen. Aktuelle Infos zur Entwicklung Sylts außerdem unter www.grips-sylt.de.

Landesamt für den Nationalpark (Hrsg.): Umweltatlas Wattenmeer, Bd. 1, Schleswig-Holsteinisches Wattenmeer. Nordfriesisches und Dithmarscher Wattenmeer, Stuttgart 1998. Grandioses Werk mit vielen interessanten Themen, hervorragendem Karten- und Bildmaterial.

Kari Köster-Lösche: Tod im Biikefeuer, München 2015. Langeness 1900, auf

KRIMIS MIT LOKALKOLORIT

NordNordMord heißt eine auf Sylt gedrehte Krimiserie. Sie zeigt wunderbare Landschaftsbilder, Geschehnisse vor Ort – gewürzt mit einer Prise (norddeutschem) Humor. **Nordisch herb** ist eine Krimiserie, die in Husum und Umgebung angesiedelt ist, ebenfalls mit viel Lokalkolorit (beide Serien findet man auf YouTube).

NOTRUF

Polizei: 110
Feuerwehr/ Rettungsdienst:
T 112
Ärztlicher Bereitschaftsdienst:
T 116 117 (bei dringenden Problemen in der Nacht, am Wochenende oder an Feiertagen).
ADAC Pannenhilfe: T 0180 222 22 22 (0,06 € pro Anruf aus dem deutschen Festnetz); Pannenhilfe mobil: T 22 22 22 (Verbindungskosten je nach Netzbetreiber/ Provider)
Sperrung von Handys, Bank- und Kreditkarten: T 116 116

der Hallig werden die letzten Vorbereitungen für das Biikefeuer getroffen … Auch der fünfte Fall des Deichbauinspektors Sönke Hansen ist wieder mit viel Lokalkolorit ausgestattet. Bodenständige, norddeutsch-ruhige Krimikost. Romane mit kulturgeschichtlichen Bezügen an der Westküste sowie historische Romane sind die Spezialität der Autorin. In »Mord in der Vogelkoje« (2013) ermittelt Kriminalinspektor Niklas Asmus im Sylt der 1920er-Jahre.
Emil Nolde: Mein Leben. Köln 2008. Die in ganz eigenem Stil verfasste Autobiografie des Seebüller Malers endet mit dem Tod seiner Ehefrau Ada im Jahr 1946.
Hannes Nygaard: Krimis des auf Nordstrand lebenden Tatort-Autors (Charlotte Lindholm, Borowski) haben im Norden eine riesige Fangemeinde.
Gisa Pauly: Zugvögel, München 2020. In dem Inselkrimi mischt sich mal wieder die italienische Schwiegermutter eines Sylter Kommissars mit Intuition, Temperament und wunderbaren Kochkünsten zum 14. Mal in die Ermittlungen ein.
Georg Quedens: Weltnaturerbe Wattenmeer. Hamburg 2009. Die Recherchen des Amrumer Fotografen und Schriftstellers

Georg Quedens sind Basiswerke über die Nordfriesischen Inseln und Halligen.
Thomas Steensen (Hrsg.): Das große Nordfriesland-Buch. Hamburg 2000. Ein facettenreicher, informativer dicker Band über Nordfrieslands Geschichte, Brauchtum, Politik und Gesellschaft.
Thomas Steensen: Die Friesen. Menschen am Meer. Geschichte, Landschaft, Kultur & Sprache, Neumünster 2020. Ja, wer sind die Friesen überhaupt? Dieser Frage geht der langjährige Leiter des Nordfriesischen Instituts in Bredstedt nach. Geografisch kein Problem: »Friesland« reicht von den Niederlanden die ganze Nordseeküste entlang bis zur dänischen Grenze. Es gibt »die friesische Freiheit«, viele friesische Sprachen und Dialekte - und Tee mit Zeremoniell. Und wer ist nun ein Friese? Steensen dazu: Friese ist, wer Friese sein will.

Reisen mit Handicap

Reisen mit der Bahn: Der Mobilitätsservice der Deutschen Bahn gibt Reiseauskünfte für Menschen mit Handicap sowie Tipps und Links für barrierefreies Reisen (T 0180 651 25 12, 0,20 € pro Anruf aus dem Festnetz, Tarif bei Mobilfunk max. 0,6 € pro Anruf). Die Broschüre »Mobil mit Handicap« kann auch unter www.bahn.de heruntergeladen werden.
Unterkünfte: In den Gastgeberverzeichnissen ist vermerkt, welche Unterkünfte behindertengerecht sind.
Strände: Die Grünstrände entlang der Küste sind für Rollstuhlfahrer in der Regel gut zugänglich. Für Sandstrände kann man in vielen Badeorten Strand-Rollstühle mieten (Info in den Kurverwaltungen bzw. Touristinformationen).

Für Menschen mit eingeschränktem oder fehlendem Sehvermögen wurden ein Landkartenset und eine Audioführung entwickelt, die es ermöglichen, die Hallig Hooge zu erkunden.

Tipps für barrierefreie Strände, Unterkünfte und Ausflüge: www.nordseetourismus.de/barrierefrei-an-die-nordsee-reisen

Reiseplanung

Neugierig auf die nordfriesische Inselwelt? Was ist ein guter Ausgangspunkt?

Wer nicht nur am Strand liegen möchte und Lust hat, die Inselwelt mitten im Nationalpark Wattenmeer zu erkunden, sollte in **Hafennähe** wohnen. Von allen Inseln werden im Sommerhalbjahr Ausflugsfahrten zu den benachbarten Inseln und Halligen angeboten. Besonders zentral liegt **Wyk** auf Föhr, von hier verkehrt auch im Winter die Fähre nach Amrum, Hooge und Langeneß. Amrum, Hooge und Langeneß lassen sich gut auf einem Tagesausflug erkunden. Das eigene Fahrrad kann mit an Bord genommen werden – so spart man bei der Ankunft das Schlangestehen beim Fahrradvermieter und kann einfach losradeln. Vom Hafen Strucklahnungshörn auf Nordstrand geht es in der Saison täglich mit den Adler-Schiffen zu den Inseln und Halligen. Wer auf **Nordstrand** sein Urlaubsquartier bezieht, hat zudem (gratis) Festlandanbindung, ideal für Ausflüge nach Husum oder zum Multimar Wattforum in Tönning.

Was muss man gesehen haben?

An die große Zeit der Walfänger und Seefahrer erinnern die malerischen Kapitänsdörfer auf den **Geestinseln**: Die schönsten sind Keitum auf Sylt, Nieblum auf Föhr und Nebel auf Amrum. Auf den Friedhöfen der mittelalterlichen Kirchen auf Föhr und Amrum zeugen sprechende Grabsteine von spannenden Lebenswegen. In den **Museen** erfährt man, wie die alten Nordfriesen vor und hinter den Deichen lebten: im Altfriesischen Haus in Keitum auf Sylt, im Friesenmuseum in Wyk auf Föhr und im NordseeMuseum in Husum. Meer und Küste sind die Schwerpunktthemen des Museums Kunst der Westküste in Alkersum auf Föhr. Zu jedem Nordseeurlaub gehören eine Fahrt zu den **Seehundbänken** und eine geführte **Wattwanderung**, die auf allen Inseln angeboten wird. Ausflüge zu den Halligen sind etwas Einmaliges – ›Landunter‹ und Zwergschulen mit nur zwei Schülern sind Themen, die nicht nur Kinder faszinieren. Spannend für die ganze Familie ist auch ein Besuch im Erlebniszentrum Naturgewalten in List auf Sylt. Die Farben Nordfrieslands präsentiert das Nolde Museum in Seebüll: Zu den berühmten Werken Emil Noldes gehört der wunderschöne Blumengarten.

Wo kann ich Ungewöhnliches erleben?

Geschichte und Natur der Inseln und Halligen sind so besonders, dass eigentlich jede **geführte Tour** ungewöhnliche Einblicke in das Leben am Meer gewährt. Im Sommerhalbjahr wandert der Postzusteller mehrmals pro Woche von Pellworm zur Hallig Süderoog, wer mag, kann mit. Der Pellwormer Hellmut Bahnsen führt zu Resten untergegangener Siedlungen im Watt. Wie wäre es mit einem Besuch im Königspesel auf Hallig Hooge oder in der prachtvollen Friesenstube auf Hallig Langeneß. Auf Sylt erforscht und erzählt Silke von Bremen sehr unterhaltsam spannende und ungewöhnliche Aspekte der Inselgeschichte. Faszinierend sind die geologischen Exkursionen zum Morsum-Kliff auf Sylt, überraschende Aspekte bieten die archäologischen Führungen des Öömrang Ferian auf Amrum.

Welche Städte sind besonders spannend?

Auf den Inseln und Halligen gibt es – mit **Westerland** auf Sylt – nur eine Stadt, die den Namen verdient hat. Und das sei auch gleich hinzugefügt: Die Inselmetropole ist keine Schönheit, aber sie bietet Fußgängerzonen mit Boutiquen, Teehandlungen, Feinschmeckerlokalen und Bücherläden, in der Saison Straßenmusikanten, ein quirliges Nachtleben – und nur ein paar Schritte weiter: Sandstrand, Surfer und Brandungsküste. Ein besonderer Ausflugstipp ist **Husum** auf dem Festland, die bildhübsche Storm-Stadt bietet die Gelegenheit, einen Hafenbummel mit einer Shoppingtour oder dem Besuch eines der hochkarätigen Museen zu verbinden.

Übernachten

Die Auswahl an Übernachtungsmöglichkeiten auf den Nordfriesischen Inseln ist riesig und reicht vom preiswerten Privatzimmer in einer einfachen Pension über gemütliche Ferienwohnungen bis hin zum Luxushotel mit komfortabler Wellnessabteilung und Gourmetrestaurant. Die Auswahl bestimmt der Geldbeutel. Auch auf Sylt gibt es einfache Privatzimmer ab 50 € für zwei Personen inklusive Frühstück im Wohnzimmer des Vermieters und WC auf der Etage.

Für alle Arten von Unterkünften gilt: Wer in der Saison Urlaub macht, muss rechtzeitig buchen. Das sollte man besonders in Schulferienzeiten zu Ostern, im Sommer und im Herbst beachten. Bei der Suche nach dem passenden Quartier helfen die Gastgeberverzeichnisse, die über die Kurverwaltungen bzw. Touristenbüros zu beziehen oder im Internet herunterzuladen sind. Sie enthalten nicht nur Preise, sondern auch Details über Lage und Ausstattung der Unterkünfte. Auf Sylt ist die Zimmervermittlung dezentral organisiert. List, Kampen, Wenningstedt, die Friesendörfer (Sylt-Ost), Westerland, Rantum und Hörnum haben jeweils eigene Verzeichnisse und eine eigene Reservierungszentrale.

Die Vermittlungsadressen sind in den einzelnen Reisekapiteln angegeben. Wenn nicht anders vermerkt, übernehmen die Touristenbüros der Inseln die Zimmervermittlung. Die im Vor-Ort-Kapitel genannten

Unterkunftspreise gelten pro Tag für einen Mindestaufenthalt von drei Tagen in der Hauptsaison. Kurzurlauber müssen mit einem kräftigen Preisaufschlag rechnen.

Ferienwohnungen

Vor allem für Familien mit Kindern ist es ratsam, ein Quartier zu wählen, in dem man die Mahlzeiten selbst zubereiten kann. Der Mindestaufenthalt beträgt in der Regel vier Tage, in der Saison eine Woche. Die preiswertesten Ferienwohnungen für zwei Personen liegen bei 350 €/Woche, die Preisskala ist nach oben hin offen. Sylt ist ein teures Pflaster, aber auch auf Föhr und Amrum haben die edel ausgestatteten, komfortablen und luxuriösen Unterkünfte ihren Preis. Zum Mietpreis kommt meist noch eine einmalige Endreinigung hinzu.

Hotels, Pensionen und Privatzimmer

Das Angebot an hochpreisigen, komfortablen Hotels mit großzügigen Wellnessabteilungen ist in den letzten Jahren kontinuierlich gestiegen. Sehr noble Adressen findet man unter den Sylter Privathotels, www.privathotels-sylt.de.

Während Hotels auf Kurzurlauber eingestellt sind, müssen Gäste, die weniger als vier Nächte bleiben, in vielen Pensionen und Gästehäusern mit einem Aufpreis rechnen. Privatzimmer in normalen Wohnhäusern garantieren Kontakt zur einheimischen Bevölkerung. Persönliche Ausflugs- und Besichtigungstipps sind im Service inbegriffen.

Jugendherbergen

Die Jugendherbergen stehen allen offen, Bedingung ist die Mitgliedschaft im Jugendherbergswerk, die auch vor Ort erworben werden kann. Statt großer Schlafsäle überwiegen heute 2-, 4- und 6-Bettzimmer. Aber auch Familienzimmer, in denen Familien und Paare gemeinsam übernachten können, werden angeboten.

BETT & BIKE **B**

Schleswig-Holstein ist ein Fahrradland, viele Übernachtungsbetriebe sind speziell auf Radfahrer eingestellt. Der ADFC (Allgemeiner Deutscher Fahrrad-Club) hat eine Liste der radfahrerfreundlichen Unterkünfte – Hotels, Pensionen, Jugendherbergen und Campingplätze – sowie Gastronomiebetriebe zusammengestellt. Er kann über die Website www.bettundbike.de heruntergeladen werden. Die Bett+Bike-App gibt es kostenfrei in der iOS-Version im App-Store von iTunes und in der Android-Version im Play Store. Wer ein Inselhopping per Fahrrad plant, muss sich frühzeitig kümmern – da beispielsweise die Insel-Jugendherbergen häufig bereits vor Saisonbeginn ausgebucht sind.

Rechtzeitige Buchung ist empfehlenswert. Der Übernachtungspreis pro Person mit Frühstück variiert: In Husum kostet eine Übernachtung ab 27,50 €, im DZ 58 €, in Westerland ab 32,50 €, im DZ 75 €). Gäste über 27 Jahre zahlen einen Aufschlag von 5,50 € pro Übernachtung.

Jugendherbergen im Bereich der Nordfriesischen Inseln gibt es in List, Westerland und Hörnum auf Sylt, in Wyk auf Föhr, in Wittdün auf Amrum und auf Helgoland. Ein kostenloses Jugendherbergsverzeichnis für Norddeutschland erhält man beim Landesverband Nordmark.
Deutsches Jugendherbergswerk, Landesverband Nordmark e. V., T 040 65 59 95-66, https://.nordmark.jugendherberge.de

Camping

Campingplätze gibt es auf Sylt, Amrum und Nordstrand. Um dort einen Platz zu erhalten, ist eine Vorbestellung in der Hauptsaison vor allem auf Sylt unbedingt erforderlich. Auf Föhr gibt es einen Wohnmobilstellplatz, ansonsten ist das Übernachten in Wohnmobilen auf öffentlichen Parkplätzen nicht erlaubt. Touristenbüros verschicken auf Anfrage Campingplatzbroschüren. Eine Übersicht mit Links zu den einzelnen Campingplätzen erhält man auf der Website des VCSH Camping/Schleswig-Holstein.
www.vcsh.de

Verkehrsmittel auf den Inseln

Bus

Die Busnetze sind auf Sylt, Föhr und Amrum gut ausgebaut. In der Saison verkehren Busse zwischen den Hauptorten in der Regel alle 30 Min., auf Sylt zwischen List und Hörnum tagsüber alle 20 Min., im Winter alle 30 Min. Archsum und Morsum/Sylt-Ost werden im Stundentakt bedient (Details s. Kasten Orientierung zu Beginn der einzelnen Reisekapitel).

Fahrrad

Auf allen Inseln findet man hervorragend gekennzeichnete Radwege. Vor Ort gibt es zahlreiche Fahrradverleihfirmen. Für Tagesgäste auf den Inseln lohnt die Mitnahme des eigenen Rades, da die Beförderungspreise für das (hochkarätige) Fahrrad häufig unter den Tagesmietpreisen liegen. Frühaufsteher, die die erste Fähre nehmen, müssen zudem auf die Öffnung des Verleihs warten. Am besten ist es, vorher die Zeiten und Preise zu überprüfen, sie stehen auf den Internetseiten der Reedereien. Auf Sylt nehmen die Busse Fahrräder (jedoch keine Anhänger) mit.

Taxi

Sylt: T 04651 55 55, www.taxiruf-sylt.de
Föhr: u. a. Taxi King, T 04681 22 42, www.der-insulaner-foehr.de; Taxi Korf 04681 37 05, www.taxi-korf.com
Amrum: T 0171 328 72 37
Pellworm: T 04844 15 15

Glossar Insel und Watt

Bake
Weithin sichtbares, einem Gerüst
ähnliches Schifffahrtszeichen, das als
Markierung eines festen Standorts
dient

Bilegger
Eiserner Kastenofen, der in der
Wohnstube steht, aber von der Küche
aus beheizt wird

Blanker Hans
Schon im Mittelalter verwendete
Bezeichnung für die stürmische Nordsee

Bockmühle
Älteste Windmühlenform, bei der
das ganze Mühlenhaus in den Wind
gedreht wird

Brackwasser
Mischung von Salz- und Süßwasser

Buhne
Von der Uferlinie ins Meer hinaus-
ragender Damm aus Stein, Mörtel,
Beton oder auch mit Buschwerk
ausgefüllte doppelte Pfahlreihe
zur Abdrängung der küstenparallelen
Tideströmung

Ditten
Getrockneter, in Sodenform gestochener
Kuhmist, auf den Halligen als
Brennmaterial genutzt

Fething
Wasserspeicherbecken (für Vieh) auf
einer Warft, in dem das Regenwasser
gesammelt wurde

Geest
Abgeleitet von niederdeutsch güst,
trocken. Sand- und Kiesböden, die
während der Eiszeit abgelagert
wurden

Gezeiten
Niederdeutsch Tide, ungefähr halbtägige
Schwankung des Meeresspiegels, im
Bereich der Ostfriesischen Inseln 2–3 m

Grüppen
Zumeist parallel angeordnete
Entwässerungsgräben
in der küstennahen
Verlandungszone des Watts

Hallig
Kleine Eilande im nordfriesischen
Wattenmeer, die nur durch einen
niedrigen Sommerdeich geschützt
oder gänzlich unbedeicht sind. Bei
Sturmfluten werden die Halligen
überflutet. Die Häuser stehen auf
hohen, hochwassersicheren Warften.

Harde
Dänischer Verwaltungsbezirk

Holländer
Windmühle, bei der nur die Kappe
mit den Flügeln in den Wind gedreht wird

Hörn
In die See ragende Landspitze, Sandbank
oder kleine Insel

Klei
Tonreicher Lehmboden, im Küstengebiet
aus Meeressedimenten entstandene
Marschböden

Koog
Nach der Landgewinnung eingedeichte
Marschen (in West- und Ostfriesland
auch Polder oder Groden genannt)

Lahnung
Buhnenartige, häufig in rechteckige
Felder abgeteilte Dämme aus
zwei Pfahlreihen und Buschwerk
im Deichvorland, die der

Wasserberuhigung und
der Sedimentablagerung dienen

Marsch
Küstennaher, vom Meer abgelagerter,
fruchtbarer Boden

Odde
Ins Meer ragende Landzunge

Partizipanten
Teilhaber beim Deichbau

Pensionsvieh
Vieh (meist Kühe), das im Sommer
zum Weiden auf die Inseln oder an die
Küste gebracht wird

Pesel
Die gute Stube, die nur zu besonderen
Anlässen genutzt wurde. Auf ihre
Ausstattung wurde eine besondere
Sorgfalt verwandt.

Priel
Flache, oft verästelte Wasserrinne
im Watt, die bei Ebbe noch Wasser
führt

Pütte
Feuchtgebiet (oder Wasserfläche), das
durch Erdentnahme für den Deichbau
entstanden ist

Riff
Lang gestreckte Sandbank

Rüm hart, klaar kiming
Traditionelles Friesenmotto: weites/
offenes Herz und klarer Blick/
Horizont

Siel
Verschließbarer Durchlass im Deich,
durch den bei Ebbe eingedeichtes
Land entwässert wird

Staller
Der höchste politische Beamte, der
vom Landesherrn auf den Inseln
eingesetzt wurde

Stöpe
Deichöffnung im Verlauf einer Straße,
die im Falle einer Sturmflut geschlossen
werden kann

Tide
s. Gezeiten

Tidenhub
Mittlerer Unterschied zwischen Hochund
Niedrigwasser

Tief
Größerer Wasserlauf in der
Marsch und im Watt

Warf (Warft, Wurt)
Künstlich aufgeworfener Erdhügel, der
vor Beginn des Deichbaus Schutz
vor den Sturmfluten bot, vor allem
auf den Halligen

Watt
Küstennahe Meeresregion, die als
Folge der Gezeiten (Ebbe und Flut)
zweimal täglich mehrere Stunden
trockenfällt

Ut(h)lande
Im Mittelalter Bezeichnung für die
Landschaft der Marschinseln,
Halligen und Geestinseln im
nordfriesischen Wattenmeer.
Mit dem touristischen Begriff
Uthlande sind heute nur noch
die Marschinseln und Halligen
gemeint.

Vorland
Übergang zwischen Land und Meer;
Salzwiesen

Das

Magazin

Was wäre Nordfriesland ohne Möwen? Nicht nur am Strand trifft man sie an …

Daten und Fakten

Rüm hart, klaar Kimming — die Friesen hängen an ihren Brauchtümern, an ihrem Eigensinn. Ihre Existenz ist gezeichnet vom ungezähmten Willen, sich gegen die Macht des Meeres zu behaupten, sich nichts und niemandem zu unterwerfen.

Jahrhundertelang sind die nordfriesischen Männer zur See gefahren, um ihre Familien ernähren zu können, haben die Frauen zu Hause ohne ›Kerle‹ ihren Mann gestanden. Sie haben einen Leitspruch gewählt, um ihre Weltoffenheit, aber auch ihren Glauben und ihre Hoffnung an eine sichere Seereise auszudrücken: »Weites Herz, klarer Horizont«. Kimming ist die Linie zwischen Himmel und Meer. Wenn die klar zu sehen ist, gelingt die Reise ….

Geografie und Natur

Die Inseln und die Halligen liegen wie ein Bollwerk vor der Westküste Schleswig-Holsteins und bieten dem Festland zwischen der Eider im Süden und der Grenze zu Dänemark im Norden Schutz vor der offenen Nordsee. Dieses vorgelagerte Land an der Küste wird Uthlande genannt. Während Amrum, Föhr und Pellworm nur per Schiff zu erreichen sind, hat Sylt über den Hindenburgdamm Bahnverbindung zum Festland. Die Insel Nordstrand hat sich durch die Eindeichung des Beltringharder Koogs zur Halbinsel entwickelt. Zwischen dem Festland und den Inseln erstreckt sich das Wattenmeer, eine in der Welt einzigartige, vom Wechsel der Gezeiten geprägte Landschaft. Im Nationalpark Schleswig-Holsteinisches Wattenmeer leben 3200 Tierarten auf 273 000 ha.

Sylt, Föhr und Amrum sind aus eiszeitlichen Geestkernen aufgebaut und verweisen mit Stolz auf ihre langen Sandstrände, Sylt und Amrum zudem auf ausgedehnte Dünenlandschaften. Darüber hinaus weisen sie auch jüngere Marschflächen auf, die vor allem auf Föhr landwirtschaftlich genutzt werden. Nur auf Amrum gibt es größere Waldbestände. Die Marschinseln Pellworm und Nordstrand bestehen aus fruchtbarer, größtenteils unter dem Meeresspiegel liegender Marsch und sind von schützenden Deichen umgeben. Die Halligen sind aufgeschlickte Reste des durch Sturmfluten zerrissenen Festlandes. Sie haben keine hohen Deiche, die Häuser stehen auf Warften, die bei Überflutung aus dem Wasser ragen.

Staat und Politik

Die Inseln und Halligen gehören seit 1970 zum Kreis Nordfriesland, der im Norden von Dänemark, im Osten vom Kreis Schleswig-Flensburg, im Süden vom Kreis Dithmarschen begrenzt wird. Wahlkreise sind Südtondern und Husum. Eine Besonderheit ist der Südschleswigsche Wählerverband (SSW). Der SSW ist die Partei der dänischen Minderheit, die eng mit dem Friisk Foriining, einem Kulturverband der friesischen Volksgruppe in Nordfriesland, zusammenarbeitet.

Wirtschaft und Tourismus

Pflug, Fisch und Stierkopf auf den Schiffssegeln im Wappen Nordfrieslands erinnern an die Wirtschaftsgrundlagen der Küstenbewohner: Viehzucht, Ackerbau, Seefahrt und Fischfang. Auf den Inseln Föhr, Pellworm und Nordstrand spielen Rinder- und Schafzucht, aber auch der Anbau von Getreide, Raps und Mais nach wie vor eine Rolle.

Die Fischerei hat wirtschaftlich gesehen nur noch geringe Bedeutung. Die Kutter im Bereich der Inseln landen heute vor allem Krabben an. Wichtige Arbeitgeber sind die Reedereien, die für den Personen- und Warenverkehr zwischen den Inseln und dem Festland zuständig sind, sowie der Landesbetrieb für Küstenschutz, Nationalpark und Meeresschutz Schleswig-Holstein (LKN-SH). Auf den Halligen, die als Wellenbrecher vor dem Festland eine wichtige Funktion im Küstenschutz haben, ist ein Großteil der männlichen Bevölkerung bei LKN angestellt und arbeitet für den Schutz der eigenen Hallig.

Der mit Abstand wichtigste Wirtschaftszweig ist der Tourismus. Etwa 80 % der Arbeitnehmer sind im Dienstleistungsbereich beschäftigt. Über 1 Mio. Urlauber kommen pro Jahr nach Nordfriesland, gut die Hälfte davon nach Sylt. In der Saison herrscht ein Mangel an Fachkräften im Hotelgewerbe und der Gastronomie. Es fehlt an bezahlbarem Wohnraum für die Mitarbeiter und Insulaner.

Seit Jahrzehnten gilt der Kreis Nordfriesland als (bundesweit anerkannte) Modellregion für erneuerbare Energien.

25 Jahre lang fand in Husum die HUSUM Wind als Leitmesse der internationalen Windenergiebranche statt. Von Bedeutung ist die Produktion sowie Wartung und Versorgung von Windkraftanlagen.

Die Arbeitslosenquote in Nordfriesland liegt bei 8,9 %, die auf den Inseln Sylt, Föhr und Amrum etwas darunter. ■

STECKBRIEF

Lage: Nordfriesland mit Inseln und Halligen liegt an der Nordseeküste Schleswig-Holsteins (auch Westküste genannt) und grenzt im Norden an Dänemark. Der nördlichste Zipfel Deutschland (Ellenbogen auf Sylt) erstreckt sich vor der Küste Dänemarks.

Geografie: Alles dabei: Fruchtbare Marsch und sandige Geestkerne, Wattenmeer und offene Nordsee, Sandstrände und grüne Deiche, Steilufer und Salzwiesen, Weiden und Wald.

Einwohner: 165 500

Verwaltungssitz: Husum

Staat und Politik: Alle fünf Jahre wird der Kreistag gewählt, Landrat ist seit 2019 Florian Lorenzen (CDU).

Amts- und Umgangssprache: Nordfriesland gilt als der sprachenreichste Landkreis Deutschlands. Gesprochen werden: Deutsch, Plattdeutsch, Dänisch, Südjütisch und Nordfriesisch.

Wirtschaft: Tourismus und Windenergie gehören zu den wichtigsten Wirtschaftszweigen Nordfrieslands. Rund 13 Mio. Übernachtungen zählt die Region. Touristische Highlights sind die Inseln und Halligen inmitten des Nationalparks Schleswig-Holsteinisches Wattenmeer.

Hilligenley auf Hallig Langeneß – aus Schlick erwachsen

Das Meer gibt, das Meer nimmt

Die Uthlande — An der Nordseeküste spielen Sturmfluten seit jeher eine besondere, eine zerstörerische Rolle. Der aktuelle Bericht des Weltklimarats sieht düster aus. Der Meeresspiegel steigt, Wetterextreme nehmen zu, Strände werden fortgespült.

Der ›Archipel‹ der Nordfriesischen Inseln und Halligen erstreckt sich vor der schleswig-holsteinischen Westküste. Er reicht von den Geestinseln Sylt, Föhr und Amrum nahe der dänischen Grenze bis zum Kranz der Halligen und den Marschinseln Pellworm und Nordstrand. Diese ›amphibische‹ Landschaft wurde seit dem Mittelalter Uthlande genannt. Das Land vor dem Deich war immer in seiner Existenz bedroht.

Vom Eise befreit …

Sylt, Föhr und Amrum bestehen im Kern aus Moränenablagerungen der Eiszeiten, die vor etwa 15 000 Jahren langsam zu Ende gingen. Zu jener Zeit lag ganz Skandinavien unter einer bis zu 2 km dicken Eisschicht, die bis an die deutschen Mittelgebirge heranreichte. Der Eispanzer schob riesige Schutt- und Geröllmassen vor sich her, die blieben, als das Eis zurückwich: die Moränen. Diese Moränen bilden den Grund der heutigen Geest. Sie ragen auf Sylt bis zu 27 m, auf Föhr bis zu 13 m und auf Amrum bis zu 18 m über dem mittleren Meeresspiegel aus der Meereslandschaft.

Die Uthlande entstehen

Nachdem Schleswig-Holstein eisfrei geworden war, lag der Meeresspiegel wegen der in Skandinavien im Eis gebundenen Wassermassen noch um etwa 100 m unter der gegenwärtigen Höhe. Der südliche Teil der Nordsee lag bis zur Höhe Newcastle–Doggerbank–Skagen trocken. Mit dem Abschmelzen der Gletscher füllte sich das Nordseebecken und überflutete das Land, die Nordsee rückte vor und drang schließlich über die Geestränder hinaus ins Hinterland vor. Diese Wassermassen führten tonnenweise Schlick mit sich, sodass vor der Küste und um die höher gelegenen Geestinseln herum im Lauf der Jahrhunderte eine neue Marsch entstand, mit Sümpfen, Mooren, Weiden und einigen Wäldern.

Wohnen auf den Warften

In der Zeit um 3000 v. Chr. ließen sich an der nordfriesischen Küste Jäger und Sammler nieder. Auf den kargen Geesthöhen siedelnd, bewirtschafteten sie Felder im tiefer gelegenen, fruchtbaren Marschland. Ihre Toten bestatteten sie in Steingräbern, ein gut erhaltenes Zeugnis ist der Denghoog in Wenningstedt auf Sylt (s. S. 41). Noch vor Christi Geburt zog ein Großteil der Menschen wegen der zunehmenden Überflutung des Landes wieder fort.

Erst ab dem 8. Jh. wanderten Friesen aus dem Gebiet der südlichen Nordsee gen Norden. Sie brachten die nötigen Kenntnisse mit, um das Schwemmland dauerhaft zu besiedeln: Sie schützten flutgefährdetes Land durch Deiche, entwässerten Feuchtgebiete, warfen sturmflutsichere Wohnhügel – sogenannte Warften – auf. Erstmals blühte die Landwirtschaft, es entstanden Viehweiden und Äcker.

Zu Wohlstand gelangten die Friesen auch durch Salz, das sie aus dem salzwassergetränkten Küstentorf gewannen. Mit dem Abbau der meterdicken Torfschicht und der Entwässerung der fruchtbaren Marsch trugen die Friesen allerdings zum Absacken des Landes bei. Der dänische Geschichtsschreiber Saxo Grammaticus beschreibt die Uthlande in der 2. Hälfte des 12. Jh. als einen tief gelegenen Landstrich, in dem die Deiche häufig brechen.

Die großen Mandränken

Unter den vielen Orkanfluten, die den zwischen Sylt und der Halbinsel Eiderstedt weitgehend zusammenhängenden Landblock der Uthlande zerrissen, heben sich die Sturmfluten der Jahre 1362 und 1634 hervor. »Um Mitternacht, da ging die allergrößte Mandränke, da ertrank das meiste Volk aus den Uthlanden …«, heißt es im »Chronicon Eiderstadense« über die Marcellusflut im Januar 1362, die

die Uthlande in ein Inselreich verwandelte. Die Geestkerne wurden aufgebrochen und inselartig gegliedert: Sylt, Föhr und Amrum erhielten annähernd ihre heutige Gestalt. Das Meer riss breite Furchen in das blühende Land, ebnete Kulturland zu schlickigen Wattflächen ein, die von jeder höheren Flut überspült wurden.

Im Süden lag jetzt nur noch eine größere zusammenhängende Landmasse, die Insel Alt-Nordstrand, auch Strand genannt. Sie wurde durch die Orkanflut von 1634 zerschlagen und in kleine Restgebilde aufgelöst. Vom alten Strand blieben nur Pellworm, Nordstrand und Nordstrandischmoor bestehen. Diese Sturmflut war es, die in groben Umrissen das heutige Nordfriesland schuf.

Die Halligen

Dort, wo Land verloren gegangen war, lagerte sich im Verlauf der Zeit wieder Schlick an, der bei jeder Überflutung höher aufgetragen wurde. Neues Marschland entstand, ihm sind die meisten der heutigen Halligen zuzuordnen. Kaum aufgebaut, wurden viele der fragilen Eilande von der anbrandenden Nordsee wieder abgebaut. Vom 14. bis ins 19. Jh. gingen über hundert Halligen verloren. Erst Ende des 19. Jh. erfolgten die ersten konkreten Schutzmaßnahmen.

Heute sind fast alle Halligen durch massive Steindeckwerke vor allem im gefährdeten Westteil gegen weitere Landverluste abgesichert. Einige sind durch niedrige Sommerdeiche geschützt und werden nur noch bei höher auflaufenden Fluten überspült. Das Meer lässt eine feine Schlickschicht auf den Halligböden zurück, sodass die Halligen Jahr für Jahr unmerklich an Höhe zulegen. Einzig Hooge, das von einem höheren Halligdeich umgeben ist, wächst kaum noch. Seit der Sturmflut von 1962 wurden auf den bewohnten Warften sogenannte Ringdeiche an den äußeren

WIE SPRINGTIDEN UND STURMFLUTEN ENTSTEHEN **S**

Die Gezeiten, auch Tiden genannt, bestimmen den Lebensrhythmus an der Küste. In schöner Gleichmäßigkeit von sechs Stunden und zwölf Minuten läuft das Wasser ab (Ebbe), um dann wieder in sechs Stunden und zwölf Minuten aufzulaufen (Flut). Dieses Auf und Ab entsteht durch die Anziehungskraft des Mondes und die Fliehkraft der Erde. Alle 14 Tage, bei Neu- und bei Vollmond, wirkt sich auch die Anziehungskraft der Sonne auf die Höhe des Hochwassers aus. Dann stehen Mond und Sonne von der Erde aus gesehen auf einer Achse, die Kräfte der beiden Gestirne addieren sich – es entstehen sogenannte Springtiden. Wenn orkanartige Stürme aus Südwest bis Nordwest die Wassermassen in der Deutschen Bucht stauen, kann das – in Verbindung mit einer Springtide – zu verheerenden Sturmfluten führen mit Wasserständen von mehr als 3 m über dem mittleren Tidehochwasser.

Oberkanten der Warften angelegt, die angesichts des steigenden Meeresspiegels nach und nach erhöht werden.

Sicher im Schutz der Deiche?

Anders als die Halligen sind die Inseln Pellworm und Nordstrand nahtlos von hohen Seedeichen umschlossen. Mühsam wurden die Überreste der von Sturmfluten zerschlagenen Marschgebiete zurückgewonnen und eingedeicht. Der Deich bewahrt das neu gewonnene, niedrig gelegene Land (Koog) vor Überflutung. Sowohl Pellworm als auch Nordstrand liegen im Schnitt etwa 1 m unter dem Meeresspiegel und sind von hohen Deichen geschützt. Seit den 1960er-Jahren wurden Wohnhäuser im Vertrauen auf den Deichschutz zunehmend auch in tieferen Lagen gebaut, d. h. deutlich unter dem Meeresspiegel. Der Anstieg des Meeresspiegels (etwa 15 cm in den letzten 100 Jahren) wird aufmerksam beobachtet. Die Sicherung und Erhöhung der Deiche steht bis 2025 auf dem Programm der Küstenschützer. Den Anfang machte 2013–16 Nordstrand (Infos über den Deichbau siehe www.heute-schon-deich-geguckt.de). Mit 8,70 m Höhe trägt der erhöhte Deich den jüngsten Prognosen zum Klimawandel Rechnung. Der »Klimadeich mit Baureserve« hat eine doppelt so breite Krone (5 m) wie zuvor, die es späteren Generationen ermöglicht, »noch etwas obendraufzupacken«.

Auch die ›erhabenen‹ Geestinseln sind vom Blanken Hans bedroht. An den Geestrücken haben sich im Verlauf der Jahrhunderte Steilküsten, sogenannte Kliffs, herausgebildet. Hier sind bei Sturmfluten die größten Landverluste zu verzeichnen. Die Insel liegt mit der Breitseite quer zur Hauptangriffsrichtung von Wind und Wellen. Schon bei einer Windstärke von 7 oder 8 tobt die Brandung erbarmungslos gegen die Insel und verursacht Landverluste, gegen die es bis heute kein wirksames Mittel gibt. Seit Anfang der 1970er-Jahre schwört man auf Sylt auf Sandvorspülungen. Saugbagger entnehmen dem Meeresgrund gewaltige Sandmassen und spülen sie einzelnen Strandabschnitten vor. Die Kosten dieser Maßnahmen sind enorm und werden infolge des Klimawandels noch steigen. Die im Generalplan Küstenschutz 2001 formulierte Schlussfolgerung behält seine Gültigkeit: »Der Küstenschutz wird niemals enden«. ∎

Lebensräume für Spezialisten

Flora und Fauna in Düne und Watt — Schleswig-Holstein ist das vogelreichste Gebiet Europas. Nicht nur wegen der zehn Millionen Zugvögel, die hier im Lauf des Jahres eine Rast einlegen, bevor sie weiterziehen. Und die Flora? Ebenfalls besonders und besonders hart im Nehmen.

Düne, Salzwiese und Watt prägen die Landschaften auf den Inseln und Halligen. Es sind die Lebensräume von Überlebenskünstlern, die dem Wechsel von Trockenheit und Überflutung trotzen und Salzbäder ebenso wie schneidende Sandstürme ertragen.

Gebirgszüge aus Sand

Dünen gehören zum Landschaftsbild der Geestinseln Sylt und Amrum. Es ist eine Landschaft im steten Wandel. Die Brandung spült den Sand vom Meeresboden auf den Strand, wo er von Luft und Sonnenwärme getrocknet und vom vorherrschenden Westwind auf die Insel getrieben wird. Zu den allerersten Besiedlern der zusammengewehten Sande zählen Strandquecke und Meersenf. Mit ihren Wurzeln halten sie den lockeren Sand fest und fördern die Sandablagerung. Die sogenannten Primärdünen entstehen, schön zu sehen beispielsweise am Kniepsand auf Amrum. Die

Dünen werden allmählich höher und gehen in die Sekundärdünen über, auch Weißdünen genannt. Hier gedeihen besonders für diese Vegetationsstufe

H

HEIDEBLÜTE

Mitte des 19. Jh. bestanden noch 17 % der Fläche Schleswig-Holsteins aus Heidelandschaft. Heute sind es nur noch 0,5 %. Ausgedehnte Heideflächen finden sich heute vor allem auf den nordfriesischen Inseln – auf Sylt und auf Amrum. Wenn die Heide blüht (Juli–Sept.), wimmelt es hier von Leben – die Heide ist ein wahrer Bienenbrunnen. Neben der Honigbiene sind auch Wildbienen, die auf die Besenheide als Pollenquelle spezialisiert sind, und gefährdete Arten wie die Heide-Sandbiene und Heide-Seidenbiene sowie verschiedene Hummelarten zu beobachten.

Fressen und gefressen werden. Die Gemeine Strandkrabbe ist ein Allesfresser und geschickter Räuber. Mit ihren kräftigen Scheren kann sie auch Muscheln ihrer eigenen Körpergröße knacken. Sie selbst ist ein Leckerbissen für Vögel und Fische.

geeignete Pflanzen, etwa Dünenhalme wie Strandhafer und Strandroggen, die Hauptbaumeister der Dünen. Sie sind wegen ihrer langen, weit verzweigten Wurzeln besonders zur Dünenbefestigung geeignet.

Das letzte Stadium der Dünenbildung markieren die sich inseleinwärts anschließenden Tertiär- oder Graudünen. Von der Sandzufuhr sind sie fast abgeschnitten und sie wachsen nicht mehr in die Höhe. Hier ist die Vegetation viel artenreicher und bedeckt die gesamte Düne. Kleine Humusteilchen lassen den Sand – im Gegensatz zur Weißdüne – grau wirken, daher die Bezeichnung ›Graudünen‹. Hier sind von Zwergsträuchern bestimmte Pflanzengesellschaften heimisch, wie die Dünenheide mit Kriechweide, Sanddorn, Krähenbeere und Glockenheide, die die breiten Dünengürtel im Westen Sylts prägen.

Salzwiesen – ein Blütentraum

Salzwiesen bilden den natürlichen Übergang vom Land zum Wattenmeer. Küstenschutzarbeiten, Deichbau, Entwässerungsmaßnahmen und Beweidung haben die natürlichen Salzwiesen in den vergangenen Jahrzehnten stark dezimiert. Je nach Höhenlage und der damit zusammenhängenden Überflutungshäufigkeit lassen sich verschiedene Zonen unterscheiden.

Weit draußen, im Schlick- oder Quellerwatt, setzt die Verlandung ein. Hier gedeiht der dickfleischige Queller, der mit seinen Wurzeln den Boden festigt, das Wasser beruhigt und somit die Ablagerung von Schwebstoffen fördert. Auf diese Weise wird der Boden erhöht – Schicht für Schicht wächst er auf. Entlang dem Nordstrander Damm ist das gut zu beobachten.

Dem Schlickwatt folgt der unterste Bereich der eigentlichen Salzwiesen,

Kein Vogel ist so allgegenwärtig im Wattenmeer wie der Austernfischer: als Zugvogel, als Brutvogel, als Überwinterungsgast. Wegen seines Aussehens wird er auch als ›Halligstorch‹ bezeichnet.

der Andelrasen, der bis zu zweihundert Mal jährlich überflutet wird. Typische Begleitpflanzen des namengebenden Andels sind Strandwegerich, Stranddreizack und die im August rot-violett blühende Strandaster. Im Juli/August verwandelt die Bondestave, auch Strand- oder Halligflieder genannt, die Halligwiesen in ein lilafarbenes Blütenmeer, wunderschön beispielsweise auf Hallig Gröde.

Vogelvielfalt im Wattenmeer

Dank seines Nahrungsreichtums bietet das Watt Lebensraum für eine reiche Vogelwelt. Im Frühjahr und Herbst rasten hier die Zugvögel auf dem Weg zu ihren Brutplätzen im hohen Norden oder den Winterquartieren im Süden: Alpenstrandläufer, Goldregenpfeifer, Pfuhlschnepfen, Brachvögel und Wildgänse. Ein typischer Zugvogel ist der kleine, gedrungene Knutt.

Seine Brutgebiete liegen in Grönland, Nordwestkanada, Alaska und Nordsibirien. Zum Überwintern zieht er nach West- und Südafrika oder an die Atlantikküsten Mittel- und Südeuropas. Bis zu 5300 km liegen zwischen den einzelnen Stopps, die die Langstreckenzieher ohne Rast und mit einer Zuggeschwindigkeit von bis zu 80 km/h zurücklegen. Im Wattenmeer stärken sie sich für den Weiterflug und legen sich ein Fettpolster an.

Wenn im Mai die Frühlingsgäste verschwunden sind, wird es stiller im Wattenmeer, jetzt kommen die einheimischen Brutvögel zur Geltung. Der bekannteste Küstenvogel ist die grau-weiße Silbermöwe. Sie ist am roten Schnabelfleck zu erkennen. Auffällig ist die hellgraue Lachmöwe, die im Sommer einen dunkelbraunen Kopf, im Winter jedoch nur einen dunklen Fleck an den Augen hat. Sie ist auf fast allen Inseln als Brutvogel zu finden und im Winter als häufigste Hafenmöwe anzutreffen.

In Dünentälern, auf Sandbänken und kurzgrasigen Halligwiesen brüten die eleganten Seeschwalben in dicht gedrängten Kolonien. Im Gegensatz zu den Möwen fliegen sie im Herbst gen Süden. Auch die meisten Limikolen (Watvögel) zieht es im Winter in südliche Gefilde. Nur der ruffreudige Austernfischer, Charaktervogel der Nordseeküste, bleibt in seiner Brutheimat, wenn der Winter nicht zu streng wird. Die rotbeinigen Vögel mit weißem Bauch und schwarzem Kopf stochern mit ihren kräftigen roten Schnäbeln im Watt nach Würmern und kleinen Krebsen. Zu den Limikolen gehört auch der hochbeinige Rotschenkel, der wie der Kiebitz in den Marschwiesen hinterm Deich zu finden ist.

In Lagunen und den flachen Speicherseen neu eingedeichter Köge wie dem Beltringharder Koog hat der Säbelschnäbler neue Lebensräume gefunden. Mit seinem aufwärts gebogenen, langen Schnabel pflügt er zur Nahrungsaufnahme durch den Schlick. Ein häufiger Zugvogel im Wattenmeer ist der Große Brachvogel, der als Brutvogel auf den Nordfriesischen Inseln nur noch in den Amrumer Dünen lebt.

Wenn die Ringelgänse ziehen

Im Herbst treffen die Ringelgänse aus ihren Brutgebieten in Nordsibirien im Wattenmeer ein. Ihre Nahrung suchen die Vegetarier vorzugsweise auf den selten gewordenen Seegraswiesen und den Grasflächen der Halligen. Ende November fliegen die Gänse von den Nordfriesischen Inseln weiter in die Niederlande, nach Großbritannien und Frankreich. Im März kehren sie dann ins Wattenmeer zurück.

Bis zu ihrem Abflug Mitte Mai müssen die Tiere ihr Körpergewicht um 20 % erhöhen, um den anstrengenden Flug ins 4000 km entfernte Nordsibirien zu schaffen. Wenn die Vögel die Halligen verlassen, bleibt ›englischer Golfrasen‹ zurück, denn die Ringelgänse fressen die Wiesen streichholzkurz. In langen Trockenperioden verbrennt der zurückgebliebene Gänsekot den Boden sogar. Die Landwirte erhalten als Ausgleich für den Schaden eine sogenannte ›Ringelgansentschädigung‹, deren Höhe sich nach dem Ausmaß des Schadens richtet. ∎

WALE VOR DER WESTKÜSTE!

Jahrzehntelang waren die Wale in Nordfriesland verschwunden. Erst seit Ende der 1980er-Jahre tummeln sich im Meer vor Sylt und Amrum wieder nennenswerte Bestände von Schweinswalen. In sogenannten Schulen oder einzeln entdeckt man sie vor den Inseln, am häufigsten vor der Westküste Sylts. Als Lungenatmer müssen sie alle sechs Minuten zum Luftholen an die Oberfläche kommen. Ihre dunklen, dreieckigen Rückenflossen tauchen dann kurz aus dem Wasser auf – sie erinnern eher an Delfine oder kleine Haie als an Wale. Vor Sylt hat sich eine regelrechte Kinderstube für Kleinwale entwickelt. Wissenschaftler gehen davon aus, dass hier pro Quadratkilometer Meeresfläche statistisch bis zu 3,7 Schweinswale mit einem Kälberanteil von 27 % zu finden sind. Seit Anfang der 1990er-Jahre haben sich Walexperten und Naturschutzorganisationen für die Einrichtung eines Walschutzgebietes vor Sylt und Amrum eingesetzt. 1999 war es so weit: im Rahmen der Verabschiedung des neuen Nationalparkgesetzes erfolgte die Einrichtung des Walschutzgebiets.

Vom Müllabladeplatz zum Weltnaturerbe

Das Wattenmeer — Die Schutzbedürftigkeit des Wattenmeers wurde in den1960er- und -70er-Jahren immer offensichtlicher. Es war noch ein langer Weg zum ›Nobelpreis für die Natur‹, der Auszeichnung UNESCO-Weltnaturerbe.

Früher war alles besser? Das kann man so nicht unterschreiben. Die Nordsee war Müllabladeplatz, das Wattenmeer Ort für Schießübungen und Munitionstests, Pflanzen- und Tierbestände waren bedroht, Touristen zerstörten gedankenlos schützende Dünenzonen. Dabei steht eine intakte Umwelt ganz oben auf der Wunschliste der Urlauber. Die Gründung des Nationalparks Schleswig-Holsteinisches Wattenmeer im Jahr 1985 wie auch die Auszeichnung als Weltnaturerbe im Jahr 2009 haben die Attraktivität des Touristenziels Westküste erhöht. Doch es war und ist kein leichtes Unterfangen, ökologische Forderungen in einer touristisch intensiv genutzten Region durchzusetzen, deren Bewohnern der Küstenschutz naturgemäß mehr am Herzen liegt als der Naturschutz.

Diese wunderbare Welt …

Das Wattenmeer zählt zu den letzten großen Naturlandschaften Europas, ein einzigartiger Lebensraum, der 2009 von der UNESCO zum Welterbe der Menschheit erklärt wurde. Er steht damit auf einer Stufe mit Naturwundern wie

NATURSCHUTZ IM NATIONALPARK

Informationszentren des Nationalparks gibt es auf allen größeren Nordfriesischen Inseln. Sie bieten eine Vielzahl naturkundlicher Vorträge und Exkursionen an. Infos: www.wattenmeer-nationalpark.de
Schutzstation Wattenmeer: Sie unterhält 15 Naturschutzstationen an der Westküste von Schleswig-Holstein. Infos: www.schutzstation-wattenmeer.de
Verein Jordsand zum Schutze der Seevögel und der Natur e. V.: Dem 1907 gegründeten Verein gab das erste Schutzgebiet, die Hallig Jordsand nordöstlich von Sylt, die heute zu Dänemark gehört, den Namen. Der Verein betreut heute 21 Reservate im deutschen Küstenbereich. Infos: www.jordsand.de

Guck mal …! Robben im Wattenmeer gehören zu den Big Five. Auf Wattwanderungen und Birdwatching-Touren lernt man auch die Small Five und die Flying Five kennen.

dem Great Barrier Reef vor Australien, den Galapagos-Inseln vor Ecuador und dem Serengeti-Nationalpark im afrikanischen Tansania.

Schutz des Wattenmeeres

Das Wattenmeer ist Drehscheibe für den Vogelzug zwischen der Arktis und Afrika und Lebensraum für eine unter den extremen Bedingungen des Gezeitenwechsels lebende Tier- und Pflanzenwelt. Schadstoffeinträge über die Luft und über die großen Flüsse wie Ems, Weser, Rhein und Elbe in die Nordsee sowie Nutzungsansprüche wie Fischerei, Jagd, Ölförderung, Landwirtschaft und Tourismus bedrohen dieses in der Welt einzigartige Ökosystem. Zu seinem Schutz wurde der Wattengürtel zwischen Sylt und Borkum zum Nationalpark erklärt (Schleswig-Holstein 1985, Niedersachsen 1986, Hamburg

1990). Mit einer Fläche von 2850 km² ist der Nationalpark Schleswig-Holsteinisches Wattenmeer der größte deutsche Nationalpark.

Zonen des Nationalparks

Anders als die Ostfriesischen Inseln gehören die seit Jahrhunderten besiedelten und intensiv bewirtschafteten Nordfriesischen Inseln nicht direkt zum Nationalpark. Bestandteile des Parks sind die Wattflächen mit ihren Rinnen und Prielen, die Salzwiesen und Vorlandmarschen der Inseln Föhr, Pellworm, Nordstrand und des Festlands, außerdem die Halligen Habel, Norderoog, Süderoog, Südfall und die Hamburger Hallig sowie die Außensände Japsand, Norderoog- und Süderoogsand. Der Nationalpark ist in zwei Zonen eingeteilt: Die Zone 1 darf – im Gegensatz zur Zone 2 – in

»Meeresgrund trifft Horizont« – was hat es damit auf sich? Herausfinden lässt sich das im Multimar Wattforum. So viel sei schon mal verraten: Das Wattenmeer ist ein Ort der kleinen Wunder und großen Phänomene.

der Regel nur im küstennahen Bereich betreten werden. Bei geführten Wattwanderungen auf festgelegten Routen sind Ausnahmen möglich.

Interessenskonflikte

Ein Nationalpark dient laut Bundesnaturschutzgesetz zur Erhaltung des heimischen Tier- und Pflanzenbestandes in großer Vielfalt – möglichst unbeeinflusst vom Menschen. Diesen Anforderungen kann der Nationalpark Wattenmeer nur bedingt entsprechen. Zum einen sind die Inseln und Halligen bewohnt, ein Teil der Bevölkerung findet im Wattenmeer – als Fischer, Schiffer, Wattführer oder Ranger – sein Auskommen. Zum anderen besuchen Jahr für Jahr Hunderttausende von Erholungsuchenden die deutsche Nordseeküste. Vor Friedrichskoog, in unmittelbarer Nachbarschaft der Insel Trischen, dem ältesten und artenreichsten Vogelschutzgebiet Deutschlands, wird Öl gefördert, auf der Doggerbank nach Gas gesucht, Offshore-Windkraftanlagen entstehen, in der Meldorfer Bucht veranstaltet die Bundeswehr Schießübungen. Auch Küstenschutz greift in die Naturlandschaft ein, er ist aber zum Schutz der Bevölkerung unabdingbar. Aufgabe der Nationalparkverwaltung ist es, die Gefährdungen für das Wattenmeer so gering wie möglich zu halten.

Um diesem Ziel näherzukommen, wurde 1999 ein neues Nationalparkgesetz verabschiedet. Es beinhaltet nicht nur eine räumliche Erweiterung des Nationalparks, sondern auch wesentliche Verbesserungen für den Naturschutz. Nicht eingeschränkt wurde der Küstenschutz, auch touristische Nutzungen wie Wattwanderungen und das Badeleben am Strand wurden nicht berührt.

Die Bedeutung der Natur

Eine intakte Umwelt ist das Kapital der Küstenregion. Der Tourismus, Haupterwerbsquelle der Insulaner, belastet die sensiblen Naturräume im Wattenmeer. Zugleich ist aber ein schonender Umgang mit der Ressource Natur existenzbestimmend für den Fremdenverkehr. Sofern Flora und Fauna in den Schutzgebieten nicht gestört werden, sind Einheimische und Gäste ausdrücklich willkommen. Denn – so lautet die Überzeugung der Naturschützer: Nur, wenn die Natur im Nationalpark für die Menschen erlebbar wird, werden sie sich auch auf lange Sicht für ihren Schutz einsetzen.

Begegneten sich die Akteure aus Naturschutz und Tourismus anfangs einander mit Skepsis und Vorbehalten, arbeiten sie heute erfolgreich zusammen. Es gibt viele Beispiele für eine gelungene Integration von Umwelt und Tourismus:

MULTIMAR WATTFORUM

Naturschutz betrifft alle, auch die Menschen, die am Wattenmeer zu Hause sind, dort arbeiten oder ihren Urlaub verbringen. Im Multimar Wattforum werden die Interessenskonflikte und Vorschläge zum Schutz der Natur spannend und vielseitig präsentiert. Ein Erlebnishaus für die ganze Familie: mit elf Großaquarien und vielen Möglichkeiten für Experimente. Draußen gibt es einen großartigen Spielplatz und vom Café/Restaurant genießt man einen schönen Rundblick über das Deichvorland der Eider (Dithmarscher Str. 6 a, 25832 Tönning, T 04861 962 00, www. multimar-wattforum.de, April–Okt. tgl. 9–18, Nov.–März tgl. 10–17 Uhr, Erw. 9 €, Familie 25 €).

In Informationszentren des Nationalparks und verschiedener Umweltorganisationen werden Veranstaltungen für naturinteressierte Gäste angeboten, als ›nationalparkfreundlich‹ ausgezeichnete Hotels und Reedereien werben stolz mit diesem Prädikat.

Ergebnisse des (regelmäßig) in der Nationalpark-Region durchgeführten sozioökonomischen Monitorings (SÖM Watt) zeigen, dass die Bewohner der Westküste (Nordfriesland und Dithmarschen) dem Schutzgebiet heute große Akzeptanz und Wertschätzung entgegenbringen. Für über 60 % der Befragten ist der Nationalpark mit Vorteilen verbunden. Etwa ein Drittel meint, dass sich Vor- und Nachteile die Waage halten. 3 % der befragten Dithmarscher und Nordfriesen finden, dass die Nachteile überwiegen, wobei am häufigsten die Einschränkung der Fischerei genannt wird (Quelle: SÖM Watt 2015).

Als 2009 das Wattenmeer (Schleswig-Holstein und Niedersachsen) in die Liste des Weltnaturerbes der UNESCO aufgenommen wurde, gab es allerdings noch zwei große ›Lücken‹: das Hamburgische und das Dänische Wattenmeer. Beide Regionen wurden vom UNESCO-Komitee ermuntert, über eine Nachmeldung nachzudenken. Seit 2011 gehört auch das Hamburgische Wattenmeer zum Weltnaturerbe Wattenmeer. 2014 wurde das Gebiet um das Dänische Wattenmeer erweitert. Im Juni 2020 feierte das dänisch-deutsch-niederländische Wattenmeer zum elften Mal den Jahrestag der Anerkennung als UNESCO-Weltnaturerbe – bedingt durch die Covid-19-Pandemie in kleinerem Rahmen: Geführte Wattwanderungen in die einzigartige Natur vor der eigenen Haustür konnten Küsten- und Inselbewohner und -bewohnerinnen zum Welterbe-Geburtstag kostenlos unternehmen – mit gebührendem Abstand. Kein Problem – Platz gibt es genug im Welterbe. ∎

Flaute im Windland

Windanlagen — Als Land zwischen den Meeren ist Schleswig-Holstein ein Dorado für Wind-Investoren. Fördergelder beflügelten die Branche, das ist nun vorbei. Seit 2015 werden neue Windräder nur noch in Ausnahmefällen genehmigt – der Ausbau stagniert.

Deutschland ist Windkraft-Weltmeister. Vor allem die Nordseeküste ist mit Wind reich gesegnet. Doch an Land sind die attraktiven Windstandorte längst vergeben, weitere nicht erwünscht. Nun hoffen Investoren auf eine Genehmigung ausgewählter Standorte im offenen Meer.

In Reih und Glied stehen die hoch in den Himmel ragenden ›Windspargel‹ im Deichhinterland – der freie Blick über grüne Wiesen, gepflügte Äcker und gelbe Rapsfelder, für den die schleswig-holsteinische Küste berühmt ist, gehört in manchen Regionen der Vergangenheit an. Am 12. Dezember 2008 beschloss der Kreistag des Landkreises Nordfriesland, in den Schwerpunkträumen des Tourismus keine weiteren Gebiete für Windkraftanlagen auszuweisen.

Öko und offshore?
Eine Alternative bot das Meer. Windanlagen auf See (engl. *offshore*) laufen gleichmäßiger und erwirtschaften einer Greenpeace-Studie zufolge rund 40 % höhere Energieerträge als die Anlagen an Land. Das Interesse der Investoren ist riesig. Anträge für Genehmigungen

WAS WIRD?

Alternative Energieanlagen haben keinen Freifahrtschein mehr. Zahlreiche Aspekte und Interessen müssen bei der Planung berücksichtigt werden. Es geht um den Schutz von Mensch und Natur, um das Wo und das Wieviel. Nichts anderes haben Natur- und Umweltschützer von Anfang an gefordert. Im Dezember 2019 hat die Landesregierung (Jamaika- CDU, Grünen und FDP) einen dritten Planentwurf veröffentlicht, zu dem sich die Menschen im Land äußern konnten. Es gab so viele Stellungnahmen, dass (so eine Regierungssprecherin) ein vierter Planentwurf nicht ausgeschlossen ist. Aktuelle Informationen mit vielen Links findet man auf der Webseite der Landesregierung: www.schleswig-holstein.de/DE/Themen/W/windenergie.html

müssen an das Bundesamt für Seeschifffahrt und Hydrografie gerichtet werden, nicht alle werden genehmigt. Denn öffentliche Belange wie Schifffahrt und Naturschutz müssen immer geprüft und berücksichtigt werden.

Wie das Ökosystem auf die vielen Offshore-Anlagen reagiert, ist kaum einschätzbar. Werden die Vogelzüge, die Fische, die Fauna und Flora des Meeresbodens durch die gigantischen Anlagen gestört? Und wie steht es beispielsweise um den Schutz des vor Sylt und Amrum liegenden Walschutzgebietes?

Wale und Windräder

Die Schweinswale orientieren sich unter Wasser durch Ultraschall-Ortung, sie sind folglich besonders empfindlich gegenüber Unterwasserlärm. 2008 wurde 80 km westlich von Sylt der Fundamentpfahl der Windkraft-Forschungsplattform Fino 3 in den Meeresgrund gerammt. Auf ihr werden unterschiedlichste Forschungsvorhaben durchgeführt, deren Ergebnisse der effektiveren Realisierung von Offshore-Windparks dienen sollen.

Aber gerade in diesem Gebiet befindet sich mit vier bis fünf Tieren pro Quadratmeter die höchste Schweinswaldichte in deutschen Meeresgewässern. Um die mit der Projektrealisierung einhergehende Schallemission abzuschwächen, legte das Ölbekämpfungsschiff Vilm einen durch Druckluft erzeugten Blasenschleier in einem Radius von etwa 70 m rund um den einzusetzenden Pfahl. Auch versuchte man, die Schweinswale mit akkustischen Verbrämern, sogenannten Pingern und Sealscarern, zu vertreiben, um die empfindlichen Tiere vor und während der Rammarbeiten von dem betroffenen Bereich fernzuhalten.

Fast gestrandet

2002 wurde die Baugenehmigung für den 34 km westlich von Sylt geplanten

Es geht immer höher hinaus, aber inzwischen gilt ein Mindestabstand von einem Kilometer zwischen Windrad und Dorf.

Windpark Butendiek erteilt. Er sollte von ca. 8000 Kleinanlegern vorfinanziert werden. Das Konzept ging nicht auf, die Planer kämpften mit technischen Schwierigkeiten und explodierenden Kosten. Nach zwei Betreiberwechseln ging das 1,3 Milliarden Euro teure Projekt im September 2015 schließlich offiziell ans Netz: Butendiek versorgt heute etwa 370 000 Haushalte mit erneuerbarer Energie.

Weitere Offshore-Anlagen vor der Westküste von Schleswig-Holstein sind bzw. waren in Planung. Denn mittlerweile tritt der Bund beim Ausbau der Windkraft in der Nordsee kräftig auf die Bremse. Strom wird genug produziert, nur – wohin damit? Es fehlen die Leitungen. Rund 50 bereits geplante Offshore-Parks will er nicht mehr genehmigen. Die Branche ist empört. In Husum angesiedelte Hersteller von Windenergieanlagen bangen um ihre Existenz. ∎

Die Suche nach Rungholt

Rungholt — Unheil braut sich am 16. Januar 1362 an der nordfriesischen Küste zusammen. Der Orkan treibt die Wassermassen über die niedrigen Deiche und zerreißt die Insel Alt-Nordstrand in kleine Teile. Tausende Menschen ertrinken in den eisigen Fluten. Das ist Fakt.

In der schicksalhaften Marcellusflut von 1362 versank ein Teil der Edomsharde zwischen Pellworm und Nordstrand mit sieben Orten unter Wasser- und Schlammmassen, unter ihnen Rungholt. In Erzählungen und Dichtungen wurde die kleine Hafensiedlung im Verlauf der Jahrhunderte zu einer goldprächtigen Metropole, bis man sie am Ende für reine Legende hielt. Lange wies keine materielle Spur auf ihre Existenz hin, doch dann gab das Meer sie wieder frei.

»Heut bin ich über Rungholt gefahren/Die Stadt ging unter vor sechshundert Jahren.« Mit diesen Worten beginnt die Ballade »Trutz, Blanke Hans« von Detlev von Liliencron (1883), in der er den Untergang der einstmals blühenden Hafenmetropole beschreibt.

Dichtung und Wahrheit

Der Dichter hat sich bei seiner Zeitrechnung um 100 Jahre vertan, aber das spielt keine Rolle. Seine Verse kennt noch heute jedes Kind an der Westküstes. Rungholt bewegte schon vor Liliencron die Gemüter. Der Dichter legte nur nieder, was ihm in den Uthlanden erzählt wurde. »Rungholt ist reich und wird immer reicher/Kein Korn mehr fasst selbst der größeste Speicher/Wie zur Blütezeit im Alten Rom …« Das reiche Rungholt versank wegen der Sündhaftigkeit seiner Bewohner, eine altbekannte Geschichte, die viele an seiner Existenz zweifeln ließen. Rungholt selbst wird erstmals 1345 in einem Testament erwähnt, ebenso in späteren Dokumenten. Ohne Zweifel existierte der Ort vor der großen Flut, aber wo? 1635 verortete der Chronist Matz Paysen Rungholt als »kleines Städtchen« auf Strand bei Pellworm – wo heute die Hallig Südfall liegt. Beweise für seine Behauptung sollten erst Jahrhunderte später auftauchen.

Ein Bauer als Archäologe

Seit dem 19. Jh. kamen durch Uferabbruch nach und nach immer mehr Siedelreste unter der Hallig Südfall zum Vorschein, auf die der Nordstrander Landwirt Andreas Busch aufmerksam wurde. Von 1921 bis zu seinem Tod im Jahr 1972 dokumentierte er zahlreiche Deiche, Warften, Sodenbrunnen, Pflugfurchen, zwei Schleusen, einen Hafen und mit großer Wahrscheinlichkeit auch die Reste einer

Oben: Seit rund fünfzig Jahren durchstreift Hellmut Bahnsen das Wattenmeer rings um Pellworm auf der Suche nach Spuren versunkener Siedlungen. Was er zusammengetragen hat, ist im Rungholtmuseum auf Pellworm zu besichtigen.
Unten: Funde aus Rungholt

Kirchwarft mit Friedhof. Seine Funde sind im NordseeMuseum in Husum ausgestellt.

Für Dr. Hans Joachim Kühn vom Archäologischen Landesamt in Schleswig ist das ein Glücksfall für die historische Küstenforschung, denn heute ist von den Siedlungsresten kaum noch etwas zu sehen. Ein tiefer Wattstrom hat sich durch das Gebiet gegraben und die meisten Spuren abgetragen, während ein anderer Teil der Siedelplätze unter der Hallig ruht, die sich – seit sie in den 1930er-Jahren mit einer Steinkante befestigt wurde – vom Meer keine Geheimnisse mehr entreißen lässt.

Tonscherben, kein Gold

Wer aber kann genau sagen, ob das von Bauer Busch untersuchte Gebiet überhaupt Rungholt war? Durch jahrhundertelangen Torfabbau war das Land gesunken, das ist sicher. Den sagenhaften Reichtum Rungholts bestätigten die Funde nicht, man fand keine mit Gold und Silber gefüllten Schatztruhen. Das ins 13. und 14. Jh. datierte Fundgut bestand überwiegend aus Tongefäßen und Keramikscherben, Tierknochen sowie einigen Waffen und Metallgefäßen. Doch sowohl die Dichte der Siedelplätze als auch die durch Importwaren belegten Fernhandelskontakte sprechen für eine Ansiedlung des Rungholt-Komplexes in diesem Gebiet. Das sagenhafte Rungholt war keine große Stadt, sondern ein bäuerlicher Hafen mit einfachen Häusern aus Grassoden und Holz und einem schiffbaren Zugang zum Meer.

Kulturspuren im Watt

Und das sagenhafte Rungholt war nur einer von vielen Orten, die in den Sturmfluten verloren gingen. Seit über 30 Jahren durchstreift der Heimatforscher Hellmut Bahnsen das Wattenmeer rings um Pellworm auf der Suche nach Spuren versunkener Siedlungen. Was er zusammengetragen hat, ist im Rungholtmuseum auf Pellworm zu besichtigen (s. S. 170). Die Funde: Keramiktöpfe, bemalte Teller, Fliesen, glasierte Reste mächtiger Kachelöfen, Glasfenster, Bernstein. Sie vermitteln einen ergreifenden Einblick in das Leben der untergegangenen Uthlande. In der Saison bietet Hellmut Bahnsen Führungen zu den Kulturspuren an. Auch von Nordstrand (Fuhlehörn) aus geht es regelmäßig ins Rungholtwatt. ∎

R

IM MEER VERSUNKEN … ABER NICHT VERGESSEN

In den **Museen** der Region ist Rungholt ein Thema. Ausstellungen gibt es im NordseeMuseum Husum, im Rungholtmuseum auf Pellworm, im Pellwormer Inselmuseum und im Nordstrander Inselmuseum (im Gebäudekomplex der Touristinformation/Kurverwaltung).

Wattwanderungen auf den Spuren von Rungholt: in den Sommermonaten regelmäßig von den Inseln Pellworm und Nordstrand. Auskunft erteilen der Kur- und Tourismusservice Pellworm, T 04844 189-40, www.pellworm.de/aktivitaeten/veranstaltungskalender und die Kurverwaltung Nordstrand, T 04842 454, www.nordstrand.de/veranstaltungskalender-nordstrand

Rungholttage: Alljährlich im August finden auf Nordstrand die Rungholttage statt. Drei Tage lang steht die Geschichte der im Wattenmeer versunkenen Regionen im Mittelpunkt von Vorträgen, Wanderungen und Schiffsfahrten. Informationen über die Rungholtforschung und Veröffentlichungen: www.rungholt-gesellschaft.de

Wärmendes Feuer in kalter Winternacht

Biikebrennen — »Tjen di Biiki ön«– »Zündet die Biike an« wird der alte Brauch eingeläutet. Die Feuer brannten von altersher in der Nacht vom 21. auf den 22. Februar. Am Ende des Winters sollten Kälte und böse Geister vertrieben werden …

Feuerzeichen an der Nordsee

Biike hängt sprachlich zusammen mit Bake, also Feuerzeichen. Ursprünglich brannten auf den holzarmen Inseln keine riesigen Holzstöße, sondern nur kleine Feuermale. Noch Mitte des 19. Jh. wird ein kleines Teerfass an einer Stange beschrieben. Größere Holzstöße gab es vermutlich erst nach der Einführung des Tannenbaums. Auch andere Vorstellungen und bis heute gerne erzählte Legenden rund um die Biike gehören ins Reich der mehr oder weniger frei erfundenen Mythen. Ein heidnisches, für den germanischen Gott Wodan dargebrachtes Opferfeuer war die Biike wohl ebensowenig wie die viel zitierte Verabschiedung der Inselfriesen, die sich im 17. und 18. Jh. zum Walfang auf Grönlandfahrt begaben. Aber zugegeben – schön sind sie schon, die Biike-Geschichten.

Tschüß, Winter! Hallo, Frühling!

Heute wird mit dem Biiken der Abschied des Winters gefeiert – ausgediente Tannenbäume, Treibholz und Heckenschnitt werden bei diesem Ereignis entsorgt. Wenn der Holzstoß abgebrannt ist, trifft man sich zum deftigen Grünkohlessen mit Teepunsch und Grog. Die Schulkinder haben am nächsten Tag frei. Die Biike zieht jedes Jahr mehr Gäste an und viele Inselkinder, die es für die Ausbildung oder Arbeit auf das Festland verschlagen hat, kehren zur Biike nach Hause zurück. Für viele Insulaner zählt das traditionelle Fest mehr als Weihnachten. 2014 wurde das Biikebrennen in das Verzeichnis des immateriellen Weltkulturerbes aufgenommen. ∎

Feuer frei für den Saisonstart. Das Biikebrennen ist ein alter Brauch, aber auch die erste große touristische Veranstaltung des Jahres.

Steine, die reden

Lebensläufe — Die Friesen sind eher wortkarg, ihre Grabsteine sind es nicht. Erstaunlich: Was in einem Menschenleben – auch in einem langen, wechselvollen – wesentlich war, lässt sich auf einer Steinplatte unterbringen.

Hohe schmale Grabsteine schmücken seit alter Zeit die Friedhöfe der Geestinseln Föhr und Amrum. Mit ihren von einheimischen Steinmetzen in den Sandstein gemeißelten Inschriften stellen sie einzigartige historische Dokumente dar.

Seit dem frühen Mittelalter betrieben die Friesen Handel auf der Nord- und Ostsee. Als erfahrene Seeleute sind sie seit Beginn des 17. Jh. von Holländern und Hamburgern für den Walfang angeheuert worden.

Über die Weltmeere

Als sich im 18. Jh. immer mehr nordeuropäische Nationen überseeische Kolonien aneigneten und den weltweiten Handel erschlossen, wuchs die Zahl der Inselfriesen, die im Dienste von Reedern aus Antwerpen, Amsterdam, London, Hamburg, Altona und Kopenhagen die Weltmeere befuhren. Aus der frühen Zeit der Handelsfahrten sind nur wenige Zeugnisse überliefert, seit dem 17. Jh. gab es mehr schriftliche Nachrichten über die Seefahrten.

Zu den herausragenden schriftlichen Dokumenten zählen die ›sprechenden‹ Grabsteine auf Amrum und Föhr. In knapper, eindrucksvoller Sprache – meist auf Hochdeutsch, selten auch im gelehrten Latein – berichten ihre Inschriften von ergreifenden Schicksalen, die die Männer in ihrem Leben ereilten.

Als Sklave verkauft

Faszinierend ist das Leben des jungen Hark Olufs. Der 16-jährige Amrumer gehörte zur Besatzung des Handelsschiffes Hoffnung, das 1724 im Kanal zwischen England und dem Kontinent von Seeräubern des Osmanischen Großreiches gekapert wurde. Die vor allem aus Föhrer und Amrumer Seeleuten bestehende Mannschaft wurde gefangen genommen und auf dem Sklavenmarkt von Algier verkauft.

Mehrere Jahre diente Hark Olufs dem Bey zu Constantine zunächst als Schatzmeister, dann als Anführer einer berittenen Kriegerschar. Nach zwölf Jahren schenkte ihm der Bey die Freiheit. Der verloren geglaubte Sohn kehrte als freier Mann nach Amrum zurück – reich genug, um sich nach seinem Tod einen prachtvollen Grabstein leisten zu können. Außer seiner Lebensgeschich-

Spannende Lebensgeschichten in Stein verewigt – auf dem Friedhof von St. Clemens auf Amrum

te schmücken ein Türkensäbel und ein Türkenhelm den kunstvoll gemeißelten Grabstein auf dem Friedhof der St. Clemens-Kirche in Nebel auf Amrum.

Schiffe vor Anker

Die häufig rundbogigen Giebel der auch Stelen genannten Grabsteine sind mit Barockornamenten und umrankten Reliefbildern reich verziert. Ein häufiges Motiv ist das Schiff. Es ist nicht nur Berufssymbol für die Commandeure (Führer der Walfangschiffe) und Kapitäne (Führer der Handelsschiffe), sondern auch Sinnbild für das menschliche Leben: So kann ein abgetakeltes Segelschiff darauf hinweisen, dass der Verstorbene ein langes Leben hatte, ein Schiff in voller Segelpracht kündet von einem frühen Tod. Allerdings ist das keine Regel, wie Grabstelen auf Föhr belegen.

Hier findet man auf dem Friedhof von St. Laurentii Gräber von Schiffsführern, die im hohen Alter verstarben und deren Grabstein ein Schiff unter vollen Segeln schmückt. In diesem Fall könnte das Schiff als Sinnbild der Seele gedeutet werden, die dem Himmel als Hafen zustrebt. Dies trifft auf den 1753 in Süderende geborenen Schiffskapitän Jacob Marcussen zu. Dessen Grabstein erzählt eine typische Lebensgeschichte jener Zeit: 55 Jahre lang war er zur See gefahren und 33 Jahre lang Bürger von Amsterdam gewesen. Seine letzten zwei Lebensjahre verbrachte er in Süderende mit seiner Frau. Dort legten die beiden einen prachtvollen Blumengarten nach holländischem Vorbild an.

Die Sprache der Bilder

Grabsteine von Frauen wurden oft mit Blumen verziert. Sie waren Symbol für ein erfülltes Leben. Abgeknickte Blüten deuteten auf einen frühzeitigen Tod. »Wie die Blume bald vergehet/So ist unser Leben, sehet« steht im Giebel der Stele der Amrumer Müllerstochter Kerrin Quedens, die im Alter von 26 Jahren im Wochenbett starb, nachdem sie acht Tage zuvor einen Sohn geboren hatte. Inschriften wie diese machen deutlich, dass nicht nur die daheimgebliebenen Seefahrerfrauen mit dem Tod ihrer Männer rechnen mussten, sondern dass auch so mancher heimkehrende Seefahrer am Grab seiner Frau stand.

Blumenornamente auf den Steinen stellen häufig auch Stammbäume dar: Dabei stehen Rosen oder Narzissen für Frauen, Tulpen oder Eicheln für Männer. Abgebrochene Blumen symbolisieren, dass der entsprechende Familienangehörige des Toten, für den die Stele errichtet wurde, bereits vor ihm gestorben war. So lässt sich an einigen Gräbern ablesen, wie viele Kinder der Verstorbene hatte und welche davon Vater oder Mutter überlebten.

Wenngleich die meisten Stelen aus dem 18. und 19. Jh. stammen, aus einer Zeit, in der durch Walfang und Schifffahrt ein gewisser Wohlstand auf den Inseln herrschte, wurden keineswegs nur die Lebensläufe vermögender Kapitäne verewigt. Den prächtigen Grabstein des Wrixumer Müllers Hans Christiansen auf dem Friedhof St. Nicolai auf Föhr schmücken drei Mühlen. Auf dem Stein des Kantors Claus Petersen ist der Verstorbene mit einem Gesangbuch in der Linken und einem Blumenstrauß, dem Lebensbaum, in der Rechten verewigt. Der Stein des Amrumer Küsters Hark Knudten zeigt einen Mann im Sonntagsrock, darüber steht der Vers: »Ich habe gesungen von der Gnade des Herrn mein Leben lang.«

Lebenswege

Auch das Eheleben der Verstorbenen spielt in den in Stein gehauenen Schriften eine Rolle: So heiratete der Kapitän Dirck Cramer in St. Johannis in Nieblum auf Föhr in Fernehe die tugendsame Eycke Jensen: »Ob er sie gleich nie gesehen/ und siehe es gelang ihm, den er führete am 1. Nov. 1762 fast 7 Jahr in Ruhe die zärtlichste Ehe.« Nach dem Tod ihres Gatten heiratete Eycke erneut, doch in ihrer zweiten Ehe erfuhr sie »das Unbeständige und Kummervolle dieses Lebens« und flüchtete zurück in ihr Elternhaus. Auf einigen Grabsteinen liest man von einer »vergnügten« Ehe, womit nicht etwa eine lustige oder lustvolle Ehe gemeint ist. Das Vergnügen bestand nach altem Sprachverständnis vielmehr in einem Sich-Begnügen – man nahm die Dinge so, wie sie kamen und konnte das Leben damit gut meistern. ∎

Grabstein im ›Friesendom‹ St. Johannis in Nieblum auf Föhr

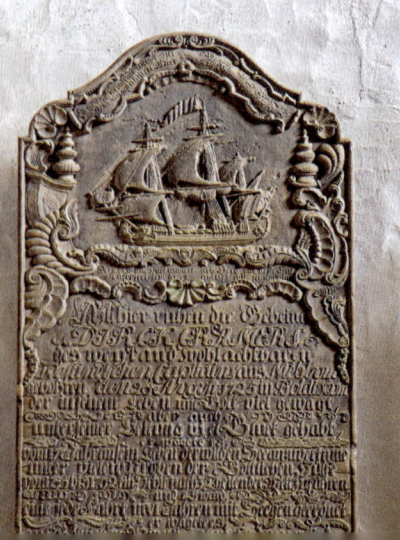

Friesisch by nature

Friesenhäuser und -dörfer — Sylt ist bekanntermaßen mondän und teuer. Immobilienkäufer zahlen im Schnitt 8880 € pro Quadratmeter. Dagegen sind die Feriendomizile mit weniger als 3000 € pro Quadratmeter auf dem Festland nahezu ein Schnäppchen. Aber hier wie dort gilt: Hauptsache friesisch!

Die Nordfriesische Inselwelt gilt in der schleswig-holsteinischen Kunst- und Kulturgeschichte seit jeher als besondere Region. Vom Festland durch das Wattenmeer getrennt, fortwährend vom Meer bedroht, hat sich hier eine besondere Architektur und Wohnkultur entwickelt und bewahrt. Das Friesenhaus steht heute ganz hoch im Kurs. Zu hoch!

Das in den Uthlanden typische Haus, das Wohnung und Wirtschaft unter einem Dach vereint, wurde nicht von den Friesen erfunden. Archäologische Ausgrabungen ergaben, dass dieser Haustyp seit über 2000 Jahren existiert.

Das Original

Das uthländische Haus war ursprünglich ein Ständerbau. Das weit herabgezogene Reetdach ruhte auf Ständerbalken, die tief im Boden verankert waren. Im Falle einer Sturmflut wurden die relativ dünnwandigen Backsteinfüllungen von den Wogen herausgeschlagen, während das schützende Dach mit dem Dachboden stehenblieb. Erst ab Mitte des 18. Jh. legte man die Dachbalken direkt auf die nun wesentlich stabiler gebaute Mauer. Über der Haustür befand sich ein Spitzgiebel, durch dessen Luke die Ernte auf den Dachboden gebracht werden konnte. Auch bot er bei Feuer oder Flut einen Fluchtweg.

Die gute Stube

Im Innern des uthländischen Hauses teilte eine Diele, die quer durch die Mitte des Hauses lief, den Wirtschaftsbereich mit Tenne, Heuschober und Stall von der Wohnseite mit Küche, Kammer, Wohnstube und Pesel ab. Der Pesel war die ›gute Stube‹ zum Repräsentieren, er war der größte Raum des Hauses und häufig nicht beheizbar. Hier wurden Familienfeste gefeiert und die Toten aufgebahrt. Dieser besondere Raum barg auch die Truhen mit den Kleidern, den Trachten und dem Schmuck. Der eigentliche Wohn- und Aufenthaltsraum war der Dörnsk, der von der Küche aus über einen Beilegeofen geheizt wurde, den sogenannten Bilegger. Dieser aus Gussplatten zusammengefügte Ofen war mit biblischen Motiven oder Ornamenten verziert und diente gleichzeitig als Raumschmuck.

Im 17. und 18. Jh. verkleideten viele Insulaner, die zu Wohlstand gekommen waren, die Zimmerwände mit Fliesen. Die mit Muschelkalk befestigten Kacheln schützten vor der Feuchtigkeit. Sie zeigen meist in blauen und braun-violetten Farben Motive aus der Bibel und aus dem Leben, Menschen, Tiere, Schiffe, Mühlen, Brücken. Besonders beeindruckend sind die Bilder von Schiffen und vom Walfang – aus vielen einzelnen Fliesen zusammengesetzt.

Diese Kostbarkeiten weckten die Begierde von Antiquitätenhändlern. Da Einzelfliesen gut bezahlt wurden und man den Sommergästen ohnehin lieber moderne, tapezierte Zimmer anbot, wurden zahlreiche alte Stuben in den 1950er- und 1960er-Jahren regelrecht ›ausgeschlachtet‹.

Inmitten einer lauten, eiligen Welt strahlt das Friesenhaus Harmonie und Behaglichkeit aus. Auch Neubauten erinnern an die ›gute, alte Zeit‹.

Unter Reet

Friesenhäuser sind mit Reet gedeckt. Unter dem regensicheren, frostbeständigen und atmungsaktiven Weichdach, wie es im Fachjargon genannt wird, ist es im Winter warm, im Sommer kühl. Ein weiterer Vorteil ist die lange Lebensdauer des Daches: Die windgeschützte Seite kann 100 Jahre halten, die Wetterseite immerhin 30–50 Jahre. Mittlerweile hat sich der ehemals preiswerte Dachbelag zu einem Statussymbol für eine gut betuchte, naturverbundene Oberschicht entwickelt. Während das Reet bis weit in das 20. Jh. hinein in Feuchtgebieten entlang der Nordseeküste geerntet wurde, ist es heute überwiegend Importware aus Rumänien, der Ukraine und Ungarn. Die Preise sind enorm – das liegt nicht nur an den Transportkosten. Allein die Feuerversicherung verschlingt jährlich ein Vermögen.

Seit einigen Jahren sind zunehmend mehr Reetdächer von Feuchtigkeits- und Fäulnisschäden betroffen. Angeblich eingeschleppte Pilzarten, die in den Medien zu ›Killer-Pilzen‹ stilisiert wurden, konnten bisher nicht nachgewiesen werden. Als Ursache für den schlechten Zustand vieler Dächer werden von Fachleuten die Nichteinhaltung der Grundprinzipien des Dachaufbaus (z. B. der Dachschräge) und die Verwendung von minderwertigem Reet genannt. Aufgrund des Klimawandels wird das Rohr immer öfter nicht mehr bei knackigem Frost, sondern auch schon mal bei Plustemperaturen im Nieselregen geerntet.

Der Ausverkauf

Die alten Friesenhäuser verschwinden rapide. Dramatisch ist die Entwicklung vor allem auf Sylt, wo sich die Grundstückspreise in den vergangenen Jahren in gigantische Höhen geschraubt haben. Beim Eintritt eines Erbfalls ist der Verkauf einer Immobilie häufig nicht zu

Wer es sich leisten kann, greift auch heute beim Hausbau auf natürliche Materialien zurück. Ein Reetdach hält viele Jahrzehnte, die Liste seiner Vorteile ist lang: Es ist regensicher, frostbeständig, atmungsaktiv, luftfilternd und absolut frei von chemischen Zusatzstoffen.

umgehen, vor allem dann nicht, wenn mehrere Erben vorhanden sind. In den seltensten Fällen kann es sich einer der Erben leisten, seine Miterben auszuzahlen. Der Verkauf an familien-, in der Regel auch inselfremde Investoren geht oft mit dem Abriss des Altbestandes einher. Wird die Abrissgenehmigung für ein altes Baudenkmal nicht erteilt, wird einfach ein Teil der Fassade stehengelassen und der Rest abgerissen. Es findet sich immer ein Weg, um Platz für mehr und moderneren Wohnraum zu schaffen.

Wie die alten Friesenhäuser werden die neuen Gebäude aus rotem Backstein errichtet, die Dächer sind mit Reet gedeckt und mit Gauben versehen. Es ist ein Einheitsstil, hübsch und geschmackvoll, aber in vieler Hinsicht auch leblos. Eine Kulisse aus schönen Backsteinhäusern mit Reetdach, Terrasse, Strandkorb davor, Wildrosenhecke oder Friesenwall. Oft

sind es Zweitwohnsitze, die nur wenige Wochen im Jahr genutzt werden. Ein Problem, das vor allem die Sylter trifft. Bezahlbaren Wohnraum für Normalverdiener gibt es kaum noch. Viele Sylter sind gezwungen, auf dem Festland zu wohnen und jeden Tag zur Arbeit über den Hindenburgdamm zu pendeln – eine Strapaze, nicht nur wegen der vielen Zugausfälle und Verspätungen. Der Insel gehen die Menschen aus, die den ganz normalen Alltagsbetrieb aufrechterhalten. Kindergärten und Grundschulen werden geschlossen, weil immer weniger Familien auf der Insel leben. Das Krankenhaus (in Westerland) hat Probleme, Ärzte und Schwestern zu finden. Die Feuerwehren funktionieren nicht mehr richtig, weil die jungen Männer weg sind. »Wer soll auf der Insel eigentlich in zwanzig Jahren die Reetdächer löschen, wenn es brennt?« Gute Frage. ∎

Meer erleben

Badeurlaub an der Nordsee damals und heute — Die Nordsee tut gut. Was kann glücklicher machen und gesünder sein als ein Spaziergang am Strand oder ein Sprung ins salzige – milde oder wilde – Nass?

Noch vor 250 Jahren wäre es niemandem in den Sinn gekommen, sich in die Nordsee zu stürzen – egal, ob aus medizinischen Gründen oder aus Spaß. Die Zeiten haben sich geändert. Heute sind die Nordfriesischen Inseln staatlich anerkannte Heilbäder und Urlaubsorte, die mit den Heilkräften der Nordsee werben und fast ausschließlich von Badegästen leben.

Als Dame und Herr, keusch voneinander getrennt und in Badekarren vor frechen Blicken geschützt, erstmals ihre entblößten Zehen in das salzige Nass der südlichen Nordsee hielten, war schon beträchtliche Überzeugungsarbeit für die Gründung eines deutschen Seebades geleistet worden. Den Weg bereitet hatten Philosophen wie Jean-Jacques Rousseau, der im 18. Jh. die Rückkehr zum einfachen Leben in Naturverbundenheit propagierte, und Johann Wolfgang von Goethe, der ausgerufen hatte: »Das freie Meer befreit den Geist!«

Kraft aus dem Meer

Zu den wirkungsvollsten Argumenten für die Errichtung eines Seebades zählten die wertvollen Heilkräfte der Nordsee. Der Göttinger Philosoph und Mathematik-Professor G. C. Lichtenberg (1742–99), der auf mehreren Reisen das englische Badeleben kennengelernt hatte, forderte in zahlreichen Zeitungsartikeln die Einrichtung eines Seebades in Deutschland. Er unterließ es nicht, immer wieder darauf hinzuweisen, dass

sogar die englische Königsfamilie das Badeleben wohl zu schätzen wisse.

Nicht an der von ihm favorisierten Nordsee, sondern in Heiligendamm/ Bad Doberan an der ›friedfertigeren‹ Ostsee wurde 1793 das erste deutsche Seebad errichtet. Gegenüber der Nordsee waren Bedenken wegen des in Wind- und Gezeitenabhängigkeit schwankenden Salzgehaltes geäußert worden. Doch bereits wenig später erfolgten auch hier die ersten Seebadgründungen: 1797 auf der Ostfriesischen Insel Norderney. Das erste Seebad in Schleswig-Holstein wurde 1819 in Wyk auf Föhr gegründet. Westerland folgte erst 1855.

Bademoden

Der Sylter Badearzt Dr. A. O. L. Jenner war seiner Zeit weit voraus, als er Mitte des 19. Jh. aus medizinischen Gründen das Nacktbaden empfahl. Davon war man noch lange entfernt, auch nach der Gründung der ersten Seebäder Ende des 19. Jh. kam das heilsame Meer kaum an die Menschen heran – sie waren nämlich vom Hals bis zu den Knien in dicht gewebte Kostüme gehüllt.

Die Badesitten jener Zeit waren streng. Man badete getrennt im Damen- und Herrenbad, dazwischen lag in der Regel ein breiter, neutraler Strand. Erst 1902 wurde in Westerland ein Familienbad gegründet: Ehepaare, Mütter, Väter und ihre Kinder durften nun erstmals zusammen baden. Die Sylter Zeitung kommentierte wohlwollend: »Das Gemeinsame Baden verlief in fröhlichster Stimmung und in tadelloser Ordnung … und es bot sich ein Bild vollkommener Harmlosigkeit … Viele werden erstaunt gefragt haben, warum diese Einrichtung nicht schon früher bestand? …«

Gebadet wurde von Badekarren aus, die ans Wasser gezogen und als Umkleidekabine genutzt wurden. Nachdem der Badekarren ausgedient hatte, kam der Strandkorb, der bis heute etabliert ist. Denn er bietet Schutz vor Sonne und Wind, Platz zum Schmökern und die wunderbare Möglichkeit, still übers Meer zu schauen.

FKK – Baden ohne alles

Das Baden im Meer ist übrigens keine Erfindung kluger Ärzte oder Naturphilosophen. Die Sylter badeten schon immer im Meer – und zwar so, wie Gott sie schuf. Chronist C. P. Hansen berichtete Mitte des 19. Jh., dass sich die Bauern nach der Drescharbeit die Kleidung auszogen und allen Schmutz und Staub im Meer abspülten. Und König Christian VIII. von Dänemark war anlässlich einer Stippvisite auf Sylt so angetan vom Badeleben der Einheimischen, dass er ebenfalls seine Gewänder ablegte und in die Fluten sprang. Der erste offizielle FKK-Strand wurde 1920 in Westerland abgegrenzt.

Die Freikörperkultur – kurz FKK – sollte das Markenzeichen Sylts werden. Seit den 1960er-Jahren gibt es entlang der gesamten Westküste ausgewiesene FKK-Strände mit so klingenden Namen wie Abessinien, Samoa und Sansibar. Der berühmteste Sylter FKK-Strand war die Buhne 16 in Kampen. Heute sind die Übergänge von Textil- und FKK-Bereich fließend. Die Zahl der Nacktbader hat in den letzten Jahren abgenommen. Es fehlt der Nachwuchs, die Jugend hält sich bedeckt, möglicherweise nicht zuletzt wegen der allgegenwärtigen Smartphones mit Kamera und Internetzugang. ■

Langeweile? Bildschirmfrust? Probier's mal mit Meer. Wirkt Wunder.

Nicht nur Platt am Watt

Sprache — Friesisch und Plattdeutsch werden noch gesprochen, verstanden und auch geliebt, und doch hörte man diese Sprachen immer seltener. Jetzt erleben sie ein bemerkenswertes Comeback. Schnacken wie die Alten ist wieder im Trend.

Nordfrieslands Kulturlandschaft beeindruckt durch einen außerordentlichen Reichtum, der sich auch in der sprachlichen Vielfalt des Landes niederschlägt. Spätestens seit den großen Mandränken waren viele Landstriche der Uthlande durch sumpfige Niederungen, Priele und Flüsse räumlich voneinander getrennt, sodass sich die Dialekte jeweils unabhängig weiterentwickelten. Die intensive Pflege der mittlerweile gesetzlich geschützten Minderheitensprachen ist beredter Ausdruck eines stolzen Selbstbewusstseins.

Friesisch an der Nordsee

In einem Dorfladen auf Amrum oder Föhr fühlt man sich gelegentlich wie im Ausland. Einheimische sprechen miteinander eine für den Zugereisten unbekannte Sprache – allerdings mit einigen bekannten Elementen. Friesisch, die ursprüngliche Sprache der Insel- und Halligbewohner, ist kein Dialekt, sondern wie Englisch, Deutsch (Niederdeutsch und Hochdeutsch) und Niederländisch eine eigenständige westgermanische Sprache. Das Friesische gliedert sich in drei Zweige: Westfriesisch wird in der niederländischen Provinz Friesland heute noch von etwa 400 000 Menschen gesprochen. Ostfriesisch hat sich nur außerhalb seines ursprünglichen ostfriesischen Kernlands in der oldenburgischen Gemeinde Saterland erhalten und wird von rund 2000 Menschen gesprochen. Das Nordfriesische ist die Muttersprache von rund 10 000 Menschen, es ist in zwei Hauptdialekte unterteilt, die wiederum in neun Unterdialekte gegliedert sind: Zum inselnordfriesischen Zweig gehören Syltring (sölring), Föhring-Amring (feringöömrang), Helgoländisch (halunder). Zum Festlandsnordfriesischen zählen Wiedingharder (freesk), Nordergoesharder (fräisch, freesch), Bökingharder (frasch), Karrharder (fräisch), Mittelgoesharder (freesch) und Halligfriesisch (freesk).

Kerngebiete des Nordfriesischen sind heute Amrum, Westerlandföhr, Ost-Sylt, Helgoland und auf dem Festland die Gemeinde Risum-Lindholm südlich von Niebüll. Auf den Inseln Pellworm und Nordstrand wird schon seit Jahrhunderten kein Friesisch mehr gesprochen. Nach der Sturmflut von 1634, die die alte Insel Strand zerstörte, wanderten viele Bewohner ab, zugleich kamen des Deichbaus kundige Niederländer nach Nordstrand.

»Willkommen auf Oland« – Neben Deutsch ist Friesisch im Kreis Nordfriesland die zweite im Amtsgebrauch und vor Gericht zugelassene Sprache.

Der Stolz Nordfrieslands

Das früheste, relativ isoliert dastehende Sprachdenkmal des Nordfriesischen ist eine Übersetzung des Kleinen Katechismus von Martin Luther aus der Zeit um 1600. Da das Friesische nie Kirchen- oder Amtssprache war, tat es sich schwer mit der Verbreitung der Schriftsprache.

Seit den 1970er-Jahren engagieren sich die Friesen verstärkt für ihre Traditionen und Sprache, die vielerorts vom Aussterben bedroht war. Das Interesse an der Regionalkultur fand seinen Niederschlag in neuen Gesetzen: Der Artikel 5 in der Landesverfassung von Schleswig-Holstein von 1990 sagt der friesischen Volksgruppe Schutz und Förderung zu. 1999 trat die Europäische Charta der Regional- oder Minderheitensprachen in Deutschland in Kraft, somit ist auch der Bund verantwortlich für den Schutz und die Förderung der Minderheiten. Und schließlich beschloss 2004 der Schleswig-Holsteinische Landtag ein Gesetz zur Förderung des Friesischen im öffentlichen Raum. Das Gesetz legte die Grundlage für die Zweisprachigkeit von Orts-, Straßen- und Stationsschildern.

Die Sprachpflege auf den Inseln tragen örtliche Heimatvereine: auf Sylt die Söl'ring Foriining (Sylter Vereinigung), auf Föhr Fering Ferian (Föhrer Verein) und auf Amrum der Öömrang Ferian (Amrumer Verein). Bereits seit 1965 gibt es das Nordfriisk Instituut in Bredstedt, die zentrale Einrichtung für Pflege und Erforschung der friesischen Sprache und Kultur. An der Landesuniversität in Kiel wurde eine Friesisch-Professur eingerichtet, Friesische Philologie ist Studienfach. Am Friesischen Seminar der Universität Flensburg studieren angehende Friesischlehrkräfte. Heute wird in vielen Kindergärten und an fast allen Grundschulen des Sprachgebiets wieder Friesischunterricht angeboten. Auf dem Wyker Gymnasium gibt es das Fach Friesisch auch in der Oberstufe. In der dänisch-friesischen Schule in Risum ist Friesisch sogar Unterrichtssprache.

SO SCHNACKT DER NORDEN

S

Es gibt Norddeutsche, die weder Platt noch Friesisch noch Dänisch sprechen, sondern einfach nur Hochdeutsch – wie sie meinen. Wenn sie dann aber die norddeutsche Heimat verlassen, merken sie, dass sie einen anderen Wortschatz haben. Die meisten Besonderheiten rühren vom Platt her, einige wenige auch vom Friesischen. So begrüßt man sich an der Westküste mit »Moin!«. Mit »Morgen!« hat das nichts zu tun. »Moi« ist friesisch und heißt »gut« und »schön«. Man wünscht sich also einen »Guten« – am Morgen, ebenso wie am Abend. Auch Ortsfremde gewöhnen sich schnell an »Moin!« am Nachmittag. Norddeutsch ist sympathisch und irgendwie milde. In Hundeschiet zu treten, ist weniger schlimm als in Hundesch... Und auch wenn's draußen regnet und stürmt, hört sich »Schietwedder« doch irgendwie gemütlich an. Hier eine Auswahl von Wörtern aus dem Land der Nordlichter:

angeschickert, angetüdert – leicht angetrunken
bangbüx – Angsthase
brägenklöterig – wirr im Kopf/ wetterfühlig
bräsig – schwerfällig (im Denken)
Büdel – Beutel, Tasche
Döntjes – Geschichten, Anekdoten
Dösbaddel – Dummkopf
drömelig – verträumt, langsam
Drönbüdel – Langweiler
dumm Tüch, Dummtüch – dummes Zeug, Unsinn
dun, duun – betrunken
Feudel – Wischlappen
figgelinsch/fiegeliensch – verzwickt, kompliziert, raffiniert
gnadderig, gnaddelig – schlecht gelaunt, mürrisch, unwirsch

Klönschnack, Klönsnack – Unterhaltung
kodderig – unwohl, schlecht, übel, aber auch: unverschämt, frech
kommodig – gemütlich
luschern – heimlich gucken, spionieren
lütt – klein
mittenmang – mittendrin
Moin! – Guten Morgen/Tag/Abend! (geht immer)
mucksch, muksch – eingeschnappt, beleidigt
plietsch – schlau, gewitzt, pfiffig
Plünnen – Kleidung
pütschern – umständlich arbeiten/ kleckern
Schietbüdel – Kleinkind, Windelscheißer
schietig – schmutzig
schnacken – plaudern, reden
sutsche, sutje (mit langem u) – langsam, gemächlich
töffelig – ungeschickt, linkisch
tüdelig/tüddelig sein, in Tüdel/ Tüddel geraten/bringen – durcheinander sein/bringen
Tüdel(chen), Tüttel(chen) – Anführungszeichen
Tüdelkram – Durcheinander
versust, versuust – verloren, verlegt, verschlampt
Und zum Schluss noch eine sehr typische Redewendung: *»Da nicht für!«* – Erwiderung auf einen Dank

Literaturtipp: Bastian Sick, Spiegel-Autor und bekennender Norddeutscher (»da kann ich nix für«), hat eine Auswahl typisch norddeutscher Ausdrücke gesammelt. Einfach mal im Internet Folgendes eingeben »Zwiebelfisch: Nu man bloß nich' in Tüdel geraten!«

Das Nordfriisk Futuur im Nordfriesischen Institut ist eine kleine, aber hochkarätige Ausstellung und eine gute Gelegenheit, um in die nordfriesische Kultur einzutauchen. Einfach toll – oder auch nicht so toll: an der Karaokestation sich selber Friesisch sprechen hören …

Platt und Dänisch

Zu den gesetzlich geschützten und geförderten Minderheitensprachen gehören in Nordfriesland auch Niederdeutsch und Dänisch. Das Nieder- oder Plattdeutsche drang im späten Mittelalter in die Region vor. Die Sprache der Hanse genoss hohes Ansehen und diente als Kirchen- und Schulsprache, bis sie Mitte des 17. Jh. vom Hochdeutschen abgelöst wurde. Plattdeutsch ist in Nordfriesland nach wie vor stark verbreitet, es gibt viele niederdeutsche Veröffentlichungen in den Medien, niederdeutsche Gottesdienste und plattdeutsche Theaterstücke. Die Sprache lebt und antwortet mit ebenso vernünftigen wie kreativen Wortschöpfungen auf neue Entwicklungen. Alljährlich wird die ›beste Wortneuschöpfung des Jahres‹ gekürt. Die Neuschöpfung des Jahres 2020 ist Schnutenpulli (für Gesichtsmaske).

Die offizielle Sprache der dänischen Minderheit südlich der Grenze zu Dänemark ist Dänisch bzw. ein dänischer Dialekt, der als Südschleswigdänisch oder Sydslesvigdansk bezeichnet wird. Da die dänische Minderheit vom deutschsprachigen Umfeld geprägt ist, beinhaltet er aus dem Deutschen entlehnte Wörter, typisch ist auch die Verwendung dänischer Wörter im deutschen Satzbau. Die dänische Minderheit in Schleswig-Holstein zählt nach offiziellen Schätzungen rund 50 000 Angehörige. Nach einer Studie der Universität Hamburg könnten es auch über 100 000 sein. In eigenen Schulen, Kindergärten und Kirchengemeinden wird Dänisch heute gefördert. Davon profitieren auch die (etwa 6000) dänischen Staatsbürger, die in Schleswig-Holstein leben. Ansonsten haben die sogenannten »rigsdanskere« (Reichsdänen) keine Sonderrechte, sie sind allen anderen nicht-deutschen EU-Bürgern gleichgestellt. ∎

Das zählt

Zahlen sind schnell überlesen — aber sie können die Augen öffnen. Nehmen Sie sich Zeit für ein paar überraschende Einblicke. Und lesen Sie, was auf Sylt, Föhr und Amrum zählt.

10

Halligen liegen inmitten des Nationalparks Schleswig-Holsteinisches Wattenmeer. Dazu kommen die fünf nordfriesischen Inseln Sylt, Föhr und Amrum sowie Pellworm und Nordstrand.

1

Meter unter Normalnull liegt ein großer Teil von Pellworm. Die Insel wird daher rundherum von einem 8 m hohen und 25 km langen Deich geschützt.

5

Sprachen werden im »Sprachenland« Nordfriesland gesprochen.

33,333

Kilometer beträgt der Syltlauf, an dem jährlich bis zu 1500 Läufer teilnehmen.

139

Stufen führen im Pellwormer Leuchtturm zum »Deck 9«, wo sich im Februar 2020 das 4444. Brautpaar das Ja-Wort gab.

9

Biiken (Biikefeuer) gibt es auf Sylt, an der Schleswig-Holsteinischen Nordseeküste, auf den Inseln und Halligen insgesamt etwa 60. Das Biikebrennen am 21. Februar und der darauf folgende (schulfreie) Petritag sind wichtige Feiertage.

1.000.000

Austern mit dem klingenden Namen »Sylter Royal« werden pro Jahr vor Sylt geerntet. 35-mal hat sie der Austernfischer dann schon in der Hand gehabt: aufschütteln, umbetten, einsammeln, bürsten, testen, prüfen.

6000

Schweinswale tummeln sich im Walschutzgebiet vor der Sylter Westküste.

4410

Quadratkilometer umfasst der Nationalpark Wattenmeer. Er ist der größte Nationalpark zwischen dem Nordkap und Sizilien. 68 % liegen unter Wasser und 30 % fallen periodisch trocken.

140

Kegelrobben und etwa 12 000 Seehunde leben im schleswig-holsteinischen Wattenmeer. Der größte Teil der Kegelrobbenpopulation hält sich beim Jungnamensand und den Knobsänden vor Amrum auf.

1,1 Mio.

Kubikmeter Sand werden im Schnitt jedes Jahr dem Wattenmeer zugunsten des Küstenschutzes entnommen, um beispielsweise vor Sylt oder die Halligen Sand zu spülen oder um neue Deichbauten zu verstärken. Es ist verboten, Rohstoffe (Sand/Kies) für kommerzielle Zwecke aus dem Meer zu holen und etwa an Bauunternehmen zu verkaufen.

500.000

Austernfischer überwintern im Wattenmeer. Ein großer Teil zieht zum Brüten gen Norden, etwa 40 000 Paare bleiben zum Brüten hier. Letztere machen mehr Krach, als die genügsamen Überwinterer.

426

nachgewiesene Vogelarten auf Helgoland (Stand 2020)

225.000

Ringelgänse finden sich jedes Frühjahr auf den Halligen ein. Sie machen sich über die Salzwiesen her und hinterlassen ›ätzenden‹ Schiet. Für die kahlgefressenen Weiden erhalten die Halligleute Entschädigung vom Staat. Positiv: Zu den »Ringelganstagen« Anfang Mai sind alle Quartiere belegt.

30

Bewohnte Warften gibt es auf den Halligen. Die Höhe der Warften von 4,80–5 Metern reicht angesichts des steigenden Meeresspiegels nicht mehr aus. Nun wird aufgewarft und angewarft oder der Ringdeich um den Wohnhügel herum erhöht.

40

Kilometer Sandstrand erstrecken sich an der Westseite der Insel Sylt. Der Amrumer Kniepsand ist 15 km lang und bis zu 1, 5 km breit.

2

Grad wärmer als auf dem Festland sind die winterlichen Durchschnittstemperaturen auf den Inseln. Im Sommer ist es dafür etwas kühler. Die Jahresmitteltemperatur liegt bei 8,5 Grad.

77

Schleswig-holsteinische Krabbenkutter sind in der Nordsee unterwegs. Der Bestand ist rückläufig, 1999 gab es noch 144 Kutter. Die Zahl größerer Industriekutter nimmt dagegen zu. Diese können länger und auch bei schlechterem Wetter draußen bleiben.

Die Lage des Großsteingrabs Harhoog am Rande des Watts in Keitum ist grandios, aber nicht original. 1954 wurde die Megalithanlage wegen der Flugplatzerweiterung von ihrem ursprünglichen Standort auf einer kleinen Anhöhe südwestlich der Keitumer Kirche auf den heutigen Standort verlegt.

Reise durch Zeit & Raum

Trutz, Blanker Hans! — Schon immer mussten die Insel- und Küstenbewohner ihr Land gegen das Meer verteidigen. Egal, unter welcher Herrschaft – im Vordergrund stand immer die Frage: Halten die Deiche?

Im Land der Hünen
ab ca. 2500 v. Chr.

In der Jungsteinzeit beginnen die Menschen sesshaft zu werden. Die Besiedlung im Bereich der Nordfriesischen Inseln erstreckt sich gen Westen bis weit ins heutige Wattenmeer. Die Bauern und Viehzüchter bestatten ihre Toten in zum Teil mächtigen Steingräbern (›Hünengräber‹). Reiche Grabfunde lassen darauf schließen, dass das Gebiet vor etwa 4000 Jahren, dicht besiedelt war.

Zum Anschauen: Hügelgräber. Denghoog, Wenningstedt, S. 41, Tipkenhoog, Keitum, S. 55

Tausend Jahre unter dem Danebrog
um 400 n. Chr. – um 1400

Die Siedlungsräume werden infolge des Meeresspiegelanstiegs nach dem Ende der Eiszeit kleiner. Große Teile der Bevölkerung wandern ab. Um 700 wandern Friesen in die Region ein. Spätestens zur Zeit des dänischen Königs Gorm des Alten (gest. um 940) befinden sich die Uthlande unter dänischer Herrschaft. Das Land ist in Verwaltungsbezirke (Harden) eingeteilt. Um 1200 werden erste christliche Kirchen auf ehemaligen heidnischen Opferplätzen errichtet. St. Severin in Keitum (Sylt), St. Johannis in Nieblum (Föhr), St. Salvator (Pellworm) und St. Magnus in Tating (Halbinsel Eiderstedt) liegen auf einer geraden Linie in gleichmäßigen – heiligen – Abständen voneinander. Die Größe der Gotteshäuser zeugt vom Reichtum der Region. Mit der Marcellusflut – auch große Mandränke genannt – versinkt im Jahr 1362 das mittelalterliche Kulturland in den Fluten. Etwa 100 000 Menschen an der Nordseeküste, auf den Inseln und auf den Halligen verlieren ihr Leben. Erstmals um 1400 seit der großen Mandränke bietet sich mit der Wiedergewinnung von Land, der Intensivierung der Landwirtschaft und der Heringsfischerei vor Helgoland wieder die Möglichkeit, einen bescheidenen Wohlstand zu erwirtschaften.

Zum Anschauen: NordseeMuseum Husum S. 215., St. Severin in Keitum (Sylt), S. 54, St. Johannis in Nieblum (Föhr) S. 120, St. Salvator (Pellworm), S. 170

»Gott segne unseren Strand«
um 1600–1634

Nach dem Versiegen der Heringsschwärme erreicht die Armut auf den Geestinseln ihren Höhepunkt. Die Strandräuberei bietet zeitweise die einzige Erwerbsmöglichkeit. Angeschwemmte und geborgene Schiffsgüter werden heimlich nach Hause geschafft und nicht den Behörden gemeldet. Die Burchardiflut, auch die zweite große Mandränke genannt, verwüstet 1634 die Nordfriesischen Inseln. Zwei Drittel der Insel Strand gehen unter. Es bleiben Nordstrand, Pellworm und die Hallig Nordstrandischmoor. An 44 Stellen brechen die Deiche, von den etwa 8800 Einwohnern ertrinken über 6200. Von 22 Kirchen bleiben drei erhalten. Der Nordstrander Peter Sax fasst im Jahr 1636 ältere Quellen zu einer ausführlichen Beschreibung des Landes zusammen. Mit ihm beginnt die Geschichtsschreibung Nordfrieslands.

Zum Anschauen: Rungholtmuseum S. 170

Das Zeitalter der ›Grönlandfahrten‹
ca. 1640–1813

Das goldene Zeitalter des Walfangs beginnt. Fast die gesamte männliche Bevölkerung zwischen 11 und 70 Jahren heuert auf holländischen, dänischen und hanseatischen Schiffen an, um vor Spitzbergen Wale zu fangen. Es kommt teilweise zu einem beachtlichen Wohlstand auf den Inseln. Der Preis ist jedoch hoch. Viele Männer bleiben auf See. Immer höher steigende Deichlasten, Verheerungen und fortgesetzte Kriegssteuern durch die Schwedisch-Dänischen Kriege Mitte des 17. Jh. und den Nordischen Krieg Anfang des 18. Jh. bringen wirtschaftliche Not. Der Grönlandwal ist Mitte 18. Jh. so gut wie ausgerottet. Viele Seeleute wenden sich der Handelsschifffahrt zu. Die Landwirtschaft auf den Inseln liegt in der Hand der Frauen und Kinder. Die von Napoleon gegen Großbritannien verhängte Wirtschaftsblockade (Kontinentalsperre) und der Englisch-Dänische Krieg 1807–14 bringen die europäische Handelsschifffahrt weitgehend zum Erliegen. Die nordfriesischen Seefahrer kehren auf ihre Höfe zurück.

Zum Anschauen: Friesen-Museum Wyk (Föhr), S. 107; Königspesel (Hooge), S. 180

Ablösung von Dänemark
ab 1813

Der dänische Staat, zu dem auch die Herzogtümer Schleswig, Holsteiin und Lauenburg gehören, meldet Bankrott an. Der Sylter Uwe Jens Lornsen fordert 1813 in seiner Flugschrift »Über das Verfassungswerk in Schleswigholstein« in puncto Justiz und Verwaltung die Trennung der Herzogtümer von Dänemark. Die Anhänger der dänischen und deutschen Nationalbewegungen treten sich immer unversöhnlicher gegenüber.

In Wyk wird 1819 das erste Seebad gegründet, 1842–1847 ist es Sommerresidenz des dänischen Königs. Fast 40 Jahre später wird Westerland Badeort und boomt. Wyk kann seinen Vorsprung nicht halten. Wichtigster Erwerbszweig bleibt die Landwirtschaft. Durch die Realerbteilung werden die Erträge immer geringer. Ab Mitte des Jahrhunderts zieht der Goldrausch viele junge Leute nach Amerika und Australien. Die deutschen Schleswig-Holsteiner erheben sich gegen Dänemark und bilden eine provisorische Regierung in Kiel. Am 15. September 1848 verkündet sie das Schleswig-Holsteinische Staatsgrundgesetz. Als Folge des Deutsch-Dänischen Krieges fällt Schleswig inklusive der Nordfriesischen Inseln 1864 an Preußen, Holstein an Österreich.

Zum Anschauen: Sylt Museum in Keitum S. 54

Wechselnde Flaggen
1867–1949

Nach dem Preußisch-Österreichischen Krieg werden beide Herzogtümer im Jahr 1867 als Provinz Schleswig-Holstein Preußen einverleibt. Neue straffe Gesetze, z. B. die Einführung der dreijährigen Militärpflicht samt vierjährigem Folgedienst, führen dazu, dass große Teile der Bevölkerung nach Übersee auswandern.

Nach dem Ersten Weltkrieg stimmen die Bewohner Nord- und Mittelschleswigs 1920 über die künftige Staatsangehörigkeit ab. Nordschleswig entscheidet sich für Dänemark. Mittelschleswig stimmt für den Anschluss an Deutschland. 1927 wird der Hindenburgdamm, eine Eisenbahnverbindung von Sylt zum deutschen Festland, eröffnet. Im Zweiten Weltkrieg wird Sylt am 19. März 1940 von den Briten bombardiert, der erste Angriff der Royal Air Force auf deutsches Reichsgebiet. Tausende von Flüchtlingen und Vertriebenen kommen in der Folgezeit auf die Inseln. Vor dem Krieg zählt Sylt 8000 Einwohner, danach sind es 26 000. Helgoland wird am 18. April 1949 durch Bomben und Sprengungen völlig zerstört und erst 1952 von den Engländern wieder freigegeben.

Zum Anschauen: Hindenburgdamm

Nordfriesland in Schleswig-Holstein
1949 bis heute

Nach dem Zweiten Weltkrieg und der Gründung des Bundeslandes Schleswig-Holstein nimmt der Tourismus auf den Nordfriesischen Inseln rapide zu. Im Rahmen der Kreisgebietsreform wird 1970 der Kreis Nordfriesland gebildet. Mit Ausnahme von Helgoland, das zum Kreis Pinneberg gehört, sind die Nordfriesen erstmals in ihrer Geschichte in einer Verwaltungskörperschaft vereint.

Die Landesuniversität Kiel richtet 1978 Friesisch-Professur ein und seit Mitte der 1980er-Jahre wird an vielen Grundschulen des Sprachgebiets wieder Friesisch unterrichtet. 1999 tritt die Europäische Charta der Regional- oder Minderheitensprachen in Deutschland inkraft. Der Bund ist nun mitverantwortlich für den Schutz und die Förderung der Minderheiten – auch der Friesen. Das Gesetz zur Förderung des Friesischen (2004) regelt die Verwendung der Sprache im Amtsgebrauch im Kreis Nordfriesland und auf Helgoland. Die Ortsschilder sind nicht nur auf den Inseln zweisprachig.

Zum Anschauen: zweisprachige Orts- und Straßenschilder., z. B. an der B 5 bei Stru-

ckum nach Husum/Hüsem, Niebüll/Naibel und Bredstedt/Bräis

Nationalpark und Küstenschutz
21. Jh.

Die Einrichtung des Nationalparks Schleswig-Holsteinisches Wattenmeer stößt 1985 von unterschiedlichen Seiten auf Kritik: Umweltschützer kritisieren die geringe Größe der Schutzzonen und die mangelnden Beschränkungen für die Wirtschaft. Die Küstenbewohner dagegen fürchten um ihre wirtschaftliche Existenz.

Innerhalb weniger Monate dezimiert 1988 ein Staupevirus den Seehundbestand um 60 %. Bereits 1994 hat er wieder die alte Stärke erreicht. Der 1996 veröffentlichte Synthesebericht der Ökosystemforschung Wattenmeer macht Vorschläge für eine bessere Entwicklung des Nationalparks, u. a. Einschränkung der Muschelfischerei, Ausweisung eines Schutzgebietes für Wale vor Sylt, Ausweitung des Nationalparks von 273 000 auf 349 000 ha. Ein Teil der Küstenbevölkerung lehnt die Vorschläge ab. 2002 wird das neue Nationalparkgesetz verabschiedet. Im selben Jahr verenden im gesamten Wattenmeer (Dänemark, Deutschland, Niederlande) ca. 10 600 Seehunde, 3338 davon in Schleswig-Holstein. 2005 erklärt die UNESCO das Wattenmeer an der Westküste Schleswig-Holsteins zum Biosphärenreservat Schleswig-Holsteinisches Wattenmeer und Halligen und zeichnet es 2009 als Weltnaturerbe der UNESCO aus.

2016/17 ist die Deicherhöhung Nordstrand (Strucklahnungshörn und Norderhafen) fertiggestellt. 2017 erhalten Dagebüller Koog und Hauke Haien Koog ebenfalls sichere Deiche. Bis 2025 sollen laut Generalplan Küstenschutz rund 200 Mio. Euro für sicherere Deiche verbaut werden. Die Deiche sind jetzt so breit, dass sie noch einmal erhöht werden könnten.

Zum Anschauen: Multimar Wattforum Tönning, S. 263

Imagewandel

Die Kunst lebt — Lange prägten Schriftsteller, Maler, Musiker und Verleger das Prominentenleben auf Sylt. In den 1960er-Jahren entdeckten Jetset und Schickeria die Insel. Die Schönen und Reichen prägen seither das Image der Insel. Das soll sich ändern.

Das Haus Kliffende in Kampen in grandioser Einzellage mit unverbaubarem Blick aufs Meer. Viele Gäste von Rang und Namen hat das Haus gesehen. Thomas Mann genoss hier die »Prankenschläge des Meeres«, Emil Nolde richtete sich ein Atelier auf dem ehemaligen Heuboden ein.

Der erste Fremde, der sich im Dorf auf der Heide ein Haus errichten ließ, war der Maler und Publizist Ferdinand Avenarius (1856–1923), der in Dresden lebte. 1903 baute er das legendäre Haus Uhlenkamp und verlegte im Sommer die Redaktion seiner Zeitschrift »Der Kunstwart« hierher.

Schweigende Glückseligkeit

Unter Avenarius' Einfluss entwickelte sich Kampen zu einem Geheimtipp für Schriftsteller, Philosophen und Maler, die wie berauscht waren von der Einsamkeit zwischen offener Nordsee und stillem Wattenmeer. Namhafte Schriftsteller wie Hans Fallada, Thomas Mann, Hermann Hesse, Christian Morgenstern und Stefan Zweig kamen nach Kampen. Auch zahlreiche Maler griffen hier zum Pinsel. Erich Heckel und Käthe Kollwitz beispielsweise. Emil Nolde notierte in sein Tagebuch: »Wie ein Trunkener lief ich stundenlang den Strand entlang oder durch den flüssigen Sand der Dünen. Es war, als ob die freie Luft, der salzige Geschmack, die tosenden Wogen mich spornten und beglückten.«

Die Natur – Meer, Brandung, Luft, Strand, Kliff und Heide – spielte in den Syltbeschreibungen stets die Hauptrolle.

Spurensuche in Kampen

An das Haus Uhlenkamp (an der Ecke Wattweg/Hans-Hansen-Weg) erinnert heute nur noch eine Inschrift, es wurde 1968 trotz erheblicher Proteste abgerissen. Erhalten blieb dagegen das Haus Kliffende, in dem sich Thomas Mann, Emil Nolde und Ernst Rowohlt einquartierten (s. S. 34). Hausherrin war die legendäre Clara Tiedemann (1891–1979), die neue Gäste nur annahm, wenn ein alteingesessener Gast eine Empfehlung aussprach. In ihr Gästebuch schrieb Thomas Mann die viel zitierte Zeile: »An diesem erschütternden Meere habe ich tief gelebt.«

Auch der Verleger Peter Suhrkamp schätzte Sylt als Ort der Inspiration. Seine Frau Annemarie Seidel (Schwester der Schriftstellerin Ina Seidel) besaß ein Haus in Kampen (Hobokenweg 18), in dem Autoren wie Max Frisch, Walter Jens, Robert Musil und Carl Zuckmayer zu Gast waren. Als Suhrkamp 1959 starb, ließ er sich – wie später übrigens auch der Herausgeber des »Spiegel«, Rudolf Augstein – auf dem Friedhof in Keitum beisetzen. Damit ging eine Ära zu Ende. Zwar kamen weiterhin Prominente nach Sylt, Galerien und Kunsthandwerkstätten profitierten von der kapitalen, konsumfreudigen Kundschaft, Bestsellerautoren wurden zu Lesungen eingeladen.

Neue Wege zur Kunst

Schriftstellern und Künstlern wurden Domizil und stilvolles Forum im Kunst:Raum Sylt-Quelle in Rantum geboten (s. S. 84). Mit einem stillen Kunstpfad will Kampen die Erinnerung an vergangene Zeiten wachrufen und neues Interesse an der Kultur und an Sylt wecken: Insgesamt 32 Stelen erinnern an markanten Stellen des Dorfes an Künstler, Schriftsteller, Verleger, Musiker und Philosophen, die in Kampen ein inspirierendes Zuhause (auf Zeit) fanden. Jede der 1,30 m hohen Stelen ziert eine Bronzetafel mit einem Zitat des betreffenden Künstlers. Die erste, im November 2008 vor der Galerie des verstorbenen Malers Siegward Sprotte aufgestellte Stele, stimmt den Kanon an: »Die Kunst ist kein Lückenbüßer, sie ist eine Lebensnotwendigkeit.« (Begleitbuch »Kampener Kunstpfad« beim Tourismus-Service Kampen, Karte zum Kunstpfad herunterladbar auf der Website www.kampen.de; s. auch Karte S. 33). Der Weg ist das Ziel. ∎

›Feinheimisch‹ in den Uthlanden

Genusswelten — Ganz klar, es muss nicht immer ein Fischbrötchen sein, Feinschmeckerköche zaubern raffinierte und zugleich bodenständige Köstlichkeiten aus Algen und Blüten, kreieren Meersalz, brauen Bier und backen Brot.

Nach einem langen Spaziergang am Meer hat man Hunger, dann steht einem der Sinn nicht nach feinen Appetithäppchen, zumindest nicht nur. Keine Sorge, deftige Klassiker wie gebratene Scholle mit Speck, Filet vom Holsteiner Weiderind, Matjes, Leber mit Zwiebeln und Apfelscheiben findet man auch bei den Spitzenköchen auf der Speisekarte. Das Geheimnis und das Fundament dieser alten und neuen Liebe zur rustikalen Küche ist die erstklassige Güte der Produkte, wie die Meisterköche gerne betonen.

Aroma von Salzwiesen und Strandflieder

Von zunehmender Bedeutung sind dabei regionale Lebensmittel. Unter dem Markenzeichen Uthlande vermarkten die Nordfriesischen Inseln und Halligen mit einem eigenen Label ihre landwirtschaftlichen Erzeugnisse. Fleisch- und Wurstwaren stammen ausschließlich von Tieren, die auf den Nordfriesischen Inseln und Halligen geboren und auf grünen Wiesen in gesunder Nordseeluft mitten im Nationalpark aufgewachsen sind. Die Nachfrage nach dem Aroma von Wattenmeer, Salzwiesen und Strandflieder steigt. Regional ist erste Wahl – darin sind sich Urlauber, Insulaner und Halligbewohner einig. Unbedingt probieren!

Unter dem Namen ›Feinheimisch‹ hat sich ein Netzwerk von agrarischen Erzeugern, Manufakturen und Gastronomen in Schleswig-Holstein zusammengetan (www.feinheimisch.de) – die Erzeuger produzieren umweltverträglich und nachhaltig. ›Feinheimische‹ Landwirte halten ihre Tiere artgerecht, Küchenchefs verwenden frische Lebensmittel ohne Zusatzstoffe und verzichten auf industrielle Fertigprodukte. Das Nordfriesische Lammkontor in Husum steht für die neue Freude am Regionalen und neue Konzepte, die gänzlich ohne Tiefkühlkost auskommen.

Zu den regionalen Tausendsassas gehört Johannes King. Der Zweisternekoch aus Rantum erntet Gemüse, Früchte und Kräuter im eigenen Bauerngarten in Morsum. Fisch und Meeresfrüchte liefern Fischer aus der Umgebung oder sie werden mit dem hauseigenen Fischerboot aus der Nordsee geangelt. Das klingt fast zu schön, um wahr zu sein.

Labskaus: Eine rosa Masse mit Spiegelei, flankiert von saurem Hering, roter Bete und Salzgurke. Nicht ganz so schick angerichtet, wurde es schon vor Jahrhunderten auf Segelschiffen gegessen.

Austern und Algen

Unter den Produkten, die in der Region, in diesem Fall auf Sylt produziert werden, gibt es zwei, die nicht jeder mag, aber doch irgendwann einmal probieren sollte: Austern und Algen. Die Auster war früher in der Nordsee beheimatet, dann starb sie aus, jetzt ist sie wieder da. Seit 1986 züchtet Dittmeyer's Austern-Compagnie mit großem Erfolg in der südöstlich von List auf Sylt gelegenen Blidselbucht die Sylter Royal (s. S. 21).

Auf dem Gelände der Austern-Compagnie hat sich ein pensionierter Professor für Meeresbiologie etabliert: In großen runden Bottichen züchtet er nährstoffreiche, essbare Algen, die er an Gourmetrestaurants, Teehändler und Produzenten von Meereskosmetik liefert. Probieren Sie doch mal einen Algentee, der neben Johanniskraut, Kornblumen und Rosenblüten auch Jungalgen von der Sylter Algenfarm beinhaltet. Teekenner beschreiben den Geschmack als fruchtig, stimmungsaufhellend und mildherb im Nachklang.

Brot und Bier

Ein Star am Sylter Gourmethimmel ist auch Alexandro Pape, der eine Bier- und Brotstube in Keitum eröffnet hat – mit selbstgebrautem Bier, hausgebackenem Brot und Sylter Meersalz – alles selber hergestellt in der eigenen Manufaktur in List. Die neue Bescheidenheit - edelst verpackt und vermarktet. Wenn's nicht so hochpreisig wäre, würde man liebend gerne beherzt zugreifen.

Wem herkömmliches Bier zu profan ist, der kann sylttypisch auf ein Gourmetbier zurückgreifen, gebraut mit auf Sylt angebautem Hopfen und mit Champagnerhefe vergoren. Erhältlich in einigen Sylter Restaurants und Läden oder online (www.sylter-hopfen.de). ■

Claudia Banck wuchs in Schleswig-Holstein auf. Nach vielen Wander-und Studienjahren lebt sie heute mit ihrer Familie in Mecklenburg-Vorpommern. Als freischaffende Autorin ist sie dem Norden immer treu geblieben. Das Verfassen von Reiseführern über Skandinavien und die deutschen Nordseeinseln bietet ihr wunderbare Gelegenheiten, dort häufig unterwegs zu sein – am liebsten auf den Halligen oder zu Fuß auf den Spuren versunkener Siedlungen im Wattenmeer.

Noch mehr aktuelle Reisetipps von Claudia Banck sowie News zum Reiseziel finden Sie auf www.dumontreise.de/sylt-foehr-amrum.

Abbildungsnachweis

Anker's Hörn, Langeneß: S. 188 (Olaf Ballnus) **Claudia Banck,** Sukow: S. 15 re., 38, 45, 80, 99, 134 li., 158, 211, 258 **DuMont Bildarchiv,** Ostfildern: S. 9, 15 M., 93, 187, 248/249, 252 (Hartmut Schwarzbach); 11, 19, 196 li., 215 (K.H. Raach); 227 (Michael Marczok); 6, 7 o. li., 12/13, 100 re., 101 M., 111, 163 re., 197 M., 220, 223, 257, 261, 265, 267 u., 269, 281, 291 (Olaf Meinhardt); 2/3, 7 re., 7 u. li., 8, 14 li., 14 re., 17, 22, 27, 30, 37, 46, 51, 55, 65, 72, 76, 82, 85, 87, 96, 100 li., 101 re., 118, 121, 129, 134 re., 135 re., 142, 145, 150, 157, 160, 162 li., 162 re., 167, 176, 183, 195, 197 re., 202, 213, 228, 271, 272, 274, 277, 279 (Sabine Lubenow) **Kontorhaus Keitum,** Sylt: S. 58 **laif,** Köln: S. 25 (Andreas Hub); 288 (Dorothea Schmid); Titelbild, 284 (Hardy Müller); 62 (Hardy Müller); 275 (Ralf Kreuels); 262 (Sophie Henkelmann) **Martin Kirchner,** Berlin: S. 169 **Mauritius Images,** Mittenwald: S. 147 (imagebroker/Sabine Lubenow) **Michael Stolle,** Sukow: S. 295 **Ottmar Heinze,** Hamburg: S. 163 M., 191, 219 **picture-alliance,** Frankfurt a. M.: S. 20 (Carsten Rehder) **Sylvia Pollex/Thomas Rötting,** Leipzig: S. 10, 124, 126, 135 M., 154, 196 re., 199, 207, 267 o.

Umschlagfoto

Titelbild: Der Leuchtturm List-Ost an der Nordspitze von Sylt

Kartografie

DuMont Reisekartografie, Fürstenfeldbruck
© DuMont Reiseverlag, Ostfildern

Autorin: Claudia Banck **Redaktion/Lektorat:** Petra Juling **Bildredaktion:** Petra Juling, Titelbild: Carmen Brunner **Grafisches Konzept und Umschlaggestaltung:** zmyk, Oliver Griep und Jan Spading, Hamburg

Hinweis: Autorin und Verlag haben alle Informationen mit größtmöglicher Sorgfalt geprüft. Gleichwohl erfolgen alle Angaben ohne Gewähr. Infolge der Corona-Pandemie im Jahr 2020 kann es darüber hinaus zu kurzfristigen Geschäftsschließungen und anderen Änderungen vor Ort gekommen sein. Bitte schreiben Sie uns! Über Ihre Rückmeldung und Ihre Verbesserungsvorschläge freuen wir uns: DuMont Reiseverlag, Postfach 3151, 73751 Ostfildern, info@dumontreise.de, www.dumontreise.de

1. Auflage 2021
© DuMont Reiseverlag, Ostfildern
Alle Rechte vorbehalten
Printed in China

Offene Fragen*

Wo ist Willi?
Seite 90

Was ist ein Trifun?
Seite 179

Auf Knopfdruck Windstärke 9 erleben?
Seite 21

Welche Insel hat mehr Schafe als Einwohner?
Seite 163

Werden deutsche Nordseekrabben in Marokko gepult?
Seite 235

Lust auf einen Klönschnack?

Hunger oder doch nur Appetit?
Seite 290

Seehund oder Kegelrobbe – dahinten am Strand?
Seite 168

WATT Blondes oder lieber WATT Dunkles?
Seite 28

Aus welcher Richtung weht der Wind?

Kann ich (bitte) ein »Land unter« buchen?
Seite 193

Warum versank Rungholt in den Fluten?
Seite 266

Wo geht's hier zur Buhne 16?
Seite 38

Was sind die Small Five?
Seite 131

Haben die Vögel ein Problem mit dem Klimawandel?

* Fragen über Fragen – aber Ihre ist nicht dabei? Dann schreiben Sie an info@dumontreise.de. Über Anregungen für die nächste Ausgabe freuen wir uns.